市
摩天岭
沿江乡
S203
延边朝鲜族自治州
永庆乡
两江镇
老秃顶子
二道砬子河北山
二道溜河岗顶
天桥沟了望台
露水河镇
抚松县
影壁山
北岗镇
G201
东鹅毛顶子
于海小山
错草顶子
二道白河镇
至和龙
泉阳镇
青顶子
兴隆乡
松江河镇
东岗镇
西马鞍山
绿色长廊
长白山机场
S302
长白山自然保护区
长白山天池
（白头山天池）
长白山脉
仙人东山
宝才岭子山
漫江镇
无头峰
骆驼峰
朝
东小山后山
长白山
南坡山门
望天鹅
2051
长白朝鲜族自治县
望儿峰
普天郡
马鹿沟镇
长白朝鲜族自治县
长白镇
惠山市
宝泉山镇
十二道沟乡
S303
十四道沟镇
金华乡
新坡郡
鲜

白山市交通地图

吉
林
通
化
市
朝
龙岗山脉
靖宇县
江源区
白山市
八道江区
临江市
抚松县
长白山
黑石镇
松山镇
辉发城镇
庆阳镇
辉南镇
石道河镇
抚民镇
金川镇
凉水河子镇
兴林镇
板石街道办
六道江镇
大安镇
五道江镇
鸭园镇
铁厂镇
果松镇
石湖镇
红土崖镇
三道沟镇
二道沟
老虎山
冰沟子山
老岭山脉
那尔轰岭山口
那尔轰镇
影壁峰
错草顶子
鸡爪顶子
五里河大顶子
赤松乡
五斤顶子
景山镇
五台山
龙泉镇
蒙江乡
靖宇镇
三道湖镇
农夫山泉站
大北山
大四方顶子
龙岗山
金龙顶子
吉林靖宇省级自然保护区
花园口镇
迷路岭
西老秃顶子
东老秃顶子
老爷岭
仙人桥镇
兴参镇
抽水乡
万良镇
城墙街道办
正岔街道办
大阳岔镇
湾沟镇
松树镇
孙家子镇
石人镇
大石人镇
五花顶
桦树镇
杨木顶子
闹枝镇
老秃顶子
花山镇
森工街道办
临江市
大栗子街道办
苇沙河镇
中江郡
蚂蚁河乡
四道沟镇
六道沟镇
八道沟镇
双头山
鸭绿江
S204
S302
S303
S103
G201
图例
市、州行政中心
县（市、区）行政中心
乡、镇行政中心
村驻地
山峰
码头
铁路、车站
在建铁路
国道
省道
河流、湖泊
县道
国界
市、州界
县（市、区）界
保护区界
比例尺：1:500000

白山市交通局办公大楼

领导题词

1985年起全市交通建设得到国家、省、市、县各级领导极大的关怀，先后有多位领导为白山交通题词

中共中央顾问委员会常委陆定一为上甸子隧道题名

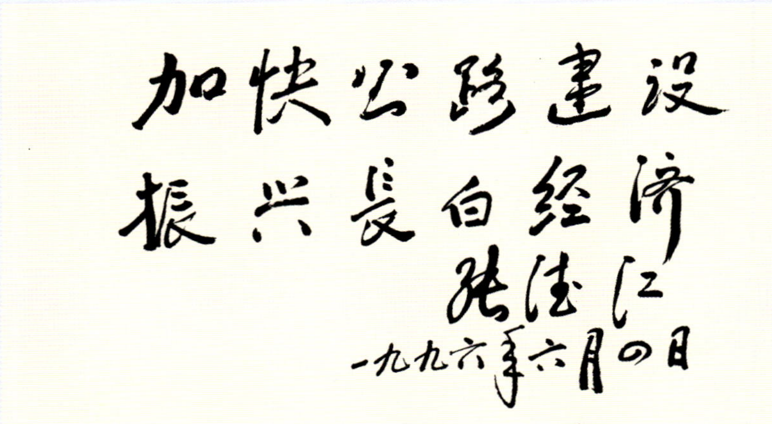

中共吉林省委书记张德江为长白交通题词

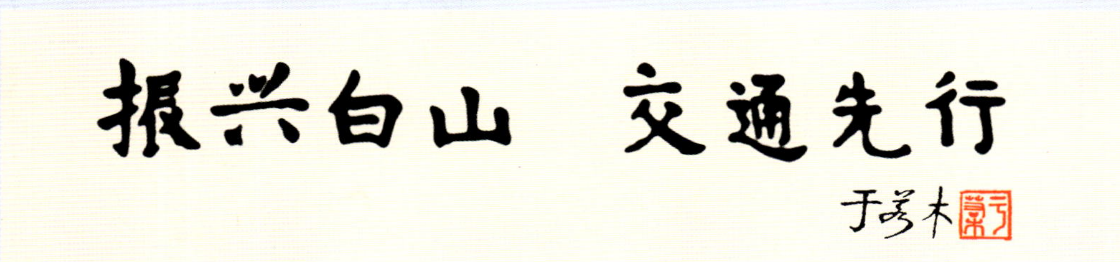

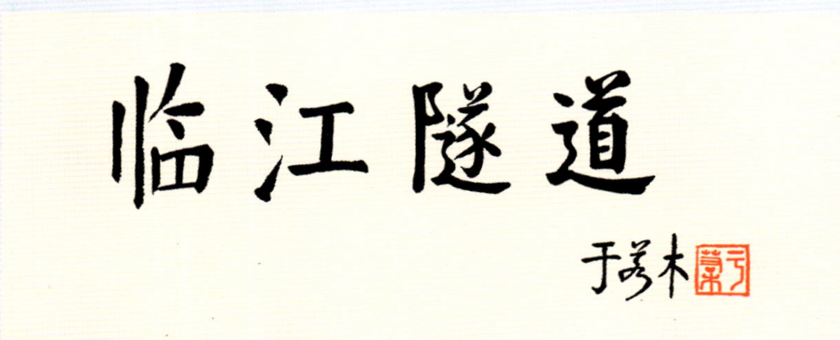

陈云夫人于若木为白山交通题词（上），为临江隧道题名（左）

领导题词

2005年6月交通部老部长考察团来白山市考察后为交通题词

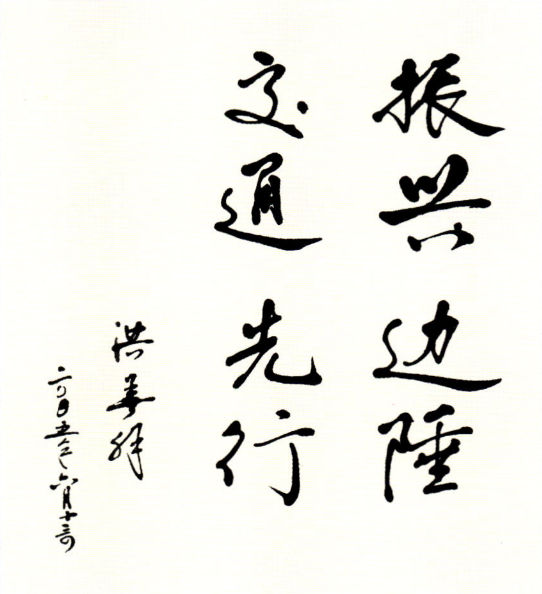

原交通部副部长、全国政协委员
洪善祥题词：振兴边陲　交通先行

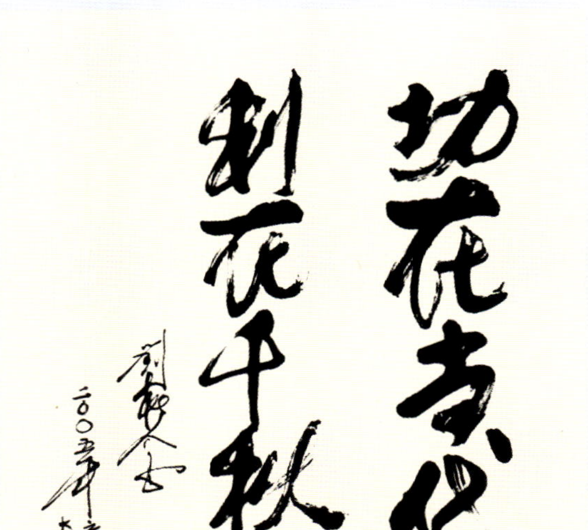

原交通部副部长
刘松金题词：功在当代　利在千秋

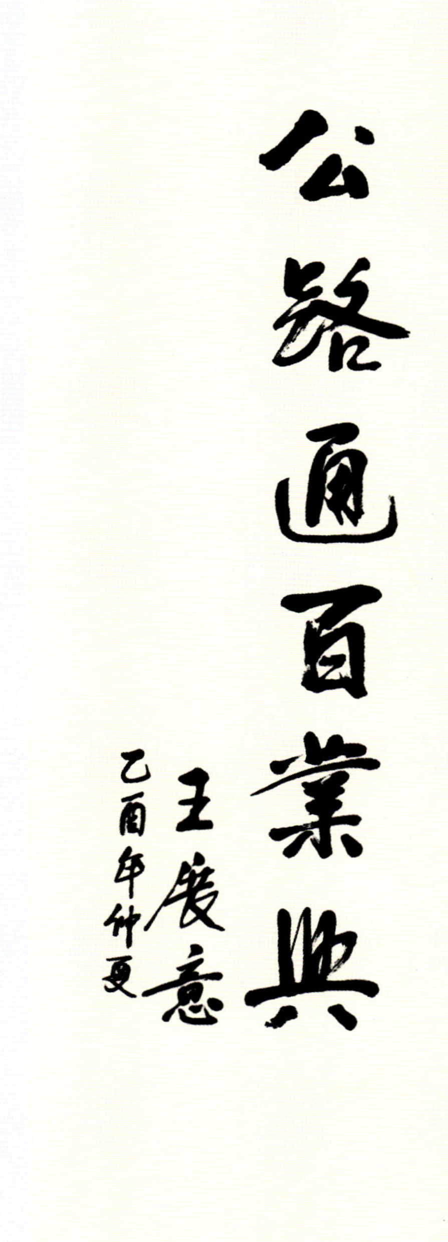

原交通部副部长
王展意题词：公路通百业兴

领导题词

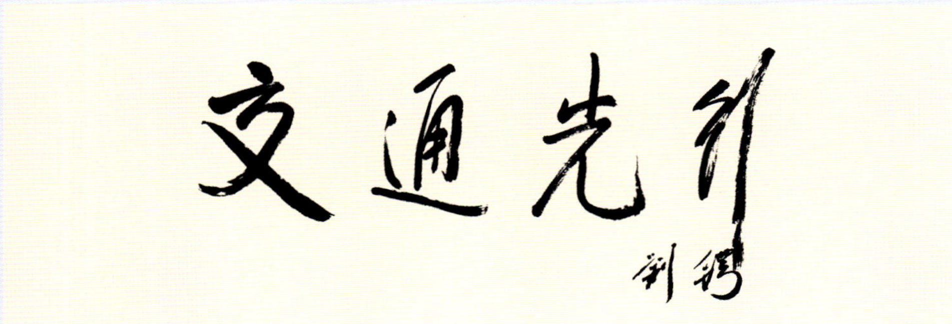

原交通部副部长刘锷题词：交通先行

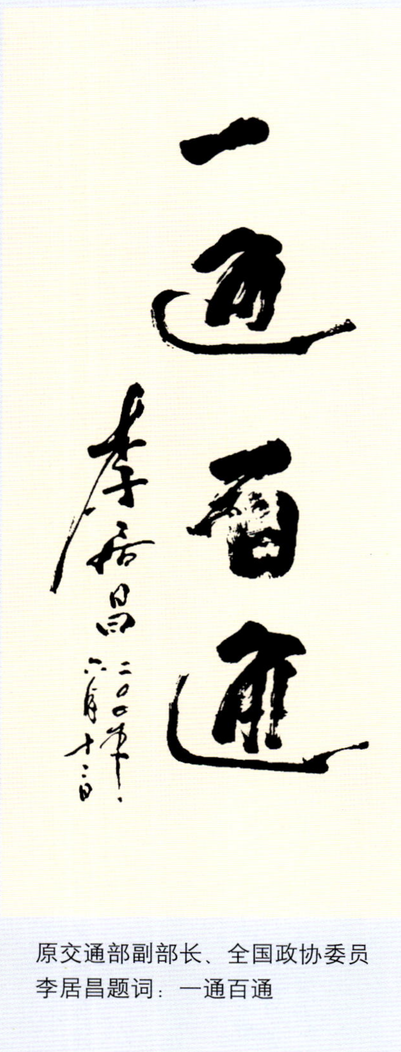

原交通部副部长、全国政协委员
李居昌题词：一通百通

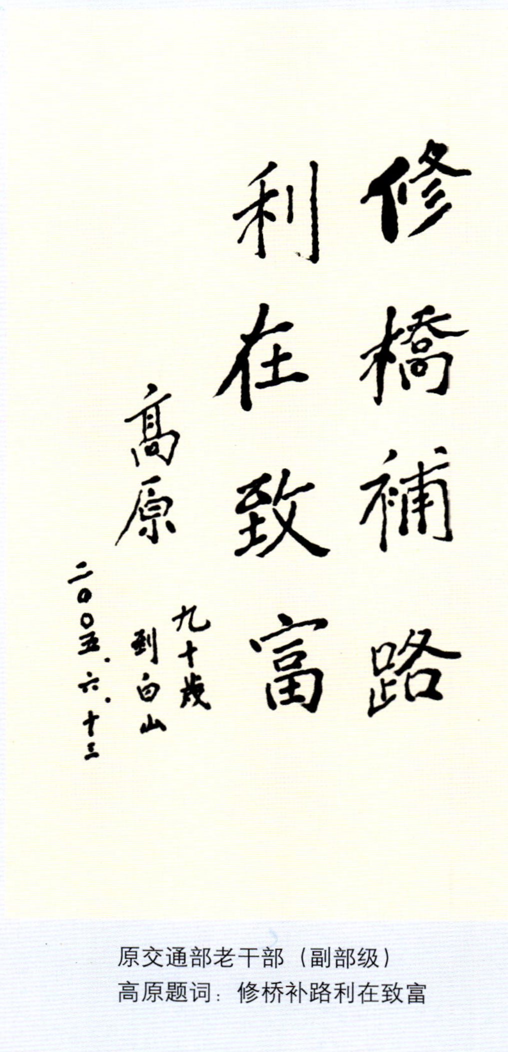

原交通部老干部（副部级）
高原题词：修桥补路利在致富

领导关怀

“振兴白山，交通先行”是陈云夫人于若木1994年为白山交通题词，心系老区，倾注爱心，于老晚年期间为革命老区的交通建设与发展付出了慈母般的心血，先后5次来白山并多次亲笔写信与国家领导人及相关部门联系，为白山地区的交通建设筹集了4亿多元的专项建设资金，使白山交通事业有了飞跃发展。

山路变坦途，筑路树丰碑。于若木老人虽然已与世长辞，但她老人家情系老区，情系交通的精神让我们永志难忘

陈云夫人　于若木

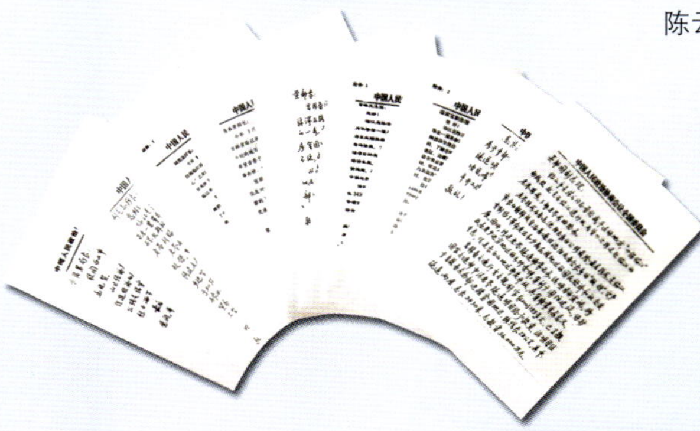

于若木写给各级领导的书信

吉林省交通厅厅长刘克志（左）白山市交通局局长张俊男（右）到于若木（中）老人家中汇报交通工作

领导视察

1985年以来先后有各级领导来白山视察、检查、调研交通工作

原交通部部长、中国交通运输协会会长钱永昌来白山视察交通工作在长白山天池留影

交通部副部长潘淇（前右二）来白山视察交通工作。前排右一为省交通厅原厅长韩兴普；左一为原副厅长特立庚；左二为浑江市市长张风山

交通部老部长考察团来白山视察公路建设情况

中纪委驻交通部纪检组组长金道铭（左二）来白山检查交通廉政建设情况

领导视察

吉林省副省长魏敏学（左二）到白山视察交通工作

中国交通运输协会领导到白山视察交通工作，在长白山南麓山峰上

吉林省副省长李介车（左一）在板石岭隧道工地视察

原交通厅厅长朱希泉（右一）检查白山交通建设规划

领导视察

吉林省精神文明办公室主任李福成（中）在白山客运站检查“金杯赛”工作开展情况

吉林省交通厅厅长张勇（右一）来白山交通调研交通工作

白山市五大班子领导视察交通公路建设

市交通局离退休老干部检查公路建设情况

公路剪彩

2001年9月9日，白山市市县通油路竣工剪彩，吉林省委书记王云坤（中）亲自剪彩

营白公路白山段板石岭隧道开工典礼

长白县沿江公路竣工剪彩

临江隧道竣工剪彩

四浑公路白山段竣工剪彩

2005年7月31日，白山市星泰大桥竣工剪彩，参加剪彩的领导（右起）市长周化辰、省交通厅副厅长王树森、市委书记阎宝泰、省交通厅厅长刘克志

党政建设

加强党的建设，提高执政能力。落实科学发展观，加快白山交通发展振兴白山经济

1986年8月5日，召开中共浑江市交通局首届二次党员代表大会

培训党务干部

“创先争优”表彰

2002年1月19日，召开中共白山市交通局第四次代表大会

组织新党员进行入党宣誓和革命传统教育

党政建设

召开全市交通工作会议，部署交通工作任务

市与县签定年度交通建设目标责任书

表彰交通建设先进单位

市局领导班子深入交通一线现场办公

公路建设

1985 年以来，浑江市交通事业有了跨越式的全面发展，至 2005 年末，全市公路总里程达到 5 348.57 公里，是 1985 年的 2.3 倍

1985年浑江建市修筑的第一条八道江西出口至六道江11公里油路

1988年建成的鹤大线抚松至仙人桥23公里二级公路是全省第一条收费路，开创了收费公路的先河

四浑公路白山市城区路段

2002年建成的四浑公路白山段39公里一级路，是白山第一条高等级公路。图为上甸子分幅路段

公路建设

1997年全市掀起“全民办交通、举市大筑路”的热潮

大筑路工地一角

大筑路中建成的市区八三线二级路一角

2005年改建后的沈长线临江老岭二级路竣工通车，改变了沈长公路近百年砂石路旧面貌

临江老岭路段的纪念碑

白山地区自然风光秀丽，公路建设为发展旅游事业开辟了大通道。图为长白山西麓二级水泥旅游公路

桥梁工程

1985 年至 2005 年共建筑公路桥梁 983 座，总长达 28 396.16 延长米

1985年建成的长白县至朝鲜惠山市鸭绿江国际公路大桥全长148米

大桥一角

大桥桥面

2005年建成的沈长公路临江段珍珠门1号大桥长416.1米，高31.72米，创当年全市最高最长桥梁纪录

鹤大线一级公路白山段翁泉公铁立交大桥

隧道工程

白山建市20年间共建隧道20座总长达11 402延长米，其中有三座分别创下当年全省隧道最长纪录

鹤大线白山段上甸子隧道长231米1990年建成，是建市后建筑的第一座隧道（陆定一为该隧道题名）

1999年全省重点工程营白线板石岭隧道全长1 262米，创当年全省最长隧道纪录

2005年竣工的临江隧道全长2 775米，再破全省最长隧道纪录

2002年建成的鹤大线白山段枫叶岭隧道全长2 188米，又破当年全省最长隧道纪录

海事水路

白山市有界河鸭绿江、内河松花江及浑江三大河流经多年开发使航道运输得到不断发展

鸭绿江上的旅游漂流

松花江上的旅游漂流

鸭绿江水路旅客运输

松花江水路旅客运输

鸭绿江上的木排运输

地方铁路

吉林省宇辉地方铁路靖宇段29.04公里，2005年建成后，结束了白山地区没有地方铁路的历史

竣工通车庆典

宇辉地方铁路全长67.01公里由辉南站经靖宇县龙泉镇、靖宇镇、终点为"农夫山泉"公司基地

龙岗铁路隧道

靖宇火车站一角

站内货运线及库房

交通管理

根据国家颁布《行政法》《公路法》等法律、法规，交通管理步入“以法治交通”轨道，呈现出法制化、科学化、规范化建设新局面

宣传交通法律、法规

依法治理道路运输秩序

加强水路运输管理

抓培训、不断提高执法人员素质

抓好安全生产、学习消防知识

交通窗口建设规范化

科技教育

“科教兴交通”以人为本，学理论提高素质，运用现代科技推动交通事业飞跃发展

组织开展干部理论教育

充分发挥科技人员聪明才智

运用先进技术指导交通工程建设

科学组织运输市场资源优化配置

研制新设备，实施机械化除雪防滑

精神文明

全市交通系统在精神文明建设中不断取得可喜成果，连续多年荣获省、市精神文明建设标兵单位称号

市局十分关心下一代成长，不断组织各种有益活动。图为在通化靖宇陵园

在四保临江纪念碑前进行革命传统教育

组织交通系统书画摄影展

举办职工篮球赛

组织交通职工“我爱家乡长白山”演讲会

组织"党在我心中"文艺汇演

全总文工团到长白县公路建设工地演出

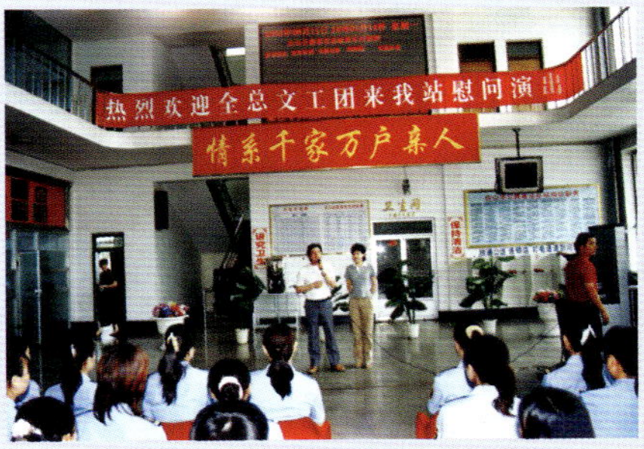

全总文工团到市公路客运总站演出

全总文工团在白山为交通职工慰问演出

为庆祝四浑一级公路白山段竣工举行文艺汇演

运输设施

2001年建成的白山市公路客运总站，占地面积为9 813平方米，建筑面积为3 163.4平方米

全市公路运输场站建设至2005年末总投资16 938万元，总建筑面积为59 152.08平方米

2003年建成的长白县口岸物流中心，占地面积为35 600平方米，建筑面积为11 700平方米

2000年建成的江源县客运总站建筑面积为2 075平方米（含分站面积）

2005年新建的白山市物流中心占地面积为103 500平方米，建筑面积为16 121平方米

早期公路

位于吉林省白山市境地内，沈（阳）长（白）公路老岭（古称荡平岭）顶上，是清光绪三十四年（公元1908年）东北三省总督徐世昌，长白知府张凤台与临江知县李廷玉撰并书“荡平岭碑记”而分立的两通石碑，以纪念沈（阳）长（白）老岭段早期公路（兵备道）竣工。两碑形体相同，石碑通高2.45米，碑额0.68米×0.08米，碑身高1.24米，宽0.64米，厚0.2米。1982年、2000年先后被白山市和吉林省政府列为重点历史文物保护单位

碑额上雕有“双龙”图案和“皇清”字样，碑文由清朝东北三省总督徐世昌撰并书，全文由右至左竖行书写，全文591字

碑文刻字原型（局部）

碑额上同样雕有“双龙”图案和“皇清”字样，碑文由清朝长白知府张凤台与临江知县李廷玉共同撰写，碑正文593字，碑阴文115字，共708字

图为沈（阳）长（白）公路老岭段山顶上立碑处全景。右山坡为石碑竖立处，左为1997年扩建后的三级水泥公路，路面宽6米，（海拔高度为1 282.3米）

《白山市交通志》编纂委员会

主　　任	孙长山			
副 主 任	袁笠娟	隋志林		
顾　　问	崔文宝	张俊男	解运发	
委　　员	吴福龙	石丕业	张　伟	吴永忠
	张文刚	张枭雄	李建华	
主　　编	隋志林			
执行主编	杨万卿			
副 主 编	赵连生	于学安（曾任）		
编　　辑	（以姓氏笔画为序）			
	刘金艳	杜吉成	李元天	李忠玉
	陈亚魁	金姬玉	单晓影	孟庆吉
	赵　艳	徐　慧	唐慎思	鲁晓丽
摄　　影	杨万卿	张壮力	黄　强	张春海
	楚宏才	张东明	李宝林	李忠玉
责任校对	裴广全	周海河		
特约顾问	孙宝君	吉林省地方志编纂委员会原主任		
特约编审	王志伟	吉林省交通厅史志办主任		
特约编审	郝润河	白山市地方志编委会研究员		

凡　　例

一、《白山市交通志》坚持以邓小平理论及“三个代表”重要思想为指导，运用辩证唯物主义和历史唯物主义的立场、观点、方法，全面、系统地记载白山市交通的历史和现状。

二、《白山市交通志》记事时间，以1985年市管县体制改革为上限，2005年为下限。有些内容上溯至事物的发端。1985年至1994年4月1日为浑江市，1994年4月1日起更名为白山市。记事空间按现行的行政区划记述。

三、《白山市交通志》为记叙文体，采用述、记、志、传、图、表、录七种体裁。

四、《白山市交通志》依据学科分类，采用章节体，设篇、章、节、目。

五、《白山市交通志》立传人物标准，以对本地交通发展有重要影响为基本依据，以当代人物、正面人物为主兼及历史人物。对本行业本部门历史发展产生重要影响但不宜立传的人物事迹，采用以事系人或列“人物表”、“褒奖录”、“学术理论（获奖）文章表”、“历届领导简介”等形式反映。

六、《白山市交通志》使用的主要数据，以省、市统计部门认定的为准；业务部门提供的数据均经过核实后采用。

七、《白山市交通志》使用绘有国界的地图均经省、市测绘局审定。

八、《白山市交通志》使用国名、地名、机构名、文化名、各类专用名称均写全称，使用简称时，在首次出现时注明。历史地名均写原名，在括号内注明今名。凡外国国名，重要或常见的地名、人名、党派、政府机构、报刊等译名，均以新华社的译名为准。对人物的称呼，除引用原文外，均直书其名，不加职衔。

九、《白山市交通志》纪年采用公元纪年方法。

十、《白山市交通志》引文忠于原文，对原文中的错字予以矫正，繁体字改为简化字，引用古籍或古地名、古人名，使用简化字容易引起误解者，仍使用繁体字。

白山市交通志

（1985～2005）

白山市交通志编纂委员会　编

吉林人民出版社

白山市交通志（1985～2005）

编　　者：白山市交通志编纂委员会
责任编辑：贺 萍　　封面设计：杨万卿　　责任校对：裴广全 周海河
吉林人民出版社出版 发行（长春市人民大街 7548 号　邮政编码：130022）
印　　刷：长春容大印务有限公司
开　　本：787mm × 1092mm　1/16
印　　张：29.75　　　　　　　字数：650 千字
标准书号：ISBN 978-7-206-05409-9
版　　次：2008 年 9 月第 1 版　　　印　次：2008 年 9 月第 1 次印刷
印　　数：1-1 000 册　　　　　　定　价：388.00 元

目　录

第一篇　机　构

第二篇　公　路

第三篇 道路运输

第四篇　水路及运输

第五篇　地方铁路

第六篇 长白山民用机场

第七篇 交通管理

第八篇 科技教育

第九篇 精神文明建设

第十篇　廉政建设

第十一篇　治理公路“三乱”

第十二篇　学会协会

第十三篇　历届领导

大事记

附　录

概　述

1985 年至 2005 年，白山市交通事业经历了一个跨越式发展过程。20 年间，在交通基础设施、产业结构、运输工具、运输方式、科学技术、行政执法等都发生了巨大变化，实现了交通建设有史以来的迅猛发展，为建设和谐新白山作出了应有贡献。

由于历史和地理原因，1985 年前，浑江市及各县的交通设施滞后、底子薄、基础差，尤其公路技术等级低，抗灾能力弱，通车里程少，有的路段仍保留了人行小路、驮运路、大车道乃至睛通雨阻的砂石路，运输工具保留了人背、马驮、畜力车、手推车以及架木桥、修石桥等较为落后的交通设施和运载方式。1985 年后的 20 年，白山市交通进入了一个新的历史发展时期，经历了"七五"、"八五"、"九五"、"十五"四个国民经济发展时期，现在展现在全市人民面前的是一个崭新的交通面貌，高等级现代化的公路，地方铁路、海事水运、公路运输场站应运而生，从低级到高级，从数量到质量都有不断提高、完善和进步。并在全市经济发展，人民物质文化生活和社会进步中突显出越来越重要的作用。

一

白山市原名为浑江市，1985 年 2 月 4 日，实行市管县体制后，浑江市升格为地级市，辖三县三区，原通化地区所辖长白朝鲜族自治县、抚松县、靖宇县划归浑江市管辖，并将市区 30 个乡镇划建为八道江、临江、三岔子 3 个行政区。

1994 年 1 月 31 日，经国务院函〔1994〕8 号文批准浑江市更名为白山市，现辖临江市（1985 年 4 月成立临江区，1992 年 9 月 8 日区变县，1993 年 12 月 7 日撤县建市至今）、长白朝鲜族自治县、抚松县、靖宇县、江源县（1985 年 4 月 1 日成立三岔子区，1995 年 12 月 28 日撤区建县）及八道江区（市政府所在地）。全市幅员面积17 485平方公里，2005 年总人口 132 万人。

白山市位于吉林省东南部，长白山西部腹地，东经 126°7′至 128°08′，北纬 41°21′至

42°49′。东与延边朝鲜族自治州相邻;西与通化市接壤;北与吉林市毗邻;南与朝鲜民主主义人民共和国隔鸭绿江相望。东西相距180公里,南北相距163公里,边境线长458.1公里。境内山峰林立,绵亘起伏,沟谷交错,河流纵横。长白山溶岩台地和靖宇溶岩台地覆盖境内大部分地区,龙岗山脉和老岭山脉斜贯全境。龙岗山脉海拔800－1 200米,相对高度在500－700米之间;老岭山脉山体高大,海拔1 000 －1 300米,相对高度500－800米之间,鸭绿江沿岸地形起伏较大,沟谷丘壑较深,地势较险峻。境内最高点长白山主峰白云峰海拔2 691米,为东北地区最高峰;最低点靖宇县的批州口子,海拔279.3米。主要河流有界河鸭绿江,内河头道松花江、二道松花江、浑江等。

白山市资源十分丰富,素有"立体资源宝库"之称,全市农业用地面积1 518 166公顷,森林覆盖率为76%。茫茫林海是野生动植物生息繁衍的乐园。珍禽异兽有东北虎、金钱豹、梅花鹿、马鹿、野猪、棕熊等多种。珍贵药用植物有山参、灵芝、细辛、天麻等多种,已探明的地下矿藏有金、银、铜、铁、煤等46种,其中煤铁储量居吉林省之首,硅藻土储量居全国第一。

白山市先后被国家林业部、绿色食品协会、科技部命名为中国首家全幅员森林旅游区、中国绿色食品城、国家可持续发展实验区,被国际饮水资源保护组织命名为中国·白山国际矿泉城。

白山地区依赖得天独厚的自然资源优势,逐步发展成为一个以电力、医药、造纸、煤炭、木材为支柱产业,以冶金、玻璃器皿为骨干产业的新型工业城市。

白山是一个具有光荣革命传统的老区。历史上,英勇的白山人民在抗击沙俄和日本侵略者的浴血奋战中,在四保临江和抗美援朝战争中,都表现出不屈不挠、英勇顽强的爱国主义精神。是民族英雄杨靖宇壮烈牺牲的地方。是陈云、肖劲光领导的"三下江南、四保临江"战役的主战场。是抗美援朝重要战略物资集结地,无数革命志士在这片热土上谱写了一曲曲气吞山河的壮丽篇章,铸就了一座座巍然屹立的不朽丰碑。2004年经国务院批准发布的全国30条红色旅游精品线,其中第26条线路中列出6个景点,白山市就占有4个。作为革命老区,白山区域共有重要革命纪念地、纪念建筑物100余处,其中国家级爱国主义教育基地2处(白山市抗日纪念地、四保临江烈士陵园),省级3处(王德泰烈士陵园、白山市青少年宫、石人血泪山),2005年又申报省级5处。这些爱国主义教育基地已成为红色文化产业和红色旅游的重要资源。

二

白山市交通局担负全市交通建设和行政管理职能。交通局办公大楼座落在白山市浑江大街95号,经多次体制改革至2005年末,内设11个科室,辖11个事业单位,17户企业,现有职工2 883人,其中公务员编制19人。白山市交通局负责辖区内临江市、长白县、抚松县、靖宇县、江源县及八道江区的交通专业指导和管理，全市交通系统在岗职工总人数达4 328人。

改革开放以来，白山市经济建设走上了新的征途。做为交通人义不容辞的挑起打造振兴白山经济平台的职责。尤其在1985年实行市管县体制后，在发展经济、振兴白山过程中，为解决交通落后的“瓶颈”问题，突出抓公路建设这个重点，不断拓宽建设平台，抬高运行起点，提高发展速度，创造一流业绩。

1985年建市之初，白山市公路总里程为2 356.3公里，均为三级以下公路和等外路，又多为低级路面和砂石路，公路网密度为每百平方公里13.2公里。公路随高山峻岭走势，因而坡陡弯急，一遇洪水则多发生滑坡灾害而阻断交通。许多“断头路”、“搓板路”，使车辆行驶艰难。

1985年建市初期，是“七五”计划实施的第一年，中共浑江市委、市政府对交通建设做出了全面规划，在全市人民的支持下，当年规划、开工修筑了市区西出口至六道江11公里沥青三级公路，从而结束了无黑色路面的历史。1987年修筑了市区八道江至三岔子的29公里沥青公路。1987年又破土动工修筑了四平至浑江公路连接通化的西出口六道江至三岔子的北线二级39公里沥青混凝土公路。1988年，经省政府批准在抚松县抚松镇至仙人桥新建沿江（松花江）公路设立了第一个收费站，开创了吉林省实施国家贷款修路、收费还贷政策的先河。2000年9月，建成1 262延长米板石岭隧道，为当年全省最长的公路隧道。同年，省道长白线白山段建成通车，全长14.609公里，建成了白山直通省城长春的二级公路，使白山市区通往省城由399公里绕行通化公路缩短为255公里。2002年，四浑公路白山段改建为一级公路，结束了白山无高等级公路的历史。

1997年4月，全市掀起了“全民办交通、举市大筑路”的热潮，由全民出工、出资修路，达到了“市到县通油路，县到县基本通油路”的奋斗目标。改变了白山公路的落后面貌。

2005年末，白山市的公路总里程达到5 348.6公里，其中国道1条242.6公里，省道4条697.78公里，县级公路16条879.99公里，乡级公路达到1 676.58公里，专用公路达到1 851.61公里，公路密度为每百平方公里29.9公里，达到全省平均水平。按公路技术等级划分，一级公路里程达到39公里，二级公路里程达到969.2公里，三级公路里程达到1 351.1公里，四级公路里程达到2 676.1公里，而等外公路仅有313.3公里。高级路面里程达到2 326.9公里，晴雨通车里程达到4 599公里。“十五”时期，农村公路建设是交通发展的一个重点，尤其是2003年至2005年之间，农村公路建设得到较快发展，农村公路里程达到4 408.1公里，新建农村公路路面里程1 660.6公里。

在此期间，为解决临江革命老区人民行车难的困境，陈云夫人于若木先后5次来白山市，先后到临江、靖宇等地视察交通，并极力为改善革命老区的交通落后面貌而出谋划策，不断协助筹划专项基金，让改扩建筑路工程及时上马运行。至2005年末，为白山市交通建设筹措资金达4亿元。先后新建了市区至靖宇和市区至临江的二级公路184.5公里。

三

党的十一届三中全会以后，随着道路运输市场的全面放开，国营、集体运输业户垄断社会运输的局面被彻底打破，在合理、公平市场竞争中，多家经营、多种经济成分并存格局相应而生，80年代在货运市场的发展上出现了激烈竞争的局面，营运货车由建市初期的3 671辆猛增到2005年的6 717辆，年货运量呈现不断递增好势头。尤其个体运输业户的迅猛发展，使全市货运市场发展进入高峰期，进入90年代，由于市场机制不够健全，出现了开放有余而管理不足，加之中介组织机构缺乏，导致有车无货，或有货无车矛盾突出，同时受当时出现的经济疲软的影响，使货运市场一度混乱。面对货运市场激烈竞争的局面，全市交通专业运输企业开始由货运转向了客运。如何有效地通过组织管理手段去激活货运市场，成为运政管理部门的一项重要课题。组织货运联合体使货运市场上的“散兵游勇”形成有一定实力的“集团军”，形成规模化、集约化的管理模式，以提高运输的综合功能，为货运市场创出一条生路。1994年初，首先在靖宇县进行试点，组建了由5个个体运输业户联合的货运联合体——靖宇县运输联合体。经一年的运营，每户由原来的年收入不足3 000元增加到30 000元，增长了10倍，车辆由8台增加到10台。由于组织机构、规章制度健全，经济效益明显提高，省市运管部门及时总结经验并推广到全省、全市。这一作法对货运市场的发展起到了带头引路的积极作用，截止到2001年末，全市组建货运联合体达到12户。为形成秩序井然的公路运输网络奠定了良好基础，还起到以强带弱、节省开支、增强运输能力，增加社会效益的综合作用。

公路通，百业兴。1997年白山市掀起举市大筑路热潮后，公路建设快速发展，为公路运输事业提供了良好的发展环境。市交通局制定路与运同步发展、同出成果的方针，尤其是公路旅客运输市场的建设已成为整体运输市场的重点。针对这个重点，白山市客运市场先后经历了客运线路有偿使用、资源优化配置及客运线路招投标等3次改革创新。以客运线路有偿使用取代了传统的单一行政审批无偿使用的旧模式。自1993年12月起先后对市内9条客运线路实行了定标式有偿使用。1999年又根据省交通厅的统一部署，开展了“道路旅客运输资源优化配置”的改革新举措，针对客运市场的从业人员资质条件、车辆状况、车辆等级、客运线路进行技术标定。2001年9月，举行了全市17条客运线路招投标，有8户具有资质条件的客运企业中标。这一举措把客运市场管理体制引向了用市场机制来调解。随着客运市场管理新格局的逐步形成，在注重加强干线管理同时也注重支线管理。让“车头向下”，大力发展农村客运市场，解决农民乘车难的问题。到2003年，就已在全市538个行政村，实现了“村村通客车”，通车率提前实现百分之百。

随着公路运输市场的改革不断深入,交通运输基础设施建设步伐不断加快,市场整体功能不断完善。白山市交通局坚持"科学规划、合理布局、快速发展、注重实效"的建设原则,加快了基础设施建设步伐,使之迈上新台阶,焕发新面貌。

在客运站舍建设上,确立了以白山市公路客运总站为中心枢纽站向外辐射,以各县(市、区)客运站为联络点,"突出重点、分步实施、整体推进"的客运站网络发展规划。截止2005年末全市共新建公路客运站34个,由市管县初期的5个站舍增加到39个。在客运网络建设中,对投资、管理、经营等方面不断尝试改革新举措,1998年及时总结推广了靖宇县运管所实行"国有民营"新经验,在全省率先对乡镇客运站建设及管理开创了新思路、新举措,节省了行业管理及维修经费,减轻了管理负担,提高了服务质量,规范了经营行为,收到良好的经济效益和社会效益。在深入发展"国有民营"的新方式之后,靖宇县又深入实施"民建民营"新举措,进而打破了客运站建设史上由国家无偿投资的管理体制,确定了"谁投资、谁经营、谁受益"新的投资经营模式,为客运站建设与管理创造了新格局。

货运场站建设在白山地区起步较晚,但发展迅猛,由1995年开始至2005年,全市已建成货运场站6个。白山市物流中心的建设投资8 070万元、占地10.35万平方米,成为集运输、仓储、装卸、搬运、包装、流通加工、配送及信息资讯为一体的综合性货运场站,有力地促进了全市货运市场建设的快速发展。至2005年末,全市交通运输基础设施建设累计投资已达16 938万元,建筑面积已达59 152.08平方米,一个布局合理、功能实用的场站建设网点初现规模。

四

2001年,吉林省宇(靖宇)辉(辉南)地方铁路项目经过预审、评审后于当年12月21日批准立项。又经过设计、招投标一系列筹建工作,2003年5月15日全线开工,经过2年的施工,2005年10月23日竣工。从此结束了白山市内没有地方铁路的历史,对完善全省公、铁综合运输网络,促进白山与沿线开发开放及吉林省东部地区经济发展,增添了新的交通渠道,也为白山的大交通历史题写了辉煌的一页。

2005年5月,白山地方海事局正式挂牌成立。白山市辖区内虽然高山林立,而水域也十分发达。既有内河松花江、浑江,又有界河鸭绿江,还有众多湖泊,仅长白山天池其海拔高度与水深就获得了两项吉尼斯记录。全部江河流域长达559公里,水路运输及水上旅游业应运而生,不仅弥补了公路、铁路运输不足,也为开发旅游资源建立白山大交通丰富了新的内容。

2000年,为开发长白山资源,加速长白山下第一市—白山市的经济发展,白山市委、市政府积极筹划在白山境内修建民用航空机场。打通一条与国内、国际联网的空中运输线。

让交通运输更加方便,更加快捷。

2005 年 8 月 29 日,经国务院、中央军委批准新建长白山民用机场立项,设计规模为飞行区等级 4C,机型为 B737 系列飞机,跑道长 2 600 米,旅客吞吐量为 54 万人次。估算总投资 30 980 万元。预计 2006 年开工建筑,2008 年北京奥运会开幕前竣工投入使用。

2006 年起,进入"十一五"规划实施期,白山市交通事业确定了新的发展目标和远景建设规划,着重体现:坚持以人为本,注重交通建设的安全性、方便性和舒适性;坚持交通与自然相和谐,体现尊重自然、保护自然的理念;坚持可持续发展,树立节约资源的理念。同时市委、市政府提出早日建成"工业强市、旅游大市、特产名城、宜居佳地"全面小康长白山第一市的奋斗目标。白山交通人将遵照市委、市政府制定的目标,继续努力拼搏,奋发图强,为白山市的经济发展,为小康社会的实现,创造更加完善、更加便捷的交通条件。

第一篇　JI GOU

机　　构

1985年1月，经国务院批准设浑江市行政区划，实行市管县体制，浑江市交通局升为县（处）级建制。同年3月，市政府组建浑江市交通局。同年5月召开党员代表大会，产生中共浑江市交通局委员会。1986年9月，经浑江市总工会批准，设浑江市交通局工会。1987年4月，经共青团浑江市委员会批准，成立交通局团委。1994年4月浑江市交通局更名为白山市交通局。2005年，白山市交通局先后内设16个科室，下设19个事业单位和27户企业。并对临江市、长白朝鲜族自治县、抚松县、靖宇县、江源县5个县（市）交通局实行业务指导。

第一章　白山市交通局

白山市（原浑江市·下同）交通局位于浑江大街95号，占地面积1 412.4平方米，建筑面积3 317.5平方米，隶属白山市人民政府的行政部门。市交通局作为市政府的职能部门，主要负责组织实施全市公路、港航及其运输设施的建设、养护及管理工作；负责全市公路、水路运输市场行业依法行政管理，包括客运市场、货运市场、汽车维修市场、汽车驾驶员培训市场等；负责运输管理费、拖拉机养路费、过路过桥费等交通规费的征收、管理使用及监督工作；指导交通系统企业改革与发展；编制、衔接、协调公路、水路、运输基础设施建设及行业管理发展规划。

1985年1月，经国务院批准设浑江市行政区划，实行市管县体制，浑江市交通局升格为县（处）级。同年3月29日，市委、市政府派崔文宝负责组建浑江市交通局。同年5月22日召开首届党员代表大会，选举产生新一届中共浑江市交通局委员会。

1986年9月交通局机关内设科室有：秘书科、劳动人事科、财务科、计划统计科、运管科、党委办公室、纪检科、工会。1987年4月增设团委；1993年7月增设审计科；同年8月增设武装部，1997年2月撤销；1997年增设企业管理科（企管办）；2003年11月增设法规科；2004年4月增设战备办公室。1985年起先后组建了公路管理处、交通监理处、运输管理处、稽查征费处及地方海事局等交通行政执法的事业单位，并先后调整组建了市局直属的万里运输公司、长途客运公司、第一货运公司、第二货运公司、白灰厂、驾驶员培训学校、三岔子货运公司、湾沟货运公司、临江运输公司、临江货运公司、临江汽车配件厂等企业。在八道江、临江（现为临江市）、三岔子（现为江源县）三个区内设立交通运输管理站。根据公路建设发展需要，又先后组建了路成路桥、路安、路达等公路建筑有限公司。至2005年末白山市交通系统在岗职工人数达4 328人，其中男职工3 002人，女职工1 326人。离退休职工1 296人。1986年至2005年白山市交通局机构设置情况如图1－1－1、1－1－2。

图 1－1－1

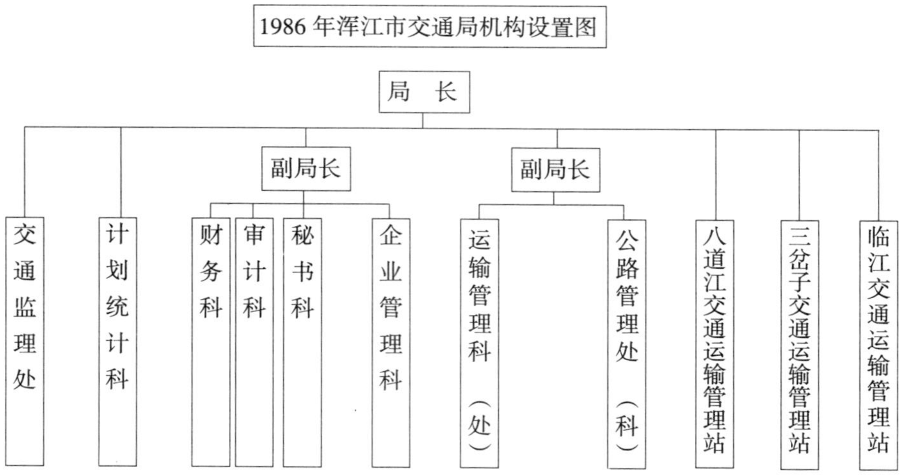

图 1－1－2

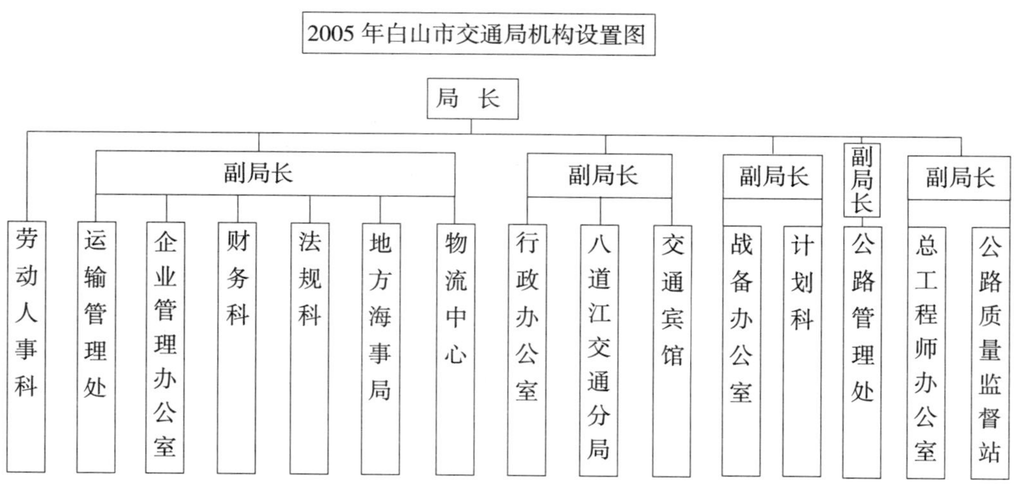

白山市交通局自 1985 年至 2005 年末历经四届领导班子具体任职情况，及省直部门下派挂职锻炼干部情况如表 1－1－1、1－1－2。

表 1－1－1　　1985－2005 年白山市交通局历届领导人名表

姓　名	任　职　年　限	任　职(含兼职)
崔文宝	1985 年 3 月—1990 年 5 月	局长、党委书记
张俊男	1985 年 7 月—1990 年 7 月	副局长、局党委委员
	1990 年 7 月—1999 年 2 月	局长、党委书记、市政府副秘书长
解运发	1990 年 8 月—1999 年 3 月	副局长、局党委委员
	1999 年 3 月—2001 年 10 月	局长、党委书记
孙长山	1999 年 2 月—2002 年 5 月	副局长、局党委委员
	2002 年 5 月—	局长、党委书记
卜贤浩	1985 年 5 月—1993 年 8 月	副局长、局党委委员
伊尚志	1986 年 1 月—1994 年 10 月	局党委副书记、局党委委员(正局级)
刘金宝	1986 年 10 月—1994 年 10 月	局纪检组长、书记、局党委委员
	1994 年 10 月—1997 年 10 月	局党委副书记、局党委委员
赵志旭	1993 年 8 月—2000 年 11 月	副局长、局党委委员
	2000 年 12 月—2001 年 10 月	副书记、局党委委员
张　伟	1997 年 11 月—2003 年 2 月	局纪检书记、局党委委员
	2003 年 2 月—	副局长、局党委委员
吴福龙	2000 年 11 月—	副局长、局党委委员(正局级)
袁笠娟	2001 年 10 月—	副书记、局党委委员
石丕业	1993 年 9 月—	助理调研员、纪检委书记、党委副书记、副局长
隋志林	2003 年 1 月—	纪检书记、局党委委员
吴永忠	2003 年 2 月—	公路管理处处长、副局长、局党委委员
张文刚	2004 年 11 月—	副局长
啜德义	1985 年 5 月—1987 年 6 月	副局级巡视员
纪连芳	1986 年 9 月—1992 年 3 月	副局级巡视员
闻东昌	1986 年 11 月—1994 年 8 月	副局级巡视员
初德贵	1989 年 1 月—1990 年 11 月	正局级巡视员
蒋耀良	1997 年 10 月—	调研员
法维成	1994 年 6 月—2003 年 1 月	助理调研员、调研员
赵连生	1999 年 6 月—	助理调研员、局党委委员
王清娥	1985 年 6 月—1991 年 3 月	副局级辽视员

表 1－1－2　　1985 年—2005 年省直部门下派白山市交通局挂职锻炼干部名表

姓　名	任　职　年　限	任　职
李忠效	1991 年 7 月—1992 年 7 月	市运输公司副经理
宛福成	1995 年 7 月—1996 年 3 月	局长助理
付　魏	2003 年 7 月—2005 年 9 月	副局长

白山市交通局机关科室 1985 年至 2005 年末历任科室领导情况如表 1－1－3。

表 1－1－3　　1985 年至 2005 年白山市交通局科室历任领导人名表

科　室	姓　名	年　月　日至　年　月　日	任　职(含兼职)
行政办公室	鞠耀宗	1986 年 10 月—1989 年 7 月	科长
	石丕业	1989 年 7 月—1991 年 4 月	副科级巡视员、副科长
	裴玉山	1991 年 4 月—1992 年 4 月	科长
	张继强	1993 年 7 月—1997 年 2 月	主任
	宋兰杰	1997 年 2 月—1999 年 7 月	主任
	王成武	1997 年 2 月—2001 年 12 月	主任科员
	辛泳光	1999 年 7 月—2001 年 12 月	主任
	李军锋	2001 年 12 月—2005 年 10 月	主任
	王伟旭	2005 年 10 月—	副主任
劳动人事科	王清娥	1985 年 6 月—1991 年 4 月	科长
	石丕业	1991 年 4 月—1994 年 5 月	科长
	李宪茂	1994 年 5 月—2001 年 12 月	副科长、科长
	陈振复	2001 年 12 月—	科长
	张钦芳	1993 年 9 月—1996 年 5 月	副科级巡视员
	郑欣荣	1996 年 5 月—	副主任科员、主任科员
财务科	郭殿阁	1984 年 2 月—1990 年 3 月	副科长、科长
	吴久芝	1990 年 3 月—1993 年 7 月	副科长
	姜国桢	1993 年 7 月—2001 年 12 月	科长
	任福春	2001 年 12 月—	科长
	王淑芬	1996 年 5 月—	副主任科员、主任科员
	牛桂香	1986 年 9 月—1993 年 7 月	副科级审计员
审计科	吴久芝	1993 年 7 月—2001 年 6 月	科长

续表 1

科　室	姓　名	年 月 日至 年 月 日	任　职(含兼职)
计划统计科	蒋宝玉	1986 年 10 月—1987 年 3 月	副科长
	张　伟	1987 年 3 月—1997 年 4 月	副科长、科长
	陈志盛	1997 年 4 月—	科长
交通监理处	刘金宝	1985 年 5 月—1986 年 10 月	处长
	王茂林	1985 年 5 月—1987 年 7 月	副处长、处长
	张世友	1986 年 10 月—1987 年 7 月	政治教导员
	薛凤舞	1985 年 10 月—1987 年 7 月	副处长
运输处(科)	腾世昌	1985 年 10 月—1987 年 3 月	副处长
	钟舜利	1985 年 10 月—1987 年 3 月	副处长
党委办公室	刘宝库	1986 年 10 月—1987 年 1 月	主任
	裴玉山	1987 年 1 月—1991 年 4 月	主任
	隋志林	1991 年 4 月—1997 年 2 月	主任
	赵连生	1997 年 2 月—2001 年 12 月	主任
	吴永俊	2001 年 12 月—	主任
工会	赵连生	1986 年 9 月—1997 年 2 月	副主席、主席
	于学安	1997 年 2 月—	副主席、主席
纪检室(监察室)	战广令	1986 年 9 月—1987 年 2 月	副组长
	李成友	1986 年 10 月—1989 年 6 月	正科级纪检员
	董兴亚	1989 年 6 月—1990 年 3 月	副科级监察员、科级纪检员
	陈振复	1990 年 3 月—2001 年 12 月	副科级监察员、科级纪检员
	刘兆军	1990 年 1 月—1993 年 7 月	副科级监察员
	宋兰杰	1993 年 7 月—1997 年 2 月	副科级监察员
	王明久	1994 年 11 月—1997 年 2 月	正科级纪检员
	王成武	2001 年 7 月—2003 年 3 月	正科级纪检员
局团委	隋志林	1987 年 4 月—1993 年 7 月	副书记、书记
	于学安	1993 年 7 月—1997 年 2 月	书记
	辛泳光	1997 年 2 月—1999 年 7 月	负责人、书记
	吴永俊	1999 年 7 月—2001 年 12 月	副书记
	张英惠	2001 年 12 月—	书记
武装部	王成武	1993 年 8 月—1997 年 2 月	部长

续表2

科室	姓名	年月日至年月日	任职(含兼职)
企业管理科(企业管理办公室)	丁贵义	1997年1月—2002年8月	科长
	刘敬海	2002年8月—	主任
	刘光辉	2004年6月—	副主任
	张福玉	1985年7月—1987年4月	副科长
法规科	王成武	2003年3月—	科长
战备办公室(综合科)	郑宪华	2004年4月—	科长
	马　军	2004年4月—	副科长
总工程师办公室	胡万志	1991年6月—2003年11月	总工程师
	张文刚	2003年1月—2004年10月	总工程师
交通运输管理站	杨万卿	1985年5月—1987年3月	八道江交通运输管理站站长
	许天泉	1987年3月—1992年4月	八道江交通运输管理站站长
	宋孟春	1985年5月—1996年4月	三岔子交通运输管理站站长
	侯振才	1985年5月—1992年9月	临江交通运输管理站站长

第二章　中共白山市交通局委员会

1985 年经中共浑江市委员会批准，在市交通局设立中共浑江市交通局委员会，肩负着市直交通系统宣传贯彻落实党的各项方针、政策和组织完成所担负的交通建设和发展任务。并着力加强党的组织建设、思想建设和作风建设，确保党组织在交通部门中的政治核心作用。对党员进行教育和管理，充分发挥党员和群众的积极性和创造性，做好发展新党员工作。至 2005 年末共召开了四届党员代表大会，经民主选举产生了中共白山市交通局委员会和中共白山市交通局纪律检查委员会。

第一节　党员代表大会

1985 年 5 月 22 日，中共浑江市交通局第一届党员代表大会第一次会议在浑江市公路处会议室召开。到会代表 32 人。经民主选举崔文宝为党委书记。

首届委员会委员由卜贤浩、王清娥、刘宝库、刘金宝、战广令、崔文宝、解运发组成。后经市委批复，增补张俊男为中共浑江市交通局委员会委员。

第一届党员代表大会第二次会议于 1986 年 8 月 5 日在交通局会议室召开，到会代表 41 人，崔文宝作工作报告，经民主选举新一届党委会。

党委书记：崔文宝

党委副书记：伊尚志

党委委员：卜贤浩、张俊男、王清娥、解运发、战广令、刘宝库、刘金宝。

第二届党员代表大会于 1991 年 7 月 23 日在市交通招待所六楼会议室召开。到会代表 112 名，张俊男作工作报告，经民主选举产生新一届党委会和第一届纪律检查委员会。

党委书记：张俊男

党委副书记：伊尚志

党委委员：卜贤浩、刘金宝、刘宝库、战广令、隋志林、蒋宝玉、解运发。

纪检书记：刘金宝

纪检委员：王成武、石丕业、刘兆军、陈振复、隋志林。

第三届党员代表大会于1997年6月4日在万里运输公司会议室召开。到会党员代表108人。张俊男作题为《加强党的建设，为实现交通事业大发展而奋斗》的工作报告。石丕业作题为《务求实效，再接再厉推动交通系统行风建设和反腐败斗争深入发展》的纪检工作报告。经民主选举产生新一届党委会和第二届纪律检查委员会。

党委书记：张俊男

党委副书记：刘金宝

党委委员：石丕业、孙长山、张伟、赵志旭、赵连生、解运发、蒋宝玉。

纪检书记：石丕业

纪检委员：于振田、李先茂、陈振复、赵连生。

1999年2月张俊男升任白山市人大常委会副主任，后经市委批准解运发为党委书记。石丕业为党委副书记，张伟为纪检委书记。

第四届党员代表大会于2002年1月19日在万里运输公司会议室召开。到会代表110人。孙长山作题为《践行三个代表，加强党的建设，为实现交通建设跨越式发展而奋斗》的工作报告。张伟作题为《坚持三个代表重要思想，推动交通系统党风廉政建设再上新台阶》的纪检工作报告。经民主选举产生新一届党委会和第三届纪律检查委员会。

党委书记：孙长山

党委副书记：袁笠娟

党委委员：石丕业、吴永忠、吴永俊、吴福龙、宋兰杰、张伟、赵连生、隋志林。

纪检书记：张伟

纪检委员：于振田、王成武、吴永俊、隋志林、倪书平、郭民。

2003年1月经中共白山市委员会批准隋志林为纪检委书记、监察专员。

1986年至2005年末，中共白山市（浑江市）交通局委员会及1991年至2005年末纪律检查委员会机构设置情况如图1－2－1、1－2－2。

图 1－2－1

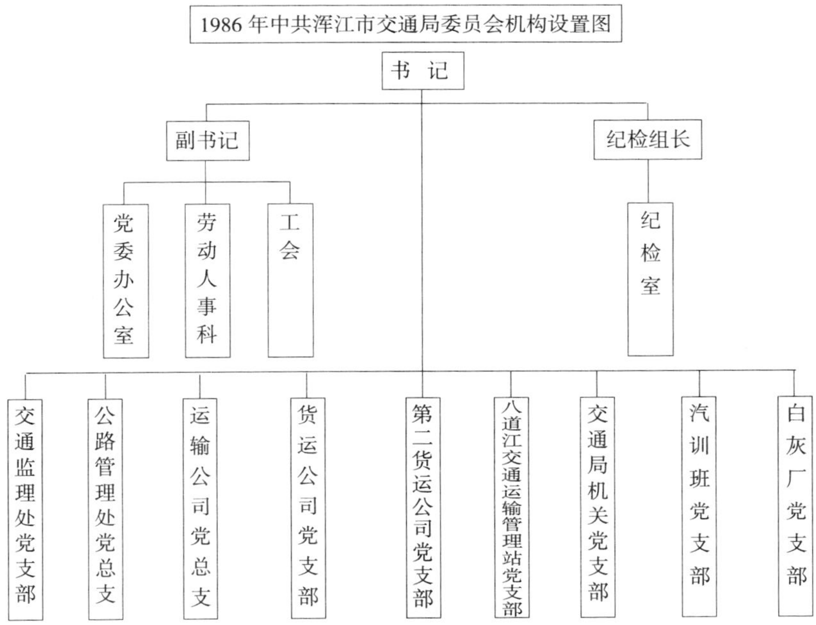
1986 年中共浑江市交通局委员会机构设置图
书 记
副书记
纪检组长
党委办公室
劳动人事科
工会
纪检室
交通监理处党支部
公路管理处党总支
运输公司党总支
货运公司党支部
第二货运公司党支部
八道江交通运输管理站党支部
交通局机关党支部
汽训班党支部
白灰厂党支部

图 1－2－2

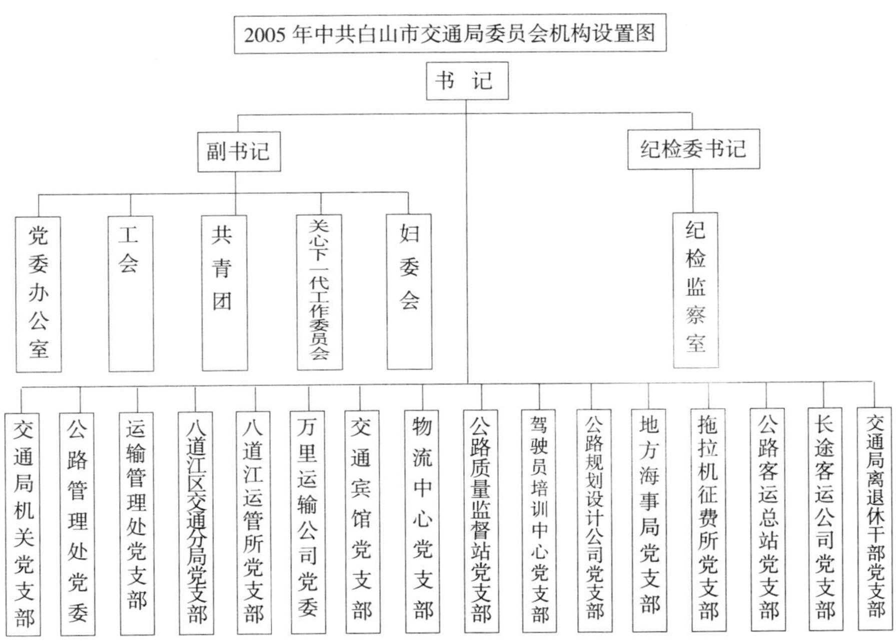
2005 年中共白山市交通局委员会机构设置图
书 记
副书记
纪检委书记
党委办公室
工会
共青团
关心下一代工作委员会
妇委会
纪检监察室
交通局机关党支部
公路管理处党委
运输管理处党支部
八道江区交通分局党支部
八道江运管所党支部
万里运输公司党委
交通宾馆党支部
物流中心党支部
公路质量监督站党支部
驾驶员培训中心党支部
公路规划设计公司党支部
地方海事局党支部
拖拉机征费所党支部
公路客运总站党支部
长途客运公司党支部
交通局离退休干部党支部

第二节 党委办事机构

1985年4月经浑江市编委会批准，设立交通局党委办公室，属白山市交通局党委的办事机构。其主要职责为：在局党委的直接领导下，负责市局所辖交通系统内党的组织、思想及作风建设和基层党、政领导班子建设，制定党委工作计划、工作制度，总结党委工作，对党员管理和教育，培养发展新党员，培养、教育、管理和考核中层干部及后备干部，负责全系统精神文明建设的部署、评比、考核及创建活动。

第三节 党的基层组织

1985年7月，中共浑江市交通局委员会，根据浑江市编制委员会批准设立的交通机构、企事业单位，依据党员人数分别设立基层党组织，党总支2个，党支部7个。

至2005年末，隶属交通局党委的基层党组织，党委2个，党支部14个。

第四节 党的纪检组织

1997年6月，经中共浑江市纪律检查委员会批准，成立中共白山市交通局纪律检查委员会。

在中共白山市纪律检查委员会指导下开展工作，并在交通局机关内设纪检监察室，在公路管理处党委设纪检委，在运输管理处设专职纪检员。其职责：负责党组织及党员的廉政建设和党员的纪律教育、考核及违纪查处。

中共白山市交通局纪律检查委员会书记、委员经党员代表大会民主选举产生。

第五节 党员

1985年建局时，市局直属基层党组织共有党员149名（其中预备党员10名），到2005年末，党员人数达到483名（其中预备党员2名），比1985年增加334名，增长3.2倍。

第三章　工　会

第一节　工会委员会

1986年9月，经浑江市总工会批准设立浑江市交通局工会。至2005年末，历经两届工会领导的更迭，仍保留原机构框架。在局党委领导下，受市总工会指导开展工作。在交通企事业单位中设立基层工会组织，是群众性团体。在交通系统中承担维护职工合法权益，组织劳动竞赛、技术革新、开展文娱体育活动，评选先进生产者，总结交流工会工作经验，参与企、事业单位民主管理等职责。

自1986年9月至2005年市局工会主席由市委组织部、市总工会任命了2届工会主席，负责局工会工作。

第二节　基层工会

1986年市管县后，浑江市交通局工会设立，为市交通局内设机构之一。至2005年末先后在直属企事业单位中分别设立工会委员会11个，发展会员1 661名。工会建立健全职代会制度，加强民主管理，充分发挥职工在生产经营中的积极性和创造性；开展各种劳动竞赛和文体活动；帮贫解困献爱心，维护职工合法权益，为白山交通事业蓬勃发展做出了积极贡献。

1986年，浑江市交通局工会机构设置情况如图1－3－1。2005年白山市交通局工会机构设置情况如图1－3－2。

图 1－3－1

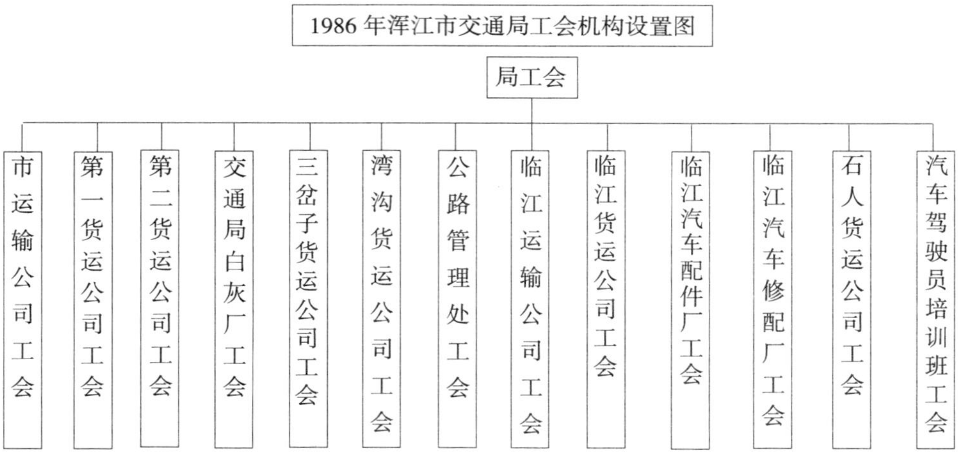
1986 年浑江市交通局工会机构设置图
局工会
市运输公司工会
第一货运公司工会
第二货运公司工会
交通局白灰厂工会
三岔子货运公司工会
湾沟货运公司工会
公路管理处工会
临江运输公司工会
临江货运公司工会
临江汽车配件厂工会
临江汽车修配厂工会
石人货运公司工会
汽车驾驶员培训班工会

图 1－3－2

2005 年白山市交通局工会机构设置图
局工会
公路管理处工会
公路收费总站工会
路成路桥有限公司工会
公路规划设计有限公司工会
公路职工培训中心工会
万里运输有限公司工会
长途客运公司工会
客运总站工会
八道江区交通分局工会
交通局驾驶员培训中心
交通宾馆工会

第四章 共 青 团

第一节 共青团白山市交通局委员会

1987年4月，经共青团浑江市委员会批准，交通局团委正式组建，组织日常共青团工作，不定期召开会议，研究部署年度工作计划、基层团组织的组建、开展“青年文明号”创建活动及对先进集体、个人的表彰奖励。坚持“服务、创新、落实”的工作原则，做到服务青年、服务企业、服务社会，创造性地开展工作，推动交通系统共青团工作不断发展。

自1987年4月起至2005年由市委组织部、团市委共任命了5任团委书记，负责局团委工作。

第二节 基 层 组 织

1987年，建立共青团浑江市交通局委员会，系统内共有青年455名，团员287名。至2005年，交通局团委下设5个基层团组织，尚有团员105人。各基层团组织建立了团员档案、团组织各项管理制度及创先争优活动工作日志，共青团工作在党委的领导下，以交通工作为中心，开展各项创建活动，不断组织了多项文体活动及知识竞赛活动，共青团白山市交通局委员会自建立起至2005年共开展了“鹤大一级公路绿化美化工程”、“青年文明号”、“青年文明伴我行”、“新时代新风采”等活动，先后荣获吉林团省委、白山团市委的“青年文明号”、“五四红旗团委”和“保护明天爱心救助”金牌奖等荣誉称号。

2003年后，团员在逐渐减少，其原因主要是机构改革、企业改制及人员分流造成部分团组织自然解体；各单位人员变化不大，团员队伍逐渐老化，团员逐步超龄退团；大量团员成为单位业务骨干，被发展为中共党员。

1989年至2005年共青团白山市交通局委员会基层组织情况如下图1－4－1，1－4－2。

图1－4－1

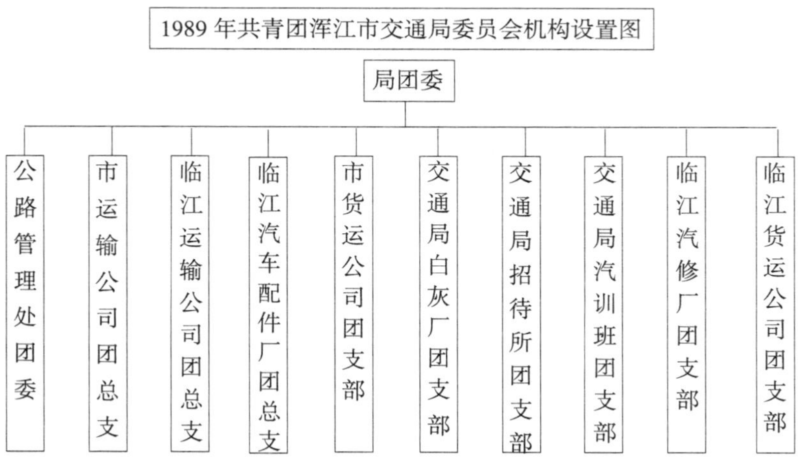

图1－4－2

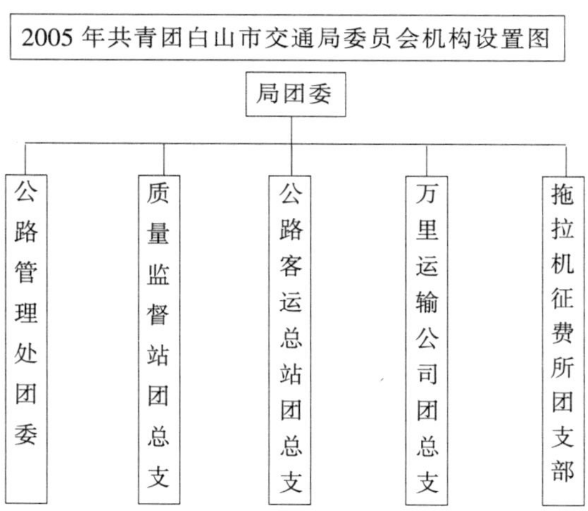

第五章　白山市区内交通事业单位简介

白山市市区（含原建市初期的八道江区、三岔子区、临江区）交通事业单位中，分为行政执法职能单位和企业化管理事业单位。在《中华人民共和国公路法》、《吉林省道路运输管理条例》、《吉林省公路养路费征收管理若干规定》等法律法规颁布实施后，交通行政执法部门步入行政执法轨道。自1985年建局起，交通事业单位担负行政执法职能的有：中华人民共和国浑江交通监理处（1987年6月移交浑江市公安局）、浑江市交通稽查征费处（1994年移交省交通厅）、浑江市港监船检处、白山市运输管理处（所）、白山市公路管理处及下设的路政监理科、公路工程质量监督站、拖拉机征费所、超限运输监测站、白山市地方海事局。此外，有企业化管理事业单位白山市公路客运总站等单位。

各县（市、区）交通局事业单位，由当地政府编委会核定。

第一节　中华人民共和国浑江交通监理处

中华人民共和国浑江交通监理处，原隶属通化地区交通局的一个监理所。1985年6月根据浑江市编制委员会浑编字［85］第109号文件通知，将中华人民共和国浑江交通监理所改称为中华人民共和国浑江交通监理处，隶属市交通局，科级建制事业单位，负责辖区内公路交通安全、车籍、驾驶员考证、港监、船检等项管理工作。

1987年6月根据国务院国发［1986］9号文件和吉林省政府吉政发［1987］27号文件规定，撤销浑江市交通局所属的市交通监理处（不含养路费征收及港监船检部分职责）。截止1986年12月31日，将所有人员、固定资产、资金、业务档案及现有公路交通标志、标线等安全设施全部移交给浑江市公安局管理。于1987年7月1日移交完毕。

表 1－5－1　　1985 年至 1987 年浑江交通监理处主要领导人名表

姓　名	任　职　年　限	任　职（含兼职）
刘金宝	1985 年 5 月—1986 年 10 月	处长
王茂林	1985 年 5 月—1987 年 7 月	副处长、处长
张世友	1986 年 10 月—1987 年 7 月	教导员
薛风舞	1985 年 10 月—1987 年 7 月	副处长

第二节　白山市公路管理处

白山市公路管理处位于白山市八道江区浑江大街 40 号，占地面积 1 985.91 平方米，建筑面积 2 647.4 平方米。

1985 年 6 月 27 日根据浑江市编委浑编字［85］第 109 号文件通知，成立浑江市公路管理处，科级事业单位，隶属市交通局。原浑江市公路管理段分别组建八道江区、三岔子区、临江区公路管理段，由浑江市公路管理处垂直领导。1988 年 9 月 9 日，经吉林省编委吉编字［1988］169 号文件批准，浑江市公路管理处升格为副县级建制。1992 年 9 月临江撤区设县，临江公路管理段移交临江县交通局管理。1994 年 4 月，浑江市公路管理处更名为白山市公路管理处。1996 年 1 月撤消三岔子区设江源县，同年 4 月，三岔子公路管理段移交江源县交通局管理。

表 1－5－2　　1985 年—2005 年白山市公路管理处历届领导人名表

姓　名	任　职　年　限	任　职（含兼职）
李坤德	1985 年 5 月—1985 年 11 月	副处长
解运发	1985 年 8 月—1990 年 8 月	处长、党总支书记（副局级巡视员）
裴玉山	1985 年 8 月—1987 年 1 月	党总支副书记
	1992 年 4 月—2003 年 5 月	党委书记
刘宝库	1987 年 1 月—1992 年 3 月	党委书记
孙长山	1986 年 12 月—1999 年 4 月	副处长、处长
于　琦	1986 年 12 月—1988 年 12 月	副处长
张继强	1986 年 12 月—1992 年 4 月	党委副书记兼纪检组长
	1997 年 3 月—2003 年 3 月	副处长
吴永忠	1989 年 4 月—1999 年 4 月	副处长
	1999 年 4 月—	处长

续表 1

姓　名	任　职　年　限	任　职（含兼职）
张文刚	1989 年 12 月—1999 年 12 月	副处长
马靖伟	1994 年 2 月—1996 年 3 月	副处长
	1998 年 12 月—	副处长
许长印	1997 年 3 月—	副处长
裘玉麟	1999 年—2003 年 12 月	副处长
李玉书	1992 年 4 月—1996 年 12 月	副处长
	2001 年 4 月—2003 年 12 月	副处长
张枭雄	2003 年 5 月—2004 年 10 月	副处长
	2004 年 10 月—	党委书记
丛　强	2003 年 5 月—	副处长
于振田	1994 年 4 月—2003 年 12 月	纪检书记
胡万志	1989 年 12 月—1991 年 6 月	总工程师
王　海	1998 年 3 月—2003 年 5 月	总工程师
刘世建	2003 年 5 月—	总工程师

第三节　白山市运输管理处

白山市运输管理处，位于白山市八道江区浑江大街 95 号市交通局办公楼内。

1985 年 6 月 27 日，按浑江市编委浑编字［85］第 109 号文件通知成立浑江市运输管理处，为局内设科室。1987 年 4 月 1 日经吉林省及浑江市编委批准，浑江市运输管理处变为市交通局直属事业单位，科级建制。负责辖区内运政管理工作。市区内八道江、三岔子、临江三个运管所业务由运管处指导。1990 年 3 月 8 日，经吉林省编委及编字［1990］299 号文件及浑江市编委浑编字［1990］60 号文件批准，浑江市运输管理处升格为副县级建制，各县（区）运输管理所定为副科级事业单位。1992 年 9 月临江撤区建县，临江运输管理所移交临江县交通局管理。1996 年 1 月，撤消三岔子区设江源县，同年 4 月，三岔子运输管理所移交江源县交通局管理。

表 1－5－3　　1985 年—2005 年白山市运输管理处历届领导人名表

姓　名	任　职　年　限	任　职（含兼职）
蒋宝玉	1987 年 4 月—1999 年	处长
杨万卿	1987 年 4 月—	政委兼党支部书记
腾世昌	1987 年 4 月—1996 年 8 月	副处长
钟舜利	1987 年 4 月—1988 年 4 月	副处长
张福玉	1987 年 4 月—1994 年 4 月	副处长
鞠耀宗	1989 年 7 月—	副处长
许天泉	1992 年 4 月—1996 年 12 月	副处长
李玉书	1996 年 12 月—2001 年 4 月	副处长
王海东	1997 年 1 月—	副处长
李宝林	1994 年 7 月—	纪检员、副处长、政委
郭　民	1996 年 12 月—	纪检员
宋兰杰	1999 年—	处长
郝维民	2003 年 5 月—	副处长

第四节　白山市交通稽查征费处

1987 年 2 月 28 日，根据吉林省交通厅吉交稽征字［1987］49 号文件成立浑江市交通稽查征费处，同时成立浑江市港监船检处（两处为一套人马两块牌子），隶属浑江市交通局科级事业单位，同时各县（区）成立交通稽查征费所，业务由市征费处指导。负责辖区内公路养路费征缴任务。1990 年 3 月 8 日经吉林省编委吉编字［1990］299 号文件及浑江市编委浑编字［1990］60 号文件批准，该处升格为副县级建制，各县（区）征费所定为副科级事业单位。1994 年 4 月更名为白山市交通稽查征费处。1994 年 10 月划归省交通厅，更名为“吉林省交通规费征收管理局白山分局”。

表 1－5－4　　1987 年—1994 年白山市交通稽查征费处主要领导人名表

姓　名	任　职　年　限	任　职（含兼职）
战广令	1987 年 2 月—1994 年 10 月	处长
董义民	1987 年 2 月—1994 年 10 月	政委兼党支部书记
杜宝田	1987 年 2 月—1994 年 10 月	副处长
于增祥	1987 年 2 月—1994 年 10 月	副处长

第五节　浑江市交通局八道江交通运输管理站

1985 年 4 月，设立八道江交通运输管理站，管理站位于浑江大街 95 号，浑江市交通局办公楼内，是隶属浑江市交通局的事业单位派出机构，至 1994 年 11 月，先后内设八道江运输管理所、八道江交通监理所、八道江稽查征费所。主要承担八道江区域内的公路交通安全管理、运输市场管理、交通规费征缴及港监、船检等项工作任务。八道江交通监理所于 1987 年 7 月移交浑江市公安局。1992 年 4 月，八道江交通运输管理站撤销。其中稽查征费所划归征费处，运管所划归运管处。

表 1－5－5　　1985 年至 1992 年八道江交通运输管理站历届领导人名表

姓　名	任　职　年　限	任　职（含兼职）
杨万卿	1985 年 5 月—1987 年 4 月	站长兼党支部书记
王宝山	1985 年 5 月—1987 年 7 月	副站长兼运管所长
咸广林	1985 年 5 月—1987 年 7 月	副站长兼监理所长
许天泉	1987 年 3 月—1992 年 4 月	站长兼党支部书记
张伟权	1987 年 3 月—1992 年 4 月	副站长兼运管所长
孙庆礼	1987 年 3 月—1992 年 4 月	副站长兼征费所长

第六节　浑江市交通局三岔子交通运输管理站

1985 年 4 月，组建三岔子交通运输管理站，下设运输管理所和交通监理所，于 1987 年 7 月交通监理所移交三岔子区公安局后，组建稽查征费所，为浑江市交通局派出机构。1996 年 1 月，撤销三岔子区设立江源县。同年 4 月，设立江源县交通局，同时撤销三岔子交通运输管理站，设江源县运输管理所，并在辖区内的三岔子镇、石人镇、八宝、湾沟镇及松树镇设立运管分所，隶属县交通局。稽查征费所划归浑江市稽查征费处管理。

三岔子交通运输管理站，主要负责三岔子区域的交通安全管理、运输市场管理、交通规费征缴等项工作职责。

表 1－5－6　1985 年至 1996 年三岔子交通运输管理站历届领导人名表

姓　名	任　职　年　限	任　职（含兼职）
宋孟春	1985 年 5 月—1992 年 4 月	站长兼党支部书记
邢文德	1985 年 5 月—1987 年 2 月	副站长兼运管所长
马明海	1985 年 5 月—1993 年 12 月	副站长兼监理所、征费所长
邢玉福	1987 年 2 月—1995 年 12 月	副站长兼运管所长
赵明发	1992 年 3 月—1996 年 4 月	征费所教导员
董兴亚	1993 年 12 月—1994 年 10 月	征费所长
范仁友	1994 年 4 月—1996 年 4 月	运管所教导员
石全义	1996 年 4 月—1996 年 7 月	运管所教导员

第七节　浑江市交通局临江交通运输管理站

1985 年 4 月，组建临江交通运输管理站，为浑江市交通局直属事业单位派出机构，先后下设临江运输管理所、临江交通监理所、临江稽查征费所。主要负责临江区域内的公路交通安全管理，运输市场管理，交通规费征缴及港监、船检等项工作管理职能。

临江交通监理所于 1987 年 7 月移交临江公安局。1992 年 9 月，临江交通运输管理站撤销，临江交通运输管理所移交临江县交通局直属。临江交通稽查征费所划归浑江市稽查征费处。

表 1－5－7　1985 年至 1992 年临江交通运输管理站历届领导人名表

姓　名	任　职　年　限	任　职（含兼职）
侯振才	1985 年 5 月—1992 年 9 月	站长兼党支部书记、运管所长
宋玉成	1985 年 5 月—1987 年 7 月	副站长兼监理所长
梁连科	1987 年 1 月—1990 年 5 月	副站长兼运管所长
王清杰	1987 年 7 月—1987 年 12 月	副站长兼征费所长
李良德	1987 年 12 月—1992 年 9 月	副站长兼征费所长

第八节　白山市公路客运总站

白山公路客运总站，前身为浑江市运输公司长途客运站（二级站），是浑江市运输公司的一个下属部门。1985 年站舍面积 62 平方米，站务人员 7 人。1987 年 8 月，站舍迁入运输公司一楼，位于浑江大街 306 号，建筑面积 2 140 平方米，站务人员 37 人。

1998 年 8 月 20 日，白山公路客运总站成立，实行站、车分营管理，为科级建制，事业单位，独立核算，核定编制为 58 人。

2001 年 9 月，座落于东兴街 8 号的新客运站舍落成投入使用，占地面积 9 813 平方米，总建筑面积 3 163．4 平方米。截至 2005 年底，白山市客运总站固定资产达 192 万元，职工 214 人，具有初级以上专业技术职称人员 11 人，总站下设西客运分站、板石分站、八中道口分站、浑江站前分站 4 个客运分站，内设财务科、票据科、劳资科、督查办、办公室及工会，日发班车 520 个班次，日投入车辆 210 台次，日均输送旅客 6 000 人次。

白山公路客运总站自成立以来，坚持以人为本以德治站的理念，内抓管理，外树形象，立足岗位，服务社会，取得了“三个文明”建设的丰硕成果，1992 年，起先后被省委省政府授予精神文明建设先进单位、“三五”普法先进单位称号；被省总工会授予“五一”劳动奖状、职工道德建设十佳单位、“十佳”女职工标兵岗称号；被市委市政府授予精神文明建设先进单位、重合同守信用单位、安全文明单位等称号。荣获省级、市级模范集体和青年文明号等荣誉。

表 1－5－8　　1985—2005 年白山市公路客运总站历届领导人名表

姓　名	职务	任　职　年　限	姓　名	职务	任　职　时　间
卢永义	站长	1985 年 1 月—1986 年 8 月	朴华俊	站长	1993 年 2 月—1994 年 5 月
赵连生	站长	1986 年 8 月—1987 年 2 月	王　龙	站长	1994 年 5 月—1998 年 8 月
宛长武	站长	1987 年 2 月—1987 年 6 月	邹云章	书记	1985 年 1 月—1991 年 3 月
吴礼贤	站长	1987 年 6 月—1988 年 2 月	何继学	书记	1991 年 3 月—1998 年 8 月
梁洪久	站长	1988 年 2 月—1989 年 5 月	孙成义	站长	1998 年 8 月—
裘玉麟	站长	1989 年 5 月—1992 年 4 月			
孙锡山	站长	1992 年 4 月—1993 年 2 月			

第九节　白山市公路工程质量监督站

1991 年，浑江市公路工程质量监督站成立，为市交通局直属事业单位。定编 12 人，其中领导职数 1 名，行政人员 1 名，业务人员 8 名，工勤人员 1 名。位于白山市东兴街客运总站院内，单位建筑面积 570 平方米。其职责：对白山市范围内在建的公路工程质量依法进行监督管理的专职执法机构。依据国家有关法律和交通部规章确定的现行技术规范、规程和标准对工程质量进行监督、检查和鉴定、建设、设计、施工。监理单位在工程实施阶段接受质量监督站的监督。质量监督站采取定期检查与随时抽查的巡回方式以及月报表形式进行监督，并运用法律和行政手段制止和纠正影响公路工程质量的建设行为。站内设有监督科、监理科、办公室、检测科。

2000 年，经白山市编委白山编字［2000］7 号文件批复，成立“白山市公路工程实验检测中心”，该机构与市公路工程质量监督站合属办公，实行一套机构，两块牌子。列事业单位管理，正科级建制，隶属白山市交通局。编制 15 人，其中领导职数 2 人，专业技术人员 13 人。内设沥青实验室、土工实验室、工地实验室。2003 年，依据交通部和交通厅下发的《关于治理整顿公路监理市场秩序的意见》等有关文件的要求，市公路工程实验检测中心，组建具有丙级资质等级的白山市星源公路工程监理有限公司。列企业单位管理。

2000 年试验检测中心通过资质验收。并购入仪器设备共 40 台（套），价值近 50 万元。2004 年投入 30 万元建立工地试验室，并配备一台专用车。2005 年新添置试验检测设备共 20 台（套），近 40 万元。到 2005 年末，试验检测中心已经有资产 198 万元，仪器设备 90 台（套）。并在 2005 年 5 月通过了公路试验检测乙级资格认证。业务范围从 2000 年的 6 类 54 项，发展到现在的 11 类 100 多项。到 2005 年试验检测中心共完成试验项目 9 656 项，承接试验委托 4 374 份，为监督站在全市范围对公路工程的质量检测、监督鉴定以及质量问题的处理提供了科学依据。

2005 年，全站包括试验检测中心在内共有 63 人，其中专业技术人员 31 人，占总人数的 49. 2%。其中，高级工程师 1 人，工程师 14 人，会计师 2 人，经济师 3 人，馆员 1 人，政工师 3 人，助理工程师 3 人，助理经济师 1 人，助理馆员 1 人，助理统计师 2 人。12 人具有部颁监督工程师和监督员资格。

表 1－5－9　　1989—2005 年质监站历届领导人名表

姓　名	任　职　年　限	任　职（含兼职）
关士林	1989 年 3 月—1994 年 12 月	站长
许长印	1994 年 12 月—1997 年 1 月	站长、党支部书记
张枭雄	1997 年 1 月—2003 年 6 月	站长、党支部书记
李可才	2003 年 6 月—	站长、党支部书记
刘景溪	2000 年 4 月—	副站长
马宪伟	2001 年 5 月—	副站长
刘卫国	2003 年 6 月—	副主任
刘立先	2003 年 6 月—	副主任
徐　慧	2004 年 6 月—	党支部副书记

表 1-5-10　　1997 年—2005 年公路工程试验检测中心历届领导人名表

姓　名	任　职　年　限	任　职（含兼职）
张枭雄	1997 年 1 月—2003 年 6 月	站长
李可才	2003 年 6 月—	主任
刘立先	2003 年 6 月—	副主任
刘卫国	2003 年 6 月—	副主任

第十节　白山市八道江运输管理所

1953 年，设立八道江运输站（所），先后隶属于临江县运输公司、浑江市运输公司、浑江市交通邮政局、浑江市交通局八道江交通运输管理站。

1985 年浑江市变为地级市后，在八道江区组建了八道江交通运输管理站，下设运输管理所，与交通监理所、稽查征费所合属办公。

1986 年 12 月 29 日，交通部和国家经委联发了公路运输管理文件：《关于印发〈公路运输管理暂行条例〉的通知》［1986］交公路字 1013 号。运输管理所的工作职能是：按上级文件行使管理公路客运、货运、搬运装卸市场，同时对经营者按营业额的 1% 收缴运输管理费，并为车、货主结算运费。

1987 年 3 月交通体制改革，交通监理划归公安。根据吉林省编委、交通厅［1987］11 号文件精神，成立浑江市运输管理处，并对八道江运输管理所业务指导，八道江运输管理所属于事业单位，隶属浑江市交通局，内设：办公室、货运股、客运股、稽查股及汽车维修股。

1992 年 4 月，八道江运输管理站撤消后，八道江运输管理所单独挂牌。运输管理所设在市交通局一楼。

2001 年运输所搬迁至白山客运总站东侧，白山市八道江区东兴街 8-2 号。建筑面积 570 平方米，使用面积 350 平方米。职工人数 32 人（在编 19 人，编外 13 人）。

2005 年末，全区公路运输完成年货运量 468 万吨，货物周转量 27 598 万吨公里，年平均增长率分别为 11.1% 和 114.3%；完成客运量 289 万人，旅客周转量 8 665 万人公里，全区道路营运车辆发展到 2 738 辆，其中营运客车 258 辆，营运货车 2 480 辆。

所内专业技术人员构成为：高级政工师 3 名、经济师 4 名、政工师 8 名、助理经济师 2 名、高级驾驶员 3 名、高级技工 1 名。

八道江运输管理所自 1998 年起先后被吉林省委省政府、市委市政府表彰为“精神文明建设先进单位”、“青年文明号信用建设示范单位”、“文明单位标兵”等荣誉称号。

表 1－5－11　　1985 年—2005 年八道江运输管理所历届领导人名表

姓　名	任　职　年　限	任　职（含兼职）
王宝山	1985 年 5 月—1987 年 7 月	副站长兼运输管理所所长
张伟权	1987 年 3 月—1993 年 12 月	副站长兼运输管理所所长
宋孟春	1992 年 4 月—1995 年 8 月	教导员
郭　民	1993 年 12 月—1997 年 1 月	所长兼党支部书记
孙成义	1994 年 9 月—2005 年 11 月	副所长、教导员兼白山客运站站长
李宝林	1996 年 9 月—2005 年 11 月	所长兼党支部书记（副处长）
裴广全	2005 年 11 月—	市运管处处长助理兼所长
孙锡山	2005 年 11 月—	教导员

第十一节　白山市交通局拖拉机征费所

1994 年 11 月 30 日，白山市交通局拖拉机征费所，经白山市机构编制委员会白山编制［1994］29 号文件批复成立。办公地址位于八道江区北安大街 378 号，是白山市交通局直属的科级事业单位。内设财务科、办公室、稽查科、收费科。现有在职人员 30 人，其中事业编制 25 人。高级政工师 2 人，工程师 1 人，政工师 3 人，经济师 2 人。征费所设党支部 1 个，有 10 名党员。

依据吉林省政府 1992 年第 62 号令《吉林省公路养路费征收管理实施办法》，白山市拖拉机征费所对八道江区范围内的农村拖拉机征收养路费，用于补充农村乡道公路建设。2000 年，白山市交通局拖拉机征费所被共青团吉林省委命名为“青年文明号”。

表 1－5－12　　1994 年至 2005 年交通局拖拉机征费所历届领导人名表

姓　名	任　职　年　限	任　职（含兼职）
李成友	1994 年 1 月—1996 年 4 月	所长
宋春生	1995 年 1 月—2004 年	副所长兼工会主席
马靖伟	1996 年 4 月—1998 年 1 月	所长兼党支部书记
郑宪华	1997 年 4 月—2002 年 4 月	党支部副书记
孙维峰	1998 年 1 月—	所长兼党支部书记
簿文义	1999 年 1 月—	副所长
宁亚平	2002 年—	党支部副书记

第十二节　白山市超限运输检测站

2004 年 6 月 20 日，白山市超限运输检测站成立，位于市委党校西侧，占地面积 4 000 平方米，是隶属于公路处的事业单位，人员 8 名，根据交通部 2000 年第 2 号令《超限运输车辆行驶公路管理规定》、交通部、公安部、发展改革委、质检总局、安全监管局、工商总局、法制办联合下发《关于在全国开展车辆超限治理工作的实施方案》、吉政明电［2001］27 号《吉林省人民政府关于开展治理超限运输车辆行驶的通告》和吉治办［2005］13 号《关于统一我省治理车辆超限超载工作路面治理处罚标准》开展工作。主要负责对公路运输车辆超载治理工作。由公路处路政科兼管，负责人为卜庆友。

第十三节　白山市公路建设收费总站

1990 年 11 月，浑江市公路建设收费总站成立（1994 年更名为白山市公路建设收费总站）。根据吉林省交通厅、吉林省财政厅、吉林省物价局吉公交联字［1990］367 号文件《对〈浑江市人民政府关于市区西侧出入处新建“四浑”公路大桥建成通车征收过桥费的请示〉的批复》成立并开始收费。设立国道鹤大线道清、大桥两个收费站点，编制 44 人，副科级（由市编委批准）。1994 年 8 月大桥收费站撤销，同时在上甸子设收费站点。1999 年 6 月 10 日，经吉林省人民政府批准，设立省道朝长线花园收费站、国道鹤大线湾沟收费站、县道八三线大镜沟收费站；并于 2000 年 11 月 3 日经吉林省人民政府批准将上甸子收费站更名为白山收费站。将道清收费站更名为白山收费站道清分站。2002 年 8 月 7 日，设立国道鹤大线大阳岔收费站等 6 个收费站点。

根据本站的实际工作需要，总站设总站长 1 人，副总站长 3 人，工会主席 1 人。并设 7 个职能科室，分别是办公室、收费室、票据室、档案室、财务科、治安科和稽查科。总站地址在白山市委党校西侧，占地面积 3 200 平方米，建筑面积 2 782 平方米，单位性质为事业。人事任免由市交通局党委主管。现职工总数为 255 人。收费总站工作职责是，对直属 5 个收费站和 1 个收费分站进行全面管理。1990 年 11 月建站时的大桥、道清 2 个收费站点，年平均收费仅有 200 万元，至 2005 年收费达 3 000 万元。2000 年被共青团省委授予“青年文明号”，2001 年被吉林青年文明号活动组委会授予“全省青年文明号信用建设示范单位”，2004 年被中共白山市委、白山市人民政府授予 2002—2004 年度精神文明创建活动“文明窗口”。

表 1-5-13　　1985—2005 年公路收费总站历届领导人名表

姓　名	任　职　年　限	任　职（含兼职）
李坤德	1990 年 9 月—1991 年 7 月	站长
徐贵先	1991 年 7 月—1991 年 12 月	站长
宗洪福	1991 年 12 月—1995 年 11 月	站长
裘玉麟	1995 年 11 月—1999 年 8 月	站长
王树清	1999 年 8 月—2000 年 3 月	站长
张继强	2000 年 3 月—2001 年 4 月	公路处副处长兼总站长
李玉书	2001 年 4 月—2005 年 3 月	公路处副处长兼总站长
李　镭	2005 年 3 月—	总站长兼党总支部书记

第十四节　吉林省白山市地方海事局

2005 年 5 月，吉林省白山市地方海事局成立。编制 12 名。其中大学本科 8 人，专科学历 2 人，中专学历 1 人，初中学历 1 人。高级职称 4 人，中级职称 3 人，初级 2 人。海事局在白山市浑江大街 95 号市交通局楼内办公，直辖三道沟站（原港监站），三道沟站办公楼一处（原规费局 1998 年建），占地面积 667 平方米，建筑面积 337.5 平方米，75 马力港监艇一艘。

白山市地方海事局成立前机构沿革为：

1985 年至 1987 年浑江市港监船检管理业务，由市交通局监理处承办。

1987 年 2 月根据吉林省交通厅吉交稽征字［1987］49 号文件精神，设立浑江市交通稽查征费处，同时还批复成立浑江市港监船检处（与征费处一套人马两块牌子），级别为科级事业单位。

1994 年 10 月 13 日，根据吉林省机构编制委员会、交通厅、人事厅、劳动厅、财政厅、计划委员会、国有资产管理局，吉编［1994］14 号《关于改革全省交通稽查征费机构管理体制的通知》精神，市征费处连同港监船检处一并上划隶属吉林省交通稽查征费局，更名为吉林省交通规费征收管理局白山分局，副处级建制。

2005 年 3 月 18 日，根据白山市编制委员会，白山编字［2005］5 号文件批复同意成立吉林省白山市地方海事局，副处级建制。同年 5 月，任命李建华为局长兼党支部书记

第十五节　白山市交通局八道江区交通分局

1996 年 8 月 27 日，成立八道江区交通分局，隶属白山市交通局。正科级建制，内设

办公室、财务科、公路管理科、企业管理科等4个科室，编制为15名，领导指数为2名。行使八道江区域内部分交通职能。1997年8月经市局党委批准成立八道江区交通分局党支部。至2005年末党员总数为11人。

至2005年末，分局职工人数为27名，大专以上学历21名，专业技术职称人员21名，其中中级以上职称16名。

自建局以来，抓班子带队伍，坚持以“文明在交通”为主题，深入开展“三个文明”建设，自1997年起连续9年被命名为白山市八道江区“交通建设标兵单位”和白山市“精神文明建设先进单位”。

表1-5-14　　1996—2005年八道江区交通分局历届领导人名表

姓　名	任　职　年　限	任　职（含兼职）
许天泉	1996年12月—	局长兼党支部书记
许传军	1996年12月—	副局长
刘宝成	1999年1月—	副局长
张立刚	2002年8月—	党支部副书记
王寿波	2005年10月—	副局长

第十六节　白山市八道江区公路管理段

八道江区公路管理段位于浑江大街168号（天成大厦10楼），是2003年全省公路管理体制和养护运行机制改革后重新组建的管理机关，主要担负着八道江区域内的公路管理和依法行政。努力践行“养好公路，保障畅通”的基本职责。对八道江区域内国省干线3条，74公里；农村公路（县、乡、村）151条，528公里；共计154条路线，总计602公里的国省道及农村公路养护及小修工程进行监督、指导、检查、协调、服务。八道江公路管理段行使行业管理职能的事业单位。

八道江区公路管理段实有编制16名，在编职工15名，另有4名内部离岗人员，8名退休人员，2名工勤人员。拥有各类专业技术干部15名，其中高级经济师3名，高级工程师1名，经济师7名，工程师4名。内设5个科室，即养护管理科、农村公路管理科、路政（法规）科、综合办公室、财务（审计）科。

八道江区公路管理段的前身即浑江市公路管理段，始建于1985年5月，先后经历了经济承包责任制、国路民养、竞标养护等一系列养护管理机制的改革。2003年7月，按照省政府吉政发［2002］41号文件《吉林省公路管理体制和养护运行机制改革方案》的要求，通过考试测评、竞岗等改革，重新组建了八道江公路管理段，原从事公路养护

（道班）和小修工程维修的人员从八道江段分离出来，组建了白山市路安养护工程公司和白山市路顺道桥工程有限公司。

2001年至2005年八道江区公路段连续被白山市交通局授予“交通系统先进单位”。2000年起，被中共白山市委、白山市人民政府授予“2000～2001年度和2002～2004年度全市精神文明建设先进单位”；2005年8月被白山市创建青年文明号活动组织委员会授予“青年文明号”称号。

表1－5－15　1985年至2005年八道江公路段历届领导人名表

姓　名	任　职　年　限	任　职（含兼职）
孙长山	1985年5月—1987年1月	段长兼党支部书记
李玉书	1987年1月—1992年5月	段长兼党支部书记
曹殿有	1992年5月—1994年10月	段长
孙维峰	1994年10月—1995年10月	段长兼党支部书记
于周远	1995年10月—1996年11月	段长兼党支部书记
谭化章	1996年11月—1999年4月	段长兼党支部书记
裘玉麟	1999年4月—2003年5月	段长兼党支部书记
张义祥	2003年5月—	段长兼党支部书记

第十七节　白山市交通电视中专学校

白山市交通电视中专学校始建于1999年，原地址在白山市公路培训中心，后迁入白山市粮食中专学校，隶属于白山市公路管理处，属事业单位。

白山市交通电视中专有教职员工28人，内设教务处及办公室两个科室，主要开设课程是道桥专业。自建校起至2003年5月共招收学员3届，共计150人。学员毕业后分配到白山市内各交通部门。后于2003年5月停办。

表1－5－16　1999年—2003年白山市交通电视中专学校领导人名表

姓　名	任　职　年　限	任　职（含兼职）
吴永忠	1999年—2003年5月	校长（兼职）
孙秀贵	1999年—2003年5月	副校长

第十八节　三岔子区公路管理段

1985年5月，三岔子区公路管理段成立，副科级建制事业单位，隶属于市公路管理处。办公地址借住八宝交通管理站，有职工171人，内设财务计划科、养路科、路政科、政工科、材料科、办公室等6个科室，下设14个道班，管理养护国、省、县级公路4条、133.4公里，全部是沙石路面，其中国道鹤大线88.1公里，省道沈长线33.2公里，县道石三线9.5公里，临青线4.6公里。

1996年1月，三岔子区变为江源县，该段更名为江源县公路管理段，同年4月，隶属江源县交通局至2005年。

表1－5－17　1985年至1996年三岔子区公路管理段历届领导人名表

姓　名	任　职　年　限	任　职（含兼职）
邢玉福	1985年5月—1987年2月	段长兼党支部书记
马端松	1987年2月—1989年2月	段长兼党支部书记
李宪茂	1989年8月—1991年1月	党支部书记
岳关运	1989年8月—1991年1月	段长
唐义飞	1991年1月—1992年4月	党支部书记
曹殿有	1991年1月—1992年4月	段长
于周远	1992年4月—1995年10月	段长兼党支部书记
孙维修	1995年10月—1998年11月	段长

第十九节　临江区公路管理段

临江区公路管理段成立于1985年5月10日，属副科级建制的事业单位，隶属于市公路管理处。办公地址在原浑江市公路管理段临江材料库，有职工210人，下设养路科、路政科、政工科、财务科、行政办等5个科室，17个道班，管养省县级公路两条，149公里，全部为砂石路，其中省道118.6公里，县道临青线30.4公里。

1992年9月，临江撤区设县，临江区公路段更名为临江县公路管理段，移交临江县交通局管理的直属单位至2005年。

表 1－5－18　1985 年至 1992 年临江区公路管理段历届领导人名表

姓　名	任　职　年　限	任　职（含兼职）
付道祥	1985 年 5 月—1986 年 1 月	段长兼党支部书记
	1986 年 1 月—1987 年 3 月	党支部书记
刘庆丰	1986 年 1 月—1992 年 9 月	段长
	1988 年 3 月—1992 年 9 月	段长兼党支部书记
杨　旭	1987 年 3 月—1988 年 2 月	党支部书记

第六章　白山市区内交通企业简介

白山市市区内（含八道江区、三岔子区、临江区）交通企业由建地级市前的企业和后注册的企业构成，其中国营企业有：浑江市运输公司、公路长途客运公司、临江运输公司、浑江市驾驶员培训学校等 4 户。集体所有制企业有：第一货运公司、第二货运公司、交通局白灰厂等 11 户。股份制企业有白山市万里运输有限责任公司、白山市公路规划设计有限公司、白山市物流中心有限责任公司等 12 户。

第一节　白山市公路长途客运公司

1992 年，成立白山市公路长途客运公司，公司位于浑江大街 308 号，占地面积 5 734. 8平方米，隶属白山市交通局，原属国营运输企业。前身是由 1956 年原通化地区运输公司组建为临江汽车二队，1963 年更名为浑江市运输公司，公司成立初以货运为主，仅有一台客运班车。随着经济发展的不断拓宽，于 1972 年公司成立了客运站，1985 年已发展到拥有客运线路 15 条，客车 15 台，集客、货运输为一体的专业国营运输企业。1987 年扩建客运站大楼2 160 平方米，公司的组织机构由原来仅有的经理室、副经理室、党办、工会及财会科的基础上又增设了劳资科、公安派出所、稽查科、客车站、票据站、安全科、技术科。

1985 年以前，由于货车车况逐年下降，货运量急剧减少，货运经营严重亏损，主挂车全部报废，公司经营由货运为主转为以客运为主。1986 年下半年起，公司结合实际经营情况，对车辆实行了承包经营，转变了经营方式，提高了经济效益和服务质量，车况得到了改善。1988 年公司适应经济发展需要，成立了交通招待所及汽车修理厂、配件商店、铝合金装潢公司、旅游公司。1992 年浑江运输公司宣布破产，重新组建为浑江市公路长途客运公司。1996 年 12 月，经市交通局决定将第一、第二货运公司改制与白山市公路长途客运公司合并转为股份制企业，成立白山市万里运输有限责任公司。

2005年白山市对现有国营企业实行体制改革，市交通局于同年12月26日又将公路长途客运公司从万里运输有限责任公司中划分出来，重新恢复为白山市公路长途客运公司。

2005年，公司内设机构（科、室）16个，职工人数542人，专业技术人员14人。固定资产581万元。

表1－6－1　　1985—2005年白山市公路长途客运公司历届领导人名表

姓　名	任 职 年 限	任　职（含兼职）
于风田	1985年—1987年	经理兼党支部书记
徐贵先	1988年—1989年	经理兼党支部书记
李坤德	1990年—1991年	经理兼党支部书记
裘玉麟	1992年—1993年	经理兼党支部书记
王海东	1994年—1995年	经理兼党支部书记
何继学	1995年—1996年	党支部副书记
朴华俊	1997年—2004年	经理兼党支部书记
赵　云	2005年—	经理兼党支部书记

第二节　浑江市第一货运公司

1976年4月，成立浑江市第一货运公司，是原浑江市交通局直属集体所有制专业货物运输企业。1985年有职工106人，其中一线生产人员67人，行政人员24人，退休职工262人，企业拥有固定资产（原值）1 013 112.53元（其中包括二货运公司），占地面积6 685平方米，建筑面积2 207平方米，解放汽车24台，油罐车1台。下设有7个股室：党支部、支部办、工会、财务、技术、供销、行政；基层单位有：汽车队、修理车间、知青汽车配件商店。

表1－6－2　　1985年—2005年浑江市第一货运公司历届领导人名表

姓　名	任 职 年 限	任　职（含兼职）
丁贵义	1985年1月—1986年	总经理
王树清	1987年1月—1988年	总经理
杨怀贵	1989年1月—	总经理

第三节　浑江市第二货运公司

1985 年 1 月，成立浑江市第二货运公司。隶属于浑江市交通局，是集体所有制企业，位于浑江市八道江镇红旗街 15 号。固定资产 34 万元，运输车辆 11 台，三轮摩托车 2 台，手推车 66 台。在职职工人数 104 人，退休职工 27 人。公司经理杨怀贵，党支部书记张景祥，1985 年开始任职。

该公司自创办之日起主要经营货物运输。1989 年与第一货运公司合并为浑江市货运公司。

第四节　白山（浑江）市货运公司

1989 年 1 月，经市交通局研究、经浑江市政府批复，把第一、第二货运公司合并成立浑江市货运公司。公司设：运输管理科、财务科、劳资科、工会、党支部办公室、票据科、能源科、安全保卫科、稽查科共 8 个科室 24 人。杨怀贵任总经理。

至 1991 年浑江市货运公司已发展为客货兼营的集体专业运输企业，拥有职工 220 人，营运车辆 45 台，其中：大型客车 12 台，小型客车 14 台，大型货车 19 台，固定资产总值 184 万元，营运线路 14 条，营运里程 1 500 公里，日发车 27 个班次。

1996 年是公司业绩突出的一年，当年为职工兴建了一座 3 600 平方米的住宅楼和 1 400 平方米的办公楼，解决了部分职工住宿、租房的实际困难，改善了企业的办公条件，增强了企业的知名度。

第五节　白山市万里运输有限责任公司

1996 年 12 月，以白山市第一货运公司、第二货运公司和长途客运公司三家公司（各公司仍独立核算），共同出资组建白山市万里运输有限责任公司。投资总额为人民币 706.8 万元，其中白山市第一货运公司投资入股 306 万元，占股份总额的 43.29%；第二货运公司投资入股 327.6 万元，占股份总额的 46.35%；长途客运公司投资入股 60.2 万元，占股份总额的 8.52%；三个公司的部分职工投资入股 13 万元，占股份总额的 1.94%。

同年 12 月 23 日，白山市万里运输有限责任公司首届一次股东代表大会召开。审议通过了《白山市万里运输有限责任公司章程》；选举产生白山市万里运输有限责任公司首届董事会、监事会。

公司有职工653人，有营运客车126台，营运线路58条，营运班次260个，日行程10 980公里。

截止到2005年3月31日，万里公司企业占地面积5 252.9平方米，在册职工220名，退休人员61名，经中介机构审计，评估企业资产总额1 611.4万元，其中固定资产784.4万元，流动资产827万元；流动负债总额941.1万元，净资产670.3万元。

表1－6－3　　1997年—2005年白山市万里运输公司历届领导人名表

姓　名	任　职　年　限	任　职（含兼职）
杨怀贵	1997年12月—	董事长兼总经理
朴华俊	1997年1月—2004年12月	副经理
侯　云	1998年1月—2004年12月	工会主席
赵秀荣	1998年1月—	副经理
倪书平	1998年1月—	监事会主席
兰　强	1998年1月—	副经理
赵　云	1998年1月—	副经理

第六节　白山市公路规划设计有限公司

2004年4月24日，白山市公路规划设计有限公司正式成立，位于浑江大街40号，建筑面积354平方米。拥有员工70人。于1986年6月起历经由公路勘测设计室、设计处、白山市公路规划设计院等变革，先后隶属市公路处、市交通局的事业单位建制。2004年公司成立后，企业性质为民营。公司经营范围以公路工程咨询、公路勘测、设计、测绘为主，兼营公路工程监理、施工，拥有测绘乙级和勘测设计丙级资质。

1985年，浑江市公路管理处成立设计室，发展至2005年，白山市公路规划设计有限公司，由最初的7个人、测设仪器简陋，发展成为具有一定规模和实力的专业测设队伍，经历了由事业单位整体转制为民营企业的重大变革，拥有性能先进的卫星定位系统双频RTK、全站仪、经纬仪、水准仪等精良的仪器和设备，建立了计算机局域网，同时拥有计算机设计配套的CARD/1、路线大师、桥梁博士、桥梁大师、涵洞设计、同望为wcost2000等系统先进的设计和预算软件，目前计算机绘图率达100%。

白山市公路规划设计有限公司现拥有中级以上专业技术人员47人。公司设有综合办公室、设计（一、二）室，生产经营部、财务审计部、项目咨询部，公司专业人员配置合理，设计手段先进。自1985年成立至2005年末已经完成总设计82项、里程1 221.6

公里，桥梁设计90座、3 319. 4延长米。

表1-6-4　1985年—2005年白山市公路规划设计有限公司历届领导人名表

姓　名	任　职　年　限	任　职（含兼职）
吴永忠	1985年—1989年5月	主任
刘世健	1989年5月—2003年5月	主任、处长
郝维民	1997年10月—2004年12月	党支部书记
孔祥明	2003年5月—	院长、董事长
李　涛	2003年5月—	党支部副书记、书记

第七节　白山市交通局白灰厂

白山市交通局白灰厂始建于1976年，原隶属于浑江市交通局的集体所有制企业。生产基地建在白山市八道江区库仓沟村。土地占用面积20 460平方米，建筑面积为486平方米。原办公室设在战备山洞里，后来又迁至群生大楼里，为租赁。现办公室位于浑江大街87号，面积为242平方米。

1980年，根据“调整、改革、整顿、提高”的方针，为更好地加强白灰厂的领导，企业自主管理，经协商，由省交通厅下文：公路段白灰厂由交通局接手，并正式更名为“浑江市交通局白灰厂”。

1985年仅10个月的时间完成三厘灰5 606. 9吨，创产值280 345. 00元，比往年的生产水平提高了5倍。不仅完成了生产任务，而且在产品质量上比往年的钙、镁含量也有不同程度的提高。1986年，白灰销售数量43. 5吨，三厘灰7 092. 3吨，销售收入350 944. 3元，当年税金11 146. 83元。1986年，上甸子隧道的工程由白灰厂承建。经过白灰厂全体职工的共同努力，3年的时间，上甸子隧道工程圆满完成，获纯利润200万元。

1988年9月21日，白灰厂投资200万元资金，成立了隶属于交通局的一个全民企业—交通局汽车配件总公司，与白灰厂为两个牌子、一个机构。下设三个经销处、一个修理部。第一经销处设在大通沟，第二经销处设在河口街，第三经销处设在湾沟，修理部设在浑江大街191号。1999年7月，交通局汽车配件总公司因资不抵债而破产。

2003年7月白灰厂组建工程队承建了市郊乡至库仓沟村四级公路建设项目。这是一段乡路建设，是去锅炉厂、老年公寓、逸夫学校、液化气站、停车厂、康宁医院的必经之路。经过艰苦努力，市郊乡至库仓沟村四级公路建设于2003年9月如期完成。在3个月内赢利12万元。

2005年参加企业改制，预计2006年由白山市路达公路工程有限公司兼并。

表 1-6-5　　1985—2005 年白山市交通局白灰厂历届领导人名表

姓　名	任　职　年　限	任　职（含兼职）
冯田源	1985 年 1 月—1994 年 12 月	厂长
陈怀盛	1985 年 1 月—1989 年 12 月	副厂长兼党支部书记
宋占贵	1985 年 1 月—1995 年 1 月	副厂长
孙锡山	1994 年 1 月—2005 年 11 月	厂长兼党支部书记
王树清	1994 年 1 月—1998 年 7 月	党支部副书记
杨德义	1996 年 3 月—2005 年 11 月	副厂长
郑　刚	1996 年 3 月—2001 年 5 月	副厂长
杨德义	2005 年 11 月—	厂长兼党支部书记
田　峰	2004 年 7 月—	副厂长

第八节　白山市路成路桥有限公司

白山市路成路桥有限公司始建于 1984 年，当时为市公路管理处隶属的公路工程队。位于八道江区青松路 4 号，占地面积 8 452.9 平方米，建筑面积 2 310 平方米，属国营企业。主要从事白山市公路建设。2002 年同步改制有限公司后，公司坚持以公路建设为主业，依托公路建设市场走多元化发展之路。在不断增加公路建设市场占有份额的同时，努力扩大业务范围，至 2005 年，先后承揽了临抚线、八三线、鹤大线、四白线等路面施工任务，形成了集路面大、中修与工程建设项目为一体的新型现代化企业。

公司现有职工 613 人，各类专业技术干部 128 人，其中：经济师 4 人，工程师 28 人，高级工程师 9 人，高级会计师 1 人；拥有多种大型挖、装、运配套设备，大型起重机 1 台，自动化混凝土、沥青搅拌机 1 台，混凝土、沥青运输摊铺设备 3 台。

2004 年，公司被建设部核定为公路工程施工总承包二级资质和公路路基工程专业二级、公路路面工程专业二级、桥梁工程专业二级资质企业和一级资信企业，2001 年至 2005 年连续 5 年被白山市交通局授予“交通系统先进单位”；2001 年起，被中共白山市委、白山市人民政府授予“2000—2001 年度和 2003—2004 年度全市精神文明建设先进单位”；2005 年 8 月，获白山市创建青年文明号活动组织委员会授予的“青年文明号”荣誉称号；2005 年 10 月获吉林省创建青年文明号活动组织委员会授予的“青年文明号”荣誉称号。在白山市建筑行业享有较高的声誉。

表 1－6－6　1985 年—2005 年白山市路成路桥有限公司历届领导人名表

姓　名	任　职　年　限	任　职（含兼职）
李玉书	1985 年 1 月—1989 年 12 月	副处长兼党总支书记
马靖伟	1989 年 12 月—1994 年 12 月	副处长兼党总支书记
李玉书	1994 年 12 月—1997 年 1 月	副处长兼党总支书记
许长印	1997 年 1 月—2001 年 11 月	副处长兼党总支书记
马靖伟	2001 年 11 月—2003 年 5 月	副处长兼党总支书记
高忠良	2003 年 5 月—2005 年 11 月	董事长兼党总支书记
牟　亮	2005 年 11 月—	董事长兼党总支书记

第九节　白山市物流中心有限责任公司

2005 年 12 月 26 日，白山市物流中心有限责任公司注册成立。该中心属国家一级货运枢纽站，位于吉林省白山市八道江区北安大街 208 号，项目总占地面积 10.35 万平方米，总建筑面积 16 121 平方米，场地硬化面积 32 000 平方米，绿化面积 30 000 平方米。项目总投资 8 070 万元。其中省公路建设专项资金 1 395 万元，申请银行贷款 3 300 万元，建设单位自筹 3 375 万元。项目设计年货运吞吐量为 66.06 万吨。该工程的建设对促进白山市的经济发展，改善和调整运输结构，提高车辆实载率，减轻社会资源的浪费，治理城市污染，引导企业降低物资流转成本起到积极作用。

白山市物流中心有限责任公司是国有独资企业，隶属于白山市交通局，内设商务开发部、物流信息部、总务部、财务部。现有职工 31 名，具有大中专以上学历的 26 人。主要经营：零担货物、搬运装卸、仓储代理、车辆停放、货物代理、配货、包装、仓储、餐饮、住宿、场地出租、百货零售、建材批发及零售。

白山市物流中心始建于 2003 年 7 月 2 日，竣工于 2005 年 4 月 1 日。公司于 2005 年 12 月 26 日成立后，公司董事长兼总经理任福春。公司库房及办公大楼配有现代化的消防喷淋系统，完善的通信网络系统和先进的全天候监控系统，可容纳货运配载业户 62 户，建材面积 6 121 平方米，公司还是目前国内最先进的信息配载网络（中国物流网）之一，是在吉林省的总代理。

白山市物流中心有限责任公司还有招商引资项目，即汽车维修与检测中心，建筑面积 1 000 平方米；一汽大众汽车展销和售后服务中心，建筑面积 2 000 平方米，均属私有企业。

第十节 白山市交通宾馆

1988年9月12日，成立浑江市交通招待所。浑江市交通招待所位于白山市团结路17号，建筑面积2 400平方米，占地面积500平方米。招待所内设财务科、办公室、餐饮部、客房部。1996年成立交通公路维修队，为交通招待所下设单位，每年承包公路小型建筑工程。1993年9月23日更名为浑江市交通宾馆。

2002年6月16日经白山市旅游局白山旅发［2002］29号批复：交通宾馆为二级星级饭店。

表1-6-7 1985—2005年交通宾馆历届领导人名表

姓　名	任职年限	任职（含兼职）
王明久	1988年2月—1996年12月	交通局招待所经理兼党支部书记
侯振发	1991年3月—1992年3月	党支部书记
王成武	1996年12月—2001年5月	交通宾馆经理兼党支部书记
张　林	2001年5月—	交通宾馆经理兼党支部书记

第十一节 浑江市三岔子货运公司

1956年，成立三岔子运输生产合作社，1979年3月更名为浑江市三岔子货运公司，三岔子货运公司位于三岔子镇城墙街，属集体所有制企业。占地面积6 710平方米，建筑面积2 000平方米。当时有货运车辆27辆。

1985年浑江市市管县设立三岔子区，该公司仍是直属浑江市交通局管理的运输企业。1987年购置7辆客车，1996年客车增加到28辆，从此退出货运市场，开始转产经营旅客运输。1996年1月，三岔子撤区设江源县后成立县交通局，更名为江源县公路客运公司。从此该公司全部移交县交通局管理。

表1-6-8 1985年至1996年三岔子货运公司历届领导人名表

姓　名	任职年限	任职（含兼职）
邓兆明	1985年1月—1986年11月	经理
孙铁英	1986年12月—1987年12月	经理

续表 1

姓　名	任　职　年　限	任　职（含兼职）
孙建飞	1988 年 1 月—1988 年 12 月	经理
孙铁英	1988 年 1 月—1988 年 12 月	党支部书记
	1989 年 1 月—1996 年 4 月	经理兼党支部书记

第十二节　浑江市湾沟货运公司

湾沟货运公司前身是湾沟运输生产合作社，始建于 1956 年。1970 年转产汽车配件而改名为湾沟汽车配件厂。1982 年 3 月在企业调整中停止汽车配件生产，改为货物运输，更名为浑江市湾沟货运公司。1996 年，成立江源县后，更名为湾沟运输公司。

1985 年浑江市市管县体制实施后，湾沟镇划归三岔子区管辖，该公司是直属浑江市交通局管理的集体所有制企业。1986 年起到 1996 年购置客车 9 辆，货车 1 辆，实施客货兼营。1994 年 7 月实行内部职工持股改革，成立通达运输有限责任公司。1996 年 4 月随三岔子区改县后而移交江源县交通局管理，至 2005 年末仍在运营中。

表 1－6－9　　1985 年至 1996 年湾沟货运公司历届领导人名表

姓　名	任　职　年　限	任　职（含兼职）
卜宪臣	1985 年 1 月—1986 年 3 月	经理
郑　军	1986 年 4 月—1987 年 4 月	经理
田胜福	1987 年 5 月—1989 年 2 月	经理
王惠敏	1985 年 1 月—1989 年 9 月	党支部书记
付长和	1989 年 3 月—1990 年 1 月	经理
迟令俭	1990 年 2 月—1992 年 9 月	经理
王贵仁	1990 年 2 月—	党支部书记
朱　文	1992 年 10 月—1996 年 4 月	经理

第十三节　浑江市临江运输公司

1976 年 1 月，成立浑江市第二运输公司，独立核算，列为市直企业。1979 年 1 月更名为浑江市临江运输公司，属国营运输企业，位于临江镇兴隆街，占地面积 1 995 平方米，建筑面积 1 429 平方米。公司客货运输兼营，有客车 9 台，货车 12 台。

1985 年浑江市体制改革时设立临江区，临江运输公司仍属浑江市交通局直属企业。1992 年 9 月临江撤区建县，成立临江县交通局。该公司从此移交临江县交通局管理至 2005 年末，营运客车 56 辆，营运线路 42 条，营运里程达 2 367 公里，日发班次 69 台次，资产总额达 234 万元。

表 1－6－10　　1985 年至 1992 年临江运输公司主要领导人名表

姓　名	任　职　年　限	任　职（含兼职）
徐国公	1985 年 2 月—1992 年 9 月	经理
张道礼	1985 年—1989 年	党支部书记

第十四节　浑江市临江货运公司

临江货运公司始建于 1976 年 3 月。属浑江市交通局直属集体所有制企业。当时有货运车辆 29 辆，专营货物运输。

1985 年浑江市体制改革后临江设区，临江货运公司仍属市交通局直属企业，1990 年 1 月由临江交通运输管理站，派员直管货运公司。1992 年 10 月购置 10 台客车经营旅客运输。实施客货兼营。1992 年 9 月临江撤区建县，该公司移交临江县交通局管理至 1997 年 8 月停产关闭。

表 1－6－11　　1985 年至 1992 年临江货运公司历届领导人名表

姓　名	任　职　年　限	任　职（含兼职）
王树清	1983 年 1 月—1986 年 11 月	经理
郭树耀	1986 年 11 月—1990 年 2 月	经理
赵文余	1990 年 2 月—1992 年 9 月	经理

第十五节　浑江市临江汽车配件厂

临江汽车配件厂成立于 1972 年 12 月，原名临江汽胶车配件修造厂。1974 年 7 月更名为临江汽车配件厂。1981 年 11 月归属浑江市交通局管理的独立核算、自负盈亏的集体所有制企业。该厂以机械制造为主，主要生产汽车半轴、刹车调整臂、货车车厢等汽车配件。1992 年 9 月，临江撤区建县，成立临江县交通局。该企业移交临江县交通局管理。1994 年划归临江县经贸委。

表 1－6－12　　1985 年至 1994 年临江汽车配件厂历届领导人名表

姓　名	任　职　年　限	任　职（含兼职）
李建华	1985 年 1 月—1988 年 1 月	厂长兼党支部书记
王建国	1988 年 1 月—1993 年 1 月	厂长兼党支部书记
李淑清	1993 年 1 月—1994 年 7 月	厂长兼党支部书记

第十六节　浑江市临江汽车修配厂

临江汽车修配厂始建于 1959 年 3 月 9 日。1959 年 10 月临江撤县。成立浑江市后归属浑江市交通局管理，属地方国营、独立核算的汽车修理工业企业。承担对国产汽车、拖拉机和部分进口汽车进行大、中、小修理、总成部件修理。1992 年 9 月，临江撤区建县后划归临江县交通局管理。1994 年划归临江县经贸委管理。

表 1－6－13　　1985 年至 1994 年浑江市临江汽车修配厂历届领导人名表

姓　名	任　职　年　限	任　职（含兼职）
秦延立	1985 年 1 月—1989 年 12 月	厂长兼党支部书记
王春忠	1990 年 1 月—1991 年 12 月	厂长兼党支部书记
王建国	1992 年 1 月—1992 年 12 月	厂长
王春忠	1993 年 1 月—1993 年 12 月	厂长兼党支部书记
张　军	1994 年 1 月—1994 年 12 月	厂长

第十七节　浑江市石人货运公司

1979 年 3 月，经浑江市革委会批准由石人运输社更名为浑江市石人货运公司，属集体所有制企业，位于石人镇西山脚下，占地面积 8 000 平方米，建筑面积 2 320 平方米。当时有货车 21 辆。

1985 年浑江市实施市管县体制后，石人镇属三岔子区管辖，石人货运公司是隶属浑江市交通局管理的直属集体所有制企业。1985 年购置客车 2 辆，实行客货兼营。至 1996 年客车增加到 18 辆，由此转营旅客运输。1996 年 1 月三岔子撤区设江源县后，同年 4 月，该公司移交江源县交通局管理。2004 年更名为江源县石人运输经营处。

表 1－6－14　　1985 年至 1996 年石人货运公司历届领导人名表

姓　名	任　职　年　限	任　职（含兼职）
付长和	1985 年 1 月—1987 年 12 月	经理
石全义	1988 年 1 月—1994 年 7 月	经理
卜宪臣	1994 年 8 月—1999 年 5 月	经理
周立君	1992 年 6 月—	经理

第十八节　白山市交通局汽车驾驶员培训中心

1982 年，浑江市交通局驾驶员训练班成立。1986 年更名为浑江市机动车驾驶员培训学校，隶属于浑江市交通局下设的国营企业，位于南线公路北侧，建筑面积达 2 800 平方米，有职工 71 人，退休职工 15 人，设有 5 个科室。自 1986 年建校后，不断加强教练队伍的综合素质，提高各项教学的软、硬件设施，努力为社会各界培养优秀的驾驶员，为学员做好各项服务，创白山市一流驾校。建校 20 年来，为社会各界培养驾驶员达 6 千余人。

1985—1993 年每年定员招生 80 人，1993 年—1996 年面对驾校招生难的问题，深入到各县、区招生，取得了良好的成绩，每年招生学员达 200 人。1996 年更名为驾驶员培训中心。2004 年培训中心筹措资金增设新款教学车辆（其中大车 4 台、小车 8 台），全部配备新型指纹打卡机、多媒体教学软件、从业资格证无纸化考试试题软件、教学模拟器、配备 40 台电脑用于学员的理论答题。新建教学楼 1 500 平方米，教学场地 16 000 平方米，改建食堂、仓库等，为前来学习的学员建立了一个新型现代化的驾训环境。2000 年至 2005 年共计招生 2 000 人，同时培训从业资格证人员 5 000 人。

表 1－6－15　1985 年—2005 年白山市交通局汽车驾驶员培训中心历届领导人名表

姓　名	任　职　年　限	任　职（含兼职）
侯振发	1982 年—1991 年	党支部书记
张德双	1985 年—1986 年	主任
于风田	1986 年—1990 年	主任

续表 1

姓 名	任 职 年 限	任 职（含兼职）
王平福	1990 年—1991 年	主任
冯田源	1991 年—1993 年	主任
徐贵先	1993 年—1996 年	主任
李长清	1997 年—2000 年	主任
郝维民	2000 年—	运输管理处副处长兼主任

第十九节 白山市公路职工培训中心

1993 年 4 月，成立白山市公路职工培训中心，位于白山市卫国路 48 号，占地面积为 2 722.9 平方米。建筑面积为 1 976.02 平方米。集体所有制企业，隶属于白山市公路管理处。

白山市公路职工培训中心有职工 56 人，退休 1 人，主要承办交通职工培训，培训范围：承担白山市交通系统公路、运输等专业人员培训。

表 1-6-16 1993 年—2005 年白山市公路职工培训中心历届领导人名表

姓 名	任 职 年 限	任 职（含兼职）
单晓星	1993 年 4 月—1998 年 4 月	经理兼党支部书记
张义祥	1998 年 4 月—2003 年 5 月	经理兼党支部书记
马贤桥	2003 年 5 月—	经理兼党支部书记

第二十节 白山市路安养护工程有限公司

2003 年 6 月，成立白山市路安养护工程有限公司。位于白山市八道江区青松路 4 号，占地面积 3 129.80 平方米，建筑面积 1 889.55 平方米。白山市路安养护工程有限公司是在八道江公路管理段进行“事企分离，管养分离”改革时，分流人员划拨资产组建的独立法人资格的养护企业。

公司有职工 214 名，专业技术干部 6 名，其中：经济师 1 名、工程师 2 名、助理工程师 3 人。公司内设科室 5 个，即办公室、人事科、财务科、生产科、安全科。公司拥有养护生产设备：综合养护车1辆、挖掘装载机1辆、解放牌多功能除雪车6辆、道路清扫车1辆、振动压路机1辆、30－SM、50G装载机各1辆等养护生产机械设备；养护公路里程为八道江行政区域内132．5公里。

2003年，公司被吉林省公路管理局核定为三类甲级养护工程资质，经营范围：可以承担一级及以下等级公路的小修保养作业；2004年，公司被核定为二类乙级养护生产资质，经营范围：可以承担二级以下等级公路的路基、路面、防护构造物、绿化及沿线设施等中修以上等级的养护工程。在2004年，省公路管理局三季度路检中，公司取得白山地区综合养护生产第二名的好成绩。

表1－6－17　2003年—2005年白山市路安养护工程有限公司历届领导人名表

姓　名	任　职　年　限	任　职（含兼职）
时乐堂	2003年6月—2003年10月	经理
周国庆	2003年10月—2005年1月	经理
邵　臣	2005年1月—	经理

第二十一节　白山市顺鑫养护工程有限公司

2003年5月，白山市顺鑫养护工程有限公司是按省政府［2002］41号文件和省交通厅［2003］30号文件精神组建的股份制民营企业。位于浑江大街40号。注册资本金为460万元，拥有职工59人，其中高级工程师1人，工程师20人，经济师13人，助理工程师22人，高级技工3人。为提高市场竞争力，公司投入资金，先后购置各类公路施工设备36台（套），主要从事公路工程、交通工程建设和隧道桥梁养护业务。2003年至2005年完成工程总里程数27.84公里，共筑桥230延长米，所从事公路工程项目均被评为优良工程，完成资金总额1 582万元。2004年、2005年顺鑫公司均被评为白山市交通局先进单位。自公司成立起未发生一起安全事故。公司注重专业技术人才的培养，曾先后参加交通部、交通厅及建设厅等组织的培训50人次。

表1－6－18　2003年—2005年白山市顺鑫养护有限公司历届领导人名表

姓　名	任　职　年　限	任　职（含兼职）
朱孔昌	2003年5月—	董事长兼总经理
刘茂举	2003年5月—	副经理
权哲浩	2003年9月—	副经理

第二十二节　白山市东茂沥青仓储租赁有限公司

1988年3月，白山市东茂沥青仓储租赁有限公司成立。位于江源区砟子镇月牙泡街，占地面积15 830.8平方米，建筑面积1 577平方米，属民营企业。前身为浑江市公路管理处八宝沥青贮运站，主要从事白山市公路建设养护生产沥青供应。2004年11月，根据白山市政府白山政发［2004］146号文件同步改制为民营股份制企业。公司坚持以沥青供应为主业，以水泥、钢材、沙石料销售为辅业，依托公路建设市场走多元化发展之路。

公司现有职工68人，各类技术人员28人。其中经济师2人、工程师14人、高级政工师1人、政工师4人、会计师3人、工人技师4人；拥有现代节能大型沥青仓储罐5座，仓储能力6 000吨，乳化沥青生产设备一套，改性沥青生产线一条。

1992年至2000年连续9年被白山市委、白山市人民政府授予精神文明先进单位；1994年被吉林省交通厅授予五好沥青站称号。

表1-6-19　1988年—2005年白山市东茂沥青仓储租赁有限公司历届领导人名表

姓　名	任　职　年　限	任　职（含兼职）
胡秀魁	1988年3月—1990年	站长
张德双	1988年3月—1995年8月	党支部书记
马显军	1996年2月—1999年9月	党支部书记
李军锋	1999年9月—2001年5月	站长兼党支部书记
郑天壮	2001年5月—2003年11月	站长兼党支部书记
李军锋	2004年11月—	经理兼党支部书记

第二十三节　白山市程泰路桥建设有限公司

白山市程泰路桥建设有限公司（原白山市顺成养护工程有限责任公司），始建于2003年5月，属民营企业。经过3年的发展，公司注册资本金由成立初的308万元增加至2005年的500万元。公司现有员工61人，其中高、中级职称37人，初级职称10人，各类技工10人。拥有大、中型公路施工专用机械设备20台（辆），年施工能力2 000万元。公司设有工程技术部、财务部、综合办公室、材料设备部、公路工程分公司、交通工程分公司、养护工程分公司。目前，公司具有公路养护三类甲、二类乙级养护资质和公路交通工程专业承包资质。

公司自2003年成立以来，先后承建了多项养护工程和路面工程，其中：临江至长白公路六道沟水泥混凝土路面工程、朝长线水泥混凝土路面改建工程、八三线石屑封层工程、鹤大线石屑封层等工程，在质量评定中全部达到优良，得到了公路管理部门及业主的充分肯定。

表1-6-20　　2003年—2005年白山市程泰路桥建设有限公司领导人名表

姓　名	任　职　年　限	任　职（含兼职）
吕　华	2003年6月—	董事长兼总经理
刘双利	2003年6月—	副经理
宋　旭	2003年6月—	副经理

第二十四节　白山市路达公路工程有限公司

2003年6月，白山市路达公路工程有限公司成立。位于白山市八道江区浑江大街87号，建筑面积248平方米，公司库房位于库仓沟，占地面积28 000平方米，建筑面积2 000平方米。属于民营企业。公司内设办公室、工程科、财务科和生产车间，共有职工34人。公司为二类乙级公路养护工程资质，经营范围：承担二级及以下等级公路的路基、路面、防护构造物、绿化及沿线设施等的中修及以上等级的养护工程，生产各种规格碎石、白灰。

白山市路达公路工程有限公司前身是浑江市筑路材料供应站，始建于1987年，主要经营筑路材料、铝合金装潢、被服。隶属白山市公路管理处，事业单位。2003年白山市公路管理处实施公路管理体制及养护运行机制改革，公司由事业单位转制为企业。2005年底转为民营股份制企业。2003年到2005年连续三年公司被白山市交通局表彰为“交通系统先进单位”。公司有各类专业技术人员11人。

表1-6-21　　1987年—2005年白山市路达公路工程有限公司历届领导人名表

姓　名	任　职　年　限	任　职（含兼职）
孙家智	1987年6月—1994年6月	经理（站长）
邹云章	1992年1月—1996年12月	党支部书记
马述告	1994年7月—	经理（站长）
于风田	1996年12月—2000年4月	党支部书记
王树清	2000年4月—	党支部书记

第二十五节　白山市路通工程有限公司

白山市路通工程有限公司前身是白山市公路处房管站，始建于1991年，主要承担公路系统的房屋维修及管理，隶属于白山市公路管理处，事业单位。2003年机制改革，由事业单位转民营企业，并于2003年7月成立白山市路通工程有限公司。

白山市路通工程有限公司位于白山市八道江区城南街文良路，建筑面积1 331.68平方米，占地面积2 315平方米，隶属于白山市公路管理处，属国有控股企业。内设财务科、综合办公室和施工队，共有职工88人，已退休6人，公司资质为二类次乙级，经营范围：承担二级以下等级公路的路基、路面、防护构造物、绿化及沿线设施等中修及二级以上等公路的养护工程，并可承担交通工程的标志、标线的设置。

1996年被白山市交通局授予“先进单位”称号，公司现有各类专业技术人员9名。

表1-6-22　　1991年—2005年白山市路通工程有限公司历届领导人名表

姓　名	任　职　年　限	任　职（含兼职）
孙维峰	1991年11月—1995年3月	站长
毛明等	1995年3月—2004年6月	经理
周国庆	2004年6月—	经理
郑连生	1991年11月—1995年5月	党支部书记
郗夏生	1995年5月—	党支部书记

第二十六节　白山市昊顺公路工程监理有限公司

1997年12月，白山市昊顺公路工程监理有限公司成立，位于八道江区红旗街佳和馨居2楼，办公面积248平方米。其前身为白山市顺达公路工程监理有限责任公司，为国有公司，资质等级为丙级，2005年12月改制为民营公司，更名为白山市昊顺公路工程监理有限公司。

公司具有工程技术人员、工程管理人员、工程经济人员共40人，其中高级工程师8人，会计师、经济师2人，工程师22人，初级职称8人，上述工程技术人员具有交通部颁发监理工程师证19人；省颁发监理工程师或专业监理工程师、监理员证15人。专业结构包括：路基路面、桥梁结构、试验、测量、工程地质、工程计划、工程机械、合同管理等专业。

公司建立了完善的组织机构和合理的人员配备，设董事长兼总经理1名，副总经理1名，总工程师1名，下设总工办、监理部、工程计划部、财务部、综合部和后勤部。1999年至2005年间，公司先后承接了白山市境内10条公路建设的监理工作。

表1-6-23　1997年—2005年白山市昊顺公路工程监理有限公司主要领导人名表

姓　名	任　职　年　限	任　职（含兼职）
吴永忠	1997年12月—	董事长（顺达公司）
王　光	2005年12月—	董事长（昊顺公司）

第二十七节　白山市路顺道桥工程有限公司

在原白山市八道江公路段1999年组建成立的工程队基础上，按照省政府［2002］41号文件的要求，实施事企分离、转制经营。于2003年6月从八道江公路管理段分离出来后，成立白山市路顺道桥工程有限公司，位于八道江区青松路4号，建筑面积508平方米，公司为国有企业。公司设立工程科、材料科、财务科、办公室、项目部、车队、拌合厂等7个科室（厂、队）。公司以公路建设和道路大中修为主业，现有员工308人，各类专业技术骨干72人，其中：高级工程师1人，高级经济师1人，高级会计师1人，工程师22人，助理工程师47人。现有路基路面施工主要机械设备34台（套），其中：沥青混凝土设备（热拌）2套，二灰拌和设备1套。液压挖掘机4台，平地机2台，压路机5台，装载机3台，推土机3台，摊铺机2台。汽车起重机1台，水泥搅拌机1台，工程自卸汽车等其它机械设备8台（套）。企业具有二类甲级公路养护工程资质和建筑工程三级总承包资质和二级路基路面的施工建筑能力。

表1-6-24　2003年—2005年白山市路顺道桥工程有限公司历届领导人名表

姓　名	任　职　年　限	任　职（含兼职）
裘玉麟	2003年6月—2005年1月	总经理
伊　勇	2003年6月—2005年1月	党支部书记
	2005年1月—	总经理

第二篇 GONG LU

公　　路

1985年至2005年间，白山市公路建设发生了翻天覆地的变化，全市公路系统广大干部职工励精图治、勤奋进取，克服了重重困难，彻底改变了白山市山路崎岖、交通不便的落后面貌。2005年与1985年相比，公路里程增加2 992．3公里，达到了5 348．6公里；公路路面有了很大改观，次高级路面由零公里发展为2 338．6公里，实现了市到县、县到县全部通油路的整体目标；随着新建和改建，公路的技术等级得到了大幅度提高，全市公路的行政等级也逐步提升，国、省干线公路网主框架日趋合理；县乡公路及专用公路得到迅猛发展，特别是农村公路建设全面实现了村村通公路，使农村的出行条件得到很大改善；改变了市区及各县（市、区）的城市绕越线工程，白山市区与各县、乡、村之间形成了四通八达的公路网络。桥梁和隧道建设在“九五”时期后得到了较大发展，在山区公路建设中发挥着重要作用，桥梁结构由单一的石拱桥型发展到板桥、T型梁桥、箱型梁桥等多种桥型，并新建宽净9米隧道15座，长超千米隧道4座。

公路养护管理经过多年的改革探索和实践，使公路养护管理日趋完善，特别是2003年公路体制改革和养护运行机制改革后，白山市逐步形成了市场化的养护运行机制，并加快了科技兴路工作，使公路路况等级不断上升，公路养护质量稳中有升。

第一章　公路与桥梁（隧道）建设

第一节　公路建设概况

1985 年末，全市公路总里程只有 2 356. 3 公里，其中：国道 1 条，281. 5 公里；省道 2 条，386 公里；县道 8 条，534. 2 公里；乡道 78 条，827. 3 公里；专用公路 17 条，327. 3 公里，公路网密度为 13. 2 公里/百平方公里。辖区内没有二级以上公路，在公路总里程中等级公路少，其中：三级公路 150. 1 公里，四级公路 924. 9 公里；而等外公路里程达到 1 281. 3 公里，并且中级以上砂石路面里程少，只有 259 公里，低级路面11 085公里和无路面 988. 8 公里，公路状况低于吉林省平均水平。专业养护路线县级以上公路 11 条，专业养护里程为 969. 5 公里，由于技术标准低，大部分公路没有经过技术改造，坡陡、弯急、路面窄，全部为砂石料养护，所以公路病害多，汽车的通行能力差，直接影响了交通事业的发展。

1985 年建市后，从 1986 年至 2005 年，根据国家国民经济发展规划，白山市公路建设经历了“七五”、“八五”、“九五”、“十五”4 个五年发展计划，公路状况逐步得到整体改善，基本解除了因交通不畅给白山市经济带来的“瓶颈”制约，为推动白山市经济建设和社会各项事业的发展做出了行业贡献。

一、浑江市“七五”期间公路建设概况

“七五”时期，公路状况得到了一定改善，但发展较慢，至 1990 年末，全市公路总里程为 2 561. 9 公里，公路密度为每百平方公里 14. 4 公里；等级公路 1 363. 4 公里，其中：二级公路里程 15. 2 公里，三级公路里程 369. 2 公里，四级公路里程 952 公里；等外路里程 1 198. 5 公里。

1985 年建市当年，施工完成的八道江区西出口至六道江 11 公里油路工程，铺筑了浑江市第一条沥青混凝土路面，从此结束了辖区内无黑色路面的历史。1990 年，由省交通厅投资新建的四（平）浑（江）公路通浑北线 15. 2 公里公路路基建成通车，浑江市有了

第一条二级公路。“七五”期间，共完成路基改造（含油路）345.5 公里，新打通断头路 53 公里，新建边境公路 59.3 公里。公路建设总投资为 7 135.2 万元（不含四浑北线工程 9 300 万元）。1990 年公路建设投资就达到 1 612.3 万元，同 1985 年投资 136.5 万元相比，平均年递增率为 6.86%。

1990 年与 1985 年相比较，新增等级公路 288.4 公里，其中新增二级公路 15.2 公里、三级公路 246.1 公里、四级公路 27.1 公里，等外路里程减少 82.8 公里；有路面里程增加 91.9 公里，其中：高级路面 25.2 公里，次高级公路路面增加 66.7 公里。同时，全市改建乡道 144.6 公里（不含抚松县、靖宇县和长白县）。详见表 2－1－1。

表 2－1－1　　1985 年—1990 年浑江市公路状况一览表

年度		1985	1986	1987	1988	1989	1990	1990 年与 1985 年比较
公路总里程		2 356.3	2 356.3	2 358.8	2 382.8	2 402.4	2 561.9	205.6
公路技术等级	等级公路合计	1 075	1 081	1 109.5	1 135.8	1 154.4	1 363.4	288.4
	其中：一级路	0	0	0	0	0	0	0
	二级路	0	0	0	0	0	15.2	15.2
	三级路	150.1	179	215.5	249.2	249.2	396.2	246.1
	四级路	924.9	902	894	886.6	905.2	952	27.1
	等外路	1 281.3	1 275.3	1 249.3	1 248	1 248	1 198.5	－82.8
路面类型	路面合计	12	12	21	48	63.5	103.9	91.9
	高级小计	0	0	0	0	0	25.2	25.2
	其中：沥青路面	0	0	0	0	0	15.2	15.2
	水泥路面	0	0	0	0	0	10	10
	次高级	12	12	21	48	63.5	78.7	66.7
	无路面	2 344.3	2 344.3	2 337.8	2 335.8	2 338.9	2 458	113.7

二、浑江市“八五”期间公路建设概况

1991 年，浑江市委、市政府提出了“以市为中心，以县（市）区为枢纽，以干线为骨架，形成通向省城辐射周边、沿边、邻市的公路网络”的设想。浑江市交通局按照“统筹规划，分级管理，层层负责，联合建设”的原则，结合本市公路网的现状及国民经济建设发展的需要，由公路系统专业人员进行调查研究，整理了大量基础资料，于 1994 年完成了《白山市六年路网规划》编制工作，全市共安排公路建设项目总里程 2 539.83 公里，总投资为 256 077.7 万元。

1995 年与 1990 年相比，公路总里程增加了 200.1 公里，全市公路总里程达到 2 762

公里，公路密度由每百平方公里 14.4 公里增加到了 15.7 公里，接近当年全省的平均水平；等级公路里程达到 2 415.7 公里，增加 1 052.3 公里，增长 80.3%，平均年增长幅度为 12.5%。其中：二级公路增加到 66 公里，达到 81.2 公里；三级公路增加 166.5 公里，达到 562.7 公里；四级公里增加 819.8 公里，达到 1 771.8 公里；等外路减少 852.2 公里。高级、次高级路面达 289.7 公里，以每年 39.6 公里的速度累计增加 185.8 公里。晴雨通车里程达 1 736.2 公里，增长 35.2%。这 5 年的公路建设总投资达 3 亿元，重点改造了国省干线，大部分资金用于路基加宽改造、险段改建和新建工程，落后的公路路况明显改善。详见表 2－1－2。

表 2－1－2　　1990 年—1995 年白山市公路状况一览表

年度		1990	1991	1992	1993	1994	1995	1995 年与 1990 年比较
公路总里程		2 561.9	2 561.2	2 560.5	2 645.3	2 762	2 762	200.1
公路技术等级	等级公路合计	1 363.4	2 140.1	2 139.4	2 246	2 398.7	2 415.7	1 052.3
	其中：一级路	0	0	0	0	0	0	0
	二级路	15.2	43.1	43.1	43.1	43.1	81.2	66
	三级路	396.2	438.3	479.5	533.8	582.8	562.7	166.5
	四级路	952	1 658.7	1 616.8	1 669.1	1 772.9	1 771.8	819.8
	等外路	1 198.5	421.1	421.1	399.3	363.3	346.3	－852.2
路面类型	路面合计	103.9	155.8	191.6	209.8	286.2	289.7	185.8
	高级小计	25.2	40	75	75	75	75	49.8
	其中：沥青路面	15.2	40	40	40	40	39.4	24.2
	水泥路面	10	0	35	35	35	35.6	25.6
	次高级	78.7	115.8	116.6	134.8	211.2	214.7	136
	无路面	2 458	2 370.4	2 368	2 435.5	2 475.8	2 472.3	14.3

三、白山市“九五”期间公路建设概况

1996 年，白山市交通工作会议提出，“九五”期间全市公路建设发展的指导思想和总体目标，即以市为中心，以县为枢纽，以干线为骨架，以乡道为依托，实现南联北拓、东进西出，建设“三纵二横四出口”的公路大框架，形成通向省城，辐射周边、沿边、邻市以及开边通海的公路网络。三纵为：白山至抚松、白山至靖宇、临江至集安；二横为：白山至临江、靖宇至长白；四出口为：白山经板石的通省公路，白山经抚松至珲春的达海公路，临江至集安丹东的边境公路，白山经长白、临江去朝鲜的口岸公路，从而实现近期与中远期县县通油路、重点乡镇通油路或水泥路，打通乡村断头路，村村通车，

乡乡联网的目标。“三纵二横四出口”的公路大框架的总体发展战略分两步实施。第一步1996年到2000年末实现市到县通油路，县到县基本通油路目标；第二步2001年到2010年，省市间达到一级公路标准、市县间为二级公路标准、县和县间达到三级以上公路标准，实现乡乡通油路、村村有公路的目标。

1997年，白山市委、市政府提出了“全民办交通，举市大筑路”的重要举措，掀起了白山公路建设新高潮，使公路建设取得了历史性突破。据统计1997年—2000年间，白山市新建、改建公路路基402.7公里，铺装高级、次高级路面418.3公里，公路建设总投资达115 234万元，是前10年公路建设总投入的3倍。

“九五”期间，完成的主要干线公路建设项目有国道鹤大线新建二级公路68.7公里，4条省道新建二级路里程364.7公里，其中：朝（朝阳镇）长（长白）线二级公路216公里，榆（树）江（源）线二级公路91.5公里，沈（沈阳）长（长白）线43公里，营白线14.2公里。三条县级公路共新建二级油路97公里，完成县级以上二级公路建设里程530.4公里。

至2000年末，白山市的公路总里程达到3 987.5公里，（不含村道552.5公里），其中国道1条254.2公里，省道4条698.7公里，县级公路16条801.3公里，乡级公路131条1 131.7公里，专用公路36条400.3公里，等级公路里程达到2 982.8公里，公路网密度达到27.9公里/百平方公里，晴雨通车里程为2 229.7公里。

2000年与1995年相比，公路总里程增加525.2公里，等级公路里程增加567.11公里，达到2 982.8公里，其中：二级公路里程增加487.8公里，达到569公里，三级公路里程减少27.1公里，为535.6公里，四级公路里程达到1 878.2公里，而等外路里程只有304.4公里，占公路总数由1985年的54.4%降至9%；公路总里程之中的高级、次高级路面增加551.5公里，达到841.2公里，而无路面里程减少26.3公里，为2 446公里；高级路面里程达到681.6公里，晴雨通车里程达2 229.7公里，白山境内交通环境明显改善，通行能力进一步提高，初步形成了四通八达的公路网络。

与1985年相比，公路网密度达到27.9公里/百平方公里，比1985年增加14.7个百分点；等级公路大幅度提高，至2000年末等级公路增加到2 982.8公里，占公路总里程91%，等外公路经过改造逐年减少，等外路里程为304.4公里；公路的行政等级得到提高，国省干线路线里程为953.9公里，较1985年增加里程286.4公里，约42.9%，使全市干线公路网主框架日趋合理。

“九五”时期是公路建设增长幅度最大、公路状况整体改善最明显时期，国省干线公路行政等级提高，公路的技术等级大幅度的增长，路面建设发展迅速，公路网主骨架初具规模，汽车通过能力明显增强，全面改善了交通运输的基础条件。同时，加快了扶贫公路、边防公路建设速度，逐步开拓沿鸭绿江的边境通道，为“十五”期间的公路建设打下了良好的基础。详见表2－1－3。

表 2-1-3　　1995 年—2000 年白山市公路状况一览表

年　度		1995	1996	1997	1998	1999	2000	2000 年与 1995 年比较
公路里程		2 762	2 858.9	2 917.5	3 045.2	3 265.5	3 287.2	525.2
公路技术等级	等级公路合计	2 415.7	2 512.6	2 585.7	2 715.3	2 950.1	2 982.8	567.1
	一级路	0	0	0	0	0	0	0
	二级路	81.2	134.8	192.1	261.1	388.2	569	487.8
	三级路	562.7	598.2	596.7	650.6	627.5	535.6	-27.1
	四级路	1 771.8	1 779.6	1 796.9	1 803.6	1 934.4	1 878.2	106.4
	等外路	346.3	346.3	331.8	329.9	315.4	304.4	-41.9
路面类型	路面合计	289.7	353.1	377.3	432.4	525.1	841.2	551.5
	高级小计	75	105.7	129.4	145.9	269.4	756.6	681.6
	沥青路面	39.4	70.7	8 587.6	163.4	577	537.6	
	水泥路面	35.6	3 544.4	58.3	106	179.6	144	
	次高级	214.7	247.4	247.4	286.5	255.7	84.6	-130.1
	无路面	2 472.3	2 505.8	2 540.2	2 612.8	2 740.4	2 446	-26.3

四、白山市“十五”期间的公路建设概况

“十五”时期是进入新世纪的第一个五年，公路建设全面实现了“十五”初期制定的“市到县、县到县全部通油路，村村通公路，硬化农村公路”的总体目标。

“十五”期间，白山全市公路建设累计投资 41.2 亿元，其中吉林省交通厅投资 16.8 亿元，中央及地方财政专项资金 3.9 亿元，各商业银行贷款 9.1 亿元，地方自筹（含政策优惠、民工建勤、地方集资等）11.4 亿元。“十五”期间公路建设总投资比计划指标 29.6 亿元增加了 11.6 亿元。

至 2005 年末，白山市的公路总里程达到 5 348.6 公里，其中国道 1 条 242.6 公里，省道 4 条 697.78 公里，县级公路 16 条 879.99 公里，乡级公路达到 1 676.58 公里，专用公路达到 1 851.61 公里，公路密度为每百平方公里 29.9 公里，达到全省平均水平。按公路技术等级划分，一级公路里程 39 公里，二级公路里程 969.2 公里，三级公路里程 1 351.1 公里，四级公路里程 2 676.1 公里，而等外公路仅有 313.3 公里。在公路总里程中，高级路面里程 2 326.9 公里，晴雨通车里程 4 599 公里。“十五”时期，农村公路建设是交通发展的一个重点，尤其是 2003 年至 2005 年之间，农村公路建设得到较快发展，农村公路里程 4 408.1 公里，新建农村公路路面里程 1 660.6 公里。2003 年三道沟至仙人洞村 16.1 公里的通村公路全线贯通，完成了全省最后一条通村公路。全市 65 个乡镇中，通油路的

乡镇为59个，538个行政村全部通了公路，有348个行政村通油路、水泥路，水泥（油）路里程达到1 811.74公里，实现了市到县通油路、县到县基本通油路的整体目标，改变了农民出行条件。

“十五”期间是白山公路建设快速发展的时期，在加快公路网主骨架建设的同时，相继完成了一批与之配套的城市绕越线工程，初步解决了城市出口问题，5年来始终保持了交通建设良好的发展态势，交通基础设施建设投入达到历史最高水平，完成工程数量创历史之最。详见表2－1－4。

表2－1－4　　2000年—2005年白山市公路状况一览表

年度		2000	2001	2002	2003	2004	2005	2005年与2000年比较
公路里程		3 287.2	4 987.6	5 042.4	5 106.4	5 180.9	5 348.6	2 061.4
公路技术等级	等级公路合计	2 982.8	4 539.1	4 593.8	4 685.2	4 815.5	5 035.3	2 052.5
	一级路	0	0	39	39	39	39	39
	二级路	569	579.9	601	700.1	755.6	969.2	400.2
	三级路	535.6	1 214.9	1 225.4	1 176	1 179.7	1 351.1	815.5
	四级路 1 878.2	2 744.3	2 778.4	2 770.1	2 841.3	2 676.1	797.9	
	等外路	304.4	448.6	448.6	421.1	365.4	313.3	8.9
路面类型	路面合计	841.2	906.8	989.3	1 320.2	1 693.2	2 338.6	1 497.4
	高级小计	756.6	877.7	967.9	1 305.4	1 681.5	2 326.9	1 570.5
	沥青路面	577	671.5	722.1	864.6	914	1 142	565
	水泥路面	179.6	206.3	245.9	440.8	767.5	1 184.9	1 005.3
	次高级	84.6	29.1	21.3	14.8	11.7	11.7	－72.9
	无路面	2 446	4 080.8	4 053.1	3 786.1	3 487.7	3 009.9	563.9

从1986年至2005年，白山市经过20年的公路建设，全市公路总体规模发生了巨大的变化。

1. 与1985年末相比，公路里程的增加使白山境内基本形成了四通八达的公路网络。

全市公路总里程由1985年末的2 356.3公里发展到2005年末的5 348.6公里，新增加公路里程为2 992.3公里，公路里程增加了127%。等级公路大幅度提高，1985年末等级公路1 075公里，占总里程45.6%。到2005年末等级公路增加到5 035.3公里，占总里程94.1%，新增加的等级公路里程为3 960.3公里，新增加里程是过去公路里程的322.2%。等外公路经过改造逐年减少，由1985年末的1 281.3公里减少到2005年末的313.26公里，减少等外路里程968.04公里。公路网密度由1985年末的13.2公里/百平方公里，2005 年末达到 29 公里/百平方公里，新增 15. 8 个百分点。

2. 与 1985 年相比，白山市公路路面建设有很大改观。

从次高级路面里程零公里到 2005 年末新增高级、次高级路面 2 338. 6 公里。其中高级路面里程 2 326. 9 公里，次高级路面里程 11. 7 公里，油路 1 142 公里，水泥路 1 184. 9 公里。

3. 与 1985 年相比，公路的技术等级得到了大幅度的提高。

从没有二级公路到 2005 年末达到一级公路里程 39 公里；二级公路里程为 969. 2 公里；原有三级公路 150. 1 公里，发展到三级公路 1 351. 1 公里，新增加三级公路 1 201. 04 公里，比 1985 年增加了 8 倍；原有四级公路 924. 9 公里，发展到 2 676. 1 公里，新增加四级公路里程为 1 751. 2 公里，占总里程的 66. 3%；原有等外路里程 1 281. 3 公里，经过改造等外路里程只有 313. 3 公里，减少等外路里程 968. 04 公里，等外路里程占公路总数由原来的 54. 4% 降至 5. 9%。

4. 与 1985 年相比，公路的行政等级逐步提高。

国省干线由 1985 年的 3 条路线（国道鹤大线、省道营抚线、省道浑长线）里程 667. 5 公里到 2005 年末为 5 条（新增省道榆江线、长白线），路线里程为 940. 39 公里，新增里程 272. 89 公里，其中：国道 1 条，由原有里程 281. 5 公里经过改线，现有里程 242. 61 公里，缩短里程 38. 9 公里；原省级公路由 2 条路线 386 公里，增加到 4 条路线，里程达到 697. 78 公里，新增 2 条省道和延长省道 1 条，新增加省道里程 311. 8 公里。干线公路里程增加了 29%，使全市干线公路网主骨架日趋合理。1985 年末 8 条县级公路，里程为 534. 2 公里，到 2005 年末为 16 条县级公路，里程达到 879. 99 公里，新增县级公路里程 345. 79 公里。乡级公路由原有里程 827. 3 公里增加到 1 676. 58 公里，新增加里程为 849. 28 公里。专用公路由原有里程 327. 3 公里，达到 1 851. 61 公里，新增加专用公路里程 1 524. 31 公里，是 1985 年的 5. 7 倍。

白山市公路建设 20 年来，公路网的数量和质量发生显著变化，整体水平明显提高，初步形成了四通八达的公路主骨架。城市绕越线建设成果显著，初步改善了白山市区、靖宇县、抚松县、长白县、临江市的绕越线及出口道路；松江河至天池公路的开工建设标志着旅游公路建设进入了一个新的阶段；作为民心工程的农村公路建设得到快速发展，这些为“十一五”期间交通建设的进一步发展打下了良好的基础。详见表 2－1－5。

表 2－1－5　　1985 年—2005 年白山市公路状况一览表

年度		1985	1990	1995	2000	2005	2005 年与 1985 年比较
公路里程		2 356.3	2 561.9	2 762	3 287.2	5 348.6	2 992.3
公路技术等级	等级公路合计	1 075.8	1 363.4	2 415.7	2 982.8	5 035.3	3 960.3
	一级路	0	0	0	0	39	39
	二级路	0	15.2	81.2	569	969.2	969.2
	三级路	150.1	369.2	562.7	535.6	1 351.1	1 201
	四级路	924.9	952	1 771.8	1 878.2	2 676.1	1 751.2
	等外路	1 281.3	1 198.5	346.3	304.4	313.3	－968
路面类型	路面合计	12	103.9	289.7	841.22	2 338.6	2 326.6
	高级小计	0	25.2	75	756.6	2 326.9	2 326.9
	沥青路面	0	15.2	39.4	577	1 142	1 142
	水泥路面	0	10	35.6	179.6	1 184.9	1 184.9
	次高级	12	78.7	214.7	84.6	11.7	－0.3
	无路面	2 344.3	2 458	2 472.3	2 446	3 009.9	665.6

第二节　桥梁（隧道）建设概况

1985 年末，浑江市公路里程中共有桥梁 434 座，长 11 066.7 延长米，其中：国道桥梁 67 座 1 904.3 延长米，省道桥梁 77 座 2 473.8 延长米，县道桥梁 80 座 2 083.5 延长米，乡道桥梁 144 座 3 401.7 延长米，专用公路桥梁 66 座 1 203.4 延长米。这些桥梁大多数都是 60—70 年代修建，桥梁结构以石拱桥为主，桥面较窄，载重标准低，占全市桥梁总量的 93.1%；有临时桥梁 55 座，长 666.3 延长米，半永久性桥梁 39 座，长 853.9 延长米。

公路里程中有涵洞 2 885 道；其中：国道涵洞 402 道，省道涵洞 643 道，县道涵洞 707 道，乡道涵洞 887 道，专用公路涵洞 246 道。

公路里程中有公路简易隧道 5 处 192 延长米，均为无衬砌简易山洞。其中：国道鹤大线 2 处长度 83 延长米，即抚松黑影隧道 32 延长米，宽度为 5. 5 米；大阳岔棒槌砬子隧道 51 延长米，宽 4. 5 米。省道简易隧道 3 处长度为 109 延长米，即：花山简易隧道 30 延长米；六道沟简易隧道 53.3 延长米，宽度为 5 米；长白飞机岭隧道 25.7 延长米，宽度 4.5 米。

“七五”时期，新建桥梁、隧道及涵洞总投资为 712.83 万元。1990 年与 1985 年相比，桥梁增加26座1 219.6延长米，达到460座12 286.3延长米；隧道增加6处231延长米，达到11处423延长米；涵洞增加245道，达到3 130道。

“八五”时期，桥隧建设逐步得到重视，1995年末与1990年比较，桥梁增加40座1 761.4延长米，达到500座14 271.7延长米；隧道增加5处446延长米，达到16处869延长米；涵洞增加111道，达到3 241道。

“九五”时期，桥梁和隧道在山区公路建设中发挥着举足轻重的作用，公路隧道和桥梁建设能够缩短公路里程，提高山区公路的技术标准。1995年以前，白山境内桥梁较窄，且载重标准低，“九五”期间的桥梁建设得到较大发展，境内桥梁经过技术改造和加宽，提高了等级标准，桥梁结构由单一的石拱桥型，发展到板桥、T型梁桥、箱型梁桥等多种桥型，同时弯桥、坡桥和斜桥比例增加。5年间仅大桥增加7座1 185.9延长米，中小桥111座3 321.14延长米。新建隧道7座，6 679延长米，其中：沈长线花山隧道325延长米；营白线板石岭隧道1 262延长米；鹤大线枫叶岭隧道2 188延长米和老岭隧道660延长米及上甸子隧道168延长米；朝长线花园隧道824延长米，珠宝隧道1 215延长米。特别是“全民办交通、举市大筑路”活动中，仅1997—2000年间，新建公路隧道就达到5座，5 203延长米，挡墙、护坡37.8万立方米，2000年与1995年相比，白山市境内桥梁达587座18 404.5延长米，增加87座4 356.8延长米；隧道17处3 024延长米，增加1处2 155延长米，涵洞4 008道，增加767道。

“十五”期末，桥梁总数达到1 032座32 431.4延长米；隧道20处11 402延长米；涵洞6 159道。2005年与2000年末相比，增加445座14 026.9延长米，分别增加了67.5%和54.3%，其中：大桥由25座3 730.2延长米，增加到36座6 302.3延长米，中桥由170座8 659.6延长米，增加到217座12 533.5延长米，小桥由392座6 014.7延长米，增加到779座13 595.6延长米；涵洞增加2 151道，增加了42%；所有隧道达到净9米隧道，增加3处8 378延长米，其中2005年竣工完成的临江隧道长2 775延长米。

2005年末与1985年末相比较，桥梁由434座，11 066.7延长米，增加到1 032座，32 431.4延长米，新增加桥梁598座，增加桥长为21 364.7延长米；隧道由5处192延长米增加到20处11 402延长米；涵洞由2 885道增加至6 159道，新增3 274道，是1985年2.1倍。详见表2-1-6。

表2－1－6　　1985年—2005年白山市桥梁、隧道和涵洞统计表

年　度	桥梁（延长米/座）	隧道（延长米/座）	涵洞（道）	五年计划相比较（延长米/座）
1985	11 066. 7/434	192/5	2 885	1990年与1985年相比： 桥梁增加1 219. 6/26 隧道增加231/6 涵洞增加245
1986	11 261. 1/435	192/5	2 896	
1987	11 267. 1/436	465/12	2 932	
1988	11 289. 4/440	465/012	2 981	
1989	11 900. 9/449	465/12	3 009	
1990	12 286. 3/460	423/11	3 130	
1991	13 468. 7/489	733/14	3 118	1995年与1990年相比： 桥梁增加1 761. 4/40 隧道增加446/5 涵洞增加111
1992	13 732. 4/493	869/16	3 145	
1993	13 856. 7/497	869/16	3 172	
1994	14 271. 7/500	869/16	3 246	
1995	14 271. 7/500	869/16	3 241	
1996	15 127. 6/513	1 154/16	3 387	2000年与1995年相比： 桥梁增加4 356. 8/87 隧道增加2 155/1 涵洞增加767
1997	15 127. 6/524	1 154/16	3 384	
1998	15 500. 8/536	1 154/16	3 570	
1999	16 811/571	1 762/16	3 891	
2000	18 404. 5/587	3 024/17	4 008	
2001	26 174. 9/941	7 556. 5/20	5 455	2005年与2000年相比： 桥梁增加14 026. 9/445 隧道增加8 378/3 涵洞增加2 151
2002	27 460. 6/967	7 724. 5/21	5 484	
2003	27 914. 3/976	7 724. 5/21	5 491	
2004	28 396. 2/983	7 724. 5/21	5 659	
2005	32 431. 4/1032	11 402/20	6 159	

第二章 公路线路

第一节 国道

一、鹤岗——大连线（编号G201）

1985年末，起于黑龙江省鹤岗市止于辽宁省大连市的国道鹤岗至大连线白山境内段，起自延边州安图县二道白河界，经由露水河、砬子河、万良、抚松、马鹿沟、冰凉沟、仙人桥、红力岭、松树、湾沟、大阳岔、孙家堡子、石人、八道江、六道江、止于通化界五道江岭，全长281.5公里，其中三级路15公里，四级路266.5公里，多为砂石路面。有桥梁67座1 904.4延长米，简易隧道2处83延长米（北江简易隧道32米，大阳岔棒槌砬子隧道51米）。晴雨通车里程为256.3公里。

该路线南北跨越抚松县、江源县、八道江区，截止到2005年末，鹤大线白山境内段经多次改建，境内段总长为242.61公里，比1985年缩短了38.89公里。起自白山市与延边州交界的沿江乡，经由抚松县境内的砬子河村、北岗镇、大方村、万良镇、抚松镇、汤河口、夹皮沟林场，江源县境内的湾沟镇、孙家堡子镇、砟子镇、翁泉，八道江区境内的长白线叉、西出口、兴红线叉道，止于通化界五道江桥。全线地形属山岭重丘区，跨越的地貌主要是长白山和老岭山脉，沿线地质主要是石灰岩，跨越的主要河流是头道松花江、夹皮沟河，浑江、通过地区构造相对稳定。

1. 沿江乡—夹皮沟林场路段

抚松县境内段，起自沿江乡，经由露水河、新兴村、北岗镇东北、北岗镇油路头、北岗镇西南、老线新线岔、大方、万良镇、鸡冠砬子、北江隧道、抚松县北、抚松县南、朝长线叉、汤河口、止于夹皮沟林场，总长123.80公里。

抚松县安图交界至万良段，原为四级砂石路，林业运材公路，路面平均宽6.5米，最窄处只有5米，等级低、路况差，自2003年10月开始进行路网改建，由原来的四级路改建成山岭重丘区二级公路，铺设沥青砼路面，路基宽12米，路面宽9米，缩短里程31.7

公里。

万良至抚松镇段，1988年至1991年对该段进行改线，由原越岭路改为沿溪线，技术等级为山岭重丘区二级，铺设沥青路面，路基宽9米，路面宽7米，投资4 234万元。北岗至砬子河22公里路段是鹤大线的老大难路段，路基是东北沦陷时期的“警备道”，用原木铺设而成，经过50年的碾压，木材腐烂，每年翻浆大面积发生，经常阻车。在沿江公路建成后，1992年4月开始对路基进行大修改造，当年竣工通车。1993年，开始进行万良至抚松段20公里路基改造，1994年铺装了沥青混凝土路面，原来的四级路的基础上改建成山岭重丘区二级公路，路基宽8.5米，路面宽7米，投资475万元。1998年参乡三号桥和汤河至湾沟二级公路建成通车，使该路的车辆通行能力有了很大提高。第二次改线是1998年湾沟至抚松二级沥青混凝土路面工程竣工，抚松县境内的鹤大线止点，由原来的南岭村与松树镇交界处，改为仙人桥镇夹皮沟与靖宇县交界处。第三次改线是2003年10月万良至沿江段75公里路基改建，该路建成后，鹤大线抚松段的起点由原来的露水河镇与二道白河镇交界处改为沿江乡与延边敦化市交界处。此段设计为国家二级公路标准，沿线建设隧道4座，全长3 471延长米，大桥两座466.12延长米，中桥5座307.82延长米，涵洞188个，防护工程123 184立方米，土石方总量4 494 588立方米，工程总投资53 200万元。2005年末，完成全部路基工程和中、小桥梁、涵洞及防护工程，隧道全部建成，预计2006年铺设沥青混凝土路面并全线竣工通车。届时，鹤岗大连公路抚松段将全部建成山岭重丘区二级公路，沥青混凝土路面，大大提高了车辆通行能力，交通状况发生根本性的转变。

2. 胜利村——夹皮沟林场路段

靖宇县境内段2处，全长20.5公里，二级公路，沥青混凝土路面。1999年经改建路经靖宇县境内，在此之前原有的公路为湾沟至汤河口林业运材专用公路。因里程短，且比较偏远，由江源县和抚松县分段负责养护管理。

3. 夹皮沟林场—翁泉路段

江源县境内段，起自夹皮沟林场，经由江源县境内、老岭隧道、湾沟镇东北、湾沟镇西、枫叶岭隧道、大阳岔、孙家堡子入口、江源县德泰大街西出口、石三线连线，止于瓮泉。全长67.498公里，均为沥青混凝土路面，晴雨通车。

该段原路穿过不稳定山体棒槌砬子，跨越枫叶岭，多次与铁路平交，技术等级为三、四级，低级路面。1993年该路段进行强基薄面中修，投资300万元，1998年至2000年对该路段进行改建，部分路段改线，绕越了大阳岔村，避开了棒槌砬子段不稳定山体及铁路平交道口，打通了枫叶岭隧道，缩短里程5.6公里。全段技术等级为山岭重丘区二级，铺设沥青砼路面，路基宽9米，路面宽8米，投资22 600万元。2001年再一次改建，沥青砼路面，其中6公里路面宽为一级路20米，59.5公里路面宽为7—10米，2公里路面宽为40米，单向双车道。鹤大线江源段2001年以前由南线石人镇进入白山市八道江区，路程不仅绕远，而且峻岭河川较多，地形复杂。2001 年国家投资 1 亿元改线北线通行。由砟子镇以西从翁泉直通白山市八道江区，路途缩短 10 公里，公路等级由原来的二级公路改为一级公路。

4. 翁泉——五道江路段

八道江区境内段，起自翁泉，经由长白线叉、西出口、兴红线叉道，止于五道江大桥。全长 30.809 公里，晴雨通车，技术等级一级，沥青混凝土路面，双向四车道，路面宽度 20 米，涵洞 108 道。

原路主要穿越石人、红石、水泥厂、石英、七道江、张家、六道江、五道江岭（通化交界），跨越金坑岭、老岭，技术等级为三、四级，路面为渣油、砂石路面，1985 年至 1990 年进行改建，由越岭线改为沿溪线，缩短里程 8.6 公里，技术等级为山岭重丘区二级，沥青砼土路面，路基宽 9 米，路面宽 7 米，投资 10 000 万元。2000 年至 2002 年，原二级路设计交通流量满足不了实际交通量增长需要，为满足经济发展的需要，拓宽为一级路，沥青砼路面，路基宽为 22.5 米，路面宽 20 米，投资 51 800 万元。

第二节 省 道

1985 年末，白山市境内只有 2 条省道，即营抚线和浑长线，全长 386 公里。营城子至抚松公路白山段，起自辉南县界老岭，经由龙泉镇、靖宇、三道湖、一参场、花园、榆树川，止于抚松，长 95 公里；浑江至长白路段，起自江源县界林子头，经由天桥、老岭、老三队、花山、临江、四道沟、六道沟、八道沟、老保甲、老局所、宝泉山、十三道沟、冷沟子、十四沟、干沟子、半截沟、红旗岭、飞机岭、十八道沟，止于长白镇，长 291 公里。

2005 年末，白山市境内已有 4 条省道，即朝长线 S302（原营抚线）、沈长线 S303（原浑长线）、榆江线 S204 和长白线 S103，全长 697.78 公里。

一、朝阳镇——长白线公路白山段（编号 S302）

省道 302 线，路线全称朝阳镇—长白县公路，修建于 20 世纪 60 年代初，是原省道营城子－抚松线延伸至长白形成的。原为县道长（白）抚（松）线及营（城子）抚（松）线，自 1999 年起由营抚线更名为省道朝长线。该线白山市境内段，起自辉南县界龙湾隧道，经靖宇、抚松、松江河、漫江、八公里、横山，止于长白朝鲜族自治县的长白镇，全长 243.055 公里。技术标准二、三级，全线晴雨通车。

该路线南北纵跨靖宇县、抚松县和长白县三个县（市）区，由二条路段组成。

1. 龙湾隧道—松花江靖宇岸路段

靖宇县境内，起自辉南县界龙湾隧道，经由老岭屯、龙泉镇、缸窑、老二参场（榆江线叉）、靖宇、靖宇东交叉口、驼靖线叉、石三线叉、向阳、花园，沿途经过花园隧道、珠宝隧道、自兴、榆树川，止于松花江靖宇岸。长73.944公里，其中1.181公里为水泥混凝土路面，其余为沥青混凝土路面，均为二级公路，路面宽为7—9米。

1986年，该段称营抚公路，同年靖宇县公路段组织道班员工对牤牛岗、珠宝沟等路段进行了整修，开展“改一个弯、降一处坡、加宽一段路基”等工程建设活动。1987年，吉林省交通厅投资50万元，改造营抚线龙泉段2.7公里（即从原路122K处起到128K处止），改造后的路基宽为8.5米，路面宽7米，比原路段缩短3.3公里，此项工程1986年6月10日开工至1988年完工，改善了靖宇县境内省级道路的路况，到1988年底，营抚公路靖宇境内全部达到了四级公路技术标准。1995年10月，投资410万元，改造老岭段10公里路基，土方量20.6万立方米。1996年至1998年吉林省交通厅路网规划项目营抚线靖宇至老岭段新建工程，总预算为3 367万元，省交通厅补贴2 365万元，地方自筹1 002万元。该路全长25公里，新建19.2公里，路基宽9米，为二级路标准。1998年投资1 453.2万元，完成营抚线靖宇至老岭段油路工程。该工程是《吉林省六年路网规划》建设项目，标准为山岭重丘区二级沥青路，全长20.2公里，10月末通车，从而结束了靖宇县没有油路的历史。1998年至1999年对靖宇至一参场段路基，按山岭重丘区二级路标准进行改建，全长为20.337公里。2000年，靖宇至一参场段建成沥青路面；2001年，一参场至抚松段建成沥青路面。

2. 松花江靖宇岸——漫江路段

抚松县境内段，经抚松县城、板石村、兴隆，沿松江河北、东、南而行，由松天线叉、抚南林场、林业岔道，止于漫江。全长64.767公里，二级公路，抚松县南出口—板石村、小山村—松江河北、抚南林场—林业岔道为水泥混凝土路面，共15.895公里，其它路段为沥青混凝土路面，路面宽7—9米。

1995年，抚松至松江河25公里路基改建工程开工，全线设计为山岭重丘区二级公路上限标准，路基宽12米，路面宽9米，土石方量84.5万立方米。路基改建工程于1996年10月1日竣工。1997年以前，抚松境内没有省级公路，省道营（城子）抚（松）公路止于松花江靖宇岸，靖宇县境内牤牛岗至抚松的4公里路段归抚松县公路段养护。1999年吉林省交通厅把朝阳镇至长白公路列为省级公路管理，抚松境内才有省级公路。1997年完成了抚松至板石，小山村至松江河段14公里水泥混凝土路面工程。1998年完成了板石至小山段11公里沥青混凝土路面建设工程，当年9月1日全线竣工通车。松抚公路建成通车后，1998年下半年开始建设松江河至漫江公路，该路原为松江河林业局运材专用公路。全长40公里，设计为山岭重丘区二级公路标准，路基宽9米，路面宽8米，土石方量40万立方米。1998年10月21日工程开工，1999年10月30日路基工程完工，2000年开始进行沥青混凝土路面工程施工。当年9月10日竣工通车，抚松至长白全线通了油路和水泥路，实现了白山市政府提出的2000年9月15日前达到市县通油路、县到县基本通油路的目标。

3. 漫江—长白县路段

长白县境内段，经八公里、峰岭、杜香、水泥路端头、横天线叉、三十八、农业排、双山电站、长八线叉、长白县东，止于长白镇。全长104.34公里，其中峰岭—水泥路端头33.23公里为水泥混凝土路面，其它路段为沥青混凝土路面，技术标准为二、三级，路面宽6—12米。

在长白县境内，该公路穿越老龙岗原始森林，树深林密，大部分路段在山涧中行走，夏季山洪冲刷，冬季冰雪覆盖，路况很差。由长白县交通局组织勘测人员，风餐露宿，测绘设计该条路段，1982年建成砂石路，改变了进出长白朝鲜族自治县只有浑长线一条公路的落后局面。1986年治理冰湖盲沟628.5延长米，提高路基300延长米砌挡冰墙130延长米。1987年完成公路出口路面改造19公里，提高路基3公里等工程，造价90万元。1989年改造路基3公里。1991年投资9.1万元，改造了水毁工程；投资80万元完成长白镇东出口柏油路面改造1 118延长米。从1989年开始动工对33公里翻浆路段铺设混凝土路面，1991年10月竣工此项工程总投资2 720万元，其中长白县自筹资金2 000万元，开挖土石方18.1万立方米，砌筑挡墙15.6万立方米，修筑桥梁1座，涵洞84道。1992年投资150余万元完成县城东出口3.7公里柏油路面改造和横山林场处改造11.6公里。1993年投资970万元完成44公里柏油路面铺设。1994年完成11.6公里柏油路面铺设及河道改造等工程，共投资540万元。1995年投资606.8万元，铺设柏油路面24.6公里。1996年，全部完成朝长公路长白县境内剩余的34.91公里的柏油路面铺设任务，1997年纳入省三级公路管理。2005年开始加宽路面改造工程，计划提升为省二级公路管理。

二、沈阳——长白公路白山段（编号S303）

省道303线，路线全称沈阳——长白公路，1908年称奉（天）长（白）公路，1944年称长（白）临（江）公路，1985年改称浑（江）长（白）公路，起点为林子头，经由老岭、临江、六道沟，止于长白，全长291公里。1990年改称通（化）长（白）公路，起点为道清镇，经由浑江（白山市）、临江、六道沟，止于长白镇，全长307.5公里。1997年经吉林省政府批准纳入省道管理，改称沈（阳）长（白）公路。

沈长线是由沈阳起经辽宁省抚顺、新宾至吉林省通化市，进入吉林省白山市，是经革命老区临江市，直通边陲长白县的交通要道。截止2005年，该线白山境内段起自八道江区道清镇，经白山市区、江源，进入临江市辖区沿鸭绿江而行，经六道沟、八道沟、十三道沟、十六道沟，止于长白镇。全长324.67公里，全线晴雨通车。

该路线纵跨白山市、临江市和长白县。

1. 道清——金坑岭路段

八道江区境内段，经六道江、大通沟、东山，止于金坑岭，长 27.462 公里，技术标准为二、三级，沥青混凝土路面，路面宽度为 7—9 米，涵洞 35 道。

五道江岭交界处至六道江路段，原路技术等级为四级，路面类型为砂石路，路基宽度 8 至 8.5 米，路面宽度 5 至 7 米。1988 年经过改建，技术等级为三级公路，沥青渣油路面，路基宽度 8 至 8.5 米，路面宽度 6 米，投资 187 万元。

六道江至陶瓷路段，原路技术等级为四级，路面类型为砂石路路面，路基宽度 8 至 8.5 米，路面宽度 5 至 7 米。1985 年经过改善，技术等级为三级公路，沥青渣油路面，路基宽度 8 至 8.5 米，路面宽度 6 米，投资 160 万元。

道清至老营路段，原路技术等级为三级，路面类型为沥青碎石，路基宽度 8 至 8.5 米，路面宽度 6 米。1987 年经过养护改善，技术等级为二级公路，沥青混凝土路面，路基宽度 8 至 8.5 米，路面宽度 7 米，投资 242 万元。

七道江至江源界路段，原路主要穿越陶瓷、白山市市区、天成水泥厂、金坑岭，跨越老岭，技术等级为四级，沥青碎石路面，路基宽度 7 至 7.5 米，路面宽度 6 米。1998 年东山木材检查站至石人路段，经过养护改善，技术等级为二级公路，沥青混凝土路面，路基宽度 8 至 8.5 米，路面宽度 7 米，投资 678 万元。多处与铁路平交，破陡、弯急，而且交通流量满足不了交通量增长需要。2003 年开始对该路段进行改线，绕越白山市市区和金坑岭，陶瓷路段至江源界段新建成一、二级公路，铺设沥青路面，路基宽度 11 至 22.5 米，路面宽度 9 至 20 米。投资 28 391 万元。1999 年对通白界起点至陶瓷段进行改善，投资 742.5 万元。

2. 金坑岭——临江界老岭路段

江源县境内段，经八三线交叉点、石人镇、大石棚子村、八里坡村，止点为临江老岭。长 31.24 公里。技术标准为二、三级，沥青混凝土路面，路面宽 6—7 米。涵洞 19 道。1985 年至 2003 年，该线由石人镇内进入大石棚乡绕老岭山脉盘旋至临江市，路途曲折，地形险要。自 2003 年开始改线，由八道江区长岗村延西线运行，经过大石人镇、石人镇西山、榆木桥子白水泉进入临江隧道，变曲线为直线，路程由过去的 31.2 公里缩短为 8.52 公里，路宽 9 米，路面为沥青混凝土路面。有永久性桥梁 6 座，597 延长米。改线于 2003 年动工，2005 年 9 月 29 日竣工通车。

3. 老岭——马鞍山村路段

临江市境内段，经老三队村、花山镇、临城、四道沟镇，六道沟村，止点马鞍山村。长 119.474 公里。

原沈长线老岭至临江、临江至长白界的路段为盘山绕岭路段，坡陡弯急，而且地形险要，石人至临江段由 2003 年开始改线，由榆木桥白水泉至新三队三棚湖打通临江隧道，变过去曲线盘绕为直线运行，新沈长公路临江路段起点名称遥林村，止点二道阳岔沟门，全长 20 公里，路基宽度 10 米，路面宽度 9 米，技术等级 2 级，属双车道，面层为沥青混凝土，涵洞16道，永久桥梁16座、2 324延长米，隧道2座、3 460延长米，2005年9月竣工通车。2003年临江市交通局把临江至七道沟路段改线到鸭绿江北岸，预计2006年竣工。沈长线临江隧道工程项目的建成，避开了原路线山高、弯急、坡长、路陡的状况，缩短通行距离22公里，该路线更加通畅，全线“桥在水中架，洞在山中游”，形成一道亮丽的风景旅游线，改善了临江、长白山区公路的交通条件，从而打开了临江市的区位优势。是临江市、长白县与外界进行政治、经济、文化交流的重要陆路通道，也是保卫边疆加强国防建设的咽喉要道，其意义十分重要。

4. 马鞍山村——长白镇路段

长白朝鲜族自治县境内段，经八道沟、宝泉山、老局所、十三道沟、干沟子、十六道沟、金华乡，止于长白镇。长146.53公里。原沈长线临江与长白界处直通长白镇为盘山绕行路段，2001年至2005年由越脊线改建为沿江线，沿鸭绿江北岸而上，变过去曲线盘绕为直线通行，主要穿越葫芦套、南川、十二道沟镇、十三道湾村、冷沟子村、南尖头、两江村，技术等级山岭重丘区二级，路面为沥青混凝土路面，路基宽度9米，路面宽度7米。该路段比改建前缩短5.591公里，投资55 500万元。

三、榆树——江源公路白山段（编号S204）

省道204线，路线全称榆树—江源公路，从吉林省榆树市起，途径舒兰市、吉林市、桦甸市、靖宇县，至江源县孙家堡子镇止。1999年，将原靖白线、靖红线连在一起，改为省道榆江线。榆江线2002年以前是砂石路，从2002年开始改建为二级沥清黑色路面。榆江线白山段起自靖宇县小西头交界处，经那尔轰、景山、靖宇、元宝顶子，止于江源县孙家堡子镇。全长108.64公里，全线晴雨通车。全线地形属山岭重丘区，跨越的地貌主要是老岭和长白山脉，沿线地质主要是石灰岩，通过地区构造相对稳定。

该路线跨靖宇县、江源县，由多条路段组成。

1. 西老岭—元宝顶子路段

靖宇县境内段，起自与桦甸市交界的西老岭，经由那尔轰镇、景山镇、靖宇镇、新建村，止于元宝顶子。全长96.876公里，公路技术标准二、三、四级，沥青混凝土路面，路面宽8—9米，有永久性桥梁25座，821. 26延长米，涵洞222道。

1994年10月10日召开靖白公路万人誓师大会始，正式拉开了靖白公路建设的序幕。誓师大会动员全县各部门和各界群众以民工建勤形式参加筑路劳动。该工程为交通部扶贫项目，靖宇县城至白山市八道江区里程为65公里，其中新建25公里，改造20公里，当年完成靖白公路靖宇境内6.1公里的路基工程；1995年完成1公里路基工程；1996年10月31日全线竣工通车，其中靖宇境内（靖宇至元宝顶子）为31.2公里。1996年9月，该路纳入专养后取消原将军路道班，新组建了靖白路道班。1998年投资540万元，对靖（宇）白（山）公路进行了26.3公里（其中：新建5.3公里；维修21公里）的路基改造工程。靖白公路于1999年改为省道榆江线靖宇至元宝顶子段（靖宇境内），2001年10月，该段完成油路工程。

榆江公路靖宇至桦甸市交界段，是在原县道靖红公路（靖宇—那尔轰）的基础上，对那尔轰至桦甸市交界段重新选线，1998年至1999年投资1 010万元，其中省补478万元，自筹532万元，完成了13.1公里的路基新建工程。2001年至2002年投资1 520万元，对榆江线景山至靖宇段进行了路基桥涵新建工程，全长21公里。2001年投资2 954万元，完成榆江线景山至西南岔段23公里油路工程。2002年投资3 300万元完成靖宇至景山21公里油路工程。2005年投资3 369万元完成榆江线西南岔至西老岭24.4公里油路工程。截止2005年9月底，省道榆江线靖宇境内96.8公里全部完成沥青路面。

2. 元宝顶子—孙家堡子路段

江源县境内段，起于原森铁和林道交叉路口，经由501大桥北、桥南、三岔子镇北、镇东、三岔子镇，止于孙家堡子。长18.537公里，二级公路，沥青混凝土路面，路面宽7—14米，有永久性桥梁4座149延长米，涵洞39道。

四、长春——白山公路白山段（编号S103）

省道103线，路线全称长春—白山公路，白山段修建于2000年，是在原县级公路朝浑线的基础上形成的，全线在八道江区境内，起自白山和通化地区界板石岭隧道，经由板石镇、吊水村、金英村、东岗村，止于江地村，全长14.709公里，水泥混凝土路面，二级公路，涵洞26道，全线晴雨通车。2000年9月6日，营白公路如期全线贯通，改变了原白山到省城长春需绕道通化、辽源的路程，结束白山市无直通省城公路的历史，使白山市直达省城长春的公路里程缩短到255公里。

该路修建至今，经过1次较大的大修改造，1998年至2001年，板石隧道入口至鹤大线岔路口，由原三级路改建成二级公路，铺设水泥混凝土路面，投资13 000万元。经过改造后，路基宽度为9－12米，路面宽度为7－9米，技术等级为二级，路面类型为水泥混凝土。全线设计流量5 000－15 000辆/日，设计速度为60公里/小时。

第三节　县　道

1985年，白山市境内县道8条，总里程534.2公里，至2005年末，县道增至16条，总里程达到879.987公里，晴雨通车里程达到745.37公里，公路技术等级大幅提高，其中二级公路278.801公里，三级公路283.313公里，四级公路277.852公里，等外路40.02公里；路面铺装里程占总里程的70%以上，其中沥青混凝土路面316.89公里，水泥路面315.55公里。详见表2－2－1、2－2－2。

表 2-2-1 1985 年浑江市县道基本情况表

路线名称	起 点	经 由	止 点	路面种类	专业养护里程	总里程
靖那线	靖宇	义胜、景山、新胜	那尔轰	砂石	56.9	56.9
靖姜线	靖宇	靖宇林场、四海	辉南县界	土路		30
八三线	水泥厂	大镜沟、红土崖	下三道沟	砂石	56	56
孙三线	孙家堡子	砬子门、六队、西沟	三道湖	砂石	48.7	48.7
长抚线	抚松镇	松江河、漫江	长白界	砂石	212.7	224.9
长廿三线	十九道沟	廿道沟、廿一道沟	廿三道沟	土路	25.7	25.7
临青线	临江兴隆街	三公里、闹枝	冰湖岭	砂石	40	40
横天线	横山	八号闸、谷头河	天池	土路	6	52

表 2-2-2 1987 年—2001 年白山市县道新建、改建逐年变化情况表

年度	路线名称	起 点	经 由	止点	路面种类	专业养护里程	里程	建设情况
1987	长抚线	东岗岔道	小山、松江河	长白界	砂石	129.6	224.9	改建
1988	沿江线	马鹿沟	庙岭、冰凉沟	汤河	砂石	16.7	16.7	新建
1991	冰汤线	抚松镇	汤河、冰凉	冰凉沟	砂石	16.6	25.6	
1992	北泉线	北岗		泉阳	砂石	5	56	
1993	石三线	石人	孙家堡子、砬门	三道沟	砂石、沥青	63.9	71.2	
1993	抚长线	抚松镇	漫江、八公里	长白镇	砂石、沥青	136	173.7	
1996	白靖线	三岔子	靖宇殉国地	靖宇镇	沥青、砂石	30.5	43.2	
1997	抚长线	抚松镇	松河河、横天	长白镇	砂石沥青水泥	136	173.7	
1997	临青线	临江兴隆街	三公里、黑松	青沟子	砂石、沥青	35.2	39.2	
1998	那红线	那尔轰		大院接头	砂石	14.1	14.1	
1998	朝浑线	西出口桥	金英、吊水	柳河界	砂石沥青	12	18	
1998	抚长线	马鹿沟	冰榔沟	小山林场	砂石沥青水泥	28	28	
1999	湾漫线	湾沟	松树	漫江	砂石		42	新建
1999	临汤线	南岭	仙人桥	汤河	沥青砂石	18.8	18.8	新建
2000	兴红线	通化界	太安、鹤大线叉路	红土崖	砂石	10.2	37.6	

续表 1

年度	路线名称	起　点	经　由	止点	路面种类	专业养护里程	里程	建设情况
2000	八三线	石人岭	大镜沟、红土崖	下三道沟	砂石沥青	49.6	49.6	路面改建
2000	临抚线	临江	闹枝、汤河	抚松	砂石沥青	88.1	101	
2000	临贾线	三道沟门	大湖、蚂蚁河	贾家营	砂石沥青水泥	10.3	30	
2000	靖赤线	靖宇		赤松	砂石		42	
2000	万北线	万良	新屯子	北山参场	砂石、沥青水泥	11.5	31.5	
2000	松天线	松江河		天池	砂石	8.3	73	
2000	下临线	集安界	临江、苇沙河	横路岭	砂石、水泥	30	97.5	新建
2000	仙温线	仙人桥		温泉	砂石沥青	7	7	
2000	北松线	北岗	泉阳	松江河	砂石	5	35	
2001	二那线	白山电站	红石	那尔轰	砂石	17.4	30.5	
2001	驼靖线	驼腰岭	靖宇林场、四海	靖宇煤矿	砂石	8.2	53.2	

1992 年，长抚线更名为抚长线；抚泉线改建后更名北泉线；

1998 年，靖红线改建后更名为那红线；浑板线更名为朝浑线；

1999 年，抚长线更名为松抚线；

2000 年，那红线更名为那白线；靖姜线更名为姜靖线；朝浑线经改建更名为兴红线；临青线更名为临抚线；北泉线更名为北松线；

2001 年，那白线更名为二那线；姜靖线更名为驼靖线；长廿三线更名为长八线；

2003 年，县道路面技术标准整体提高，其中：八三线、石三线、横天线、万北线、湾漫线、松天线、下临线和北松线都逐步增加了水泥路面和沥青混凝土路面。至 2005 年，白山市有县道 16 条，总里程为 879.987 公里，详见表 2－2－3。

表 2－2－3

2005 年县级公路基本情况表

路线名称	总计	按技术等级分					按路面等级分					
		等级公路				等外公路	合计	有铺装路面			简易铺装路面	未铺装路面
		合计	二级	三级	四级			小计	沥青混凝土	水泥混凝土		
县道合计	879.987	839.966	278.801	283.313	277.852	40.021	879.987	632.438	316.888	315.55	0.986	246.563
二那线 X043 合计	32.562	19.509	2.373	8	9.136	13.053	32.562	10.373		10.373		22.189
白山市	32.562	19.509	2.373	8	9.136	13.053	32.562	10.373		10.373		22.189
靖宇县												
白山镇－那尔轰	32.562	19.509	2.373	8	9.136	13.053	32.562	10.373		10.373		22.189
驼靖线 X076 合计	52.352	52.352	50.922	1.43			52.352	52.352	1.392	50.96		
白山市	52.352	52.352	50.922	1.43			52.352	52.352	1.392	50.96		
靖宇县												
通白市界－靖宇港	52.352	52.352	50.922	1.43			52.352	52.352	1.392	50.96		
兴红线 X078 合计	40.546	40.546	10.555	29.991			40.546	40.546	40.546			
白山市	40.546	40.546	10.555	29.991			40.546	40.546	40.546			
八道江区												
朝阳林场检查站－红土崖	40.546	40.546	10.555	29.991			40.546	40.546	40.546			
下临线 X085 合计	117.547	117.547		59.401	44.575		117.547	78.983		78.302		38.564
白山市	117.547	117.547		59.401	44.575		117.547	78.983		78.302		38.564
八道江区												
二道砬子－临江界	62.564	62.564		30	32.564		62.564	30		30		32.564
临江市												
八道江界－临江市区	54.983	54.983	13.571	29.401	12.011		54.983	48.983	0.681	48.302		6
八三线 X088 合计	51.068	51.068	51.068				51.068	51.068	51.068			
白山市	51.068	51.068	51.068				51.068	51.068	51.068			
八道江区												
县界－白山市区界	50.068	50.068	50.068				50.068	50.068	50.068			
江源县												
红石岭－江源县界	1	1	1				1	1	1			
石三线 X089 合计	71.433	71.433	33.139	38.294			71.433	71.433	24.848	46.585		

续表 1

路线名称	总计	按技术等级分						按路面等级分					
		等级公路				等外公路		合计	有铺装路面			简易铺装路面	未铺装路面
		合计	二级	三级	四级				小计	沥青混凝土	水泥混凝土		
白山市	71. 433	71. 433	33. 139	38. 294				71. 433	71. 433	24. 848	46. 585 靖宇县		
江源县界 - 朝长线叉路口	46. 585	46. 585	16. 226	30. 359				46. 585	46. 585		46. 585		
江源县													
石人镇 - 石三线叉路口	24. 848	24. 848	16. 913	7. 935				24. 848	24. 848	24. 848			
临抚线 X090 合计	99. 273	99. 273	73. 67	0. 986	24. 617			99. 273	73. 67	71. 43	2. 24	0. 986	24. 617
白山市	99. 273	99. 273	73. 67	0. 986	24. 617			99. 273	73. 67	71. 43	2. 24	0. 986	24. 617
抚松县													
县界 - 抚松县	43. 71	43. 71	19. 093		24. 617			43. 71	19. 093	19. 093			24. 617
临江市													
临江 - 县界	55. 563	55. 563	54. 577	0. 986				55. 563	54. 577	52. 337	2. 24	0. 986	
临贾线 X091 合计	29. 419	29. 419	6. 85	0. 89	21. 679			29. 419	29. 419		29. 419		
白山市	29. 419	29. 419	6. 85	0. 89	21. 679			29. 419	29. 419		29. 419		
临江市	29. 419	29. 419	6. 85	0. 89	21. 679			29. 419	29. 419		29. 419		
三道沟门 - 硅铝矿厂	3. 8	3. 8	3. 8					3. 8	3. 8		3. 8		
贾家营西 - 贾家营东	0. 89	0. 89		0. 89				0. 89	0. 89		0. 89		
湾漫线 X092 合计	93. 897	93. 897	24. 41	23. 244	46. 263			93. 897	47. 654	25. 965	21. 689		46. 243
白山市	93. 897	93. 897	24. 41	23. 244	46. 263			93. 897	47. 654	25. 965	21. 689		46. 243
抚松县													
县界 - 漫江	11. 98	11. 98			11. 98			11. 98					11. 98
江源县													
湾沟镇 - 银山县界	41. 117	41. 117	24. 41	1. 555	15. 152			41. 117	25. 965	25. 965			15. 152
临江市													
向阳道口 - 县界	40. 8	40. 8		21. 689	19. 111			40. 8	21. 689		21. 689		19. 111
靖赤线 X093 合计	41. 958	41. 958		5. 1	36. 858			41. 958	41. 958		41. 958		
白山市	41. 958	41. 958		5. 1	36. 858			41. 958	41. 958		41. 958		
靖宇县													

续表2

路线名称	总计	按技术等级分					按路面等级分					
		等级公路				等外公路	合计	有铺装路面			简易铺装路面	未铺装路面
		合计	二级	三级	四级			小计	沥青混凝土	水泥混凝土		
靖宇西十字路口－赤松乡北	41.958	41.958		5.1	36.858		41.958	41.958		41.958		
万北线 X094 合计	24.05	24.05	2.053	21.997			24.05	24.05	15.656	8.394		
白山市	24.05	24.05	2.053	21.997			24.05	24.05	15.656	8.394		
抚松县												
万良镇－铁西	24.05	24.05	2.053	21.997			24.05	24.05	15.656	8.394		
松天线 X095 合计	66.488	66.488		59.726	6.762		66.488	66.488	59.916	6.572		
白山市	66.488	66.488		59.726	6.762		66.488	66.488	59.916	6.572		
抚松县												
入山口－锦江大峡谷	66.488	66.488		59.726	6.762		66.488	66.488	59.916	6.572		
仙温线 X096 合计	7.112	7.112		7.112			7.112	7.112	7.112			
白山市	7.112	7.112		7.112			7.112	7.112	7.112			
抚松县												
仙人桥－温泉	7.112	7.112		7.112			7.112	7.112	7.112			
北松线 X097 合计	34.38	34.38	7.238	27.142			34.38	34.38	15.322	19.058		
白山市	34.38	34.38	7.238	27.142			34.38	34.38	15.322	19.058		
抚松县												
北岗－镇管界	34.38	34.38	7.238	27.142			34.38	34.38	15.322	19.058		
长八线 X098 合计	70.934	70.934	2.952		67.982		70.934	2.952	2.952			67.982
白山市	70.934	70.934	2.952		67.982		70.934	2.952	2.952			67.982
长白朝鲜族自治县												
长白－朝长线岔道	2.952	2.952	2.952				2.952	2.952	2.952			
木材检查站－八号闸	46.982	46.982			46.982		46.982					46.982
横天线 X099 合计	46.968	20			20	26.968	46.968					46.968
白山市	46.968	20			20	26.968	46.968					46.968
长白朝鲜族自治县												
朝长线岔路－天池	46.968	20			20	26.968	46.968					46.968

第四节 乡 道

白山市辖区内村屯分散，多散落在深山沟谷中，1985 年以前，通村路多为人行羊肠小路，大多数行政村不通公路，货运和客运主要靠牛车和爬犁。至 1985 年末，全市乡道为 78 条，里程 827.3 公里，其中只有少量四级公路，基本上是大车道，路况差、等级低，全部是晴通雨阻路线，有三分之一的路只能冬天通车，农民行路难的矛盾十分突出。

“八五”时期，全市开展了“自修、自管、自用”的乡道建设活动，给予了一定的鼓励政策，农民的修路积极性有所提高。1991 年，全省开展了大规模的公路整修活动，逐年对乡级和村级公路进行整修，但乡道建设发展较慢。“十五”时期加快了农村公路建设，特别是从 2003 年开始，省交通厅为了加快农村公路建设速度，实行了国债补贴政策，使乡、村公路的建设及改造加快了步伐。至 2005 年末，白山市境内乡道里程1 676.58公里。按技术等级划分，二级公路 178 公里，三级公路 244.52 公里，四级公路 1 127 公里，等外路 126.89 公里；按路面类型划分，有铺装路面 929.35 公里，其中：沥青混凝土路面 221.11 公里，水泥混凝土路面 718.25 公里。简易铺装路面 10.74 公里，未铺装路面 726.49 公里。全市 65 个乡镇中，已有 59 个乡镇通油（水泥）路，通乡率达到 90.8%。6 个未通油（水泥）路为抚松县的沿江乡、露水河镇、北岗镇、泉阳镇，临江市的四道沟镇、六道沟镇。全市 538 个行政村中，已有 348 个行政村通水泥（沥青）路。

第五节 专 用 公 路

白山市境内林矿资源丰富，境内专用公路多为运材专用线，最早的专用运材道始建于 20 世纪 50 年代，1985 年以后，随着国防、人参种植、旅游开发等行业需要，专用公路建设明显加快，新增了矿业专用公路和人参业专用公路。80 年代以后，随着林木采伐量的减少，很多运材道变为以护林防火为主的专用线。近十年中，公路建设突飞猛进，公路网密度加大，很多专用公路已逐渐划入国省干线公路或县道公路当中。至今辖区内有 6 家省营企业，即：三岔子林业局、湾沟林业局、露水河林业局、泉阳林业局、松江河林业局和临江林业局，白山境内的专用公路仍大多是林业专用线。截止到 2005 年末，白山市专用公路总长为 1 851.61 公里，其中等级公路 1 705.252 公里，技术标准为三、四级，沥青混凝土路面 7.68 公里，水泥混凝土路面 69.348 公里，其余为未铺装路面。晴雨通车里程 1 484.102 公里。

八道江区境内专用公路里程 20.063 公里；江源县境内段专用公路里程 92.9 公里；抚松县境内专用公路里程 713.905 公里；靖宇县境内段专用公路里程 294.8 公里；临江市境

内段专用公路里程 515.9 公里；长白县境内段专用公路里程 214.042 公里。

第六节　旅游公路

白山市旅游公路建设开始于“七五”期末，大多是运送长白山风倒木的运材线，分布于抚松县和长白县境内。在白山市“九五”、“十五”公路建设总体规划中，旅游公路建设列为重点工程项目，白山市委、市政府从发展地方经济着眼，将旅游公路建设列为政府行为，修筑完成了通往长白山天池和各个景区的旅游公路。

长白山天池是吉林省旅游业当中的标志性自然景观，随着锦江大峡谷、长白山迷宫、仙人洞等天池周边景点的不断开发，在白山境内逐渐形成了独具长白山区特色的旅游链，通往长白山天池和望天鹅峡谷风景区等 9 条旅游公路是形成这条旅游链的关键环节。在白山境内有两条登天池路线，长白朝鲜族自治县是南坡路线的必经之地，西坡路线在抚松县境内。

一、长白山南坡旅游公路（与边防公路合用）

该段公路全长 46.6 公里，起点在朝长线 38 公里处岔路口至长白山天池中朝边界 4 号界桩，为油路和水泥混凝土路面及水泥六棱砖路面。建设时间自 2004 年起，（计划至 2006 年竣工），投资方式为投、融资结合。吉林省交通厅按国债每公里 30 万元投资，投资 1 398 万元，吉林省交通厅贷款解决 5 000 万元，边防委员会投资 1 300 万元，及地方配套资金等工程总投资 12 580 万元。长白山南坡旅游公路在原始森林中穿行，一路能够观赏到鸭绿江大峡谷、高山花园、岳桦林、苔原带等景观，该条公路能够把人们送到长白山天池南坡山巅，是俯瞰天池和天池 21 峰的最佳处。

二、望天鹅峡谷风景区旅游公路

该段全长 15 公里，起点从沈长线十五道沟岔路口至望天鹅峡谷风景区珍珠帘瀑布，技术标准为山岭重丘 4 级水泥路面。建设时间是 2002 年，由省国债每公里投资 30 万元，总投资为 450 万元。望天鹅峡谷风景区是国家 2A 级旅游区，国家级森林公园，国家级自然保护区，望天鹅火山海拔 2 051.4 米，峡谷长 40 公里，宽达 450 米，玄武岩组成的石壁、石柱、石林，还有辗转层叠的瀑布群落及原始森林，这些自然形成的景观奇妙地组成了一个如梦如幻的人间仙境。

三、长白山西坡旅游公路

该段起点为抚松镇，经由松江河镇，止点为长白山西坡天池。总里程 99.48 公里。抚松至松漫公路 8 公里岔道 33 公里路段为省道朝阳镇至长白公路，松漫公路 8 公里岔道至天池是县道松江河至天池公路。通过该路可以观赏到针阔混和林、针叶林、岳桦林等长白山垂直林带、长白山大花园、长白山天池、锦江大峡谷、梯子河等自然景观，建好这条路对开发、利用长白山的自然资源、旅游资源具有十分重大的意义。该路未改建前是长白山自然保护局修的运送长白山"风倒木"的运材线，线路的止点是维东边防站哨所，游客登长白山需要经过"喘气坡"和"老虎背"，攀登至山顶需要两个半小时，为解决游客交通不便问题，1991年开始进行维东边防站到长白山脚下的10.8公里路基改造工程。于11月中旬竣工通车。为了尽快发展长白山旅游事业，改善旅游环境，经省计委批准，从2001年开始建设长白山旅游公路，工程标准是按山岭重丘区三级公路标准设计，路线全长66.48公里，起点为松漫公路8公里处止点为天池西坡停车场，路基宽7.5米，路面宽6米，建设桥梁4座69.69延长米，涵洞76道，路面分为59.91公里的沥青混凝土路面和6.57公里的水泥混凝土路面。水泥混凝土路面工程起点为维东边防站哨所，止点为天池西坡停车场，工程总投资14 752万元，其中国债3 000万元，国债转贷800万元，吉林省交通厅补贴2 500万元，自筹8 452万元。工程建设自2001年8月开工至2003年8月全部竣工通车。长白山西坡旅游路的建成通车，极大地方便了游客，增加了旅行的舒适度，缩短了旅行时间。

四、抚松至温泉度假村旅游公路

公路起点为抚松镇，经由仙人桥镇，止点温泉村，公路总里程32.1公里。其中抚松至汤河20公里为国道鹤岗至大连公路；汤河至仙人桥5公里为县道临抚线、仙人桥至温泉为县道仙温线。温泉村内建有铁路、煤矿、林业、农业及地方等五座疗养院，采用长白山脉丰富的天然温泉水治疗各种疾病。1988年以前，抚松至温泉需要爬两座大山，路线全长43公里，而且全是土路，交通十分不便，1988年抚松至仙人桥沿江公路建成通车，1991年铺设了沥青混凝土路面。1997年临抚公路建成通车。此时，仙人桥至温泉尚未有高等级路面，为了给来温泉度假村疗养的人员创造一个良好的交通环境，在1993年仙人桥至温泉路基改造工程完工的基础上，1998年5月20日开工建设仙人桥至温泉沥青混凝土路面工程，工程标准按山岭重丘区三级公路标准设计，路基宽7.5米，路面宽6米，工程总造价670万元，于当年8月20日竣工通车，此时全线贯通。

五、抚松至白龙湾旅游公路

白龙湾位于抚松县榆树乡辖区，是白山电站上游库区，风景优美，景色怡人，库区水域80平方公里，库区有两艘旅游观光游艇，游人可坐船顺湖而下，直达白山电站大坝，观赏两岸风光，湖光山色十分美丽。以前由于道路不畅，路途较远，游客很少，是等待开发的一个旅游景点。抚松至白龙湾旅游公路起点为抚松镇，经由万良镇、大东检查站、北山村、榆树镇，止点为白龙湾。总里程为54公里。其中抚松至万良20公里为国道鹤岗至大连公路，万良至榆树24.5公里为县道万良北山公路，榆树至白龙湾9.5公里为农村公路。抚松至万良公路1993年开始进行路基改造，建设标准按山岭重丘区二级公路标准设计，路基宽8.5米，路面宽7米，土石方总量30万立方米，建斜桥一座，涵洞22道，自1993年9月开工至1994年8月28日全线竣工通车，工程总投资885万元。万良至大东检查站10公里水泥混凝土路面工程于1997年7月1日开工建设，建设标准按山岭重丘区三级公路标准设计，路基宽7.5米，路面宽6米。工程总投资578万元，工程于10月9日竣工通车。2003年大东检查站至榆树14.5公里沥青混凝土路面建设工程和榆树至白龙湾9.5公里水泥混凝土路面建设工程开工建设，大东检查站至榆树建设标准为山岭重丘区三级公路标准，路基宽7米，路面宽6米；榆树至白龙湾建设标准为山岭重丘区四级公路标准，路基宽6米，路面宽4.5米。工程总投资1 520万元。工程于8月31日竣工通车。至此，抚松至白龙湾全线贯通，建成高等级路面，为旅游白龙湾创造了方便的交通条件。

六、其它旅游公路

随着旅游业的发展，白山地区开发了许多风景区，借助新建、改建的国省干线、县道以及农村公路建设，各地景点都通了公路，如靖宇镇至仁义砬子旅游公路；通往末代皇帝退位行宫的临江至苇沙河旅游公路；通往有长白山迷宫之称的千年溶洞的八道江至溶洞景区旅游公路；还有可以尽览鸭绿江风光的八道江至三道沟旅游公路等等。

第七节　收 费 公 路

白山市境内自1988年有了吉林省第一条收费公路，截止到2005年末，共有收费公路19条，721.8公里，贷款额约为118 093.87万元，共设20个收费站以收费还贷。

1. 四（平）白（山）一级公路白山段

该收费路段起点为五道江2号桥头，止点为江源县孙家堡子，全长39公里。收费期限20年，自2002年始至2022年止，收费标准按吉交联发字［1997］2号文件规定标准执行。

根据吉林省人民政府吉政函［2000］86号《吉林省人民政府关于设立四白一级公路白山收费站的批复》文件精神，在四白一级公路K1002＋100米处设立白山收费站，在K1002＋200米处设白山收费站道清分站，属一站两设，实行一次性收费，不重复收费，均为微机收费，隶属于白山市公路收费总站。

2. 国道鹤大线收费路段

（1）抚松至仙人桥段（抚松沿江公路）

沿江公路路基工程总投资650万元，省交通厅补贴250万元，其余400万元需县内自筹，当时，县财政十分紧张拿不出钱来，政府通过预收机动车过路费、供贷等方式，筹措340万元，使工程得到正常进行，为了偿还借、贷款，县政府请示省政府收取车辆通行费。1988年吉林省人民政府下发了吉政函［1988］72号文件，正式批准设立沿江收费站，收取车辆通行费，收费期限为20年，自1988年至2008年止，该收费路段长23公里。这条收费公路也成为吉林省第一条收费公路。

1994年，鹤大公路抚松至万良段20公里沥青混凝土二级公路建成通车，总投资1 200万元，其中贷款600万元，经吉林省政府吉政函［1998］128号文件批准，设立万抚公路收费亭，隶属沿江收费站，一站双亭，收取车辆通行费，收费期限为10年，自1998年至2008年止，隶属于抚松县交通局。

（2）孙家堡子至湾沟段

该收费路段起点为江源孙家堡子与棒槌砬子村交接处，止点为江源湾沟镇的妈妈山，全长26.6公里。收费标准按吉政函［1994］211号文件规定标准执行，收费期限为20年，自2002年至2022年止。孙家堡子至湾沟段建设工程是1999年重点贷款建设项目，系山岭重丘区二级公路，工程总造价为15 995万元，其中省补贴资金为8 994万元，地方配套7 001万元，资金主要来源为银行贷款。

根据吉林省人民政府吉政函［1999］70号《吉林省人民政府关于设立国道鹤大线孙家堡子收费站的批复》文件精神，在该段设立了孙家堡子收费站。2002年，根据吉林省人民政府吉政函［2002］70号《吉林省人民政府关于国道鹤大线孙家堡子收费站更名和站址迁移的批复》文件精神，将孙家堡子收费站更名为大阳岔收费站，隶属于白山市公路收费总站。

（3）汤河口至湾沟二级公路段

该收费路段起点为湾沟镇政府与湾沟林业局交汇处，止点为抚松汤河口大桥，全长为36.1公里。汤河至湾沟二级公路建设工程是1999年重点贷款建设项目，建设贷款3 500万元。收费期为20年，自2003年至2022年止。收费标准按吉政函［1994］92号规定执行。

根据吉林省人民政府吉政函［1999］72号《吉林省人民政府关于设立国道鹤大线湾沟收费站的批复》文件精神，在该段K950＋600处设立湾沟收费站，隶属于白山市公路收费总站。

3. 朝长线收费公路

（1）一参场至抚松段二级公路段

该收费路段起点为靖宇县一参场与鹤大线公路交汇处，止点为抚松县大桥，全长37.5公里。参场至抚松段二级公路建设项目是吉林省基础设施工程重点项目，工程总投资29 164万元。收费期限为20年，自2001年至2021年止，收费标准按吉政函［1994］211文件规定执行。

根据吉林省人民政府吉政函［1999］71号《吉林省人民政府关于设立省道朝长线花园收费站的批复》文件精神，在朝长公路设立花园收费站，隶属于白山市公路收费总站。

（2）老岭至一参场公路段

老岭至一参场收费公路里程39公里，工程建设投资10 695万元，银行贷款1 700万元。根据吉政函［1998］54号文件精神，在该段距靖宇县城2公里处设立靖宇收费站，实行微机收费。收费期限10年，1998年11月至2008年11月止，隶属于靖宇县交通局。

（3）朝长线松江河至抚松段

全长25公里，1998年二级公路建成通车，工程总投资5 170万元，其中贷款2 100万元，1999年吉林省政府下发了吉政函［1999］178号文件批准设立松抚公路收费站，收取车辆通行费，收费期限15年，自1999年至2014年止，该站隶属于抚松县交通局。

（4）松江河至漫江公路，

全长40公里，该路段为二级沥青混凝土路面，2000年9月建成通车，工程总投资5 034万元，其中贷款1 400万元。2001年吉林省政府下发了吉政函［2001］57号文件，批准建立松江河收费站，收取车辆通行费，收费期限10年，自2001年至2011年止，隶属于抚松县交通局。

（5）长白境内收费段

一是峰岭收费站，收费里程为67.5公里，公路等级为山岭重丘二级油路，收费主要用于还贷。该公路总投资额是5 886.3万元，贷款额是702.8万元，资金缺口1 282.5万元。2000年9月1日开始收费，收费年限暂定为10年。目前收费站配备编制19人，实行微机收费。

二是长白收费站。收费里程为33公里，公路等级为山岭重丘二级高等水泥混凝土路面。该段公路建设投资2 220.5万元，贷款147.6万元，资金缺口128.1万元，收费主要用于还贷。收费从1992年10月1日开始，时限为20年。该收费站配备编制15人，实行人工收费。以上两站隶属于长白县交通局。

4. 省道榆江线收费公路

（1）靖宇至元宝顶子段

该段公路收费里程27公里，建设投资15 430万元，银行贷款2 800万元。根据吉林省人民政府吉政函［1999］85号文件批准，设立濛江收费站，于2000年12月9日开始收取榆江公路靖宇至元宝顶子段车辆通行费，收费期限15年，自2000年9月至2015年9月止，濛江收费站设置在榆江公路距靖宇县城南10公里处，实行微机收费。

（2）西南岔至靖宇段

该段收费公路里程44.7公里，建设总投资7 000万元，银行贷款3 000万元。根据吉林省人民政府吉政函［2001］74号文件批准，设立景山收费站，收费期限20年，自2001年10月至2021年10月止，于2002年2月3日开始收取榆江公路西南岔至靖宇段车辆通行费，景山收费站设置在榆江公路距靖宇县城北15公里处，实行微机收费。以上两站隶属于靖宇县交通局。

5. 省道沈长线收费路段

沈长线老岭至临江路段全长40公里，工程建设投资10 351.87万元，贷款额为568

万元。根据吉政函［1994］139号文件批准设立临江收费站，收费期限14年，自1994年10月至2008年12月，该站隶属于临江市交通局管辖。长白镇至七道沟沿江公路于2005年9月21日竣工通车。

6. 省道靖新线（原县道驼靖公路）靖宇至马当屯段收费公路

该段收费公路收费里程30.1公里，建设总投资7 798万元，银行贷款2 400万元。根据吉林省人民政府吉政函［2002］137号文件批准，设立四道沟收费站，于2005年1月19日开始收取靖新公路靖宇至马当沟、白山湖港口段车辆通行费，四道沟收费站设置在省道靖新线与省道朝长线交会口至县煤矿14.1公里处，实行微机化收费，隶属于靖宇县交通局。

7. 县道八道江至三道沟（八三线）收费公路

该收费公路起点为鹤大线与石人岭交汇处，止点为三道沟镇，全长51公里。县道八三线二级公路建设项目是白山市基础设施工程重点项目，工程总投资6 221万元，其中省补1 883万元，银行贷款及利息2 811万元，地方配套1 527万元。收费期限10年，自2002年至2012年止。收费标准按吉交公联字［1994］92号文件规定标准执行。

根据吉林省人民政府吉政函［1999］69号《吉林省人民政府关于设立县道八三线大镜沟收费站的批复》文件精神，在八三线5公里处设立大镜沟收费站，隶属于白山市公路收费总站。

8. 县道临青线横路岭至临江收费公路

全长48.5公里，该路段建设投资7 010.2万元，贷款额1 420万元。根据吉政函［2000］1号文件批准设立大栗子收费站，收费期限为20年，自2002年2月至2022年2月止，该收费站隶属于临江市交通局。

9. 县道临漫线临江至交界路段

全长56公里，该路段建设投资10 129.8万元，贷款额4 419万元。根据吉政函［1999］167号文件批准设立闹枝收费站，收费期限为10年，自2001年9月至2011年9月止，该收费站隶属于临江市交通局。

10. 县道湾漫线湾沟至松树路段

全长28.6公里，该收费路段工程总投资5 200万元，银行贷款1 800万元，根据吉政函［1999］52号文件批准，设立西川收费站，收费期限为10年，自2001年1月起至2010年12月止，该站隶属于江源县交通局。

11. 县道石三线石人至靖宇界路段

全长24.8公里，该收费路段工程总投资6 600万元，银行贷款800万元，根据吉政函［2001］80号文件批准，设立后堡子收费站，收费期限为20年，自2003年12月起至2023年12月止，该站隶属于江源县交通局。

第三章　公路桥梁（隧道）

第一节　国 道 桥 梁

1985 年至 2005 年国道鹤大线部分路段进行了改建和加宽，相继建设了 12 座大、中型桥梁，其中大桥 6 座，中桥 6 座。比较有代表性的是从 2003 年开始，建设万良至沿江段二级公路，在二道岭建设了两座高架桥和两处隧道。

1. 二道岭一号桥和二道岭二号桥。

一号桥紧靠二道岭隧道入口处，两道隧道中间峡谷中的是二道岭二号桥。二道岭一号桥位于鹤大线沿江至抚松公路 K16 + 545. 02 处，桥梁全长 278. 04 米，跨径为 9 孔，每孔间距 30 米，桥面净宽 10 米，两侧人行道各宽 0. 5 米，桥梁结构、上部为预应力 T 型梁，下部为钢筋混凝土双柱式墩台，其中最高的墩台高 42 米。二道岭二号桥位于鹤大线沿江至抚松公路 K17 + 592. 08 处，桥梁全长 188 米，跨径为 6 孔，每孔间距 30 米，桥面净宽 10 米，两侧人行道各宽 0. 5 米，桥梁结构上部为预应力 T 型梁，下部为钢筋混凝土双柱式墩台，其中最高的墩台高 41 米。两座桥梁设在深山峡谷中，连接两座隧道，十分壮观，给鹤大线增添了一道亮丽的风景线（其它桥梁情况见统计表）。

2. 抚松北江桥

北江桥原位于松江河上黑影地段，俗称“黑影”桥。始建于 1940 年，U 台木结构，1952 年和 1960 年维修两次，1972 年在桥下游 50 米处重建一座 30 ×4 浆砌石拱桥，全长 147. 1 米。因修建北江电站，处于淹没区，又于 1979 年在上游 1 公里处重建，1982 年竣工使用，这就是现在抚松北江桥，位于鹤岗至大连公路安图至抚松所经松花江上，当时成为吉林省第一座大跨径空腹石拱桥。1992 年进行了维修。

国道鹤岗—大连线，该线白山境内段大、中桥梁 37 座，3 502. 2 延长米。大、中桥基本情况如表 2 - 3 - 1。

表 2－3－1　　1985 年—2005 年国道鹤大线白山段大、中桥基本情况表

桥梁名称	里程桩号	跨越河流	桥梁全长（米）	孔数孔径（孔－米）	净宽（米）	结构型式		建造时间
						上部	下部	
抚松县境内	8 座		779.5					
高中桥	828＋200	河流	36	2×20	4.8	T 形梁	U 形	1989
砬子河桥	842＋231	河流	51.5	3×13	6.85	石拱	重力	1989
苇芦桥	890＋948	河流	42.7	3×12	7	空心板梁	U 形	1993
北江桥	895＋937	北江	92.4	1×60	7	空腹拱	重力	1984
马鹿沟桥	905＋217	马鹿沟	58.1	3×16	9.5	T 形梁	重力	1992
参乡一号桥	908＋233	松花江	158.2	3×40	9.3	空腹拱	重力	1987
参乡二号桥	909＋830	松花江	163.1	3×40	9.3	空腹拱	重力	1987
参乡三号桥	920＋315	松花江	177.5	4×35	12.6	空腹拱	重力	1998
靖宇县境内	4 座		188. 9					
夹皮沟一号桥	924＋876	河流	46.9	2×16	10.5	T 形梁	重力	1998
夹皮沟二号桥	927＋309	河流	52	2×20	9.2	T 形梁	重力	1998
夹皮沟三号桥	927＋661	河流	52	220	9.2	T 形梁	重力	1998
夹皮沟五号桥	933＋247	河流	38	1×20	8	T 形梁	U 形	1998
江源县境内	10 座		1 035.9					
保护区一号桥	975＋141	河流	69	2×20	10	T 形梁	重力	1998
保护区二号桥	975＋423	河流	43.4	1×20	10	T 形梁	U 形	1998
久竹桥	976＋250	河流	65.3	2×20	9	T 形梁	重力	1998
后葫芦桥	979＋199	河流	41.5	1×20	10	T 形梁	U 形	1998
棒槌砬子桥	981＋946	河流	84.9	3×20	9	空腹拱	重力	1998
协力桥	984＋513	河流	70.8	2×25	10	空腹拱	重力	1998
头道桥	985＋391	河流	77.6	3×20	9	T 形梁	重力	1998
江源大桥	987＋814	浑江	142.2	6×20	10	T 形梁	重力	1999
砟子北桥	996＋749	浑江	183.3	8×20	9	T 形梁	单柱	1992
砟子南桥	996＋724	浑江	257.9	8×30	9	箱形板	H 形	2000
八道江区境内	15 座		1 497.9					
翁泉南桥	998＋041	浑江	162.4	5×30	9	箱形板	H 形	2000
翁泉北桥	997＋976	浑江	160.4	7×20	9	箱形板	单柱	1992
里岔南桥	998＋493	浑江	84.9	4×20	9	T 形梁	重力	2000
里岔北桥	998＋483	浑江	80.8	3×20	9	T 形梁	重力	1992
上甸子南桥	999＋238	浑江	184.8	9×20	9	T 形梁	单柱	2000
上甸子北桥	999＋313	浑江	181.6	8×20	9	T 形梁	单柱	1992
白山党校桥	1 001＋875	浑江	100.8	4×20	20.5	T 形梁	重力	2000
河口村一号桥	1 003＋893	河流	66	3×16	20.5	T 形梁	重力	2000

续表 1

桥梁名称	里程桩号	跨越河流	桥梁全长（米）	孔数孔径（孔－米）	净宽（米）	结构型式		建造时间
						上部	下部	
河口村二号桥	1 003 +940	河流	40.4	1×20	20.5	T 形梁	U 形	2000
道口二号桥	1 004 +395	河流	64.5	3×16	9	T 形梁	重力	2000
板石立交桥	1 005 +330	公路	40.5	1×20	20.5	T 形梁	U 形	2000
板石沟桥	1 005 +526	河流	90.2	3×20	20.5	T 形梁	重力	2000
库仓沟桥	1 007 +837	河流	54.7	2×16	20.5	T 形梁	重力	2000
黑沟桥	1 020 +420	河流	107.3	5×16	20.5	T 形梁	重力	2000
旱葱沟桥	1 023 +290	河流	78.6	3×20	20.5	T 形梁	双柱	2000

第二节　省道桥梁

一、朝阳镇——长白线公路白山段（编号 S302）

松花江大桥

2000 年，朝长线靖宇段改道沿江路，在老西江桥的下游，朝长公路 134km +708 米处新建了一座松花江大桥，是连接靖宇抚松两县的重要桥梁。桥梁全长 313.4 米，桥面净宽 11.5 米，两侧建有各 0.5 米的人行道，桥梁结构上部为箱型梁，下部为钢筋混凝土墩台，跨径为 10 孔，每孔 30 米，设计荷载为汽－20，横跨头道松花江，该桥于 2000 年 7 月 1 日建成通车。该桥的建设打破了白山市只建石拱桥的传统作法，大胆的应用了梁桥新技术。

朝长线有大、中桥梁 23 座，1 880.3 延长米。具体情况如表 2－3－2。

表 2－3－2　　2005 年省道朝长线白山段桥梁基本情况表

桥梁名称	里程桩号	跨越河流	桥梁全长（米）	孔数孔径（孔－米）	净宽（米）	结构型式		建造时间
						上　部	下　部	
靖宇县境内	12 座		1 057.8					
双龙桥	63 +908	河流	65.3	3×20	9	T 形梁	双柱	1997
龙泉桥	65 +970	河流	65.3	3×20	9	T 形梁	双柱	1997
大北山桥	71 +854	河流	105.3	5×20	9	T 形梁	双柱	1996
珠子河桥	79 +220	河流	125.3	6×20	9	T 形梁	双柱	1999
八宝桥	82 +052	河流	66	2×30	9	T 形梁	双柱	1999
青龙桥	83 +350	河流	145.3	7×20	9	T 形梁	双柱	1999
三道湖桥	89 +839	河流	29	1×25	9	箱形梁	重力	1999

续表1

桥梁名称	里程桩号	跨越河流	桥梁全长（米）	孔数孔径（孔－米）	净宽（米）	结构型式		建造时间
						上部	下部	
白浆河桥	103＋112	河流	117.5	6×16	9	连续板梁	重力	1999
花园一号桥	111＋681	河流	97	4×20	9	T形梁	重力	1999
珠宝中桥	119＋120	河流	71.8	4×13	9	空心板	重力	2000
三道花园桥	126＋454	河流	85	4×20	9	T形梁	重力	2000
榆树川桥	128＋800	河流	85	4×20	9	T形梁	重力	2000
抚松县境内	7座		611.5					
松花江大桥	134＋708	松花江	313.4	10×30	11.5	箱形梁	重力	2000
抚松一号桥	140＋167	河流	45	3×10	12.5	空心板	重力	1993
黄泥河桥	163＋558	河流	69	3×18	9	I形梁	重力	1992
松江河公铁桥	166＋821	铁路	28	1×20	9	石拱	重力	1992
干巴河桥	182＋937	河流	46.6	1×20	9	石拱	重力	1999
小溪河桥	187＋824	河流	52.5	2×16	9	石拱	重力	1999
锦江大桥	194＋217	河流	57	1×50	9	肋拱	重力	1995
长白县境内	4座		211					
八公里二号桥	208＋391	河流	48.4	1×30	9	空腹拱	重力	1990
峰岭桥	219＋704	河流	57	1×30	7	空腹拱	重力	1985
马鹿沟桥	286＋017	河流	40.3	2×16	8	T形梁	重力	2000
新绿江桥	299＋800	河流	65.3	2×20	13	T形梁	重力	2005

二、沈阳——长白公路白山段（编号S303）

该线有桥梁39座，3 744.8延长米。具体情况如表2－3－3。

表2－3－3　　2005年省道沈长线白山段桥梁基本情况表

桥梁名称	里程桩号	跨越河流	桥梁全长（米）	孔数孔径（孔－米）	净宽（米）	结构型式		建造时间
						上部	下部	
江源县境内	2座		126.8					
红石大桥	145＋197	河流	75.4	3×21	6	石拱	重力	1974
北山桥	151＋540	河流	51.4	6×7	6.8	石拱	重力	1986
临江市境内	32座		3 320.6					
三棚湖大桥	181＋890	头道沟河	104.2	30×3	10	T型梁		2005
珍珠门一号桥	182＋230	头道沟河	416.1	40×10	10	T型梁		2005
珍珠门二号桥	182＋800	头道沟河	404.8	30×13	10	T型梁		2005
珍珠门三号桥	183＋750	头道沟河	160.2	30×5	10	T型梁		2005

续表 1

桥梁名称	里程桩号	跨越河流	桥梁全长（米）	孔数孔径（孔－米）	净宽（米）	结构型式		建造时间
						上　部	下　部	
头道沟大桥	183 +800	头道沟河	306.9	30×10	10	T 型梁		2005
奉吉岭桥	185 +450	头道沟河	67.1	30×2	10	T 型梁		2005
新三队大桥	185 +650	头道沟河	130.1	30×4	10	T 型梁		2005
松岭一号桥	186 +630	头道沟河	96.1	30×3	10	T 型梁		2005
松岭二号桥	186 +800	头道沟河	97.1	30×3	10	T 型梁		2005
三队一号桥	186 +960	河流	44.1	1×20	7	石拱	重力	1996
花山一号桥	187 +439	河流	40.4	1×20	7	石拱	重力	1996
花山二号桥	187 +523	河流	45.6	1×20	7	石拱	重力	1996
花山三号桥	187 +898	河流	37.7	1×20	7	石拱	重力	1996
枫叶谷一号桥	188 +200	头道沟河	67.9	16×3	10	T 型梁		2005
枫叶谷二号桥	188 +470	头道沟河	63.9	16×3	10	T 型梁		2005
光明桥	188 +805	河流	49.7	2×16	7	石拱	重力	1996
清泉桥	189 +750	头道沟河	64	20×3	10	T 型梁		2005
二道阳岔一号桥	189 +830	头道沟河	71.9	20×3	10	T 型梁		2005
二道阳岔二号桥	189 +900	头道沟河	75.6	20×3	10	T 型梁		2005
太平桥	189 +160	河流	46.7	2×16	7	石拱	重力	1993
二道阳岔三号桥	190 +400	头道沟河	73.2	20×3	10	T 型梁		2005
五人把大桥	190 +630	头道沟河	125.1	20×6	10	T 型梁		2005
青沟子中桥	199 +437	河流	68.5	3×16	9	石拱	重力	1994
五道阳岔桥	200 +671	河流	70.8	3×16	9	石拱	重力	1994
八宝沟桥	203 +314	河流	68.5	3×16	9	石拱	重力	1994
水闸桥	203 +863	河流	87.8	4×16	9	石拱	重力	1994
二道沟桥	208 +089	河流	53.6	2×20	7	空腹拱	重力	1966
三道沟门桥	210 +702	河流	147	6×20	7	空腹拱	重力	1969
坡口红卫桥	233 +573	河流	73	4×16	6	石拱	重力	1971
六道沟桥	271 +114	河流	40	2×15	6	石拱	重力	1971
大阳树桥	274 +272	河流	51	4×10	6	石拱	重力	1966
七道沟桥	291 +244	河流	72	5×12	7	T 形梁	重力	1973
长白县境内	5 座		297.4					
胜利桥	300 +719	河流	87.3	5×11.7	6	石拱	重力	1990
十三道沟桥	362 +298	河流	66.4	5×12.5	7	T 形梁	重力	1965
十五道沟桥	388 +173	河流	47.4	3×21.7	5	石拱	重力	1967
小十六道沟桥	389 +973	河流	54.3	3×13	6	石拱·	重力	1966
解放桥	437.5	河流	42	3×11	6	石拱	重力	1966

三、榆树——江源公路白山段（编号 S204）

该线有大、中桥梁10座，685.48 延长米。具体情况如表2－3－4。

表2－3－4　　2005年省道榆江线白山段桥梁基本情况表

桥梁名称	里程桩号	跨越河流	桥梁全长（米）	孔数孔径（孔－米）	净宽（米）	结构型式		建造时间
						上　部	下　部	
靖宇县境内	7座		591.88					
小西头五号桥	320＋321	河流	57.2	3×13	8.5	空心板梁	重力	1998
小西头六号桥	321＋373	河流	58.1	3×13	8.5	空心板梁	重力	1998
永安桥	323＋342	河流	31．8	2×12	7	空心板梁	重力	2004．8
马家店东桥	333＋300	河流	87．04	4×20	10	T型梁	钻孔桩	2004．8
马家店西桥	334＋014	河流	66．84	3×20	10	T型梁	钻孔桩	2004．8
西南岔桥	341＋745	河流	46.9	2×18.5	7	T型梁	重力	1995
阳岔河桥	355＋778	河流	56	3×14.5	7	空腹拱	重力	1998
义胜大桥	378＋662	河流	104	5×20	9	T形梁	重力	2000
青龙河桥	386＋460	河流	84	4×20	9	T形梁	重力	1998
江源县境内	1座		93．6					
北安大桥	425＋928	浑江	93.6		11.8	石拱	重力	1979

四、长春——白山公路白山段（编号长白线 S103）

该线有大、中桥梁4座，198 延长米。具体情况如表2－3－5。

表2－3－5　　省道长白线白山段桥梁基本情况表

桥梁名称	里程桩号	跨越河流	桥梁全长（米）	孔数孔径（孔－米）	净宽（米）	结构型式		建造时间
						上　部	下　部	
八道江区境内	4座		198					
八百立水源桥	247＋496	河流	36	1×30	10	I形梁	重力	1999
板石立交桥	248＋319	公路铁路	30	1×30	10	I形梁	双柱	1999
蔡家沟桥	249＋930	河流	80	4×20	10	T形梁	双柱	1999
吊水桥	251＋975	河流	52	2×20	10	I形梁	重力	1999

第三节　县道桥梁

白山市境内县道大、中桥梁共54座，4 195.5 延长米。具体情况如表2－3－6。

表 2－3－6　　2005 年白山市县道桥梁基本情况表

桥梁名称	里程桩号	跨越河流	桥梁全长（米）	孔数孔径（孔－米）	净宽（米）	结构型式		建造时间	所在地
						上　部	下　部		
八三线	8 座		608.4						八道江
大镜沟桥	8＋727	河流	113	4×20	7	石拱	重力	1997	
珠宝沟桥	12＋049	河流	36.7	1×20	7	石拱	重力	1997	
大青沟桥	18＋950	河流	36.5	1×20	7	石拱	重力	1998	
红土崖二号桥	20＋539	河流	58	1×30	7	空腹拱	重力	1997	
红土崖一号桥	24＋837	河流	70.4	3×20	7	石拱	重力	1997	
三道阳岔桥	44＋963	河流	36.4	1×20	7	石拱	重力	1988	
大路桥	48＋272	河流	40.4	1×20	8.5	空腹拱	重力	1990	
浑江西出口桥	50＋476	浑江	217	10×20	11	T 形梁	重力	1990	
兴红线	4 座		307						八道江
太安一号桥	24＋800	河流	38	3×10	7	空心板	重力	2005	
太安二号桥	28＋300	河流	34	1×20	7	石拱	重力	2005	
太安三号桥	29＋100	河流	34	1×20	7	石拱	重力	2005	
老营大桥	35＋986	浑江	201	8×20	7	空腹拱	重力	2005	
湾漫线	4 座		262.6						江源
平川桥	7＋117	河流	55.6	3×13	7	石拱	重力	1997	
西川桥	12＋070	河流	70	3×16	7	石拱	重力	1999	
青沟子桥	21＋382	河流	69	3×16	7	石拱	重力	1998	
漫江桥	99＋860	河流	68	5×12	4.7	木板	砼墩	1978	抚松
石三线	5 座		515.4						江源
金河大桥	7＋235	河流	145.6	5×20	12	T 形梁	重力	2005	
洋河桥	8＋145	河流	45.6	1×20	9	T 形梁	重力	2005	
三岔子桥	12＋093	浑江	100.2	4×20	9	石拱	重力	2005	
罗锅桥	17＋972	河流	40	4×8	7.5	石拱	重力	2005	
八宝大桥	75＋290	浑江	184	6×25	9	空腹拱	重力	1992	
临贾线	4 座		269.7						临江市
三道桥	1＋953	河流	96.5	6×13	6.5	石拱	重力	1978	
硅铝合金桥	3＋729	河流	80.2	3×20	7	空腹拱	重力	1978	
赵家店桥	15＋090	河流	57	1×30	7	石拱	重力	1986	
蚂蚁河桥	18＋730	河流	36	1×30	6	石拱	重力	1999	
临抚线	13 座		730.03						临江
吊打一号桥	14＋084	河流	43.03	1×30	7	空腹拱	重力	1999	
吊打二号桥	14＋469	河流	42.03	1×25	7	空腹拱	重力	1999	
牟家营一号桥	15＋360	河流	56.2	3×15	7	T 形梁	重力	1999	
牟家营二号桥	16＋338	河流	55	2×18	7	T 形梁	重力	1999	临江
高丽沟桥	16＋967	河流	62	3×18	7	石拱	重力	1999	
调车库桥	33＋396	河流	36	1×20	7	石拱	重力	1999	
向阳桥	48＋050	河流	80.4	3×20	9	石拱	重力	1999	

续表1

桥梁名称	里程桩号	跨越河流	桥梁全长（米）	孔数孔径（孔－米）	净宽（米）	结构型式		建造时间	所在地
						上部	下部		
南沟八号桥	64 +561	河流	33.4	1×20	9	石拱	重力	2000	抚松
南沟十一号桥	66 +285	河流	33.4	1×20	9	石拱	重力	2000	
鹿场桥	68 +668	河流	46	3×13	8	板梁	重力	2001	
汤河口桥	72 +451	河流	152	4×30	7	空腹拱	重力	1973	
南大桥	95 +815	河流	49.8	3×12	6.5	石拱	重力	1969	
马鹿沟桥	97 +589	河流	40.83	×12	7	石拱	重力	1981	
下临线	6		289.4						临江
滴台二号桥	85 +280	河流	40.4	1×20	7.5	石拱	重力	2001	
二道沟桥	94 +320	河流	36.4	1×20	7	石拱	重力	2001	
小横道二号桥	108 +600	河流	69.7	1×35	7	石拱	重力	2005	
石灰沟桥	142 +000	河流	31.5	1×20	5	石拱	重力	1976	八道江
小栗子桥	149 +550	河流	47.4	1×20	7	石拱	重力	2000	
大栗子太平桥	152 +015	河流	64	2×20	7	石拱	重力	1999	
长八线	2 座		107						临江市
十九道沟桥	0 +325	河流	53	3×12	7	石拱	重力	1978	
二十三道沟桥	19 +383	河流	54	3×12	6	石拱	重力	1977	
北松线	4 座		256.5						长白
泉水桥	10 +140	河流	49.5	2×15	7	板梁	重力	1982	
板石河桥	22 +800	河流	78	1×40	4.5	石拱	重力	1983	
板石二号桥	25 +480	河流	33	1×20	4.5	石拱	重力	1983	
鸳鸯湖桥	31 +770	河流	96	2×30	7	石拱	重力	1985	
仙温线	1 座								抚松
温泉桥	4 +746	河流	45	3×11	4.3	石拱	重力	1976	
二那线	1 座								靖宇
那尔轰桥	60 +740	河流	65.5	3×16	7	空腹拱	重力	1981	
驼靖线	1 座								抚松
拥民桥	107 +770	河流	59	3×16	6	石拱	重力	1981	
靖赤线	1 座								靖宇
八宝栏子桥	2 +089	河流	54	3×13	7.5	石拱	重力	1978	

第四节　乡道桥梁

2005 年末，白山市境内乡道大中桥 71 座，6005.8 延长米。具体情况如表 2－3－7。

表 2－3－7　　白山市境内乡道桥梁基本情况统计表

路线名称	桥梁名称	里程桩号	跨越河流	桥梁全长（米）	孔数孔径（孔－米）	结构型式		建造时间	备注
						上部	下部		
上河线	河口一社桥	0＋443	浑江	46	3×11	板拱	重力式墩	1964.9	八道江
温大线	温泉桥	0＋217	汤河	37.8	3×5	板梁	重力式墩	1981.8	抚松
温大线	松树桥	1＋173	汤河	49.6	2×18.5	板拱	重力式墩	1996.9	
北抽线	抚生松花江大桥	18＋600	苇沙河	285	14×20	T型梁		2004	
头岔线	头岔七号桥	8＋803	头岔河	39.3	1×30	板梁	重力式墩	2004	
石白线	护林桥	12＋000	白江河	53.2	6×8	板拱	重力式墩	1995.10	靖宇
燕继线	燕平桥	0＋096	白江河	63	3×17.5	板拱	重力式墩	1992.10	
朝常线	兴农一号桥	0＋800	兴农河	33.6	4×8	板拱	重力式墩	1989.10	
朝犁线	梨树一号桥	2＋650	珠子河	28.9	1×26	板梁		1999.10	
朝犁线	梨树二号桥	2＋900	富国河	28.9	1×27	板梁		1999.10	
巴爬线	爬犁沟桥	1＋700	白浆河	58	7×8	板梁	重力式墩	2000.10	
朝大线	榆树川桥	0＋262	双河	45	3×12	板拱	重力式墩	1978.10	
朝双线	双石桥	0＋120	珠子河	55	7×7.5	板梁		2000.10	
赤双线	河南村桥	8＋025	新胜河	50	5×9.6	板梁		1999.10	
赤双线	双桥村桥	9＋850	新胜河	60	3×15	板梁		1977.10	
朝富线	富民桥	0＋231	珠子河	34	4×8	板梁	重力式墩	1999.8	
花新线	腰甸子桥	2＋562	正深河	60	3×17	板拱	重力式墩	1988.10	
榆沙线	沙河子桥	13＋700	新胜河	57	3×17	板拱	重力式墩	1980.10	
朝消线	靖宇大桥	0＋700	八宝栏河	126	6×20	T型梁	重力式墩	1999.10	
白头线	白江河大桥	1＋560	白江河	48	5×9.2	板梁	重力式墩	1978.10	
三靖线	珠子河桥	13＋300	珠子河	112	3×34	板拱	重力式墩	1986.10	
三靖线	一号桥	0＋260	小沙河	68	1×26	拱桥	U型桥台	2005.10	
长白线	八道沟一号桥	14＋000	八道沟	145	1×20		双柱式墩	2005.10	长白
长白线	十二道沟二号桥	52＋000	八道沟	40	1×38.6	板拱		2005.10	
长白线	十三道沟桥	66＋000	八道沟	78.9	1×77.9	T型梁		2005.10	
长白线	十四道沟	69＋000	八道沟	53.5	1×25	T型梁		2005.10	
金东线	河口桥	8＋247	十八道沟河	48.4	1×20	板拱	重力式墩	1989.10	
老岭新线	头道沟三号桥	25＋191	道路	306.9	10×29.2	T型梁	单柱墩	2005.9	临江
老岭新线	头道沟四号桥	26＋780	道路	67.1	2×30	T型梁	单柱墩	2005.9	
老岭新线	头道沟五号桥	26＋960	道路	130.1	4×30	T型梁	单柱墩	2005.9	
老岭新线	头道沟六号桥	28＋010	道路	96.1	3×30	T型梁	单柱墩	2005.9	
老岭新线	头道沟七号桥	28＋210	道路	97.1	3×30	T型梁	单柱墩	2005.9	
老岭新线	头道沟八号桥	29＋640	道路	67.9	3×16	T型梁	单柱墩	2005.9	
老岭新线	头道沟九号桥	29＋880	道路	63.9	3×16	T型梁	单柱墩	2005.9	
老岭新线	头道沟十号桥	31＋120	道路	64	3×20	T型梁	单柱墩	2005.9	
老岭新线	二道阳岔河桥	31＋470	道路	71.9	3×20	T型梁	单柱墩	2005.9	
老岭新线	二道阳岔立交桥	31＋270	道路	75.6	3×20	T型梁	单柱墩	2005.9	
老岭新线	二道阳岔沟门一号桥	31＋760	河流	73.2	3×20	T型梁	单柱墩	2005.9	

续表1

路线名称	桥梁名称	里程桩号	跨越河流	桥梁全长（米）	孔数孔径（孔－米）	结构型式		建造时间	备注
						上部	下部		
老岭新线	二道阳岔沟门二号桥	31+990	河流	125.1	6×20	T型梁	单柱墩	2005.9	临江
宝东线	河底北桥	4+718	河流	47.4	3.8×12	板拱	重力式墩	1980.10	长白
老泥线	新部落桥	3+600	河流	38	1×24	板拱	重力式墩	1978.10	
老泥线	向军桥	18+670	河流	47	1×20	板拱	重力式墩	1988.10	
十三中线	油库大桥	1+750	河流	51	3×12	空心板梁	重力式墩	1979.10	
古烈线	西干沟子桥	2+231	河流	34.4	1×20	板拱	重力式墩	2000.10	
古烈线	东干沟子桥	3+535	河流	40.5	1×20	板拱	重力式墩	2000.10	
古烈线	十六道沟桥	12+230	河流	78	3×16	T型梁	重力式墩	2000.7	
马老线	新房子桥	6+200	河流	104.3	3×20	板拱	重力式墩	1986.8	
松太线	太平二号桥	6+300	汤河	71	4×13	板拱	重力式墩	1999.9	江源
松太线	松树桥	0+041	河流	74	3×16	板拱	重力式墩	2002.9	
松太线	永安桥	13+780	河流	74	3×17	板拱	重力式墩	2002.9	
石遥线	大阳岔桥	0+030	河流	44	4×8	拱桥	重力式墩	1996.9	
石遥线	小河口桥	2+150	河流	62.9	3×13	拱桥		2004.9	
石遥线	石人中桥	2+420	河流	37.7	1×20	T型梁		2005.9	
石遥线	古石砬子河桥	9+879	河流	213.3	7×29.48	T型梁		2005.9	
石遥线	干巴河子一号桥	10+250	河流	104	4×20	T型梁		2005.9	
石遥线	干巴河子二号桥	11+720	河流	83.9	3×20	T型梁		2005.9	
石遥线	荣斌西桥	12+130	河流	47.4	2×16	T型梁		2005.9	
石遥线	滑石矿一号桥	13+050	河流	46	2×20	T型梁		2005.9	
石遥线	滑石矿二号桥	13+230	河流	66	3×20	T型梁		2005.9	
临长线	五道沟桥	18+700	河流	58.3	3×13	板拱	重力式墩	1982.8	临江
临长线	龙王庙桥	46+160	河流	51	3×13	板拱	重力式墩	1982.8	
临长线	胜利桥	67+250	河流	52.3	3×13	板拱	重力式墩	1979.8	
临机线	二道沟老桥	0+018	河流	36.8	3×12	T型梁	重力式墩	1976.9	
青锑线	青沟子桥	0+049	河流	57	3×14	板拱	重力式墩	1990.7	
大四线	白云桥	0+044	河流	66.5	3×16	板拱	重力式墩	1997.9	
犁大线	大松树电站桥	1+075	河流	70	4×10	板拱	重力式墩	1988.9	
犁大线	五道沟桥	2+660	河流	60.8	4×9	板拱	重力式墩	1992.9	
老岭新线	三棚湖通道桥	23+160	河流	104.2	3×30	T型梁	单柱墩	2005.9	
老岭新线	珍珠门桥	23+470	河流	416.1	10×40	T型梁	单柱墩	2005.9	
老岭新线	头道沟一号桥	24+180	河流	404.81	3×30	T型梁	单柱墩	2005.9	
老岭新线	头道沟二号桥	24+920	河流	160.2	5×30	T型梁	单柱墩	2005.9	

第五节　专用公路桥梁

2005 年末，白山境内专用公路桥梁共有 301 座，5 985.1 延长米，其中：大中桥 32 座，1 556.5 延长米；小桥 269 座，4 428.6 延长米，各县（市）区具体分布情况如表 2－3－8。

表 2－3－8　　2005 年白山市专用公路桥梁各县（市）区基本情况表

县　区	合　计		大　中　桥		小　桥	
	座　数	延　长　米	座　数	延　长　米	座　数	延　长　米
全　市	301	5 985.1	32	1 556.5	269	4 428.6
江源县	26	267	1	50	25	217
临江市	63	1 677.9	11	502.6	52	1 175.3
长白县	13	355	2	76.6	11	278.4
靖宇县	55	854.2	2	109	53	745.2
抚松县	138	2 746.5	16	818.3	122	1 938.2
八道江区	6	84.5			6	84.5

第六节　国境公路桥梁

白山境内国境公路大桥只有临江市和长白县内境内 2 座桥，共 662 延长米。

1. 临江鸭绿江国际公路桥

该桥横跨于临江城西郊鸭绿江上，为联接中华人民共和国与朝鲜民主主义人民共和国的国际公路桥梁。始建于 1940 年，1942 年竣工交付使用。桥梁为钢筋混凝土平面悬空式结构，桥体由钢筋混凝土桥墩支柱支护，桥面为钢筋水泥板铺设，支柱与桥面交接处用钢板及铁球连结。桥身总长 498 米，跨径 53 米，其中中方管理 259 米，朝方管理 239 米。1950 年被侵朝美军飞机炸毁；1955 年由吉林省交通厅施工队修复；1965 年中方管段三孔与四孔吊梁连接处发生断裂；1967 年 5 月 3 日吉林省交通厅和浑江市桥墩修复委员会，共同组织力量进行维修，至 6 月末修复通车；1991 年 6 月 24 日，浑江市交通局副局长解运发为团长，白山市人民政府外事侨务办公室副主任李培杰为副团长一行 6 人，就临江国境大桥维修事宜与朝鲜民主主义人民共和国中江郡安全负责人在朝鲜的中江郡进行了为期 3 天的会谈，最后达成协议，由朝方尽早实施维修。

2. 长白国境公路大桥

即长（白）—惠（朝鲜惠山市）国际大桥，该桥位于长白朝鲜族自治县长白镇绿江村（长白口岸），钢筋混凝土挑臂墩，石砌U型桥台。桥长164米，7墩8孔，跨径20米，高7米；桥面净宽7米，两侧各有1米宽的人行道，桥面为水泥抹面。1985年5月1日动工建设，当年9月1日竣工，10月23日，举行了通车剪彩仪式。长惠国际大桥系中朝双方共同修建，中方投资124万元。

白山境内国境公路大桥基本情况如表2－3－9。

表2－3－9 国境公路白山境内大中桥情况统计表

桥梁名称	跨越河流	桥梁全长（米）	孔数孔径（孔－米）	净宽（米）	人行道宽（米）	结构型式		建造时间
						上部	下部	
临江国境公路大桥	鸭绿江	498	3－－15 16－－20	6		钢桁架 T型架	重力式	1939
长白国境公路大桥	鸭绿江	148	2－－14 6－－20	7	2×1	T型架	挑臂墩	1985

第七节 隧道

1985年末，白山只有无衬砌单车道简易隧道6处，465延长米，即：青沟子隧道、后葫芦隧道、棒槌砬子隧道、花山隧道、北江桥隧道和六道沟隧道。

自1985年起，截止到2005末，开凿公路隧道20座，11 402延长米，新增加净9米隧道14座，7 083米。

经过20年的发展，公路隧道技术标准有很大进步，其中：2000年竣工完成的长白线板石岭隧道，隧道长度1 262延长米。

2001年竣工完成的鹤大线枫叶岭隧道，隧道长2 188延长米。该隧道建筑结构为钢筋混凝土结构，有交流电灯光照明，总投资9 000万元。枫叶岭隧道开通后，结束了数十年车辆绕枫叶岭盘旋远行的历史。

2005年竣工完成的临江隧道，隧道长度2 775延长米，路面面层类型水泥混凝土，洞口形式为冀墙式正交洞口，隧道有灯光照明，隧道通风为机械通风。基本情况如表2－3－10。

表 2－3－10　　2005 年公路隧道情况表

隧道名称	建筑位置 公路（桩号）	长度（米）	宽度（米）	行车道宽（米）	人行道宽（米）	中心净高（米）	建筑结构	照明	竣工时间
北江	G201 879.951	31.9	705			6.1	砼	无	1985.12
老岭	G201 947.978	660	10.5	9	2×0.75	5	砼	无	1999.11
枫叶岭	G201 964.072	2 188	10.5	9	2×0.75	5	砼	有	2001.11
上甸子（下线）	G201 999.039	157	9	7.5	2×0.75	5	砼	无	2001.11
上甸子（上线）	G201 999.038	231	10.8	9	2×0.9	5	砼	无	1990.12
板石岭	S103 241.358	1 262	10.5	9	2×0.75	5	砼	有	2000.09
花园	S302 114.638	824	10.5	9	2×0.75	5	砼	无	2001.09
珠宝	S302 120.242	1 215	10.5	9	2×0.75	5	砼	无	2001.09
花山	S303 197.262	315	10.5	9	2×0.75	5	砼	无	1996.12
六道沟	S303 267.907	60	4			3.5	砼	无	1985.12
飞机岭	S303 396.768	25.9	4.6			5	砼	无	1985.01
仙人洞	X085 114.846	264	8	7	2×0.5	5	砼	无	2005.11
松岭	S303 28.410	685	10.5	9	2×0.75	5	砼	无	2005.11
临江	S303 18.575	2 775	10.5	9	2×0.75	5	砼	有	2005.11
十二道湾	S303 54.916	25	10.5	9	2×0.75	5	砼	无	1989.12
背阴亭	S303 61.369	131	10.5	9	2×0.75	5	砼	无	1990.12
1. 十三道湾	S303 74.190	64	10.5	9	2×0.75	5	砼	无	2005.12
2. 十三道湾	S303 76.343	78.5	10.5	9	2×0.75	5	砼	无	2005.12
梨田	S303 7.840	325	10.8	9	2×0.9	5	砼	无	1993.12
南尖头	S303 15.387	84.7	10.8	92	×0.9	5	砼	无	1993.12

第四章　公路测设

白山市公路测设部门由白山市公路处的设计室逐步扩建为独立的公路设计专业机构，专业技术队伍设计能力增强，设计水平有了明显的提高，为白山市公路建设做出了贡献。

第一节　设计队伍

1986 年 7 月浑江市公路管理处成立勘测设计室，属内设科室，主任 1 人，科员 7 人，主要完成白山市公路管理处承担的各项设计任务。1990 年市编委批准为事业单位建制，勘测设计室在此基础上扩编 18 人，1993 年成立浑江市公路勘测设计处。2003 年 4 月，经白山市编委会批准，退出事业编制，成立白山市公路设计院，隶属白山市交通局。2004 年 10 月 16 日经白山市政府批准，转制为白山市公路规划设计有限公司，成为白山市交通系统第一家民营企业。至 2005 年末，公司已拥有各类中级以上专业技术人员 47 人，详见白山市公路规划设计有限公司技术人员统计表。

表 2－4－1　　2005 年白山市公路规划设计有限公司技术人员统计表

分类	一级注册结构工程师	二级注册建筑师	注册咨询工程师	高级工程师	工程师
人数	1	1	5	20	27

第二节　设计程序

白山市公路规划设计有限公司现有测绘、勘测设计、市政公用行业（道路）、工程咨询资质。工程测量包括控制测量、地形测量、地下管线测量和桥梁测量；工程勘察专业类公路行业工程测量包括工程设计；公路行业（公路）、市政公用行业（道路）包括编制项目建议书、编制项目可行性研究报告、项目申请报告、资金申请报告以及工程设计。

主要设计程序为：

1. 设计招投标
2. 根据招投标内容施工图设计
3. 设计成果验收
4. 交付施工使用
5. 设计后期服务

第三节　工程设计

一、测设手段

主要运用GPS卫星定位、全站仪、水准仪及专业软件。

二、工程设计

根据国家标准、交通厅标准为依据进行设计。1985年至2005年白山市公路工程设计情况详见表2－4－2。

表2－4－2　　1985年至2005年白山市公路工程设计情况表

年度	公路设计		公路桥梁设计	
	设计项目数量	总长（公里）	座	延长米
1998	8	204.501	11	616.45
1999	10	109.71	16	400.19
2000	6	28.39	13	470.42
2001	7	73.71	11	294.50
2002	6	120.65	8	339.60
2003	13	228.056	20	679.85
2004	15	225.2	6	335.34
2005	17	131.4	5	183.04
合计	82	1 221.6	90	3 319.4

第四节 测设实绩

一、2005年10月11日，《四道沟经坡口至东北岔公路可行性研究报告》获吉林省发展和改革委员会全省优秀工程咨询成果三等奖，证书编号为2005172。

二、2004年12月21日，《松江河—长白山旅游公路路基防护》获白山市科学技术协会“金桥工程”一等奖，证书号为200401—03。

三、2003年12月30日，《江源县孙家堡子镇民顺桥大桥》获白山市科学技术协会“金桥工程”一等奖，证书号为200401－02。

四、2006年12月，火山灰、风化山砂在公路路面基层的应用，获吉林省人民政府人才开发资助金12万元。

第五章　公　路　养　护

白山市为典型的山岭重丘区，沟壑纵横、森林密布，养护路线大部分都是盘山越岭线，特别是1985年以前公路状况落后，境内公路多为伪满时期的警备道、建国初期的运材道和乡村自修的大车道，次等路占多数，路面的各种病害多，路况质量不高。养护管理主要是道班专业养护和民工建勤两种形式。1985年末，全市专业养护里程有689.5公里，其中：优等路48公里，良等路372公里，次等路449.4公里，差等路16公里。年好路率为47.4%，综合值为64.0。

20年来，白山市公路养护管理历经了“等级路况经济责任制”、“国路民养”以及“公路体制改革和养护运行机制改革”等几次重要变革，逐步向科学、合理、进步的方向发展，特别是2003年公路体制改革和养护运行机制改革以后，构建市场化的养护运行机制，加快发展科技兴路，形成了一整套适合东部山区的公路养护管理体系。全市公路路面数据库建设和桥梁数据库建设逐步完善，为公路病害的预防和处治提供了科学依据；建立了公路灾害处理应急预案，为全市公路水毁、山体滑坡等自然灾害的及时处治提供了基本保障；公路科技工作，在公路科技带头人的率领下，实现了科研工作的新突破，使新型筑路材料得以使用、公路病害得到科学处治、新型施工工艺广泛应用，有效提高了工程质量和降低了工程成本；公路养护管理日趋完善，公路路况等级不断上升，公路养护质量稳步提高，逐步体现科学、环保、人文的现代化气息。

第一节　养　护　管　理

“七五”期间，浑江市公路密度小，绝大部分养护公路在深山沟谷中穿行，沿线居民区分布稀少而且分散，给养护管理带来很大困难。据1986年统计，全市公路系统专业养护道班共有100个，各县区管辖养护里程不同，各个道班的养护路段也因地理差异而不同，有的道班所在地距养护路段很远，山区公路纵坡大，交通不便，员工上路往返距离达20公里，所以养护员工生产和生活条件非常艰苦，上路在途时间长，工作的有效时间短，这种状况不利于道班集体作业，养护质量不高；而且砂石路面占养护里程的85.3%，砂石路面质量不稳定，特别是春融期和雨季，路面质量下降幅度大，又因养护条件艰苦而不能及时得到养护和处治，很多养护路段形成了各种的顽固病害。1986年—1988年期间，在养护管理方面，全市推广试行了“联产、联质、以质计酬”的经济责任制，但是由于山区差异较大，养护质量提高幅度不大，1988年末好路率只达到53.5%。

1989年，浑江市公路系统第一次进行了养护管理制度的改革，制定推行《等级路况经济责任制》，在管理方法、用工制度、分配制度和奖罚方面做出明确规定。主要内容包括：养护路段承包形式、养护经费核定、分配形式、检查验收以及奖罚标准等；基本情况是：浑江市公路管理处年初对各养护路段进行等级路况调查，按公路的等级状况确定承包基数，根据各路段的交通量及路况等级，下达小修保养计划经费指标和养护生产的质量指标，每月进行定期检查，年终核定各段的等级路况经费；在具体的养护资金分配上，以路况达到的养护等级核定经费，养护员工的工资也直接按等级核定。这一责任制的推行改变了由公路管理处定额向县、区公路段拨付养护经费，路况好坏都一样的模式，解决公路段之间养护经费分配平均主义的“大锅饭”问题，使员工的生产积极性得到提高。1989年是试行《等级路况经济责任制》的第一年，当年好路率就达到66.5%，比1988年上升13%，超省年度计划20.9，综合值为74.2。经过3年的运作，至1991年末，好路率达到77.3%，超年度计划的21%，综合值75.2，达到历史最好水平。

“七五”期末，全市专业养护里程为1 030.5公里，平均年递增率2.8%，优等路69公里，平均年递增率9.5%，良等路577.5公里，平均年递增率为11.6%，次等路212.8公里，平均年递增率20.5%，平均好路率达75.3%，平均年递增11.6%，综合值74.2，平均年递增3.4%。

“八五”期间，全市公路养护水平保持平稳。1990年—1993年，白山市公路管理处连续四次夺得全省好路上升杯奖，好路率达到82.9%，从此彻底甩掉了路况落后的帽子。

1994年开始，白山市又相继推行了规范化管理、企业化管理，也取得了不同程度的效果。1995年末，全市专业养护里程为1 085.2公里，晴雨通车里程为1 347公旦，绿化里程为688.8公里，好路率为74%，综合值为75.2。

“九五”时期，吉林省交通厅借鉴发达国家的经验，在全国率先提出“国路民养”。白山市作为“国路民养”的试点地区，在1996年针对计划经济体制下养路段是“养人段”、“大锅饭”的弊端，在公路养护管理中引入竞争机制，把公路管理职能和养护职能分开，“国路民养”的推行开启了公路养护的市场化探索。

1998年白山市所有养护道班实现了“国路民养”，全市道班分流人员133人，幅度为11.5%；机关管理人员精简206人，精简幅度45%。针对小修保养进行改革，还将养护大中修工程的管理纳入了程序化、科学化的轨道。对投资50万元以上的养护工程全部实行工程预算制、投招标制、工程监理制，并进行全过程、全方位的管理，保证了工程质量和工期。“国路民养”实施以后，公路养护质量有所改善，提高了好路率，降低了养路成本，增加了员工工资。截止2000年末，专业公路养护里程达到1 372.6公里，晴雨通车里程1 963.8公里，绿化里程为2 617.9公里，实现好路率86.1%，综合值81.7。

“十五”期间，公路养护逐步走上了科学化、机械化、市场化的运行轨道，养护水平实现质的飞越，全市公路养护工作实现了转变机制、提高质量、综合发展、规模运行的工作思路。

2001年，白山市公路系统实行了《白山市公路养护保养检查考核办法》、《白山市冬季养护生产检查办法》，对春季翻浆、夏季水毁、秋季备料、冬季除雪防滑都提出了明确的指标和奖罚措施。在养护工作中积极引进新技术、新工艺，如玻璃纤维布在路面工程中的应用；还研制了除雪破冰器具；在砂石路段上推广了“扫浆法”铺筑保护层和油路稀浆封层新技术。

2003年，公路管理体制改革和养护运行机制改革在全省铺开，白山市公路系统根据吉林省人民政府吉政发［2002］41号文件和吉林省交通厅吉交公［2003］30号文件要求，全面实施“事企分离、管养分离”为重点的改革，成立“四自一独”的法人实体，建立了市场化的公路养护管理机制。

在推行养护运行机制改革之前，白山市交通局、白山市公路管理处坚持“先挖渠后放水”原则，在广泛调研、深入论证的基础上，制定了相关措施。这些保障措施分为四个方面：一是推行养老保险、失业保险和医疗保险等社会统筹，解决职工后顾之忧，这是职工最关心的，也是改革的基础。市公路管理处组成改革领导小组，针对各县（市）区公路系统所有工伤、遗属人员进行详细的核查，原在各级公路管理机构工作的人员由改革后的公路管理机构负责，凡属在各级公路管理机构所属单位工作的人员由转制后企业负责；二是搞好资产界定和转移，为养护公司事改企创造条件，对注入养护公司的资产进行确认和评估，在此基础上，将机械设备全部转移给企业，解决改革单位在人员身份置换过程中成本不足的问题。特别是加强了各县（市）区公路管理段国有资产的评估工作和清产核资工作，避免在公路体制改革过程中造成国有资产流失；三是进一步健全和完善公路建设市场准入制度，公路建设招投标制度管理办法，公路养护工程企业资质管理办法等规章制度，强化对公路市场的规范、监督和管理，自2004年，白山市进行了养护工程招投标，在实行招标过程中，执行《吉林省养护工程招投标实施细则》，严格筛选施工队伍，为确保工程质量奠定了坚实的基础；四是公路部门集中精力履行好“监督、指导、协调、服务”的职责，建立起公路养护市场的准入、监管机制。对企业多方指导、积极扶持，帮助企业完善内部组织机构，并在人力、物力、财力上扶持企业发展，在养护工程等方面给予一定的倾斜政策，为新成立的养护公司、工程公司创造良好的发展环境。

同年，白山市公路系统制订推行了《白山市小修保养管理办法》，突出抓春融期间的公路路况恢复和油路的保洁工作，增加了养护管理检查和抽查频率，及时发现问题及时解决，路况稳定，使养护管理工作在改革期间保持稳步增长。当年实现专养路线好路率87.1%，超计划7.4个百分点；综合值79.7，超计划9.7。其中干线好路率91.1%，超计划3.3个百分点；综合值80.9，超计划5.9。

2004年，白山市公路管理处又制定了《白山市公路小修保养工程管理实施细则》等管理制度，结合山区公路的特点，注重季节性养护，即春季路况恢复、夏季防汛和水毁修复、秋季公路整修和冬季的除雪防滑，四个季节里形成了完整的全年养护操作规程，实现全面养护和全年养护，提高了公路养护管理的综合水平。当年，全市养护生产完成好路率为83.2%，综合值78.6。2005年，干线好路率达到84.5%，超计划5.4%；专养路线好路率达到82.2%，超计划7.1%。详见表2-5-1。

表2-5-1　　1985—2005年白山市公路养护情况统计表

年度	境内公路里程（公里）				专业养护里程（km）	好路率%	综合值	晴雨通车（km）	绿化里程（km）	养护道班（个）	固定工人（个）
	国　道	省　道	县乡道	合　计							
1985	281.5	386	1 361.5	2 029	969.5	47.4	64.8	1 169.1	741.8	100	1 022
1986	281.5	386	1 361.5	2 029	969.5	43.5	64.4	1 169.1	740.8	105	1 037
1987	281.5	386	1 364	2 031.5	969.5	53	66.7	1 171.6	740.8	105	1 145
1988	281.5	386	1 389	2 056.5	1 095.7	53.5	67.1	1 188.3	742.8	112	1 153
1989	281.5	386	1 407.6	2 075.1	1 095.7	61.2	71.2	1 195.3	742.8	111	1 126
1990	279.7	396.5	1 484.5	2 160.7	1 093.2	75.3	74.4	1 303.8	754.8	109	1 176
1991	257.8	405.7	1 455.5	2 119	1 053.5	77.1	75.2	1 549.2	741.6	115	1 177
1992	257.8	405.7	1 454.8	2 118.3	1 070.7	78.4	76.6	1 548.9	713.8	117	1 212
1993	257.8	405.7	1 539.6	2 203.1	1 070.7	84.8	80.4	1 706.9	713.8	117	1 210
1994	257.8	405.7	1 656.3	2 319.8	1 070.7	87.8	82.2	1 736.2	749.8	117	1 222
1995	257.8	405.7	1 656.3	2 319.8	1 085.2	74	75.2	1 736.2	756.8	119	1 216
1996	257.8	404.8	1 754.1	2 416.7	1 109.7	87.6	80.7	1 760.5	751.8	118	1 253
1997	257.8	404.8	1 812.7	2 475.3	1 106	85.5	79.1	1 873.1	724.9	112	1 256
1998	278.9	679.7	1 666.3	2 624.9	1 105.6	79.8	78.3	2 051.4	659.2	108	1 219
1999	254.2	679.7	1 911.3	2 845.2	1 599.9	84.2	80.1	2 226.3	1 414.9	107	1 250
2000	254.2	699.7	2 014.3	2 968.2	1 372.6	86.1	81.7	2 229.7	2 542.4	97	1 260
2001	254.2	699.7	2 017.5	2 971.4	1 459.8	84.6	83.1	3 999.6	4 647.1	85	1 250
2002	242.6	697.8	2 179.8	3 120.2	1 272.4	82.1	77	4 036.4	4 715.5	78	1 237
2003	242.6	697.8	2 238.7	3 179.1	1 309.7	83	78	4 159.4	4 750.6	76	1 750
2004	242.6	697.8	2 341.4	3 281.8	1 309.7	83.2	78.6	4 314.8	4 799.9	76	1 704
2005	242.6	697.8	2 556.6	3 497	1 309.7	82.2	76.6	4 599	4 929.9	76	1 693

第二节 专业养护

1982年4月，吉林省交通厅颁发了《吉林省公路养护道班管理条例》（试行），1985年，建立浑江市公路管理处，隶属于浑江市交通局，受吉林省公路管理局行业管理和指导，下设各县区公路管理段，是具有行政和行业管理职能的全市普通公路主管部门，公路养护专业道班由县区公路管理段直接领导。

一、国、省干线养护

国、省干线公路养护主要由养护道班负责，按照《吉林省公路养护管理办法》的具体要求执行，自1996年，白山市公路养护管理开始实行“国路民养”，采取经费大包干的管理模式，提出了“建养并重、养护也是发展”的工作思路，实行全年养护和全面养护有机结合，在日常养护，路况恢复、病害处理、除雪防滑以及防汛抢险等方面全面完成公路养护任务。

2003年，根据吉林省公路管理局有关规定，国省干线公路实行分段包保责任制养护办法，各县（市）区养护公司根据养护作业队管辖路段，按人头采取分段包保养护责任制。白山市公路管理处发挥行业监管职能，突出责任意识和服务意识，提出“抓住中心、看准重点、强化管理、树立形象”的养护目标，做到以路面养护为中心，以桥涵养护为重点，以公路绿美化工作促进公路环境建设，加大定期、不定期的养护管理检查和抽查力度，引导公路养护市场机制的良性运作，实现科学养护，确保全市公路养护管理水平稳步提高。详见表2－5－2。

表2－5－2 **2005年白山市国、省干线道养护情况表**

单位（路段）名称	公路总里程	晴雨通车里程	可绿化里程	绿化里程	养护里程	城管里程	公路等级	
							一级	二级
国道合计	242.614	242.614	233.85	233.85	242.614	3.878		3.878
国道鹤大线G201	242.614	242.614	233.85	233.85	242.614	3.878		3.878
八道江区								
瓮泉－五道江	30.809	30.809	30.809	30.809	30.809			
抚松县						3.878		3.878
沿江－夹皮沟林场	144.307	144.307	139.405	139.405	144.307			
江源县								
夹皮沟林场（抚松界）－瓮泉	67.498	67.498	63.636	63.636	67.498			
省道合计	697.781	697.781	678.458	644.285	697.781	9.933		9.933
省道长白线S103合计	14.609	14.609	13.347	13.347	14.609			
八道江区								

续表 1

单位（路段）名称	公路总里程	晴雨通车里程	可绿化里程	绿化里程	养护里程	城管里程	公路等级	
							一级	二级
地区界－江地村	14.609	14.609	13.347	13.347	14.609			
省道榆江线 S204 合计	115.411	115.411	110.211	81.438	115.411			
靖宇县								
西老岭－元宝顶子	96.874	96.874	91.674	62.901	96.874			
江源县								
元宝顶子－孙家堡子	18.537	18.537	18.537	18.537	18.537			
省道朝长线 S302 合计	243.055	243.055	237.467	237.467	243.055			
抚松县								
松花江靖宇岸－漫江	64.767	64.767	64.767	64.767	64.767			
靖宇县								
老岭隧道出口－松花江靖宇岸	73.944	73.944	68.356	68.356	73.944			
长白朝鲜族自治县								
漫江－长白县	104.344	104.344	104.344	104.344	104.344			
省道沈长线 S303 合计	324.706	324.706	317.433	312.033	324.706	9.933		9.933
八道江区								
道清－金坑岭	27.462	27.462	26.635	21.235	27.462	6.227		6.227
长白朝鲜族自治县								
马鞍山村－八道沟桥	146.53	146.53	146.53	146.53	146.53			
江源县								
金坑岭－老岭临江界	31.24	31.24	31.24	31.24	31.24			
临江市								
老岭－马鞍山村	119.474	119.474	113.028	113.028	119.474	3.706		3.706

二、县级公路养护

1985 年，浑江市专业养护里程 470.5 公里，所有县道均为土路和砂石路，处于晴通雨阻的状况，至 2005 年末，县道 16 条，专业养护里程达到 879.9 公里。养护办法与国、省干线采取的分段包保责任制相同。详见表 2－5－3。

表 2－5－3　　2005 年县级公路养护基本情况表

单位（路段）名称	总计	晴雨通车里程	可绿化里程	绿化里程	养护里程	城管里程	公路等级	
							一级	二级
县道合计	879.987	745.369	833.634	833.418	879.987	1.392		1.392
二那线 X043 合计	32.562	25.409	32.562	32.562	32.562			
白山市	32.562	25.409	32.562	32.562	32.562			
靖宇县								
白山镇－那尔轰	32.562	25.409	32.562	32.562	32.562			

续表 1

单位（路段）名称	总计	晴雨通车里程	可绿化里程	绿化里程	养护里程	城管里程	公路等级	
							一级	二级
驼靖线 X076 合计	52. 352	48. 353	39. 825	39. 825	52. 352	1. 392		1. 392
白山市	52. 352	48. 353	39. 825	39. 825	52. 352	1. 392		1. 392
靖宇县								
通白市界－靖宇港	52. 352	48. 353	39. 825	39. 825	52. 352	1. 392		1. 392
兴红线 X078 合计	40. 546	40. 546	35. 228	35. 228	40. 546			
白山市	40. 546	40. 546	35. 228	35. 228	40. 546			
八道江区								
朝阳林场检查站－红土崖	40. 546	40. 546	35. 228	35. 228	40. 546			
下临线 X085 合计	117. 547	84. 983	114. 066	114. 066	117. 547			
白山市	117. 547	84. 983	114. 066	114. 066	117. 547			
八道江区								
二道砬子－临江界	62. 564	30	59. 764	59. 764	62. 564			
临江市								
八道江界－临江市区	54. 983	54. 983	54. 302	54. 30	254. 983			
八三线 X088 合计	51. 068	51. 068	49. 421	49. 421	51. 068			
白山市	51. 068	51. 068	49. 421	49. 421	51. 068			
八道江区								
县界－白山市区界	50. 068	50. 068	48. 421	48. 421	50. 068			
江源县								
红石岭－县界	1	1	1	1	1			
石三线 X089 合计	71. 433	71. 433	65. 873	65. 873	71. 433			
白山市	71. 433	71. 433	65. 873	65. 873	71. 433			
靖宇县								
江源县界－朝长线叉路口	46. 585	46. 585	45. 228	45. 228	46. 585			
江源县								
石人镇－石三线叉路口	24. 848	24. 848	20. 585	20. 585	24. 848			
临抚线 X090 合计	99. 273	99. 273	93. 767	93. 767	99. 273			
白山市	99. 273	99. 273	93. 767	93. 767	99. 273			
抚松县								
县界－抚松县	43. 71	43. 71	41. 173	41. 173	43. 71			
临江市								
临江－县界	55. 563	55. 563	52. 594	52. 594	55. 563			
临贾线 X091 合计	29. 419	29. 419	27. 423	27. 207	29. 419			
白山市	29. 419	29. 419	27. 423	27. 207	29. 419			
临江市								
三道沟门－贾家营东	29. 419	29. 419	27. 423	27. 207	29. 419			
湾漫线 X092 合计	93. 897	93. 897	89. 872	89. 872	93. 897			
白山市	93. 897	93. 897	89. 872	89. 872	93. 897			
抚松县								
县界－漫江	11. 98	11. 98	11. 98	11. 98	11. 98			

续表2

单位（路段）名称	总计	晴雨通车里程	可绿化里程	绿化里程	养护里程	城管里程	公路等级	
							一级	二级
江源县								
湾沟镇－银山县界	41.117	41.117	37.092	37.092	41.117			
临江市								
向阳道口－县界	40.8	40.8	40.8	40.8	40.8			
靖赤线 X093 合计	41.958	41.958	39.614	39.614	41.958			
白山市	41.958	41.958	39.614	39.614	41.958			
靖宇县								
靖宇西十字路口－赤松乡北	41.958	41.958	39.614	39.614	41.958			
万北线 X094 合计	24.05	24.05	24.05	24.05	24.05			
白山市	24.05	24.05	24.05	24.05	24.05			
抚松县								
万良镇－铁西	24.05	24.05	24.05	24.05	24.05			
松天线 X095 合计	66.488	66.488	66.488	66.488	66.488			
白山市	66.488	66.488	66.488	66.488	66.488			
抚松县								
入山口－锦江大峡谷	66.488	66.488	66.488	66.488	66.488			
仙温线 X096 合计	7.112	7.1126	.012	6.012	7.112			
白山市	7.112	7.112	6.012	6.012	7.112			
抚松县								
仙人桥－温泉	7.112	7.112	6.012	6.012	7.112			
北松线 X097220621 合计	34.38	34.38	32.15	32.15	34.38			
白山市	34.38	34.38	32.15	32.15	34.38			
抚松县								
北岗－镇管界	34.38	34.38	32.15	32.15	34.38			
长八线 X098 合计	70.934	21	70.375	70.375	70.934			
白山市	70.934	21	70.375	70.375	70.934			
长白朝鲜族自治县								
长白－八号闸	70.934	21	70.375	70.375	70.934			
横天线 X099 合计	46.968	6	46.968	46.968	46.968			
白山市	46.968	6	46.968	46.968	46.968			
长白朝鲜族自治县								
朝长线岔路－天池	46.968	6	46.968	46.968	46.968			

三、公路养护机械设备

随着高等级公路逐步增加，白山市在养护管理上加强了机械化的养护作业，1998 年，为了加快机械化养护的步伐，建立抚松松郊机械化养护公司，以该公司为试点单位开始推行机械化养护；2001 年又成立了长白农业排、长白八公里、靖宇西等三处机械化养护公司。组建机械化养护公司是为了适应高等级公路的养护作业，也是逐步建立公路养护市场的需要。至2005年末，白山国省干线公路基本实现了机械化养护。详见表2-5-4。

表2-5-4　　2005年公路养护机具情况表　　单位：台

县（市区）	拖拉机	振扬机	翻斗车	压路机	推土机	机动镰	装载机	挖掘机	发电机组	搅拌机	切割机	合计
八道江	6		6	1		1	2	1	3	1	2	23
江源区	7		9	2	1		1					20
临江市	6		3	1	1		1	1		2		15
长白县	7		1		1		1	1	1	1	1	14
抚松县	3	1	6	1			1	1		2	1	16
靖宇县	1		5	1								7
合计	30	1	30	6	3	1	6	4	4	6	4	95

四、农村公路养护

“十五”期间，农村公路建设步伐加快，至2005年末，高级路面达1 618.8公里，其中专养县道327.5公里，占19.9%；非专养县道304.9公里，占18.5%；乡道939.4公里，占57.0%；村道186.9公里，占11.3%。由于农村公路养护无资金来源，使农村公路养护，特别是乡道、村道养护存在重建轻养、重建轻管的问题，无专业队伍养护。针对这种情况，白山市公路管理处在2005年建立了农村公路养护试点，在总结经验的基础上，拟制定农村公路养护管理办法，用以指导全市农村公路养护管理工作，白山市农村公路养护管理体系开始逐步建立。

第三节　公路绿化

随着公路养护水平的不断提高，公路绿化、美化工作成为公路养护的一项重要内容。从实施“国路民养”以后，养护工作开始突出了绿化、美化和文明样板路建设。国、省干线公路绿美化主要方式是公路两侧栽植红皮云杉、樟子松、杨树等。县乡公路两侧也有部分绿化，主要保护自然生长的杨树、桦树等阔叶杂树种作为绿化树。并在公路两侧植树栽花，对巩固路基、美化路容均起到重要作用。自2003年以来在省道两侧新植云杉等树种，并种（栽）植紫穗槐、野玫瑰、波斯菊、荷兰菊、步登高、满天星等。

1997年，国、省干线基本实现了“三季见花，四季见绿”的美化目标。1999年，提出了以文明样板路建设为龙头，全面开展公路绿美化工作，白山市公路管理处根据吉林省公路管理局的相关规定，专门聘请了园林专家，编制了详细的公路绿美化设计文件，分别划分精品工程、重点工程和一般路段进行绿美化工作，当年在抚松县辖区内确定了5公里精品工程路。

文明样板路建设是以国家绿化通道为契机，在白山市境内养护路段中开展了绿化、美化精品工程建设，要求文明样板路实现路宅分开，有浆砌边沟，示警桩和轮廓标定期粉刷一新，里程碑和标线清楚可见，路肩铺设草坪，并增加两条路面边缘线。文明样板路建设坚持了高标准、高起点，做到了建一条，达标一条。

1999 年，完成 54 公里的文明样板路建设，即：鹤大线万良—抚松—汤河口 34 公里，朝长线龙泉—靖宇 20 公里。2000 年，鹤大线露水河—万良路段、汤河口—湾沟路段、朝长线抚松—松江河、长白县出口 32 公里定为文明样板路；2001 年完成朝长线 127 公里、长白线 13. 8 公里、榆江线 42. 7 公里的文明样板路建设；2002 年，完成鹤大线湾沟—孙家堡子 32. 5 公里文明样板路建设；全市更换警示桩 4 500 根，轮廓标 1 500 个，新增警示桩 3 000 根，轮廓标 618 个。

2003 年，国道鹤大线枫叶岭两端种植京垂柳 3 000 株；省道朝长线龙泉至靖宇种植双行京垂 1 万株；并在鹤大线万良至抚松镇、朝长线龙泉镇、兴隆镇、漫江镇、榆江线的靖宇出口植水腊苗 20 万株，以绿美化工作发挥路宅分离作用，并坚持每年都做好文明样板路建设保持工作。

第四节 水毁恢复

白山市境内公路多在山体、河流、沟壑之中穿行，遇到连雨天或特大暴雨天气，极易形成山洪，发生山体滑坡，大量冲毁公路及桥涵。白山市公路管理处成立公路防汛工作领导小组，行政一把手任组长，下设防汛值班室和值班电话，并组建抢险队，制订先通后畅的抢险预案，专门负责公路水毁恢复工作。

1995 年 7 月至 8 月间，白山市境内遭受 50 年不遇的特大山洪，受灾比较严重的有长白县、靖宇县和江源县。此次灾情得到吉林省交通厅的重视，委派领导同白山市委、市政府，白山市交通局有关人员到水毁路段临阵指挥，以迅速抢修公路干线为首要任务，全面开展抢险救灾工作，经过一个月的抢险，境内公路基本恢复通车。

2004 年，白山地区遭受强降雨天气，境内所有河流水位上涨，鸭绿江、松花江上游水位暴涨，连续几天的雨水浸泡，使公路两侧山体含水量饱和，造成公路两侧大面积山体滑坡、泥石流、塌方等，沿线公路、桥梁、涵洞水毁严重，据统计，干线养护路线路基损坏 497. 6 公里，587. 85 万立方米，损失金额达 2 700 万元；砂石路面损坏 3. 7 公里，29 556 平方米；油路路面损坏 84. 3 公里，84 263 平方米，损失金额 405. 4 万元；桥梁全毁 21 座，长 314 米，局部毁坏 1 37 座，467 米，损失金额 738. 1 万元；涵洞全毁 58 道，局部毁坏 66 道，损失金额 520. 1 万元；挡墙 34 处，4 472 立方米，损失金额 87 万元；坍塌方 1 108 处，427. 43 万立方米，损失金额 1 193. 3 万元；抢险人工 209 547 个工日，车辆 3 648. 5 个工日，抢险金额 1 163 万元。损失总金额达 10 340. 3 万元。其中：朝长线 8

公里至长白、沈长线六道沟至十七道沟（砂石路）、临贾线大湖至贾家营和下临线大栗子至临江等路段交通中断。

这次灾情得到了吉林省交通厅、吉林省公路管理局的重视，派领导亲临现场指挥，白山市委、市政府也把抢险工作作为第一要务，主管副市长前线指挥，白山市交通局、市公路管理处人员组成抗洪抢险领导小组。在灾情发生后，全面启动水毁应急预案，在险情发生后2个小时内主要领导到达水毁现场，查看水毁情况，马上投入指挥抢险工作，并同抢险队伍一起昼夜奋战。面对灾情，抢险领导小组快速制定了详细的工作方案，成立两个抢险队，统一组织管理，由重灾路段两个方向分别抢险，共调动自卸车、养护及施工车辆72台，装载机16台，推土机6台，挖掘机6台，出动人员550多人。从2004年7月20日至23日，经过4个昼夜的努力抢险，所有水毁路段全部通车。1985年至2005年白山市境内公路水毁情况见表2－5－5。

表 2－5－5

1985 年至 2005 年白山市境内公路水毁情况统计表

年份	路基 m^3/km	路面 m^2/km	桥梁 m/座	涵洞道	防护工程		坍塌方 m^3/处	水毁房屋 m^2/km	损失金额（万元）
					护坡 m^3/处	挡土墙 m^3/处			
1987	109. 43	238. 25		85		5. 204			3 757. 18
1990	5876/5. 0	33780/23. 46	68/4	13			12675/85		8 464
1991	68757/48. 16	1082990/256. 86	530/21	106	1677/10	18139/96	70372/281	460/18	92 730. 20
1992	30267/549	118965/21. 83	80/6	88	30/1	9912/31	67200/122	600	49 480. 10
1993	34426/12. 32	189245/169. 66	361. 3						
1994	16905/9. 33	151742/38. 05	465/28	166	5230/13	18953/13	42146/337	33/1	78 619
1995	1865175/387. 59	1827854/255. 68	2125. 8/79	425	30778/93	368515/663	547379/1160	1141/158	19 293. 09
1996	2031/2. 778	3760/0. 43	39. 9/2	3		39. 9/2	11377		104. 73
1998	8392/6. 4	12500/2. 9	70/2	9	645/4	6719/14	29762/55	5	124. 15
2000	50857/68. 27	54870/82. 09	26. 9/1	15	3440/14	204/2	8581/93		278. 04
2001							2275/17		1. 36
2002							9315/15		10. 1
2003	1855/3	48895/18. 3	63. 9/2	10	109/1	10040/20	52805/478		205
2004	213031/34. 2	21682/22. 1	341. 4/8	48		4664/38	300143/668		3 175. 7
2005		42/4	399/1	17	13581/7		42598		10 528. 52

第五节 民工建勤

1982 年，吉林省人民政府颁发了《吉林省人民政府关于动员民工建勤加快公路建设的规定》，明确指出民工建勤主要用于县级以上各级公路的新建、改建、大修、水毁抢修以及部分县公路的养护。民工建勤同县（市）人民政府依民工建勤政策及上级下达的计划进行组织动员，主要有 4 种形式：（1）一个地区、一个县内的较大工程均成立筑路指挥部，集中人力、时间完成施工任务。指挥部由各级政府负责组织，施工部门负责技术指导，质量检查和验收。（2）技术性较强的桥梁工程和路面工程，均采用长期（30 天以上）代表工，由用工单位组成筑路（桥）队，统一领导施工。组织单位负责民工的调配管理、思想教育和生活管理等。（3）指派长期代表工养路的专业养路道班，由交通部门统一组织领导；对群众养护道班实行双重领导，即由乡政府负责组织管理，交通部门进行技术业务指导；对养路专业户由乡政府负责组织管理，交通部门负责技术指导。（4）防汛、抢险等工程用工，由县（市）、乡人民政府负责动员、组织，交通部门负责技术指导。

建勤工每年每个劳动力出 5 个标准工日，机动车、畜力车出 2 个标准工日。工程用车量大，车工不足时，可用车工日折合人工日。畜力车按牲畜数量一车工日折合 2—5 个人工日，拖拉机按马力大小折合 3—8 个人工日，汽车按吨位折合 4—10 个人工日。代表工的报酬由所代表的劳动力付给。专业户和一些生产需要不能出建勤工时，经乡政府批准，可按当地规定缴纳民工建勤代劳金。这是全省实行“以金代劳”的开始。

1985 年以来，民工建勤每年都在 8 月末至 9 月中旬进行秋季公路整修，县、乡政府领导高度重视，亲自深入路线分片包干，层层签订责任状，广泛发动群众，调动了各方面的积极性参与公路整修。

1988 年 8 月 6 日，浑江市政府召开了民工建勤整修公路工作会议。会议由副市长董秀章主持，市交通局局长崔文宝讲话，全面部署了工作任务。

白山地区在民工建勤养护形式在 1995 年以后已经逐渐减少，至 2003 年取消民工建勤。

第三篇 DAO LU YUN SHU

道 路 运 输

自1985年建市以来，随着经济体制改革的不断深化，社会主义市场经济得到迅猛发展，道路运输业出现了日新月异的发展势头。

1985年至1995年，货物运输由于调动了社会运输力量，工业、粮食、林业、商业等行业汽车运输队发挥了积极的作用。1996年后，运输企业相继改制，个体运输业蓬勃发展，成为交通运输的主体。道路客运相继开通了通化、长春、吉林、延吉、哈尔滨、沈阳、大连等线路；到2000年全市基本形成了以市区为中心，各县区为枢纽，乡镇为结点，辐射村屯的网络化运输市场。客、货运输有了长足的发展，“村村通客车”、“人便于行，货畅其流”的发展目标得以实现。2000年至2005年间，由于运力的增加，使白山市运输业向外阜经营拓展。至2005年白山市跨省客运线路达23条，专业运输企业11户，其中国家二级客运企业1户，国家三级客运企业7户，国家五级客运企业1户，国家五级货运企业2户。专业运输企业在改革中以建立现代化企业制度为中心，转换机制，推进了企业产权制度改革，实行了集约化管理，规模化经营，具有较强的市场竞争力。

1987年全市参与道路运输市场经营的车辆达到6 422辆，其中：载货汽车3 671辆，客车81辆，拖拉机2 354辆，其它机动车11辆，人力车131辆，畜力车174辆。年完成货运量943万吨，货运周转量13 861万吨公里；客运量587万人次，客运周转量20 048万人公里。

2005年，参与道路运输市场经营的车辆达到8 918辆，其中货车6 717辆，客车2 201辆（其中：高级客车77辆，中级客车358辆，普通客车1 766辆）。年完成货运量1 705万吨，货运周转量95 279万吨公里；客运量1 386万人次，客运周转量50 724万人公里。

第一章 运 输 企 业

第一节 交通系统国营专业运输企业

1956 年经临江县人民政府私营改造办公室批准，先后在各地成立了运输合作社。这些运输合作社就是后来的浑江市、临江、石人、三岔子、湾沟等货运公司的前身。

1985 年建市建局初期，全市交通专业运输企业 19 户，即：浑江市运输公司、临江县运输公司、浑江市第一货运公司、浑江市第二货运公司、临江县货运公司、三岔子货运公司、石人货运公司、湾沟货运公司、长白县运输公司、长白县货运公司、抚松县运输公司、靖宇县运输公司、靖宇县货运公司、抚松县运输社、抚松县搬运社、抚松县泉阳运输社、抚松县仙人桥装卸社、抚松县松江河运输一社、抚松县松江河运输二社。其中国营企业 5 户，客货都经营；集体企业 14 户，是以货运为主兼营客运。全市国营和集体所有制运输企业共有货车 192 辆，客车 93 辆。职工 1 825 人。专业运输企业在市场竞争中“历史包袱”沉重，再加之经营机制不能适应市场的发展，运输企业相继改制，同时调整经营方向后，都转为以客运为主。

一、八道江区交通专业运输企业

八道江区交通专业运输企业经过连续企业改制，到 2005 年底只有白山市万里运输有限责任公司、白山市公路长途客运公司两户企业。

（一）白山市公路长途客运公司

白山市公路长途客运公司前身是原通化地区运输公司组建的临江汽车二队，1972 年更名为浑江市运输公司。

公司成立之初以货运为主，仅有一台客运班车。随着公司的发展，1972 年公司成立了客运站，主要经营三岔子、红土崖、六道江三个班线客运。

1985 年浑江市运输公司地址在八道江区新建街道，浑江大街 308 号，全民所有制经济，隶属于浑江市交通局，有固定职工 212 人，其中管理人员 27 人，汽车司机 61 人，保修工19人，离退休人员29人，其他人员76人。运输工具共59辆，其中载货汽车22辆，载客汽车15辆，载货挂车22辆。有客运线路15条，全年客运量1 146千人，全年客运周转量28 676千人公里。全年货运量50千吨，货运周转量1 007千吨公里。

1986年下半年，公司转变经营方式，对车辆实行了承包制。1988年，公司适应经济发展需要，筹建了交通招待所、汽车修理厂、汽车配件商店、铝合金装潢公司、旅游运输公司。1992年，浑江市运输公司宣布破产，更名为“浑江市公路长途客运公司”，专营长途旅客运输。1985年到1995年的十年中公司开发客运线路46条，增加车辆55台。

1996年12月，市交通局党委决定将白山市第一货运公司、第二货运公司、公路长途客运公司实施改制，组建有限责任公司，实行一套班子、三个牌子，独立核算、自负盈亏。1997年12月，正式挂牌为“白山市万里运输有限责任公司”。

2005年，国家对现有国营企业实行体制改革。经市交通局批准，同年12月26日白山市公路长途客运公司重新挂牌独立经营。当时企业状况是：职工总人数231人，管理人员49人，汽车司机91人，保修工7人，离退休人员54人，其他人员（后勤）30人。

（二）白山市万里运输有限责任公司。

1997年12月，以第一货运公司、第二货运公司和长途客运公司三家公司，共同出资设立白山市万里运输有限责任公司。投资总额为人民币706. 8万元。1997年12月23日，白山市万里运输有限责任公司首届一次股东代表大会召开。审议通过了《白山市万里运输有限责任公司章程》，选举产生白山市万里运输有限责任公司首届董事会、监事会。

公司成立之初有职工653人，固定资产632万元，营运客车126辆，营运线路58条，日发班次180个，日行程1 291公里。

2005年统计，万里运输公司占地面积5 252. 90平方米，在册职工220人，退休人员61人。经中介机构审计，评估企业资产总额1 611. 4万元，其中固定资产784. 4万元，流动资产827万元，净资产670. 3万元。公司营运线路71条，营运总里程6 116公里，高级客车32辆，中级客车79辆，普通客车75辆，总座位3 640个，日发车186台，班次211个，日行程10 980公里，年客运量840 505人次，年客运周转量8 094. 76万人公里。

2005年末，长途客运公司从白山市万里运输有限责任公司中分离出来，重新成立“白山市长途客运公司”。

二、江源县交通专业运输企业

江源县公路客运有限责任公司，其前身是三岔子货运公司，主要经营客货运输业。

1985年拥有客车2辆，共46个座位；货车21辆，总吨位84吨；挂车2辆，总吨位6吨。货运量6. 3万吨，货运周转量53. 5万吨公里。职工127人，退休职工18人，经营火车站至东风煤矿客运线路。1987年购进6辆长白山型客车，1辆黄海大型客车，经营市内外客运线路4条。1996年，由于货运市场竞争日趋激烈，公司逐步退出货运市场，主营客运，同年更名为江源县公路客运公司，拥有大中型客车28辆，开通长短途客运线路14条，营运总里程达1 651公里，仅保留货运汽车5辆，总吨位25吨，年货运1.3万吨，货运周转量11.3万吨公里。有职工141人，退休职工30人。1998年，放弃货运市场，专营客运业务。1999年，购入15台中型客车，经营县城至市区内旅客运输业务，间隔5分钟，循环发车。2000年，投放10辆少林客车经营江源至白山市区高等级公路旅客运输。2001年，投资购入一台沃尔沃牌客车，运行于江源至长春之间。2002年，购进14辆依维柯客车，替下少林客车，运营江源至白山一级路，少林客车开辟农村线路。2003年，改建办公楼460平方米，5层楼。2004年10月企业改制，为股份制，更名为江源县公路客运有限责任公司。

2005年公司投资150万元，购入一台豪华沃尔沃客车，经营江源至长春公路客运；投资25万元改建车库700平方米。在册职工135人，退休职工53人，内设机构财务科、劳资科、技术科、运输科、安全科、办公室、客车队、修理车间，拥有高、中、普通客车96辆。

三、临江市交通专业运输企业

临江市专业运输企业有两户，临江运输公司和临江公共汽车公司。

（一）临江市运输公司

1951年，经临江县人民政府批准，成立临江县搬运公司，有两个运输车队（马车队、牛车队），各有车辆20辆左右。1952年，改为辽东省运输公司临江县公司，成立了三个车队，大约有65辆牛马车。1953年，经临江县人民政府批准，在八道江、林子头、三岔子成立运输站，组织起140多辆牛马车，承担全县的运输任务。

1954年7月，通化地区由辽东省划归吉林省管理，成立通化地区运输公司，临江县运输公司隶属通化地区运输公司。1956年2月在合作化高潮期间，成立公私合营汽车队，进入合营汽车队汽车12辆，2个月后纳入公司统一管理，成为国营汽车队，又从通化地区调入两辆小客车。1958年4月，通化地委决定撤销通化地区运输公司，成立地区直属汽车队，临江县成立通化地区第二汽车队。有货车12辆，小客车2辆。1959年，从省里调入国产解放牌货车10辆，松陵牌大客2辆。1960年，又调入解放牌货车10辆，后又拨出5辆解放牌货车给浑江市林业局。共有货车32辆，客车5辆。1962年再次成立通化地区运输公司，因1959年撤销临江县，成立浑江市，第二汽车队划归浑江市运输公司，变为浑江市运输公司临江汽车队。1976年，改名为浑江市第二运输公司，有货车12辆，客车11辆。1979年，更名为浑江市临江运输公司。

1985年浑江市体制改革后将临江设区，临江运输公司仍属市交通局直属企业。1992年9月，临江撤区建县后，公司更名为临江县运输公司，隶属临江县交通局。1993年，成立临江市，更名为临江市运输公司，隶属临江市交通局。1997年10月，公司取消货物运输，专营旅客运输。

至2005年末，临江市运输公司有客车56辆，线路42条，跨省2条，跨地5条，跨县13条，县内22条，营运里程2 367公里，日发班次90个。公司在册职工141人，管理人员28人，固定资产原值负270万元。

（二）临江公共汽车公司

临江公共汽车公司于1997年11月隶属交通局，公司客车大小65辆，重点承担市区内公共交通。1998年—2000年间，先后开通了三条客运线路（临江——大栗子、临江——花山、临江——老三队），实行城、乡客运兼营，投放客车7辆，营运里程37公里，日发班次36个。

四、抚松县交通国营专业运输企业

抚松县运输公司成立于1962年，是当时抚松县唯一的一户国营运输企业。公司下设办公室、财务科、劳资科、安全科、营运科、材料科等6个科室，公司下设货车队、客车队、客运站、保修厂。

1985年，单位有职工155人，载货汽车3辆，载客汽车24辆，主要从事县内客货运输工作。公司实行的是计划经济的模式。从1987年公司开始实行定额管理。1988年实行了第一轮承包经营，实行单车核算，公司实行经济指标考核。到1991年货车发展到12辆。1993年兼并了集体运输企业——抚松县运输社。1994年公司和个人分别出资更新客车，泉阳班线投入7辆小客，松江河班线投入26辆小客。1995年9月根据省运输管理局实行站车分营的实施意见，客运站从运输公司分离出来，成立了抚松县客运总站。1995年12月运输公司兼并了抚松县汽车配件公司。根据运输市场的变化，公司全部处理了载货汽车，实行客运专业经营。到2000年，公司有职工224人，客运车辆77辆，拥有县内营运路线40余条，跨县、区线路20余条。

2004年，根据白山市政府白山政发［2004］19号文件和抚松县抚政发［2004］6号文件《抚松县运输公司产权制度改革实施方案》，抚松县运输公司实行了经营机制改革，理顺了产权关系。企业以产权出售的形式改制，设立了有限责任公司变为民营股份制企业。公司在册职工267人，其中在岗职工75人，不在岗107人，厂内预退30人，退休人员55人，遗属18人，因工致伤3人。公司资产总额324万元，负债总额329万元，净资产为5万元。

五、靖宇县交通专业运输企业

1950年3月，靖宇县搬运公司成立，当时公司只有5名职工，设经理1人，公司没有运输工具，靠组织社会运力进行运输。1954年5月在搬运公司的基础上，成立了靖宇县运输公司，设经理1人，副经理1人。1955年靖宇县运输公司组建了有5台日产汽车组成的公私合营车队。1967年8月，实行政企合一，运输公司改称为靖宇县交通运输局运输股。1969年5月，撤消靖宇县交通运输局，成立靖宇县联运办公室后，改称为靖宇县联运办公室汽车连。1970年6月，靖宇县从延边客车厂购入客车2台，开始兼营客运。1971年8月恢复靖宇县运输公司。

1985年末，靖宇县运输公司经营客车30辆、货车10辆、挂车10辆。自1986年开始，运输公司停止经营货运，专门经营客运。1999年1月公司实行客车租赁承包经营制，将全部客车租赁给个人（企业内部职工），公司仍为国有运输企业。1999年成立出租车运输队，营运路线3条，营运里程28公里。1999年有客车30辆。自2000年以后，该公司兴办第三产业，安排下岗职工38人，增加固定资产80万元，购置自卸汽车14辆，推土机2台，铲车2台、压路机1台。

公司于2001年12月改名为靖宇县联通运输有限责任公司，仍为国有运输企业。

2004年初开始，按照国家有关规定，县交通局对靖宇县运输公司和靖宇县第二运输公司两户运输企业进行经营体制改革，采取合并重组的方式，实行股份制改造。截止2004年底，公司在册职工249人，退休职工27人，拥有客运线路20条，营运总里程5 448公里，高、中型营运客车25辆（其中高档客车9辆），共862座位，日发车30个班次。

2005年初，靖宇县联通运输有限责任公司改制，组建靖宇县宏达运输有限责任公司，为自主经营、自负盈亏的股份制民营企业。

六、长白县交通专业运输企业

1953年3月，经辽东省运输公司批准成立长白县运输站，隶属临江县运输公司领导。1956年划归通化地区运输公司，1957年正式成立长白县运输公司。1966年成立长白县客运站，独立经营客运业务。1968年长白县运输公司更名为运输连，1971年撤销运输连，成立长白县运输公司革命委员会。1979年恢复长白县运输公司名称。1994年8月1日，运输公司转换企业经营机制，进行产权制度改革，组建了长白县公路运输有限责任公司，成为长白县唯一的完全依靠公路客运的“四自一独”的法人实体。

2005年底，公司营运客车总数53辆，其中，高级客车11辆，中级客车42辆。按型号可分为：大型客车9辆，中型客车35辆，小型客车9辆。旅客座（铺）数1 523个。营运线路38条。公司占地面积6 907平方米，房屋建筑面积4 521平方米。公司在职员工195人，其中具有中级和初级职称的13人。固定资产2 059万元。运输公司内设技术安全科、供销科、财务科、劳资科、行政科、客车队、稽查科、营运科、内保科等。下设客运总站、八道沟客运分站、汽车保养厂（汽车保养厂自1994年开始实行承包经营，自负盈亏）。汽车保养厂有车床、搪缸机、电力扒胎机、磨床等20多台大型和较大型机械，承担了公司机动车全部的维修业务。

第二节　集体运输企业

一、江源县集体运输企业

（一）江源县石人运输经营处

江源县石人运输经营处其前身是1956年成立的石人运输合作社，当时有牛马车、人力车20辆。1978年末淘汰了牛马车、人力车，改换汽车运输，当时拥有载货汽车11辆，总吨位48吨。1979年更名为石人货运公司，隶属于浑江市交通局领导，有职工71人。主要经营运输落地煤，年货运量达11万吨，年货运周转量达60万吨公里。

1985年购进2台大型客车，经营石人至白山客运线路，营运里程22公里，日发班车4个班次。货运车辆19辆，总吨位76吨。当年公司在册职工71人，退休职工23人。主要运输落地煤，年货运量7.8万吨，年货运周转量46.3万吨公里，同年实现客货兼营，更名为浑江市石人运输公司。1992年10月公司投资购入一台33卧位卧铺客车，经营浑江至长春客运，是浑江市第一个卧铺营运客车。1994年购入一台厢式零担货车，运营于浑江至石人之间。1996年更名为江源县运输公司，隶属江源县交通局领导。当年有职工97人，退休职工17人，经营客货运输。有客车18辆，经营7条客运线路，总里程452公里，总座位162座位，33卧位。年客运量60万人次；货运车辆10辆，总吨位55吨，年货物运输量50万吨。1997年举市大筑路，公司组建了公路工程队，承揽县域内公路工程建设。2002年购入少林客车15辆，运营江源至光环和江源至白山南线公路。2004年公司更名为江源县石人运输经营处。

2005年江源县石人运输经营处在册职工94人，退休职工18人，内设财务科、供销科、安检科、客车队、修理车间、公路工程段，拥有大中小型客车38辆，总座位672座，33个卧位。客运线路17条，营运里程1 418公里，日发班次95个，旅客运输能力2 780人次/日。公路工程设备14台（包括挖掘机、推土机、压路机、货车等），完成筑路工程7项，完成公路建设投资500万元。

（二）江源县湾沟运输公司

1956年成立湾沟运输合作社，有牛马车、手推车20辆，社员20人。1970年更名为湾沟汽车配件厂，拥有解放牌货车3辆，总吨位12吨，主要经营项目：生产汽车挂车、中轴连接式挂车（俗称“炮车”）和货物运输。1982年末改名为湾沟货运公司，主营公路货物运输。

1985年公司在册职工147人，退休职工27人，拥有货运汽车18辆，总吨位72吨，年货运量3.9万吨，年货运周转量70.7万吨公里。1986年开通湾沟至临江班车，开始客货兼营。1990年开始经营白山至湾沟区间的零担货物运输。1994年7月改制为三岔子区通达有限责任公司。1996年三岔子区改为江源县并成立交通局，湾沟运输公司隶属于江源县交通局，拥有职工155人，退休职工44人。有载货汽车一辆，客车9辆，经营湾沟至沈阳、湾沟至临江、湾沟至靖宇、湾沟至白山等4条客运线路。总营运里程606公里，总座位330个。1999年，放弃货运市场，专营客运。

2005年，在册职工95人，退休职工61人，内设调度室、人秘科、财务科等3个科室，拥有客运线路20条，营运里程1 358公里，大、中、小型客车66辆，客车总座位965个，日发班次248个，日平均旅客运输人数2 211人次。2005年湾沟运输公司旅客运输情况见表3－1－1。

表3－1－1　　2005年江源县湾沟运输公司旅客运输情况表

公路类别	营运线路（条）	营运里程（公里）	座位（个）	日发班次（个）	投入车辆（辆）
高等级公路	2	531	52	1.5①	2
普通公路	11	683	450	20.5	15
农村道路	7	144	463	226	49
合　计	20	1 358	965	248	66

（注①：据客规规定，一个单趟是0.5个班次，一个往返是1个班次）

二、临江市集体运输企业

临江市货运公司始建于1976年3月，属浑江市交通局直属集体所有制企业。当时有货运车辆29辆，专营货物运输。1985年浑江市体制改革后临江设区，临江市货运公司仍是市交通局直属企业，1990年1月由临江交通管理站代管，派员直管货运公司，实施客货兼营。1992年2月临江撤区建县，该公司移交临江县交通局管理。1997年7月公司和当时的中外合资企业临江赛力特公司签定的运输合同到期，没有运输货源，公司在1997年8月份停产关闭，车辆资产出售给临江矿山运输公司。2002年4月临江物资供应站和临江货运公司合并，合并后定名为临江交通局物资供应站。2003年11月临江市货运公司与公路工程有限公司合并，合并后称临江市公路工程有限公司。

三、抚松县集体运输企业

1985年，抚松县有6户集体运输企业，尚能维持运输生产。从1988年开始由于运输市场竞争日益激烈，部分企业因经营管理不善，跟不上市场经济发展的步伐，处于停产、半停产状态。到2005年，具体情况如下：

（一）抚松县运输社

1985年，抚松县运输社有职工19人，有3辆载货汽车。1988年以前企业生产状况尚好，不亏损，职工能开出工资。1988年后，个体车辆不断增加，至1989年开始亏损经营。到1991年亏损3.5万元，车辆报废2辆，只剩1辆，企业只有停产，工资停发，退休金也停发。1992年经过县交通局研究，由县运输公司兼并了运输社。

（二）抚松搬运社

抚松搬运社原为手推车社，主要生产工具是手推车，从事县内各单位之间的物资搬运工作。到1986年只剩手推车13辆，职工20人，且年老体弱。1988年单位放假，只靠118平方米的房屋出租，收取房租交纳社会保险，维持退休工人开支。到2004年，实行产权制度改革，工人与企业解除劳动关系，企业房屋产权出售，用于安置12名工人及单位遗属。抚松搬运社解体。

（三）松江河货运公司

松江河货运公司原名为松江河第一运输社，1989年改名为松江河货运公司。1986年职工人数42人，车辆13辆。载货汽车9辆，小四轮拖拉机4辆。1985至1993年，松江河货运公司在全县6户集体运输企业中属效益好的一户。1994年以后，车辆老旧，货源不足，企业亏损，职工放假。1995年货车全部卖掉，购置了3辆客车，开始由个人承包从事客运经营。2005年企业与61名职工一起进行了产权制度改革，松江河货运公司转制，变为民营。组建“云成有限责任公司”。

（四）松江河第二运输社

松江河第二运输社位于抚松县松江河镇，1986年企业有职工19人，载货汽车3辆，由于企业管理不善，从1987年开始亏损。到1989年，车辆报废，企业停产，职工放假。2004年职工与单位解除劳动关系，出售单位的房屋，发给职工经济补偿，从此松江河第二运输社不复存在。

（五）泉阳货运公司

泉阳货运公司位于抚松县泉阳镇，前身是泉阳运输社。1986年单位有职工37人，载货汽车4辆。1989年更名为泉阳货运公司。到1991年载货汽车达到5辆，中客3辆。1990年企业亏损。1995年3月由一名职工挑头成立了“泉阳废旧物资经销处”，把3辆小客车交由经销处管理使用，泉阳货运公司从此解体。

（六）仙人桥装卸运输社

仙人桥装卸运输社位于抚松县仙人桥镇，前身是仙人桥装卸队。1990年以前，抚松县城内各单位所需物资大部分通过铁路由仙人桥车站进出。仙人桥装卸运输社负责站台的汽车、火车装卸工作。1986年单位有职工17人，生产工具有插车一台，吊车一台。1989年前，由于站台装卸是独家经营，货源好，单位知青有35人参加生产。从1990年开始，火车站购置了吊车，装卸火车的业务由铁路收回。1991年站台木材装卸由个体户垄断，活源减少，工人大部分放假或自谋职业。

四、靖宇县集体运输企业

靖宇县第二运输公司是集体运输企业，1956年7月成立。由6家车主、12人、4辆胶轮马车、18 匹骡马组成的胶车运输合作社。1967 年 3 月，成立靖宇县胶车运输社，正式成为集体运输企业，职工 19 人，胶轮马车 6 辆，骡马 24 匹。1975 年 8 月，胶车运输社将胶轮马车和马匹全部处理，购进解放牌汽车 2 辆，开始汽车货物运输。1980 年 1 月份，购进 12 辆货车，同年 2 月，成立靖宇县货运公司，拥有 14 辆汽车，职工发展到 37 人。

1985 年 8 月购进客车 2 辆，开始兼营客运，于 1986 年又购进客车 10 辆。自 1987 年开始，第二运输公司不经营货运，专门经营客运。1999 年 1 月改名为靖宇县第二运输公司。截止 2004 年底，靖宇县第二运输公司在册职工 68 人，退休职工 9 人，拥有客运线路 17 条，营运总里程 3 328 公里，高、中型营运客车 20 辆（其中高档客车 4 辆），626 座位，日发班车 21 个班次。

2005 年初，靖宇县第二运输公司被合并到新组建的靖宇县宏达运输有限责任公司。

五、长白县集体运输企业

长白县货运公司，其前身于 1952 年成立搬运站，1953 年 3 月改建运输站，负责客运、货运业务。1956 年 3 月改建运输胶车合作社（简称为运输社），1980 年撤消运输社，成立货运公司，与运输公司一起经营货运业务。从 1984 年开始，货运业务由货运公司单独承担。1987 年完成货运量 35 万吨，实现收入 32 万元，实现利润 3.3 万元。1992 年，完成货运量 0.5 万吨，实现收入 17.1 万元。1994 年，企业实行股份制，改名为长白县机动车大修有限责任公司。国有股份占 40%，其余 60% 股份为 40 多名工人所有。1994 年完成货运量 52.4 万吨，货运周转量 7 092.2 万吨公里，实现销售收入 28.1 万元。1995 年货运公司根据资金不足和筑路工程需要大量修车的实际情况，与公路工程公司修理车间实行“嫁接”经营，组合管理，利益互补。1996 年又进一步实行了托管经营，使企业有了新的活力。年末，公司共有职工 41 名，有货车 6 辆。固定资产总值为 33.2 万元。2000 年企业规模和效益不断缩小和下滑，部分工人实行下岗分流。2005 年企业在岗职工 20 人。

第三节 个体运输业户

个体运输业户自 1983 年国家允许个人或联户购买机动车辆经营客货运输业到 1985 年底，全市个体车辆达 1 235 辆，其中营运货车 1 004 辆，营运客车 36 辆，营运拖拉机 195 辆。全年完成货运量约 4 413 万吨，客运量 251 万人次，客运周转量 6 153 万人公里。

2005 年，全市个体营运车 5 778 辆，比 1985 年增长 367.8%。其中：营运货车 4 212 辆，营运客车 1 566 辆，分别比 1985 年增长 319.5% 和 435%（其中班线客车 686 辆，其中 16 326 客位）。全年个体货车完成货运量 913 万吨，货运周转量 45205 万吨公里；全年个体客车完成客运量 287 万人次，客运周转量 4188 万人公里（1985 年个体客车的平均运距是24公里，由于个体客车缺乏竞争力，2005年的平均运距是14公里，致使客运周转量下降）。

第四节　企事业单位运输车队

社会运输车辆有粮食、煤矿、铁矿、林业、商业等专业车队及部分党政机关事业单位的货运车辆，在完成本单位运输任务后，也参与营运。

一、八道江区企事业单位运输车队

1985年八道江企事业单位自有运输车队共40多户，共有车辆280辆。主要有浑江发电厂车队、通化钢铁厂板石矿车队、浑江市轴承厂车队、浑江市造纸厂车队、浑江市水泥厂车队、浑江市钢铁厂车队、浑江市粮食车队、八道江矿车队、八道江矿多种公司车队、八道江矿综合公司车队等。随着运输市场的快速发展和企业的改制，截止2005年，市轴承厂、钢铁厂等26户企事业单位运输车队已解体。

二、江源县企事业单位运输车队

江源县企事业单位车队1985年15个，2005年达21个。

三、临江市企事业单位运输车队

1985年临江市企事业单位自有运输车队7个，其中：浑江市铅锌矿车队，自有车辆8辆；临江铜矿车队，自有车辆30辆；大湖煤矿车队2个，车辆20辆；大栗子铁矿车队，自有车辆20辆；，2005年改制后更名为临江海丰运输股份有限公司；临江林业局汽运处，车辆27辆，1997年解体；临江粮库车队，自有车辆6辆，1996年解体；临江造纸厂车队，车辆30辆，2005年解体。

四、抚松县企事业单位运输车队

抚松县工业车队成立于1973年，有货车5辆，于1982年解体；抚松县商业车队1969年成立，有货车13辆，于1983年解体；抚松县供销车队成立于1980年，有货车8辆，于1985年解体；抚松县粮食车队1968年成立，有货车25辆，于2004年解体。

五、靖宇县企事业单位运输车队

（一）靖宇县粮食局汽车队（1964年成立）。1985年该队有货车14辆，其中日本产货车12辆，共有职工57名（兼营汽车修理）。

（二）靖宇县商业局汽车队（1975年成立）。1985年该队有货车13辆。共有职工23

名。

（三）靖宇县供销汽车队（1975年成立）。1985年该队有货车8辆，全部为日本产货车，共有职工29名。

（四）靖宇县燃料公司汽车队（1983年成立）。1985年该队有货车5辆、自卸车2辆，共有职工10名。

以上4户运输企业，至1989年底全部解体。

六、长白县企事业单位运输车队

1985年至1996年，长白县企事业单位自有运输组织有：供销社汽车队、粮食汽车队、林业汽车队、森林经营局汽车队、商业汽车队等大型运输企业。同时，许多党政机关事业单位也购置了货运汽车，在为本单位服务的同时，承担一部分社会货物运输。进入90年代末期，随着经济体制改革，这些运输企业和党政机关的货运业已全部改制和取消。

第二章 货物运输

白山市建市初期运力不足，区域内仅有两条铁路，区域内铁路线长度302公里（不含林业局、矿山等专用铁路）。由于建市后公路建设进展迅速，逐渐形成了四通八达的公路交通网，道路货物运输成为区域货物运输的主要方式。随着社会主义市场经济体制的不断深化，货物运输市场发生了较大的变化，主要体现在：在市场主体结构方面，从原来的以国营专业运输企业为主，集体专业运输企业为辅，个体运输业为补充的结构，变化成个体运输业为主，企事业单位承包车辆参与的格局；在运力结构方面，由原来普通车型为主，发展到大中型货车为主，小型车为辅的结构；在运量配置方面，改变了过去运管部门统一调配的形式，由市场自然调节，货主自由选择车辆，管理部门原则指导，车主、货主之间自由协商，达成协议。2000年至2005年，由于物流业的兴起，实现网络管理、信息化配载、优化配置，货运市场更加繁荣，实现了货畅其流的新局面。

第一节 运输工具

白山市原始性的货运工具，有人力车和畜力车，其中作用最大的是畜力车。人力车主要有独轮车、两轮手推车、三轮脚踏车等。独轮车在白山存在的历史比较长，20世纪60年代在农村木结构的独轮车仍然常见，70年代开始逐渐被木结构的双轮手推车取代，80—90年代用铁管焊接而成的双轮手推车很盛行。自90年代起钢筋焊接的独轮手推车出现在建筑工地。三轮脚踏车有顺骑、倒骑两种。

畜力车主要有大爬犁、铁轮车、胶轮马车等。爬犁是冬季落雪以后地冻河封时的常用运输工具，拉爬犁用的牲畜为骡马或牛。一般远途运输用马拉，短途运输或进山拉原木等用牛拉。随着公路的建设和运输事业的发展，进入20世纪70年代以来，公路上用爬犁运输逐渐被淘汰（在农村冬天仍然使用牛拉爬犁上山拉烧柴），手扶拖拉机出现在广阔的长白山区农村，农民用它耕田、秋收运输。1980年小四轮拖拉机开始逐步取代了手扶拖拉机，90 年代中期农用小吨位三轮、四轮、六轮汽车逐渐取代了小四轮拖拉机，而且货运汽车开始向多功能、大吨位、快速、便捷的方向发展。原始性的货运工具仅作为一种补充，运行于城镇和农村。

1985 年前浑江市运输货物主要是木材、粮食、煤炭等。汽车运输的主力是交通部门的运输公司和货运公司及粮食局、商业局、林业局、燃料公司、煤矿、农村供销社等部门和企业的自有车辆（全市共有货车 192 辆），年货物运输量 943 万吨，年货运周转量 13 861 万吨公里。集体专业运输企业 14 户，是以货运为主。

1990 年以来，随着公路建设的加快，公路运输业更加兴旺，社会个体运输业发展起来，货运市场竞争激烈，交通部门的运输企业逐步转向客运经营。

2005 年全市参与道路运输市场经营的货车 6 864 辆，其中：汽车 4 499 辆，拖拉机 2 354 辆，三轮车 11 辆。年完成货运量 1 705 万吨，货运周转量 95 279 万吨公里。

第二节　普通货物运输

1985 年市管县改制。当时公路交通滞后，辖区内有两条铁路线，铁路运输比较方便，货物运输主要靠火车，外运货物主要是木材、矿石和煤炭。短途运输靠汽车、拖拉机和畜力车，社会运输的主力是交通部门的货运公司和各厂矿企事业单位的车队，外加林业局、煤矿、铁矿等企业自备车辆，个体运输业户起到了辅助作用。年货运量 943 万吨，货运周转量 13 861 万吨公里。由于公路网化建设，从“瓶颈”中走出来，公路运输逐年增大，由弱势变为强势，成为货物运输的主力军。自 1985 年至 2005 年白山市公路货运量如表 3－2－1。

表 3－2－1　　1985——2005 年白山市公路货运量情况统计表

年　份	运量（千吨）		周转量（千吨公里）	
	公路	其中：汽车	公路	其中：汽车
1985	9 430	7 200	138 610	106 448
1986	9 850	7 880	295 500	275 800
1987	10 250	8 164	511 250	408 800
1988	16 594	14 645	475 753	465 447
1989	11 727	9 898	450 614	287 951
1990	17 960	16 808	478 998	474 407
1991	17 508	16 845	721 211	717 753
1992	19 899	19 452	791 754	787 799

续表 1

年 份	运量（千吨）		周转量（千吨公里）	
	公路	其中：汽车	公路	其中：汽车
1993	12 568	12 423	484 958	479 668
1994	14 830	14 155	572 250	564 182
1995	14 664	14 054	443 244	438 657
1996	21 780	16 814	910 960	904 800
1997	15 260	12 160	682 270	660 400
1998	16 850	15 750	697 970	583 420
1999	13 960	11 168	488 600	446 720
2000	15 760	14 880	865 020	849 390
2001	16 560	14 910	970 220	923 750
2002	19 620	17 580	1 183 320	1 118 910
2003	20 040	18 100	988 850	944 430
2004	17 150	15 440	966 010	921 600
2005	17 050	15 410	952 790	909 920

1990 年，在浑江市道路、水路整顿治理领导小组的领导下，对全市运输市场进行了整顿治理，经过对经营资格审验和经营行为整顿，完善了运输市场机制。在浑江市区建立了浑江火车站、浑江西站及南山批发市场三个有型货运市场。

第三节　危险货物运输

道路危险货物运输是从 1994 年开始纳入了道路运输行业管理。2002 年 1 月 9 日国务院颁发第 344 号令《危险化学品安全管理条例》后，根据《条例》精神要求："交通部门负责化学品公路、水路运输单位及其运输工具的安全管理，对危险化学品公路、水路运输安全监督，负责危险化学品的公路、水路运输单位、驾驶人员、船只装卸人员和押运人员的资质认定，并负责前述事项的监督检查及管理"，进一步加强了危险品运输业的管理。对从事道路危险货物运输的车辆及从业人员进行了全面检查、培训、考核，达到持证上岗。

至 2005 年底，白山市道路危险货物运输企业 10 户，危险品运输车辆 90 辆，危险品种类：燃料、炸药、氧气、乙炔、液化气等。运输车辆大部分都是经销单位的自有车辆，由于运量低，运输成本和销售成本合并计算，不作单独统计和计算。2005 年白山市危险货物运输企业情况如表 3－2－2。

表 3－2－2　　2005 年白山市危险货物运输企业情况表

企业名称	企业法人代表	职工人数				车辆台数				险货物名称	经营区域	运输量（吨/年）	地址
		合计	驾驶人员	押运人员	装管人员	合计	罐式车	厢式车	普通型车辆				
江源县液化汽站	王通	15	6	7	2	5	1		4	液化汽	江源县	290	江源县
抚松县松江河生活燃料有限公司	李文生	34	15	17	2	15	5		10	液化汽、汽油	松江河镇	600	抚松县松江河镇
江源县远征加油站	张国军	12	6	6		5	2		3	石油、液化汽	江源县	340	江源县
吉林省长白森林经营局	赵信连	11	5	5	1	5	2	1	2	炸药、柴油	长白县	200	长白县
抚松县宏光危险品运输有限公司	陈　勇	15	7	7	1	7			7	液化汽	露水河镇	150	露水河镇
吉林省电力股份有限公司浑江发电公司	刘春生	29	13	16		5	2		3	液化汽、氧气、柴油	白山市	600	八道江区
白山市金海溶解乙炔有限责任公司	胡金柱	46	30	15	1	11			11	液化汽、乙炔、氧气	白山市	400	八道江区
中国石油天然气运输公司吉林分公司	刘　志	69	40	27	2	28	28			石油、柴油	白山市	1900	八道江区
白山市板石运输有限责任公司	张立学	76	47	24	5	5	1	1	3	炸药、柴油	白山市	200	八道江区
临江林业燃气有限责任公司	路其友	20	10	9	1	9	3	1	5	炸药、柴油、汽油	临江市	300	临江市

第三章 旅客运输

白山市是“老、少、边、穷”地区，客运市场起步晚，发展缓慢。1985 年市管县体制形成后，随着区域经济的发展和公路建设的加快，客运市场才有较大的发展。

第一节 客运发展情况

1985 年浑江市共有专业运输企业 19 户，其中国营专业运输企业 5 户，客货兼营。集体专业运输企业 14 户，是以货运为主，兼营客运。当时专业运输企业共有客车 93 辆，年完成客运量 336 万人次，客运周转量 13 895 万人公里。个体客车 36 辆，年完成客运量 251 万人次，客运周转量 6 153 万人公里。

2000 年吉林省交通厅在全省开展了全省道路运输资源优化配置活动，客运市场发生了较大的变化，当时白山市客运市场主体结构：专业客运企业达 55 户（含个体），其中股份制企业 3 户，国营企业 10 户，集体企业 7 户，个体客运业户 35 户。车辆结构：共有客车 524 台，大型客车 190 台，中型客车 209 台，小型客车 38 台。车辆等级：高级车 3 台，中级车 373 台，普通级 145 台。白山市营运线路达 304 条，其中跨省 23 条，跨地区 45 条，县级 20 条，乡镇线路 216 条，客运站有 31 个，一、二级客运站 6 个，三、四级客运站 25 个。

2005 年客运量 1 386 万人次，客运周转量 50 724 万人公里。至 2005 年，客运市场已经基本解决出行难的问题，新的目标是解决旅客出行“快捷、安全、方便、舒适”的问题。1985 年至 2005 年白山市客运量见表 3 – 3 – 1。

表 3 – 3 – 1 1985——2005 年白山市客运量表

年 度	客运量（千人）	周转量（千人公里）
1985	3 360	138 950
1986	4 060	17 449

续表 1

年 度	客运量（千人）	周转量（千人公里）
1987	6 290	20 640
1988	6 189	164 294
1989	5 322	75 836
1990	5 752	93 080
1991	5 004	89 775
1992	5 734	168 450
1993	7 448	345 600
1994	9 160	241 920
1995	11 870	225 580
1996	9 140	261 450
1997	6 600	235 780
1998	7 980	26 615
1999	11 000	340 000
2000	7 110	313 770
2001	8 500	450 000
2002	4 010	115 470
2003	12 830	494 880
2004	14 650	493 850
2005	13 860	507 240

第二节 运输工具与客运班线

1985 年末浑江市仅有大型客车 291 辆，经营县、乡间公路客运。

2005 年全市营运客车 2 201 辆，其中高级客车 73 辆，中级客车 358 辆，普通客车 255 辆，专业旅游客车 4 辆，出租车 1 511 辆；客运班线 346 条，日发班次 1 035 次，其中：跨省班线 27 条，日发班次 18 次；跨市班线 60 条，日发班次 97 次；跨县及乡镇班线 259 条，日发班次 900 次；通达农村的客运班线 175 条，大部分都采用滚动发车形式，旅客随到随走。

第三节 旅客运输

一、高等级公路客运

白山市拥有高等级公路1条，即四浑一级公路白山段，共39公里。高等级公路客运线路是白山至江源往返，参与营运的客车50台，其中市内客车24台，江源籍客车26台，日发122个班次。

二、普通公路旅客运输

白山市的普通公路旅客运输，主要依靠交通部门的专业运输企业。截止2005年底共有普通客运班线243条线路，日发客车班次994.5个，营运客车525台，共14 605个座位，日平均运送旅客17 510人次，日行程69 960公里。

三、农村公路旅客运输

2005年，白山市交通企业经营农村客运线路169条，连接52个乡镇，429个行政村，实现了村村通车。营运里程6 885公里，投放车辆266台，座位9 375个，日发班车569个，日平均客运量20 021人次。

四、旅游旅客运输

截至2005年底，白山市辖区内旅游客运线路19条，主要分布为：

（一）八道江区6条。1. 八道江至长白山西坡。2. 八道江至长白山南坡。3. 八道江至抚松温泉渡假村。4. 八道江至长白山迷宫。5. 八道江至三道沟龙山湖。6. 八道江至太平湖。

（二）江源县1条。孙家堡子至大阳岔干饭盆森林公园。

（三）临江市3条。1. 临江至苇沙河渡假村。2. 临江至大栗子东北沦陷时期末代皇帝溥仪行宫。3. 临江至朝鲜中江郡。

（四）抚松县4条。1. 抚松至长白山西坡。2. 抚松至长白山国际狩猎场。3. 抚松至温泉渡假村。4. 抚松至白龙湾。

（五）靖宇县2条。1. 靖宇至仁义风景区。2. 靖宇至杨靖宇殉国地。

（六）长白县3条。1. 长白至长白山南坡。2. 长白至望天鹅风景区。3. 长白至朝鲜惠山。

以上各旅游客运线路上的客运车辆，除各县（市、区）旅游公司专车外，其余为临时租用各地专业运输公司豪华客车及出租车。

第四节　节假日旅客运输

自实行“五、一”、“十、一”长假以来，公路旅客流量明显增加，运管部门和客运企业每逢节假日根据旅客流量流向组织临时加车。以2005年为例，“春节运输”共加车126台、运送旅客83.35万人次；“五、一”假日共加车110台、运送旅客19万人次；“十、一”假日共加车100台、运送旅客20万人次。

第五节　出租车客运

1992年以前白山市各县区城内仅有少量破旧的北京212吉普车在大街小巷上出租运营，后来又出现了小客（俗称“招手停”），基本上处于无人管理的状态。

白山市出租车客运是由市区（零公里内）出租车初始发展起来的。随着出租车客运的发展，超范围经营现象较为严重，达到屡禁不止的程度。主要原因是管理体制不顺。1992年前，归当地城建部门管理，之后部分县（市）划归交通部门管理。临江市于1992年划归交通部门；江源县是1997年划归交通部门；长白县是2001年划归交通部门；靖宇县于2003年划归交通部门；抚松县于2004年划归交通部门；八道江区始终是城建部门管理。由于出租车方便快捷，深受人们的欢迎，出租车客运仍有较强的发展势头。

白山市出租车客运始于1986年。2005年白山市（除八道江区其余县、市属交通管理的）出租车2 121辆，从车辆类型统计，其中各种轿车1 026辆，微型面包车1 095辆；从业人员2 283。从经营性质分类统计，集体所有车辆264辆，个体车辆1 857辆。

第四章 出入境运输

白山市是与朝鲜民主主义人民共和国相毗邻的边境地区，边境线达457.6公里，由鸭绿江相隔。出入境口岸有两处，一处是长白朝鲜族自治县口岸，与朝鲜二江道惠山市相邻；一处是临江市口岸，与朝鲜慈江道中江郡相邻。

第一节 国际汽车运输合作

中朝双方贸易协定及人员出入境协定最早见于1936年。新中国成立后的1952年中朝就运输合作问题，进行过谈判，并达成双边合作协议；1961年再次谈判，并达成协议。1968年至1970年停止执行协定。1971年经双方协商重新恢复中朝边民贸易和友好往来。

第二节 口岸运输

一、临江市口岸

中华人民共和国临江国际道路运输管理站成立于1991年。建站伊始，有一名运管员临时负责口岸国际道路运输。1993年正式调入一名专职运管员在临江海关租赁办公室，具体办理临江口岸国际道路运输业务。同年经过审批，临江市货运公司（现已解体）CA141五辆新型货车从事国际道路货物运输。经营半年后因故停止了国际道路货物运输。所有运输业务由朝方车辆单方面承担经营。每年平均过货量22 544吨；出入境过客量14 475人；车辆3 452台次；进出口总值642万美元。随着临江海关办公楼撤离口岸联检区，重新建设新楼，口岸国际道路运输管理站办公室交回临江海关。1998年因签发《通行证》临江所又派一名运管员在临江保险公司租赁办公室开展此项业务。2004年因没有达成双边协议因而《通行证》发放工作就此停止。因此，中朝双方车辆暂停国际道路货物运输。

1985 年至 2005 年出入境运输量见表 3 -4 -1。

表 3 -4 -1　　1985—2005 年临江市口岸出入境运输量情况统计表

年份	货物运输			旅客运输	
	运输量	其中出境	出入境车辆（次）	运输量	其中出境
	千吨	千吨		千人次	千人次
1985	13.5	6.2	3 270	5.2	2.6
1986	11.8	5.2	3 180	4.8	2.4
1987	14.9	7.5	3 480	6.5	3.2
1988	16.7	6.8	4 050	8.4	4.2
1989	18.8	7.3	4 830	9.6	4.8
1990	20.2	8.5	5 010	10.2	5.1
1991	21..8	8.8	5 080	10.4	5.2
1992	23.9	8.7	5 102	11.6	5.8
1993	28.3	9.3	5 630	10.8	5.4
1994	30.1	10.2	6 300	12.6	6.3
1995	38.5	11.5	6 480	12.5	6.2
1996	50.8	15.7	9 870	12.8	6.4
1997	63.4	20.8	12 700	12.6	6.3
1998	60.5	18.8	12 310	12.8	6.4
1999	49.7	16.5	1 080	10.5	5.2
2000	45.3	13.8	10 300	11.6	5.8
2001	42.8	12.5	10 700	12.5	6.2
2002	43.7	12.9	10 350	12.8	6.4
2003	47.8	15.3	11 200	12.6	6.3
2004	42.4	16.8	11 800	12.3	6.1

注：临江口岸运输由朝方承担进出口运输，由此表中无法统计客货运输周转量和客运出入境车辆数。

二、长白县口岸

长白朝鲜族自治县出入境运输主要国家是朝鲜民主主义人民共和国。1985 年长（白）惠（山）国际大桥建成后，国际贸易十分活跃，人员往来十分频繁。但由于受朝方政策和市场制约，经济贸易和人员往来等发展很不稳定。

1989 年 10 月长白朝鲜族自治县根据省交通厅和省编委文件成立“长白口岸交通运输

管理站”，编制3人，归长白县运输管理所负责管理，运管员按照规定对口岸运输进行管理和收缴管理费。办公地点是租用了一个45平方米的平房。1995年省运管局投资8万元，在长白县口岸联检大楼购买一间26平方米的办公室。1985年至2005年出入境运输情况见表3－4－2。

表3－4－2　　1985—2005年长白县口岸出入境运输量情况统计表

年份	货物运输					旅客运输				
	运输量		其中出境		出入境车辆（次）	运输量		其中出境		出入境车辆（次）
	（千吨）	（千吨公里）	（千吨）	（千吨公里）		（千人次）	（千人公里）	（千人次）	（千人公里）	
1985	4.5	49.5	2.1	23.1	563	9.3	102.3	7.1	78.1	620
1986	15	165	11.2	123.3	1 875	15.3	168.3	11.4	125.4	850
1987	18	198	14.3	157.3	2 000	17.7	194.7	11.9	131	983
1988	22	242	19.4	213.5	2 750	17.7	216.7	12.2	134.2	985
1989	20	220	17.3	190.4	2 222	21.3	234.3	16.7	184.2	1 183
1990	18	199	14.9	163.9	2 250	28.4	312.4	19.5	214.8	1 495
1991	15	171	9.7	106.7	1 878	33.5	368.5	21.3	235.3	1 675
1992	27	298	20.1	221.2	3 375	44.0	484	29.8	327.9	2 095
1993	37	408	28.3	311.3	4 111	43.4	477.5	28.2	310.6	2 170
1994	30.7	337.8	25.2	277.2	3 838	26.4	291	19.7	217.3	1 248
1995	30.4	334.5	22.9	251.9	4 343	13.5	149	10.6	116.9	711
1996	56.9	616	37.4	411.6	6 322	18.9	208	16.1	177.6	1 050
1997	61.2	671	48.6	535.1	7 650	21.2	233.2	12.6	138.6	1 178
1998	62.3	685.3	49.1	541.6	7 788	22.7	249.7	19.4	213.8	1 195
1999	33	429	27.4	35.6	4 446	13.6	177	1.1	13.9	1 020
2000	18.8	337.9	15.6	281.3	2 345	1.7	21.7	1.3	17.2	198
2001	12.5	224.8	10.3	185	1 561	1.3	16.8	1	13.2	320
2002	24.7	436.2	20.8	365	1 456	1.3	16.5	1	13.1	120
2003	25.1	211	25.1	20.1	1 256	0.9	12.4	0.9	11.7	216
2004	14.4	57.5	5.5	22	483	11.4	45.6	9.8	39.4	416
2005	15.3	61.3	6.7	27	530	9.3	37.3	7.8	31.4	439

第五章　运　价

1985 年至 2005 年间白山地区汽车运价是执行交通部颁发的《汽车运价规则》和吉林省交通厅与吉林省物价局联合颁发的运价相关文件规定的价目和价率。

一、汽车运价

1985 年 3 月 26 日吉林省交通厅颁布的《吉林省汽车、兽力车运价计算规则》规定载货汽车货物分四等，路面分四级，按等级计费。还规定货运汽车计时运价费率、货运汽车杂费率、三轮汽车试行运价杂费率，执行规定的运价。

1986 年 2 月 15 日吉林省交通厅、吉林省物价局吉交联字［1986］第 38 号文颁发《吉林省汽车运价实施细则》具体规定了货物运输的计算重量、货物运输的计费里程、货物运价的加成和减成、货物运输其它费收；旅客运价计算、旅客包车运价、旅客区域运价、旅客运输其它费收及行李包裹运价等价目和价率。

1989 年吉林省交通厅、吉林省物价局吉交运联字［1989］368 号文《关于提高公路汽车客运票价的通知》规定，于 1989 年 12 月 10 日提高公路汽车客运票价。调整后的客运基本运价是由现行人公里 0. 024 元调到 0. 039 元，提高幅度为 61. 5%。对于平原干、支线，山区线路，长、短途以及不同车型、不同营运方式等实行差别运价。行李、包裹运价按着普通型客车长途运价调整幅度同步调整。同时颁发了《吉林省公路汽车旅客运价规则》共计五章三十五条，对旅客运价加以规范。

1992 年 12 月 26 日，吉林省交通厅、吉林省物价局联合颁发吉交运联字［1992］275 号《关于调整公路汽车客运票价及燃油差价费费率的通知》规定，基本运价由现行的人公里 0. 039 元调到 0. 056 元，并将普通宽座客车票另加 10% 计算，普快班车另加 20% 计算。

1992 年 12 月 26 日，吉林省交通厅、吉林省物价局联合颁发吉交运联字［1992］276 号《关于发布汽车货物运输参考价格的通知》货运汽车运输参考价格确定其价为 0. 51 元/吨公里。托运双方可根据此参考价格，考虑道路条件、货物种类、车型、运距等情况上下浮动，协商确定价格。白山市货车运价从此放开。

1997 年 9 月 1 日吉林省物价局、交通厅吉价房涉联字［1997］41 号发《关于下发高级客车公路旅客运价的通知》，由于公路客运车辆档次明显提高，陆续有高档客车投入运营。本着客运车辆结构变化、优质优价原则，将现行高级客车划分为高级 A、高级 B、高级 C、高级 D、高级 E 五个档次，等级标准和运价如表 3 - 5 - 1。

表 3 - 5 - 1 1997 年全省高级客车运价表

	运价(元)		车辆标准(按交通部《营运客车类型划分等级评定》标准)	
	大型	中型	大型	中型
高级 A		0.12		高一级(车辆参考价格 20 - 40 万元)
高级 B	0.14	0.14	中 级(车辆参考价格 60 - 100 万元)	高二级(车辆参考价格 40 万元以上)
高级 C	0.18		高一级(车辆参考价格 100 - 150 万元)	
高级 D	0.20		高二级(车辆参考价格 150 - 200 万元)	
高级 E	0.22		高三级(车辆参考价格 200 万元以上)	

上述基本运价率不含旅客保险费、客建基金、客货附加费、车辆通行费；不加收燃油差价补贴；已考虑快车加成因素，不再加成。客运应具备的服务功能齐全有效，达到技术标准。高级客车的旅客票价由省交通厅和物价局共同制定。其它运价中具体问题仍执行现行公路旅客运价规定。

1998 年，交通部、国家发展计划委员会颁发交公路发［1998］502 号《汽车运价规则》共六章六十七条，于 1998 年 10 月 1 日施行。废止原交通部颁布的《汽车运价规则》。白山地区的公路客车执行相关文件的价目和价率，货物运价执行参考价的价率。

二、汽车维修收费标准

汽车维修收费标准执行吉林省交通厅、吉林省物价局吉交联发［1987］第 17 号文《关于颁布〈吉林省汽车、摩托车修理作业工时定额收费标准及结算办法（试行）〉的通知》，维修的工时定额及收费标准是依据国家标准颁布的汽车修理技术标准（GB3798 - 3803 - 83）、（GB5336 - 85）和交通部颁发的汽车修理技术标准（JT3101 - 81）规定的工艺要求和技术标准制订的。在执行工时定额和收费标准时，各维修企业必须按照“国标”和“部标”要求执行。各种修理工时费均为 2.50 元/小时（包括利润和税金）为最高限价，在执行中允许经营者下浮。

1. 汽车各总成大修及各项小修的工时定额已包括该项目的拆装及其连锁作业所发生的工时。在某一总成上发生的各种小修项目，其累计工时应以总成大修工时定额为最高限额计价。

2. 汽车大修、保养、小修、专项修理的收费计算：

发票总金额 = 工时费 × 工时定额 + （配件材料费 + 外协加工费） × （1 + 15%） + 辅助材料费

3. 汽车配件：吉林省物价局［1988］吉省价服字第20号文《关于汽车维修配件材料附加费率的补充通知》材料附加费：凡是国内各汽车厂在吉林省的特约维修服务站（点），从该厂的经销公司或厂家配件经销部按合同供应汽车配件，可按进价的基础上顺加15%。

三、搬运装卸收费标准

1985年执行吉林省人民政府吉政发［1983］267号文件并比照吉林市物价局、吉林市运输总公司吉市价交字［1984］12号《关于调整丰满码头装卸费的通知》文件规定的装卸费率执行。吉林省装卸费率如表3－5－2。

表3－5－2　　吉林省部分重点货物装卸费率表

作业过程 / 每吨费率（元） / 货物分类	出进口货物（船＝场＝车）码头全部承担。每吨货物装卸费（联络装车，装船费用不变）船（排）＝场＝车	出进口货物（船—场—车）码头只承担装卸船或其它作业，而装卸车由托运者自己承担应扣出装卸车费（装卸火车30米，装卸汽车15米）				由托运人责任造成的需要捣运、归楞的应收费用。捣运50米距离，归楞在1.7米以下。		备　注
		船（排）＝场＝火车		船（排）＝场＝汽车		捣运	归楞	捣运
		船＝场	场＝火车	船＝场	场＝汽车			
元　木	5.97	4.50	1.47	4.75	1.22	1.45	1.38	超过50米另加一次捣运费
小　杆	6.96	5.30	1.66	5.40	1.56	1.87	1.69	
块　石	4.62	3.40	1.22	3.50	1.12	1.00		
其　他	5.60	4.50	1.10	4.60	1.00	1.27		
粮　食	4.40	3.40	1.00	3.50	0.90	1.10		
沙　土	5.06	3.80	.24	4.00	1.10	1.15		
化　肥	4.40	3.50	0.90	3.70	0.70	1.15		
石灰石	5.06	4.50	1.24	3.70	1.10	1.15		

注1. 轻包、易碎货物（人力捆亚麻、苕条）按普通货物费率加30%。
2. 烈性、危险、腐蚀性货物按普通货物费率加40%。
3. 生石灰按普通货物费率加50%。
4. 长大笨重货物：301～1000公斤按普通货物费率加100%。
1001～3000公斤按普通货物费率加200%。
3001～5000公斤按普通货物费率加300%。

同时也比照执行吉林市物价局、吉林市交通局吉市价交［1985］38号、吉市交发［1985］21号《关于颁发“吉林地区货物装卸作业等收费办法”的通知》，凡从事搬运装卸单位、个人计时工资、人工小时0.70元，8小时5.60元。使用承搬单位各种机械装卸、搬运作业时，按人力装卸费收7%（大件除外）。明确规定了搬运装卸计量方法，货物的计量单位，搬运装卸运距的计算及货物分类计价，笨重货物起重计价标准。有关搬运装卸标准见以下各表。

表 3－5－3 装卸机械使用费率表

项　　目	计　量　单　位	费　率（元）	机械吨位价格	
			一　吨	五　吨
装卸机械包用费（计时费）	元/吨小时	4.00	4.00	20.00
装卸机械调车走行费	元/吨走行段	1.00	1.00	5.00
装卸机械延时费	元/吨小时	1.00	1.00	5.00

注：1. 装卸机械包用费（计时费）：根据托运人的要求，包用装卸机械进行装卸作业时，按吨位计时（从装卸机械出库起至作业完毕止）收取包用费。

2. 装卸机械调车走行费：按装卸机械的往返行走里程，每车吨位每1—5公里为一区段收费1.00元，超过一百公里以上的里程部分，其调车走行费按50%核收。调车走行费只适用计件装卸。由于托运人的责任，装卸机械不能进行装卸作业时，照收走行费。

3. 装卸机械延滞费：只适用计件装卸，由于托运人的责任，造成装卸的延滞，每吨每小时收取1.00元延滞费。不足半小时免收，超过半小时者进为一小时，以半小时为单位递进。

表 3－5－4 推土机作业收费标准表

项　目	单　位	计　时　价　格					说　明
		（元）	（元）	（元）	（元）	（元）	
马力		75	100	140	每马力价格	其他	
价格	8小时（台班）	112.50	150.00	210.00	1.50		

表 3－5－5 立方米价格表

项　目	单　价	推　距	普通土	坚　土	砂砾土	说　明
价　格	千立方米	20米以内	658.35	779.63	941.85	
价　格	千立方米	21—30米	836.55	930.83	1.093.05	

注：千立方米每增10米远增加151.20元。

表 3－5－6　汽车运输集装箱杂费计算标准表

项目＼价格＼计量单位	计量单位	费率（元）	箱型与价格				说明
			一吨箱		五吨箱		
			重箱	空箱	重箱	空箱	
装卸费	元/箱次	1.00	1.00	0.50	5.00	2.50	

表 3－5－7　公路零担货物装卸计价标准表

项目＼价格＼计量单位	计量单位	费率（元）	说明
直达装卸费	10 公斤	0.04	单装单卸各收 50%
中转装卸费	10 公斤	0.08	单装单卸各收 50%

注：1. 零担不足 10 公斤进位 10 公斤，每批货物起码装卸费为 0.10 元。
2. 零担货物搬运基段 30 米，超过 30 米每 1—30 米为一段，每段加收 0.06 元。

随车装卸计价标准：以吨为计量单位的货物人工随车装卸的，除收该货物基本装卸费外，并按实际走行里程核收走行费每吨公里 0.03 元。如计车时，则按人工小时费用核收，每小时 0.07 元，出车起码收费 2.80 元。

自 1992 年货运市场货运价格放开后，搬运装卸费也实行议价价格。

四、综合服务收费

1. 公路客运站收费：执行吉林省交通厅文件吉交运字［1988］第 245 号《关于公路客运站收取服务费问题的通知》，县（市）级以上（含县、市级）国营客运站和同级公铁分流站，均可收取 10% 的服务费。客运站按站内售出的客票及办理行包的实际运费额收取。

1996 年 5 月，交通部、国家计委公交路发［1996］263 号文《汽车站客运站收费规则》中规定，客运站向承运人收取客运代理费标准为：一级站 10%，二级站 8%，三级站和三级以下站 6%。站级标准执行交通部统一规定。同时，客运站还向旅客收取相应费用。

2. 汽车货运站收费：执行吉林省运输管理文件吉运货字［1992］44 号文件《关于汽车货运站收费调整的通知》。

（1）仓储理货费：由现行每 50 千克费率 0.20 元，调整为每 50 千克 0.30 元。

（2）中转换装包干费：普通货物由现行每 50 千克费率 0.40 元，调整为 0.70 元；特种货物由现行每50千克费率0.50元，调整为0.90元。

（3）新增零担货物过磅费每50千克费为0.50元。

（4）组货劳务费：零担班车运输，由现行按全程运费的6%向承运人提取，调整为8%。整车运输，由现行按全程运费的3%，调整为5%。

（5）各地兴办的汽车货运配载服务单位，为承运人提供货源，组织回程配载和办理运输业务手续的，按照货运站整车运输租赁劳务费标准收取；如只提供货源信息服务，按全程运费的1%提取。

第六章　道路运输服务业

道路运输服务业是道路运输市场的重要组成部分。主要包括公益型场站经营，驾驶员培训、汽车修理、车辆检测、搬运装卸等项服务行业，在交通事业快速发展的形势下都有了长足的进步。

第一节　客　运　站

1985 年白山市只有浑江市运输公司客运站及靖宇、抚松、长白、临江 5 个运输公司内设小型简易客运站。1995 年根据吉林省交通厅［1995］147 号文件精神，实行“站车分营”，客运站从运输企业中分离出来，成为独立的公益性事业单位，实行企业化管理。此后，扩建客运综合楼，增加投资，服务设施逐渐配备，服务机制逐渐完善，客运站发展迅速。到 2005 年全市已实现微机化监控管理，客运站实行微机售票，客运服务日趋完善。站舍已发展到 39 个，其中一级站 1 个，二级站 6 个，三级、四级站 32 个。

一、白山市公路客运总站

1985 年只有 62 平方米，1987 年投资 90 万元，建成2 140平方米的客运新站。1999 年筹建，总投资 1 600 万元。2001 年 9 月 3 163.4 平方米的一级站建成投入使用。2005 年运输量大增，日发省内外班车 415 台次，日运送旅客 6 300 余人次，输送旅客辐射黑龙江、吉林、辽宁东北三省的省会城市。客运站坚持以人为本，诚信服务，改造硬件设备，营造优质服务氛围，真诚为旅客服务，努力塑造诚信客运站形象。截至 2005 年底，单位固定资产 451 万元，在册职工 214 人，退休职工 15 人；具有初级以上专业技术职称人员 11 人。总站下设 4 个客运分站（八道江西客运站、板石分站、八中道口分站、浑江站前分站），6 个机关科室（财务、票据科、劳资科、督查办、办公室、工会）。

二、靖宇县公路客运总站

靖宇县客运总站1995年实行站、车分营，成立靖宇县客运总站，隶属靖宇县交通局，为国有事业单位。专营输送旅客，职工定编50人。2001年至2002年，总站投资49万元，实行微机化监控管理。2002年投资114万元，扩建客运综合楼1 100平方米；投资40万元，新建锅炉房并更新锅炉。截止2005年底，靖宇县客运总站已初具规模，客运服务日趋完善，总站实行微机售票，现有职工58人，内设财务科、综合科、微机科、稽查科。日发省内外班车51台次，日平均运送旅客1 785人次，辐射东北三省的省会城市。县客运总站坚持以人为本，诚信服务，改造硬件设备，营造优质服务氛围，真诚为旅客服务，努力塑造诚信客运站形象，赢得了广大旅客好评。

靖宇县客运分站1984年投资87万元，在县镇内（原客运站处）新建客运站1 700平方米。1988年投资36万元，新建那尔麦、龙泉两个乡镇客运站，建筑面积为624平方米。1992年投资36万元，在县城内新建河南客运站，建筑面积403平方米。1995年至1996年，吉林省运输管理局连续2年投资39万元，新建赤松、景山、西南岔、榆树川、燕平、花园口6个乡镇客运站，总面积600平方米。2001年因龙泉镇段公路改线，投资11万元，异地新建龙泉客运站，建筑面积120平方米。2002年，采取由县交通局解决建设用地，私人投资建站的形式，新建巴里、一参场2处乡镇级客运站，建筑面积200平方米，总投资9万元。

三、抚松县公路客运站

1988年下半年，抚松县客运总站开工建设，站址位于抚松县抚松镇香江路，原抚松县汽车修配厂厂址。占地面积2 810平方米，建筑面积2 236平方米，总投资162万元，1989年12月建成投入使用，2002年又投入70万元，维修扩建831平方米，使客运总站占地面积达到3 641平方米，方便了旅客乘车。

松江河客运站1992年8月开工建设，站址位于抚松县松江河镇，当年完成占地拆迁，完成主体基础工程，占地面积3 339平方米。建筑面积1 393平方米，总投资238万元。1998年12月建成投入使用，隶属抚松县客运总站。

四、长白县公路客运站

长白县客运总站系长白运输有限责任公司的直管单位。客运总站经济不独立，一切经营完全由公司管理（八道沟分站、口岸客运站都不归县客运站管理）。拥有候车大厅384.9平方米，设有2个售票窗口，售票、检票、退票等全部实行微机操作。截止2005年底，计日均发班车70个台次，运输收入328万元。

1980年1月，长白县客运总站改建，改建面积10 203平方米，总投资94万元。1991

年9月，八道沟客运分站改建竣工，改建面积463平方米，总投资28万元。1996年10月，马鹿沟客运分站建设竣工，建设面积388.52平方米，总投资143万元。1996年10月，长白口岸客运站建设竣工，建设面积877.38平方米，总投资360万元。2005年，新房子客运分站、十三道沟客运分站正在建设中。

五、临江市公路客运站

1995年经白山市交通局批准，在临江客运站原址重建客运站，建筑面积1 218.58平方米，职工25人。1997年经临江市编委批准，更名临江市口岸客运总站，股级建制，核定编制60人，隶属于临江市交通局，内设工会、劳资、财务、稽查、客运派出所5个科室，下设大栗子、桦树、西桥3个乡镇分站。主要职能是负责临江辖区所有长途营运客车实行统一进站发车、统一售票、统一结算、统一服务。日发班车186台次，日均客流量3 900人次。省际班线2个，市地际班线4个、县际班线9个，县内班线74个。省际总班次4个，市地际总班次21个，县际总班次18个，县内班次143个。

六、江源县公路客运站

1991年经白山市交通局批准，在三岔子区三岔子镇建设城墙客运站，建筑面积360平方米，职工5人。1992年经白山市编委批准，设立三岔子区客运总站，副科级建制，核定编制28人，下设石人、松树、湾沟、八宝、孙家堡子5个乡镇客运分站。1996年更名为江源县客运总站，隶属于江源县交通局。

截止到2005年累计投资840万元，建设客运站5处，面积达2 075平方米，一个中心站，4个分站候车室。江源县客运总站现已初具规模，客运服务已日趋完善，总站实行微机售票，现有职工58人，日发省内外班车200台次，日平均运送旅客3 600人次，辐射东北三省的11个市，4个县及本县8个乡镇，60个行政村。

第二节　货运场站

自1985年起，各县（市）区陆续开始筹建货运场站，2000年向物流中心发展，不断实现城乡联网，市内外联网。逐步走上现代化物流发展平台，为货运市场的发展奠定了坚实基础。至2005年末，白山市共建成物流中心（货运场站）6个，全部投入运营。

一、白山市物流中心

白山市物流中心有限责任公司是国有独资企业，隶属于白山市交通局，内设物流信息部、总务部、财务部、办公室。现有职工31人，具有大中专以上学历的26人。主要经营：零担货物、搬运装卸、仓储代理、车辆停放、货物代理、配货、包装、餐饮、住宿、场地出租、百货零售、建材批发及零售。

白山市物流中心有限责任公司始建于2003年7月2日，基础设施建设于2005年4月1日竣工，2005年12月26日正式注册成立。公司设计可容纳货运配载业户62户，占地面积10．35万平方米，建筑面积16 121平方米，总投资8 070万元。库房及办公大楼配有现代化的消防喷淋系统，完善的通信网络系统和先进的全天监控系统，以及国内先进的信息配载网络（中国物流网）。

白山市物流中心有限责任公司仍在建筑中的项目：汽车维修与检测中心，建筑面积1 000平方米；一汽大众汽车展销和售后服务中心，建筑面积2 000平方米，均属私营企业。

二、靖宇县客货运输交易市场

2000年至2001年投资608万元（其中吉林省运输管理局投资384万元），在县镇内新建靖宇县客货运输交易市场，建筑面积为3 854平方米，完成停车场硬铺盖10 018平方米，于2001年11月交付使用。

三、抚松县物流中心

抚松县物流中心，于2002年11月开工建设，地址位于抚松县抚松镇南部（县运输公司院内），占地面积13 521平方米，其中停车场5 000平方米，仓储修理厂350平方米，汽车配件商店40平方米，总投资523万元，于2003年9月建成投入使用。

四、长白县口岸物流中心

2003年，新建长白口岸物流中心占地面积35 600平方米，建筑面积11 700平方米，总投资2 400万元。

长白县口岸货场自投入使用以来，极大地方便了广大客户。设有室内仓储库、露天存车场、汽车检测维修中心、住宿、餐饮等服务场所和设施。优质服务配套项目有货物发运、搬运装卸、配载货物、信息提供等。口岸货场是长白县最大的综合性运输服务企业。

五、临江市口岸货场

1992年撤区设县后，临江县交通建设得到了快速发展，积极筹建物流口岸货场。2000年建成一处三级货运枢纽站，占地面积5 200平方米，建筑面积3 542平方米，总投资740万元，设有汽车修理部、汽车美容中心、住宿、餐饮等服务项目。

六、江源县物流场站

1996年撤区设县后，江源县交通建设得到了较大发展，积极筹建物流信息中心。2002年建成一处三级物流场站，占地面积10 080平方米，建筑面积1 140平方米，总投资285万元，设有交通枢纽站、汽车维修部、汽车美容中心、出租车服务站、宾馆等服务项目。

1985年至2005年，白山市客、货运输基础设施建设情况见表3－6－1。

表 3-6-1　　1985-2005 年白山市运输基础设施建设情况表

年份	合计		八道江区		长白县		临江市		江源县		靖宇县		抚松县		备注
	投资万元	建筑面积（m²）	投资万元	建筑面积（m²）	投资万元	建筑面积（m²）	投资万元	建筑面积（m²）	投资万元	建筑面积（m²）	投资万元	建筑面积（m²）	投资万元	建筑面积（m²）	
1985	87	1 700									87	1 700			
1987	90	2 140	90	2 140											
1988	18	312									18	312			
1989	180	2 548									18	312	162	2 236	
1991	48	823			28	463			20	360					
1992	274	1 796									36	403	238	1 393	
1995	152	1 518.58					134	1 218.58			18	300			
1996	524	1 565.9			503	1 265.9					21	300			
1997	446	1 710					21	210	425	1 500					
1999	1 798	3 578.4	1 600	3 163.4			18	260	180	155					
2000	751	3 662					740	3 542			11	120			
2001	708	5 176					21	291			617	4 054	70	831	
2002	399	2 240							285	1 140	114	1 100			
2003	11 067	29 161	8 070	16 121	2 400	11 700	74	950					523	390	
2005	396	1 221.2	30	169	15	360			225	420			126	272.2	
合计	16 938	59 152.08	9 790	21 593.4	2 946	13 788.9	1 008	6 471.58	1 135	3 575	940	8 601	1 119	5 122.2	

第三节 货运代理（配载）

1993年，浑江市仅有振贤、永安2户配货站。主要经营沈阳、湾沟、长白、抚松、靖宇、临江的零担货物配载业务。

2005年配货站已发展到52户。其中八道江12户、江源2户、临江11户、抚松21户、靖宇5户、长白1户，配货里程累计22 018公里。货源及发运方向主要有长春、沈阳、大连、北京、哈尔滨、河北省、天津、山东等省、市、自治区。货运配载情况见下列各表。

表3－6－2　　2005年白山市货运配货站分布情况表

县（市、区）	八道江区	江源县	临江市	抚松县	靖宇县	长白县	合计
户数（户）	12	2	11	21	5	1	52
运输里程（公里）	5 358	3 520	2 172	7 920	1 594	1 454	22 018

表3－6－3　　2005年八道江区货运配载业户统计表

货运配载业户名称	起地	止地	路程（公里）
振贤零担货运站	白山	各县市区	742
洪军货站	沈阳	白山	376
联星货站	沈阳	白山	376
大宇货站	沈阳	白山	376
亨强配货中心	白山	沈阳、长春	376
金正物流	沈阳	白山	376
天缘配货站	沈阳	白山	376
嘉鑫配货站	沈阳	白山	284
明马运输配货有限公司	长春	白山	284
明阳快运	白山	长春、沈阳、哈尔滨	1 236
长白山快运	白山	市内各县区	556
佳合配货站	白山	沈阳	376

表 3－6－4　　2005 年临江市货运配载业户统计表

货运配载业户名称	起　地	止　地	路程（公里）
矿业运输配货站	临江	白山	54
金正快运	临江	沈阳	400
吉发货站	临江	长春	311
诚信配货站	临江	通化	117
诚达配货站	临江	长白	220
环宇配货站	临江	白山	54
银河配货站	临江	通化	117
临江兴隆物流	临江	沈阳	400
顺利达接货处	临江	白山	54
建秋货栈	临江	长春	311
配货站	临江	通化	117

表 3－6－5　　2005 年江源县货运配载业户统计表

货运配载业户名称	起　地	止　地	路程（公里）
石人镇空车配货中心	石人	各地	
强旭配货站	石人	各地	

表 3－6－6　　2005 年抚松县货运配载业户统计表

货运配载业户名称	起　地	止　地	路程（公里）
露水河锦程配货站	抚松	长春	320
源发配货站	抚松	长春	320
顺利配载中心	抚松	长春	320
鸿运物流	抚松	长春	320
建秋配货站	抚松	沈阳	560
远达配货站	抚松	长春	320
顺程配货站	抚松	长春	320
通达配货站	抚松	长春	320
抚松县天天配货物流中心	抚松	长春	320

续表1

货运配载业户名称	起　地	止　地	路程（公里）
抚松县奋强物流有限公司	抚松	长春	320
百利货运站	抚松	长春	320
振贤货运站	抚松	沈阳	560
环宇货运站	抚松	长春	320
北联货运站	抚松	沈阳	560
联星货运站	抚松	沈阳	560
宝地货运站	抚松	长春	320
抚松县郦日建筑公司郦日物流中心	抚松	长春	320
抚松县松江聚信物流装卸有限公司	抚松	长春	320
春晓货运站	抚松	长春	320
北方货运站	抚松	沈阳	560
天达物流信息中心	抚松	长春	320

表3－6－7　　2005年靖宇县货运配载业户统计表

货运配载业户名称	起　地	止　地	路程（公里）
百利物流	长春	松江河	347
彦君配货站	长春	靖宇	257
天天配货站	长春	松江河	347
环宇配货站	长春	靖宇	257
建秋配货站	沈阳	靖宇	386

表3－6－8　　2005年长白县货运配载业户统计表

货运配载业户名称	起　地	止　地	路程（公里）
顺利口岸货场	长白	白山、沈阳、长春	1 454

第四节　机动车驾驶员培训

浑江市第一所驾驶员培训学校——“浑江市交通局汽车驾驶员学习班”始建于1976年4月。地址在浑江大桥北侧，校舍占地面积3 000平方米，投资总额79.8万元，隶属于交通局。1987年7月公安交警成立“浑江市公安交警驾驶员培训班”。至1992年末，有运输企业及个体户在运输淡季先后开办了短期培训班，如市交通白灰厂汽训班、市一货运汽训班等，由于当时培训设施不全，培训质量欠佳，合格率低，不能适应运输市场发展的需要，先后被取消培训资格。

1993年交通部根据国务院［1993］204号文件精神，相继颁发了《汽车驾驶员培训学校管理办法》、《汽车驾驶员培训学校（班）开业条件》、《中华人民共和国机动车驾驶员培训管理规定》及吉林省交通厅、吉林省工商行政管理局、吉林省地方税务局吉交运字［1996］3号《关于加强机动车驾驶员培训单位管理的通知》等文件。在交通部门的不断努力下，经过驾训市场整顿和资质评审，重新审批手续，使驾驶员培训单位的管理走向规范化轨道。截止2005年末全市共有驾驶员培训学校11所，教练车126台，教练员246人，每年平均招生达4 050人，平均合格率96.45%。1995年至2005年共培训驾驶员14 580人次。1995年至2005年白山市驾训学校情况如见表3－6－9。

表3－6－9　　2005年全市驾驶员培训学校情况表

校　名	分类	教练员（人）	建校时间（年月）	教练车（辆）	年平均培训（人）	累计培训（人）	合格率（%）
长白县机动车驾驶员培训学校	3	22	1996.02	10	220	1 980	96
抚松县机动车驾驶员培训学校	3	23	1996.02	11	280	2 520	96
靖宇县机动车驾驶员培训学校	3	22	1996.10	10	240	1 920	96
白山市和谐交通机动车驾驶员培训学校	3	24	1995.06	20	360	3 600	97
白山市驾驶员军安培训学校	3	22	2005.06	12	800	800	97
白山市万达驾驶员培训学校	3	23	2005.06	12	620	620	96

续表 1

校　名	分类	教练员（人）	建校时间（年月）	教练车（辆）	年平均培训（人）	累计培训（人）	合格率（%）
白山市华林机动车驾驶员培训学校	3	22	2005.06	11	580	580	96
白山市吉盛机动车驾驶员培训学校	3	22	1997.06	10	110	880	97
临江市顺达机动车驾驶员培训学校	3	22	2005.06	10	270	540	97
江源县平安驾驶员培训学校	3	22	2005.06	10	310	620	97
江源县强旭机动车驾驶员培训学校	3	22	2005.06	10	260	520	96
合计		246		126	4050	14 580	

第五节　汽　车　修　理

1985 年白山市市管县后运输市场中的汽车修理业发展迅速。汽车修理业纳入行业管理是根据交通部、国家经委、国家工商行政管理局 1986 年 12 月颁布的《汽车维修行业管理暂行办法》，运输管理部门对全市汽车维修业户进行调查登记。主要对汽车、摩托车的修理业户进行管理，对达到《汽车维修行业管理暂行办法》的规定标准业户，给予发放《汽车维修许可证》。对达不到规定标准的业户，限期整顿。整顿后仍达不到规定标准的业户责令停业或转业。汽车维修业的质量标准是按照国家标准发布的汽车修理技术标准（GB3798—3803—83、GB5336—84）和交通部颁发的汽车修理技术标准。

根据国家有关规定，1988 年 3 月开始对汽车修理业进行管理，全市汽车修理业达 280 户。其中：国营 30 户，集体 88 户，个体 162 户。按资质技术分类，一类大修企业 15 户，二类小修企业 70 户，三类专项修理业户 195 户。

1995 年底全市各类汽车维修业户已达 497 家。其中：一类企业 33 户，二类企业 124 户，三类业户 340 户。按企业性质分，国营 44 户，集体 146 户，个体和私有企业 307 户。

2005 年经过维修业市场整顿评审后，取缔未达资质标准业户后，全市汽车修理业 212 户，其中：一类大修企业 13 户，二类小修企业 80 户，三类专项修理 119 户；按企业性质分，国有企业 16 户，集体企业 20 户，个体业户 9 户，私营企业 158 户，股份制企业 4 户，有限责任公司 5 户。2005 年，白山市汽车修理业情况见表 3－6－10。

表 3－6－10　白山市汽车维修企业统计表

序号	企业名称	法人代表	主营项目	经济性质	维修类别	批准机关	许可证号
1	白山市吉通汽车运输公司汽车修理分公司	金玉涛	汽车大修	6	一类	吉林省运输管理局	40100001
2	通钢板石矿业一汽服务站汽车大修厂	姜玉春	汽车大修	1	一类	吉林省运输管理局	40100002
3	白山市恒阳机动车检测维修有限责任公司	孙永和	汽车大修	10	一类	吉林省运输管理局	40100003
4	白山市鑫利达三菱汽车维修厂	李宏明	汽车大修	3	一类	白山市运输管理处	40100004
5	浩翔轿车维修有限公司	荀洪祥	汽车大修	3	一类	吉林省运输管理局	40100005
6	白山市吉盛汽车维修中心	邹继平	维修	3	一类	白山市运输管理处	40100006
7	白山市能源实业总公司顺达轿车维修养护中心	杨本贤	汽车大修	2	一类	白山市运输管理处	40100007
8	白山精程汽车维修有限公司	满 盈	汽车大修	10	一类	白山市运输管理处	40100008
9	八道江英杰中外汽车维修厂	冷柞杰	维修	3	二类	白山市运输管理处	40200001
10	八道江恒通汽车维修厂	张正江	维修	4	二类	白山市运输管理处	40200002
11	白山市能源实业总公司机动车辆维修厂	李永年	维修	2	二类	白山市运输管理处	40200003
12	白山市蓝天出租车有限责任公司专修厂	矫传军	维修	10	二类	白山市运输管理处	40200005
13	蓝蜻蜓汽车服务有限责任公司	于永进	维修	6	二类	白山市运输管理处	40200006
14	安诚轿车维修厂	夏健程	维修	4	二类	白山市运输管理处	41200001
15	林宏夏利奥托小修厂	陶林峰	维修	2	二类	白山市运输管理处	41200002
16	天顺汽车小修厂	尤顺清	维修	4	二类	白山市运输管理处	41200003
17	忠诚汽车小修厂	李正勋	维修	4	二类	白山市运输管理处	41200004
18	白山市宏源实业有限公司汽车小修厂	杜宝成	维修	2	二类	白山市运输管理处	41200005
19	嘉通汽车小修厂	王庆奎	维修	4	二类	白山市运输管理处	41200006
20	白山市君安轿车出租车有限责任公司	杜艳秋	维修	4	二类	白山市运输管理处	41200007
21	万成大众修配厂	刘万成	维修	2	二类	白山市运输管理处	41200008
22	万达五十铃汽车修理厂	杨丽荣	维修	3	二类	白山市运输管理处	41200009

续表1

序号	企业名称	法人代表	主营项目	经济性质	维修类别	批准机关	许可证号
23	刘氏轿车精修行	刘志旭	维修	4	二类	白山市运输管理处	41200010
24	华玲汽车小修厂	蒋晓东	维修	4	二类	白山市运输管理处	41200011
25	白山市长安汽车维修站	张晓晰	维修	3	二类	白山市运输管理处	41200013
26	红旗汽车小修厂	吴永山	维修	4	二类	白山市运输管理处	41200014
27	电信开发维修中心	孙建林	维修	1	二类	白山市运输管理处	41200015
28	大众轿车小修厂	冷桂荣	维修	4	二类	白山市运输管理处	41200016
29	东鹏轻型汽车小修厂	邵礼艳	维修	4	二类	白山市运输管理处	41200017
30	八道江区东郊汽车小修厂	闫来顺	维修	4	二类	白山市运输管理处	41200018
31	白山市通发汽车维修中心	李成军	维修	1	二类	白山市运输管理处	41200019
32	光大大众轿车维修厂	杨桂菊	维修	4	二类	白山市运输管理处	41200020
33	白山市双辉进口国产汽车维修有限责任公司	马祖双	维修	4	二类	白山市运输管理处	41200021
34	鹏达汽车小修厂	段庆鹏	维修	4	二类	白山市运输管理处	41200022
35	顺程488小解放维修厂	孙立明	维修	2	二类	白山市运输管理处	41200023
36	尚福北京切诺基配件维修站	高尚福	维修	4	二类	白山市运输管理处	41200024
37	河口农机小修厂	隋永福	维修	2	二类	白山市运输管理处	41200025
38	白山市林业汽车修理厂	朱美玉	维修	1	二类	白山市运输管理处	41200026
39	邮政多种经营处汽车维修厂	朴太和	维修	1	二类	白山市运输管理处	41200027
40	白山市伟阳大众汽车配件有限责任公司	侯庆中	维修	10	二类	白山市运输管理处	41200029
41	矿务局生活公司小修厂	李贵财	维修	2	二类	白山市运输管理处	41200030
42	白山市汽车农机修配厂	张学翔	维修	4	二类	白山市运输管理处	41200031
43	菱达进口汽车维修中心	刘永红	维修	4	二类	白山市运输管理处	41200032
44	顺达汽车小修厂	于均琪	维修	2	二类	白山市运输管理处	41200033

续表2

序号	企业名称	法人代表	主营项目	经济性质	维修类别	批准机关	许可证号
45	白山市钢厂机动车维修厂	张凤祥	维修	1	二类	白山市运输管理处	41200034
46	富源汽车维修厂	高 银	维修	4	二类	白山市运输管理处	41200035
47	弘禾汽车出租有限责任公司	常立成	维修	4	二类	白山市运输管理处	41200036
48	鸭铁公司建设工程处汽修厂	陈德才	维修	1	二类	白山市运输管理处	41200037
49	金龙汽车小修厂	徐香艳	维修	4	二类	白山市运输管理处	41200038
50	八道江区全兴汽车小修厂	高全兴	维修	4	二类	白山市运输管理处	41200039
51	星宇轿车维修中心	王胜海	维修	4	二类	白山市运输管理处	41200040
52	白山市华信出租车有限公司	陈百廷	维修	10	二类	白山市运输管理处	41200041
53	石头修配厂	钱 进	维修	4	二类	白山市运输管理处	41200042
54	市委车队汽车修配厂	丁贵志	维修	2	二类	白山市运输管理处	41200043
55	裕翔进口汽车维修厂	赵晓霞	维修	4	二类	白山市运输管理处	41200050
56	胜利轮胎修理部	高清嵛	专项	4	三类	八道江区运管所	41300001
57	老年人活动室轮胎修理部	王清江	专项	2	三类	八道江区运管所	41300004
58	吉祥轮胎修理部	尹 才	专项	3	三类	八道江区运管所	41300005
59	鑫飚洗车行	孙金华	专项	4	三类	八道江区运管所	41300007
60	友义汽车电器修理部	王书礼	专项	4	三类	八道江区运管所	41300009
61	亚太专业镗缸磨轴	刘仕博	专项	4	三类	八道江区运管所	41300011
62	鹏飞汽车电瓶部	曹吉财	专项	4	三类	八道江区运管所	41300013
63	八道江区新华清洗公司	王新华	专项	4	三类	八道江区运管所	41300015
64	蓝天化油器修理部	王家臣	专项	4	三类	八道江区运管所	41300018
65	旭日洗车行	姜英华	专项	4	三类	八道江区运管所	41300019
66	孙钣金汽车修理部	李正华	专项	4	三类	八道江区运管所	41300021

续表3

序号	企业名称	法人代表	主营项目	经济性质	维修类别	批准机关	许可证号
67	明龙汽车电器修理部	李明龙	专项	4	三类	八道江区运管所	41300022
68	叶子汽车钣金修理部	冯 雷	专项	4	三类	八道江区运管所	41300023
69	天元汽车修理部	刑树林	专项	4	三类	八道江区运管所	41300024
70	志铭汽车车身修理部	秦志涛	专项	4	三类	八道江区运管所	41300026
71	四通综合修理部	李载君	专项	4	三类	八道江区运管所	41300027
72	忠诚汽车修理部	王振海	专项	4	三类	八道江区运管所	41300029
73	俊峰汽车服务中心	高 英	专项	4	三类	八道江区运管所	41300030
74	利民轮胎修理部	刘喜彬	专项	4	三类	八道江区运管所	41300034
75	白山市八道江区光辉洗车行	刘翠占	专项	4	三类	八道江区运管所	41300035
76	锦江洗车行	牟 延	专项	4	三类	八道江区运管所	41300036
77	兄弟钣金喷漆修理部	邹玉香	专项	4	三类	八道江区运管所	41300037
78	中心电脑喷油泵修理部	王国滨	专项	4	三类	八道江区运管所	41300040
79	吉祥钣金喷漆修理部	万丽娜	专项	4	三类	八道江区运管所	41300042
80	东山轮胎焊接部	杜德祥	专项	4	三类	八道江区运管所	41300043
81	江源县三岔子汽车大修厂	庄乾华	汽车大修	2	一类	吉林省运输管理局	42100008
82	江源县公路客运公司维修厂	于春林	维修	2	二类	白山市运输管理处	42200001
83	八宝汽车总成大修厂	郑明贤	维修	4	二类	白山市运输管理处	42200002
84	振贤汽车二级维护厂	耿振贤	维修	4	二类	白山市运输管理处	42200003
85	石化宏达汽车修理厂	马泽夫	维修	1	二类	白山市运输管理处	42200004
86	松树煤矿汽运公司汽车修理厂	丘如鹏	维修	1	二类	白山市运输管理处	42200011
87	中外汽车小修厂	唐喜胜	维修	4	二类	白山市运输管理处	42200012
88	顺发汽车小修厂	娄殿发	维修	4	二类	白山市运输管理处	42200013

续表4

序号	企业名称	法人代表	主营项目	经济性质	维修类别	批准机关	许可证号
89	玉岐汽车小修厂	王玉岐	维修	4	二类	白山市运输管理处	42200014
90	鹏飞汽车小修厂	刘德胜	维修	4	二类	白山市运输管理处	42200015
91	江源县鹏程汽车小修厂	于春林	维修	2	二类	白山市运输管理处	42200016
92	鸿建汽车小修厂	赵松花	维修	4	二类	白山市运输管理处	42200017
93	江源汽车小修厂	齐永录	维修	4	二类	白山市运输管理处	42200018
94	湾沟货运小修厂	张兆利	维修	2	二类	白山市运输管理处	42200019
95	湾沟镇宏达汽车小修厂	王传荣	维修	4	二类	白山市运输管理处	42200020
96	八宝通达车辆修理部	王金波	专项	4	三类	江源县运管所	42300001
97	永丰钣金修理部	刘　勇	专项	4	三类	江源县运管所	42300002
98	老来城汽车修理部	刘铁牛	专项	4	三类	江源县运管所	42300003
99	双富汽车修理部	董兆民	专项	4	三类	江源县运管所	42300004
100	琴达电器修理部	邹本琴	专项	4	三类	江源县运管所	42300005
101	宏坤汽车修理部	孙宏坤	专项	4	三类	江源县运管所	42300006
102	长胜轮胎修理部	李长生	专项	4	三类	江源县运管所	42300007
103	国宝汽车修理部	王　刚	专项	4	三类	江源县运管所	42300008
104	竖井汽车修理部	王瑞卿	专项	4	三类	江源县运管所	42300009
105	顺意轮胎修理部	李惠海	专项	4	三类	江源县运管所	42300010
106	福新轮胎修理部	张忠福	专项	4	三类	江源县运管所	42300011
107	天福轮胎修理部	吴天福	专项	4	三类	江源县运管所	42300012
108	胜利轮胎修理部	张志明	专项	4	三类	江源县运管所	42300013
109	宏斌汽车修理部	陈宏斌	专项	4	三类	江源县运管所	42300014
110	东升汽车电器修理部	郑焕庭	专项	4	三类	江源县运管所	423000156

续表 5

序号	企业名称	法人代表	主营项目	经济性质	维修类别	批准机关	许可证号
111	昌盛轮胎修理部	刘大川	专项	4	三类	江源县运管所	42300016
112	雅丽达汽车修理部	韩玉良	专项	4	三类	江源县运管所	42300017
113	福行轮胎修理部	张宝库	专项	4	三类	江源县运管所	42300018
114	光明轮胎修理部	李 伟	专项	4	三类	江源县运管所	42300019
115	广胜轮胎修理部	广 胜	专项	4	三类	江源县运管所	42300020
116	林海汽车电器修理部	宋孝林	专项	4	三类	江源县运管所	42300021
117	建华汽车修理部	王建华	专项	4	三类	江源县运管所	42300022
118	兴华轮胎修理部	刘永胜	专项	4	三类	江源县运管所	42300023
119	金程轮胎修理部	丁金斗	专项	4	三类	江源县运管所	42300024
120	宏顺轮胎修理部	马汗夫	专项	4	三类	江源县运管所	42300025
121	顺达汽车修理部	邹清海	专项	4	三类	江源县运管所	42300026
122	桐欣汽车轮胎修理部	付相欣	专项	4	三类	江源县运管所	42300027
123	八宝轮胎修理部	张清荣	专项	4	三类	江源县运管所	42300028
124	永和轮胎修理部	纪 涛	专项	4	三类	江源县运管所	42300029
125	腾达钣金修理部	王维国	专项	4	三类	江源县运管所	42300030
126	盛达摩托车修理部	任盛国	专项	4	三类	江源县运管所	42400001
127	临江林业机械厂	隋秀成	汽车大修	1	一类	吉林省运输管理局	43100009
128	临江市远达汽车维修中心	顾守贤	维修	4	二类	白山市运输管理处	43200001
129	临江市货运维修厂	王凤义	维修	2	二类	白山市运输管理处	43200002
130	临江市车身大修厂	张 军	维修	3	二类	白山市运输管理处	43200003
131	临江市重泰汽车小修厂	朱晓东	维修	4	二类	白山市运输管理处	43200005
132	临江市广德汽车小修厂	李淑洁	维修	4	二类	白山市运输管理处	43200006

续表6

序号	企业名称	法人代表	主营项目	经济性质	维修类别	批准机关	许可证号
133	临江市贵宝汽车修理部	崔贵宝	维修	4	二类	白山市运输管理处	43200007
134	临江市万洁汽车修理部	王东升	维修	4	二类	白山市运输管理处	43200008
135	临江市福利汽车小修厂	张福利	维修	2	二类	白山市运输管理处	43200009
136	临江市奥拓夏利维修中心	乔子慧	维修	3	二类	白山市运输管理处	43200004
137	露水河林业局机修厂	马贤臣	维修	2	二类	白山市运输管理处	44100002
138	露水河林业局汽运处汽车修配厂	秦景发	汽车大修	1	一类	白山市运输管理处	44100011
139	泉阳林业局机械厂	杨广顺	汽车大修	1	一类	白山市运输管理处	44100012
140	松江河站前二级维护修配厂	刘彦臣	维修	4	二类	白山市运输管理处	44200001
141	抚松镇金铜汽车二维厂	乔昌伟	维修	4	二类	白山市运输管理处	44200002
142	抚松县运输公司保修厂	王　军	维修	1	二类	白山市运输管理处	44200003
143	松林汽车二维厂	王崇利	维修	4	二类	白山市运输管理处	44200004
144	抚松县粮食车队修理厂	陈明志	维修	1	二类	白山市运输管理处	44200005
145	交通汽车维修中心	刘志成	维修	2	二类	白山市运输管理处	45200006
146	义夫机电维修中心	尹臣维	维修	4	二类	白山市运输管理处	45200007
147	富春汽车小修厂	李延春	维修	4	二类	白山市运输管理处	45200008
148	大众轿车维修中心	相明武	维修	4	二类	白山市运输管理处	45200009
149	华夏汽车小修厂	夏宝金	维修	4	二类	白山市运输管理处	45200010
150	彗星汽车小修厂	张玉敏	维修	4	二类	白山市运输管理处	45200011
151	刘氏名车服务行	刘　英	维修	4	二类	白山市运输管理处	45200012
152	华建汽车小修厂	李　波	专项	4	二类	白山市运输管理处	45200013
153	电瓶修理部	彭书达	专项	4	三类	靖宇县运管所	45300001
154	大付喷漆部	费展生	专项	4	三类	靖宇县运管所	45300002

续表 7

序号	企业名称	法人代表	主营项目	经济性质	维修类别	批准机关	许可证号
155	裕丰汽车修理部	法少春	专项	4	三类	靖宇县运管所	45300003
156	君兴钣金修理部	王 君	专项	4	三类	靖宇县运管所	45300004
157	北来顺修理部	徐德富	专项	4	三类	靖宇县运管所	45300005
158	刘氏钣金修理部	李凤香	专项	4	三类	靖宇县运管所	45300006
159	胜利轮胎修理部	姜忠诚	专项	4	三类	靖宇县运管所	45300007
160	修理部	吴志良	专项	4	三类	靖宇县运管所	45300008
161	宏达汽车装饰部	刘本云	专项	4	三类	靖宇县运管所	45300009
162	顺达修理部	麻庆云	专项	4	三类	靖宇县运管所	45300010
163	赵家焊接修理部	赵贵成	专项	4	三类	靖宇县运管所	45300011
164	通达轮胎修理部	刘殿明	专项	4	三类	靖宇县运管所	45300012
165	顺利修理部	刘利刚	专项	4	三类	靖宇县运管所	45300013
166	龙泉修理部	张启全	专项	4	三类	靖宇县运管所	45300014
167	龙泉钱家修理部	钱永田	专项	4	三类	靖宇县运管所	45300015
168	龙泉修理部	张金来	专项	4	三类	靖宇县运管所	45300016
169	长白县森经局汽车大修厂	于英慧	汽车大修	1	一类	吉林省运输管理局	46100013
170	长白县公路运输有限责任公司汽车大修厂	王 涛	汽车大修	6	一类	吉林省运输管理局	46100014
171	长白县机车大修有限责任公司	刘玉明	维修	6	二类	白山市运输管理处	46200001
172	长白县粮食汽车维修厂	武守策	维修	2	二类	白山市运输管理处	46200002
173	长白县八道沟吉光汽车维修厂	李和玉	维修	4	二类	白山市运输管理处	46200003
174	长白县公路汽车维修厂	周荣军	维修	1	二类	白山市运输管理处	46200004
175	长白县兴达汽车汽车小修厂	张道军	维修	4	一类	白山市运输管理处	46200011
176	长白县腾永汽车小修厂	郝传旺	维修	4	二类	白山市运输管理处	46200012

续表 8

序号	企业名称	法人代表	主营项目	经济性质	维修类别	批准机关	许可证号
177	长白县财源汽车小修厂	刘玉珍	维修	4	二类	白山市运输管理处	46200013
178	长白县永长汽车小修厂	李永成	维修	4	二类	白山市运输管理处	46200014
179	复原汽车轮胎修理部	赵爱民	专项	4	三类	白山市运输管理处	46300001
180	利民汽车轮胎修理部	王顺堂	专项	4	三类	长白县运管所	46300002
181	永安汽车钣金电器修理部	宋 光	专项	4	三类	长白县运管所	46300003
182	城东汽车水箱修理部	李永庆	专项	4	三类	长白县运管所	46300004
183	捷达汽车轮胎修理部	郝际坤	专项	4	三类	长白县运管所	46300005
184	希钢汽车钣金电器修理部	王希刚	专项	4	三类	长白县运管所	46300006
185	酒厂汽车钣金修理部	元太熙	专项	4	三类	长白县运管所	46300008
186	东盛汽车钣金修理部	郭晓东	专项	4	三类	长白县运管所	46300009
187	长宏汽车钣金修理部	姜应星	专项	4	三类	长白县运管所	46300010
188	宝捷汽车钣金电器修理部	郝传强	专项	4	三类	长白县运管所	46300011
189	金山汽车钣金电器修理部	张 国	专项	4	三类	长白县运管所	46300012
190	红光汽车轮胎修理部	王晓明	专项	4	三类	长白县运管所	46300013
191	路顺汽车轮胎修理部	宋文光	专项	4	三类	长白县运管所	46300014
192	财盛汽车轮胎修理部	付双胜	专项	4	三类	长白县运管所	46300015
193	新京宏达汽车钣金修理部	崔泰元	专项	4	三类	长白县运管所	46300016
194	永胜汽车钣金电器修理部	杨国君	专项	4	三类	长白县运管所	46300017
195	十二道沟汽车轮胎修理部	吴太浩	专项	4	三类	长白县运管所	46300018
196	宝泉山汽车钣金修理部	李幸福	专项	4	三类	长白县运管所	46300019
197	胜利汽车轮胎修理部	梁 令	专项	4	三类	长白县运管所	46300020
198	学华汽车轮胎修理部	王继刚	专项	4	三类	长白县运管所	46300021

续表 9

序号	企业名称	法人代表	主营项目	经济性质	维修类别	批准机关	许可证号
199	兴隆汽车钣金轮胎修理部	刘焕军	专项	4	三类	长白县运管所	46300022
200	长胜汽车钣金电器修理部	于长胜	专项	4	三类	长白县运管所	46300023
201	方君汽车钣金修理部	方 君	专项	4	三类	长白县运管所	46300024
202	各种摩托车修理部	复方文	专项	4	摩托车修理	长白县运管所	46400001
203	奔驰摩托车修理部	曲 平	专项	4	摩托车修理	长白县运管所	46400002
204	财子摩托车修理部	付和利	专项	4	摩托车修理	长白县运管所	46400003
205	柱子摩托车修理部	张继才	专项	4	摩托车修理	长白县运管所	46400004
206	皆乐摩托车修理部	胡法远	专项	4	摩托车修理	长白县运管所	46400006
207	平安摩托车修理部	刘仁狄	专项	4	摩托车修理	长白县运管所	46400007
208	兴华摩托车修理部	曲 力	专项	4	摩托车修理	长白县运管所	46400008
209	新兴摩托车修理部	张光仁	专项	4	摩托车修理	长白县运管所	46400009
210	飞谊摩托车修理部	周玉生	专项	4	摩托车修理	长白县运管所	46400010
211	牛兴摩托车修理部	潘文君	专项	4	摩托车修理	长白县运管所	46400011
212	平安摩托车修理部	薛 涛	专项	4	摩托车修理	长白县运管所	46400012

注:企业经济性质(1)国营、(2)集体、(3)个体、(4)私营、(6)股份、(10)有限责任公司

许可证号:前两位中 40－41 为八道江区,42－43 为江源区,43 为临江市,44 为抚松县,45 为靖宇县,46 为长白县

第六节　车 辆 检 测

1990 年 3 月 7 日交通部 13 号令《汽车运输业车辆技术管理规定》为车辆技术管理提供法律依据。白山市营业性运输车辆的检测最早是从 1996 年 6 月开始的，由通化矿务局汽运处筹建，建在通化矿务局汽车大修厂的院内。投资 200 万元，厂房面积 720 平方米。是当年吉林省唯一一个 A 级检测线。1996 年上半年营运车辆二级维护检测达 1 500 台，全年检测 3 000 台。

2003 年抚松县由单位和个人共同筹资在抚松县运输公司院内成立“顺达汽车综合性能检测站”；2004 年临江市运输公司出资在临江市运输公司院内成立“鸭绿江机动车检测中心”；2005 年江源县由个人出资（属私营企业）将交警检测线改造为营运车检测线，更名为“吉昌机动车检测有限责任公司”。至 2005 年末靖宇、长白两县未建车辆检测站。

2005 年全市检测线共检测营运车辆 8 000 台，其中客车 700 台，货车 7 300 台。

第七节　搬 运 装 卸

搬运装卸市场随着运输市场的变化，也发生了较大的变化。1985 年全市搬运装卸市场的组织成分有：1. 专业运输企业的搬运装卸组织，唯有抚松县仙人桥装卸运输社，承担仙人桥火车站站台火车、汽车的装卸工作。后因火车站购置吊车自行装卸，1991 年该社无法经营而解体；2. 运输企业为运输生产相配套的搬运装卸机械和装卸工。3. 个体运输户都配备随车装卸工，不单以搬运装卸为主业。由于没有大宗货源，作业是松散型，随意性也比较强。货运市场放开前重点管理是搬运装卸作业价格管理，货运市场放开后搬运装卸的作业价格标准比照货运市场放开标准双方协商确定。

第四篇 SHUI LU JI YUN SHU

水路及运输

白山市通航河流有两条，头道松花江和鸭绿江。1985 年白山市交通局航运站在云峰库区仅有一艘机动客船，随着经济的发展，头道松花江和鸭绿江的机动船逐年增加，水路运输也得到了较快发展，旅游业已有了很大的规模。2005 年全市已有机动船 63 艘、趸船 2 艘、渡船 1 艘、排筏 814 艘，384 总吨，1 463 千瓦，通航里程 313．5 公里，水路客运量 82 990 人，旅客周转量 1 156 860 人公里。这些船舶绝大部分是从事旅游业，随着长白山旅游业的进一步开发，龙山湖省级旅游区的建设，临江市的江心岛旅游区，靖宇县的仁义风景区及头道松花江上游和鸭绿江上游漂流旅游的兴起，水上旅游业会越来越发展。

第一章 航 道

白山市境内河流分属松花江、鸭绿江两大水系、四大流域。松花江水系包括头道松花江和二道松花江流域，头道松花江流域面积7 859平方公里，河道长237公里。二道松花江流域面积10 516平方公里，河道长304公里。鸭绿江水系包括鸭绿江干流流域和浑江流域。鸭绿江干流流域面积5 613.9平方公里，河道长254公里；浑江流域面积1 836.6平方公里，河道长68公里。

第一节 第二松花江上游

第二松花江是松花江的南源，第二松花江上游系指发源地至吉林市丰满大坝一段，全长589公里。这段河流流经长白山区，越靠近源头支流越多。长白山主峰北和东北方向诸水均汇入松花江干流，称二道松花江，在与古洞河会合前则称二道白河；长白山主峰西和西南方向诸水汇入头道松花江。两江在大黄泥河附近汇合。至此始称第二松花江。

第二松花江上游的头道松花江从发源地长白山天池流到抚松县城137公里，全部流经山区，流急、水浅，没有机动船航行，橡皮筏可在此上段漂流。抚松——白山（吉林市白山镇）段：长100公里，此段是靖宇县和抚松县的界江，也全部流经山区，属于白山水电站库区，水深3米以上，具有良好的通航条件。每年11月8日前后封冻，翌年4月上旬解冻，航期200天左右。水电站大坝无过船设施。仁义风景区至白山大坝90公里，白龙湾至白山大坝40公里。

第二节 鸭绿江上游

鸭绿江是中朝两国界江，发源于长白山主峰南麓西侧，南流至长白朝鲜族自治县，然后折向西南，流经临江、八道江、集安、丹东注入黄海，全长859公里。该江大部分流经山区，河道弯曲，是典型的山区河流。鸭绿江从发源地至长白县与临江市交界的七道沟253.5公里，七道沟至与集安市交界的桦皮村164公里。鸭绿江流经白山市417.5公里。

通航情况：长白县至临江市275公里，全部流经大山区，坡降较大。航道宽度：八道沟以上（长白境内）50～70米，八道沟以下扩展到80米。经整治后，航道水深达到0.8～1.0米。至2005年止临江上游无机动船航行，在二十一道沟、十五道沟和四道沟有排筏漂流，用于旅游观光。长白县森林经营局流放木排至望江楼贮木场，因河道水量逐年减少，2001年流筏停放。

大栗子——云峰大坝段：长75公里，属云峰发电厂库区。水深3米以上，最深可达百米，水面宽1 000～2 000米。每年11月中旬封冻，翌年4月中旬解冻。航期200天左右。通航条件良好。水电站大坝无过船设施。临江江心岛和三道沟龙山湖两个风景旅游区主要是以游艇服务于旅游。

第三节 航道勘测设计及疏浚

1959年，吉林省交通主管机关在《鸭绿江勘查简要报告》中提出："拟于1960年开始按近期规划开辟临江至六道沟56公里航线。先按7级开辟，之后逐步改造为6级，即可行驶100吨级轮驳船。"1961年，省交通主管机关责成吉林省公路勘测设计大队对这段航道整治工程进行勘测设计。1962年12月19至24日，中朝两国鸭绿江、图们江航运合作委员会第二次会议达成由中方负责施工、费用共担的协议。1963年3月5日至12日，航运合作委员会委派的航道整治设计审查代表会议批准了《工程设计书》。5月8日，由吉林省交通主管机关所属航道工程队负责组织施工。经过两年共完成工程量4 308立方米，使5个较大浅滩航道得到了改善。其中，距临江大桥18.3公里的谷草垛哨，其最小水深由0.45米增加到0.80米；距临江大桥30.9公里的下六坎子哨，其最小水深由0.20米增加到0.80米；距临江大桥46.8公里的满天星哨，其最小水深由0.34米增加到0.80米；距临江大桥48.6公里的半拉哨，其最小水深由0.05米增加到0.80米；距临江大桥54.1公里的上口门坎子哨，其最小水深由0.30米增加到0.84米。此次治理后，又多次对部分航道进行了治理，从而使临江六道沟以下航道的航行条件有了较大改善。1985年至2005年鸭绿江长白至三道沟段碍航哨礁调查情况见表4－1－1：

表4－1－1 2005年鸭绿江长白至三道沟（八道江）段碍航哨礁调查表

浅滩名称	浅滩处最浅水深（米）	碍航情况
门坎哨	0.5	78年中朝联合清理航道
龙王庙哨	0.4	79年中朝联合清理航道
老龙哨	0.4	80年中朝联合清理航道

第四节 跨江建筑物

白山市鸭绿江、松花江上游的跨江建筑物分别记录如表4－1－2、表4－1－3：

表4－1－2　　2005年鸭绿江白山境内段跨江建筑调查表

建筑物名称	结构	设计水位（米）	通航净跨（米）	通航净空（米）
长白国际公路桥	钢筋混凝土	683	20	7.00
长白镇过江输电线	混凝土座、钢架		150	27.00
水文站、浮标投放器	混凝土座、钢架		150	25.00
水文站、水文缆道	混凝土座、钢架		150	25.00
临江国际公路桥	钢板钢架	330.685	20	5.16
十三道沟上游过江输电线	中方钢筋混凝土柱、朝方木柱		340	
龙岗屯下游拦江索	中方钢筋混凝土柱、朝方地垄		310	7.60
龙岗屯下游指示索	木架		410	4.27
六道沟上游输电线	中方钢筋混凝土柱、朝方木架		171	9.40
临江高压输电线	同上		443	9.40
临江桥下游拦江索	木架		529	9.90
临江桥下游指示索	木架		529	8.77

表4－1－3　　2005年松花江上游跨江建筑物调查表

所在地	建筑物名称	结构	设计水位（米）	通航净跨（米）	通航净空（米）
抚松	小山大坝	土石坝	683		
抚松	松山大坝	土石坝	711		
抚松	双沟大坝	土石坝	585		
抚松	石龙大坝	混凝土重力坝	482.9		
石龙	跨江电缆	混凝座、钢架		400	40
石龙坝下	跨江电缆	混凝座、钢架		500	50
抚松	抚生松花江大桥	T梁	420.55	19.4	5

续表1

所在地	建筑物名称	结构	设计水位（米）	通航净跨（米）	通航净空（米）
抚松	参乡一号桥	石拱		40	12.6
抚松	参乡二号桥	石拱		40	16.25
抚松	参乡三号桥	石拱		35	12.4
抚松	松花江大桥	箱形梁		30	4
抚松	汤河口大桥	板拱		32	11.5
抚松	北江桥	石拱		60	12
榆树川	十千伏裸铝架空线路	12 米水泥杆		300	4
四人班村	十千伏裸铝架空线路	12 米水泥杆		300	4
四人班村	十千伏裸铝架空线路	12 米水泥杆		300	4
高丽城村	十千伏裸铝架空线路	12 米水泥杆		200	4
高丽城村	十千伏裸铝架空线路	12 米水泥杆		200	4
榆树川	十千伏裸铝架空线路	12 米水泥杆		250—300	4

第二章　船　舶

第一节　第二松花江上游的船舶

第二松花江上游，主要是抚松县和靖宇县的头道松花江和二道松花江，通航水域面积136.5平方公里，通航里程179公里，有船舶798艘，其中机动船23艘，漂流橡皮筏775艘。长白山旅游带动了漂流观光的迅速发展。自2002年吉林森工集团松江河林业有限公司漂流分公司、抚松县松江河诚惠松花江漂流有限公司、抚松县松花江大峡谷第一漂流有限责任公司、抚松县露水河长白山狩猎场、抚松县长白山小沙河生态漂流、抚松县长白山林海漂流山庄有限责任公司相继成立，开始运营。2005年白山市地方海事局对第二松花江上游通航水域及船舶情况进行了统计，情况如表4－2－1：

表4－2－1　　2005年白山市第二松花江上游通航水域及船舶情况表

水域名称	辖区	起止码头	水域面积（平方公里）	通航里程（公里）	船舶数量				备注
					合计	营运客船	排筏	公务船	
头道松花江	抚松县 靖宇县	花园口—白山电站	127.8	100	18	13		5	
松山引水库区	松江河发电厂		4.3	17	3			3	
小山库区	松江河发电厂		3.81	16	2			2	
锦江	抚松县	锦顶大桥－锦江大桥	0.2	8	125		125		橡皮筏
松江河	抚松县	两江口—老松江	0.2	6.5	200		200		橡皮筏
汤河	抚松县	温泉—大营	0.09	3.5	200		200		橡皮筏

续表1

水域名称	辖区	起止码头	水域面积（平方公里）	通航里程（公里）	船舶数量				备注
					合计	营运客船	排筏	公务船	
松江河上游	抚松县	长白山门－白西电站	0.027	9	100		100		橡皮筏
松江河上游		白西—两江口	0.07	19	150		150		橡皮筏

第二节　鸭绿江上游的船舶

鸭绿江上游流经长白县、临江市、八道江区，通航水域面积121.6平方公里，通航里程132公里。有船舶79艘，其中机动船40艘、漂流排筏39只。2001年鸭绿江漂流旅游有限责任公司在四道沟投放了10只竹筏，也是全市首家进行漂流旅游的公司。2002年临江市传祥鸭绿江第一漂流开始运营。2003年长白鸭绿江漂流公司开始运营。2005年白山市地方海事局对鸭绿江上游有船水域及船舶情况进行了统计，情况如表4－2－2：

表4－2－2　2005年白山市鸭绿江上游通航水域及船舶情况表

水域名称	辖区	起止码头	水域面积（平方公里）	通航里程（公里）	船舶数量				备注
					合计	营运客船	排筏	公务船	
鸭绿江	八道江区	白马浪至桦皮	84	42	34	30		4	
鸭绿江	临江市	临江至白马浪	27.25	54.5	25	5	19	1	橡皮筏
鸭绿江	临江市	四道沟至临江市	8.75	17.5	10		10		竹筏
鸭绿江	长白县	二十一道沟至大梨树	0.7	10	3		3		橡皮筏
鸭绿江	长白县	十五道沟至鸡冠砬子	0.9	8	7		7		橡皮筏

第三节　库区、湖上旅游船舶

青山湖风景旅游区距市区4公里，龙湾湖距靖宇县城12公里。2005年白山市地方海事局对青山湖和龙湾湖的旅游船舶情况进行了统计，情况如表4－2－3：

表 4－2－3　　2005 年白山市其他库区、湖上旅游船舶情况表

水域名称	辖区	水域面积（平方公里）	通航里程（公里）	船舶数量				备注
				合计	营运客船	脚踏船	手划船	
青山湖	八道江区	0.33	1.1	42	1	11	30	
龙湾湖	靖宇县	0.7	1.4	11	1	10		

第四节　船　舶　分　布

白山市松花江、鸭绿江及水库上的各类船舶分布情况如表 4－2－4、表 4－2－5、表 4－2－6、表 4－2－7：

表 4－2－4　　2005 年白山市客船（游艇）统计表

县（市、区）	船名	功率（千瓦）	客位	下水时间	船东
八道江	吉浑交 1 号	84	67	1982 年 6 月	三道沟镇旅游管理处
	吉浑森防贰号	206	24	1990 年 6 月	农行八道江办事处
	中监	55	20	1988 年 7 月	八道江区姜云传
	浑江森防	61.8	20	1990 年 5 月	八道江区三道镇朱学善
	吉白山游 1002	8.8	20	1994 年 6 月	八道江区三道沟镇王延茂
	吉白山游 1003	22	4	1994 年 7 月	八道江区三道沟镇马林
	吉白山游 1006	62.5	10	2002 年 5 月	八道江区三道沟镇渔业公司
	吉白山游 1007	22	4	1994 年 6 月	八道江区三道沟镇旅游管理处
	吉白山游 1011	25	4	1993 年 8 月	八道江区三道沟镇王旗柱
	吉白山游 1012	29.4	10	2002 年 5 月	八道江区三道沟镇渔业公司
	吉白山游 1016	8.8	25	1992 年 6 月	八道江区市郊乡群生村
	吉白山游 1017	22	4	1997 年 9 月	八道江区三道沟镇农电所
	吉白山游 1019	29.4	6	1998 年 9 月	八道江区三道沟镇周培贵
	吉白山游 1020	29.4	6	1993 年 7 月	八道江区三道沟镇孙晓亮
	吉白山游 1021	29.4	6	1993 年 7 月	八道江区三道沟镇孙爱波
	吉白山游 1022	66.15	10	2002 年 6 月	八道江区三道沟镇李杰
	吉白山游 1023	66.15	10	2002 年 6 月	八道江区三道沟镇徐瑞刚

续表 1

县（市、区）	船名	功率（千瓦）	客位	下水时间	船东
八道江	吉白山游 1000	110	12	1999 年 8 月	三道沟镇旅游管理处
	吉白山游 1024	44.1	10	2002 年 5 月	八道江区三道沟镇朱仁善
	吉白山游 1025	36.7	55	1993 年 6 月	八道江区三道沟镇王业臣
	吉白山游 1008	110	14	1996 年 7 月	八道江区三道沟镇朱学善
	吉白山游 1028	44.1	8	2003 年 9 月	马林
	吉白山游 1026	44.1	6	2004 年 6 月	周培贵
	吉白山游 1027	62.48	10	2004 年 5 月	马连福
	吉白山游 1029	66.15×2	22	2004 年 6 月	八道江区农电局电管总站
	鸭绿江旅游 1 号	73.5×2	45	2004 年 7 月	市鸭绿江旅游开发有限公司
	鸭绿江旅游 2 号	147×2	50	2004 年 6 月	市鸭绿江旅游开发有限公司
	鸭绿江旅游 3 号	110.25	10	2004 年 9 月	市鸭绿江旅游开发有限公司
	鸭绿江旅游 5 号	110.25	10	2004 年 7 月	市鸭绿江旅游开发有限公司
	吉白山游 1030	147	16	2004 年 6 月	白山市国家粮食储备库
	吉白山游 1032	84.5	10	2005 年 7 月	宋文臣
抚松	龙江号	18	45	1988 年 4 月	魏连顺
	玉龙号	31.6	40	2000 年 6 月	抚松榆树镇黄玉山
	吉白山挂 3006	5.67	10	1995 年 5 月	抚松抽水乡碱场村
	吉白山挂 3007	8.8	30	1989 年 9 月	抚松抽水乡碱场村
靖宇	吉白山游 4001	10.9	20	1996 年 5 月	靖宇水电局旅游服务中心
	吉白山游 4002	10.9	20	1996 年 8 月	靖宇水电局旅游服务中心
	仁义号	26.5	28	1998 年 6 月	白山湖风景区旅游服务中心
	白山湖一号	32	40	2003 年 7 月	靖宇县第一参场王明云
	吉白山挂 4009	8.8	20	1998 年 5 月	靖宇仁义旅游开发有限公司
	龙泉	4.4	17	2001 年 9 月	江源县三岔子镇王琴
	吉白山挂 4010	12.1	20	2001 年 5 月	靖宇县花园口镇刘云波
临江	江平号	23.5	40	1999 年 7 月	临江苇沙河镇政府　王学友
	吉白山游 2001	8.8	10	1988 年 7 月	临江市建国街　董文革
	吉白山游 2002	29.4	6	1995 年 8 月	临江市建国街　董文革
	吉白山游 2004	29.4	6	1992 年 6 月	临江市建国街　由文军

表 4－2－5　　2005 年全市公务船统计表

县（市、区）	用　途	船　名	功率（千瓦）	定员	下水时间	船　东
八道江	水上监督	吉白山监巡	55.1	6	2002 年 8 月	白山市港监船检处
	防火	龙山湖一号	125	18	2000 年 5 月	三道沟国营林场
	交通船	吉白山游 1031	29.4	5	2004 年 5 月	白山市国家粮食储备库
	交通船	吉白山游 1005	4.4	8	1992 年 9 月	八道江区三道沟镇邮电局
抚　松	防火	吉白山挂 3001	84.5	10	1998 年 5 月	露水河林业局森防指挥部
	防火	吉白山挂 3002	84.5	10	1998 年 8 月	露水河林业局森防指挥部
	防火	吉白山挂 3003	84.5	10	2002 年 9 月	泉阳林业局榆树林场
	防火	吉白山挂 3004	84.5	10	1998 年 7 月	松江河林业有限公司防火办
	交通船	吉白山挂 3005	84.5	10	1998 年 6 月	松江河发电厂
	运木船	吉丰挂 1060	8.8	1.7T	1986 年 7 月	松江河发电厂
	运木船	吉丰挂 1015	8.8	1.7T	1988 年 6 月	松江河发电厂
	交通船	松电一号	36.76	40	1998 年 7 月	松江河发电厂
	交通船	吉白山挂 3008	22	5	1999 年 3 月	松江河水电厂实业公司
临　江	拖排	长贮一号	45×2		1992 年 5 月	长白森经局望江楼贮木厂
靖　宇	防火	吉白山挂 4003	8.8	30	1988 年 5 月	三岔子林业局那尔轰林场
	防火	吉白山挂 4004	84	14	1996 年 6 月	三岔子林业局三道湖林场
	防火	吉白山挂 4008	84.5	10	1998 年 8 月	三岔子林业局那尔轰林场

表 4－2－6　　2005 年全市趸船统计表

县（市、区）	船名	船体材质	最大吃水（米）	载重量（吨）	下水时间	船东
靖宇	仁义水上餐厅	钢质	0.5	8	2004 年 5 月	靖宇县一参场王明云
临江	九洲源	钢质	0.4	3.2	1993 年 8 月	临江市建国街董文革

表 4－2－7　　2005 年全市渡口船舶统计表

县（市、区）	船名	船体材质	最大吃水（米）	载重量（吨）	下水时间	船东
抚松	吉白山渡 3005	钢质	0.5	3.5	2003 年 9 月	露水河镇于月发

第三章　港口码头

第一节　第二松花江上游港口

至2005年末第二松花江上游通航水域船舶停靠均为自然坡岸码头。抚松县白龙湾、靖宇县仁义风景区无固定停靠地点。

第二节　鸭绿江上游港口

临江市苇沙河码头距苇沙河镇1公里，为军民两用临时码头，2001年5月开始建设，2002年8月投入使用，正规码头待建。

三道沟镇龙湖港距三道沟镇4公里，为军民两用客货码头，由吉林省航道管理局设计，黑龙江龙航工程总承包有限公司施工。占地面积11 020平方米，建筑面积5 000平方米，投资310万元，年吞吐量5万吨。2004年5月开始建设（2006年10月投入使用）。其他通航水域船舶停靠均为自然码头或简易码头。

第三节　库区、湖上码头

2005年白山市库区、湖上码头情况如下：

一、小山电站水库，属松江河发电厂，距松江河镇8公里，水域面积3.81平方公里。发电厂在水库有2艘公务船，停靠为简易码头。

二、松山引水库区，属松江河发电厂，距松江河镇9公里，水域面积4.3平方公里，发电厂在库区有3艘公务船，停靠为简易码头。

三、青山湖风景区，属八道江区群生村，距白山市区 4 公里，水域面积 0. 33 平方公里。群生村在库区有营运客船 1 艘，脚踏船 11 只，手划船 30 只，用于游览，船舶停靠为简易码头。

四、靖宇县龙泉镇龙湾湖，距靖宇县城 16 公里，水域面积 0. 7 平方公里，湖区有营运客船 1 艘，脚踏船 10 只，用于游览，船舶停靠为简易码头。

第四章　运　输

第一节　运输组织

至2005年末白山地区水上运输企业13户、个体单船及联户35户。白山地区无造船行业，无修船行业。船东需修的船舶，均聘请大安造船厂、吉林市造船厂进行维修。

一、运输企业

自1982年开始相继成立八道江区三道沟镇旅游管理处、靖宇县水电局旅游服务中心、靖宇县仁义旅游开发有限公司和白山市鸭绿江旅游开发有限公司。这几家运输企业均是以机船服务于旅游，区域是云峰库区和白山库区。自2001年开始相继成立鸭绿江漂流旅游有限责任公司、临江市传祥鸭绿江第一漂流、长白鸭绿江漂流公司、吉林森工集团松江河林业有限公司漂流分公司、抚松县松江河诚惠松花江漂流有限公司、抚松县松花江大峡谷第一漂流有限责任公司、抚松县露水河长白山狩猎场、抚松县长白山小沙河生态漂流、抚松县长白山林海漂流山庄有限责任公司，这几家运输企业均是以排筏服务于旅游，区域是鸭绿江上游和第二松花江上游。

二、个体及联户

个体和联户在水上旅游活动中，拥有的船只超过水上运输企业，均是以旅游客船和游览艇在云峰库区和白山库区等水域进行旅游运输。个体单船及联户35户。

第二节　货物运输

一、市外运输

二道松花江上的小西林河渡口是来往于露水河镇西林河林场与延边朝鲜族自治州安

图县两江镇大兴川村之间的客货渡口。2005 年运载小型车辆1 150台次。另外，云峰库区是集安市和白山市的共有水域，白山库区是抚松县、靖宇县和桦甸市的共有水域，因此两个库区的旅游船舶均服务于两个地区之间。

二、涉外运输

自 1996 年开始，鸭绿江边境易货贸易断断续续--直进行到 2005 年。中朝水上部分贸易情况如下：

1. 集安市鸭绿江对外贸易公司与朝鲜祥源贸易会社自 1998 年 5 月 15 日至 1998 年 8 月 15 日止，临时经当石进口白松 3 000 立方米。流筏过货。

2. 临江林业局与朝鲜祥源贸易会社自 1999 年 5 月 15 日至 1999 年 8 月 15 日止，临时经临江船营进口木材 2 000 立方米。流筏过货。

3. 临江市经济开发区宏盛有限责任公司与朝鲜仁凤贸易会社自 1999 年 8 月 13 日至 1999 年 11 月 13 日止，临时经船营进口木材 3 500 立方米，经望江楼村当石屯进口木材 3 000 立方米。流筏过货。

4. 临江经济开发区宏盛有限责任公司与朝鲜祥源贸易会社自 2000 年 8 月 10 日至 11 月 10 日止，临时经当石进口木材 5 000 立方米。流筏过货。

5. 临江林业局与朝鲜祥源贸易会社自 2000 年 8 月 10 日至 11 月 10 日止，临时经当石进口木材 5 000 立方米。流筏过货。

6. 临江林业局与朝鲜祥源贸易会社自 2000 年 5 月 5 日至 2000 年 8 月 5 日止，临时经当石进口木材 10 000 立方米。流筏过货。

7. 八道江区豪盛贸易有限责任公司与朝鲜金丝会社于 2002 年 7 月 19 日至 9 月 30 日止，经三道沟临时口岸过货出口：面粉 800 吨，进口：钨尾矿 40 000 吨。以船舶运输。

8. 八道江区豪盛贸易有限责任公司与朝鲜金丝会社于 2002 年 10 月 1 日至 12 月 31 日止，经三道沟口岸临时过货进口钨尾矿 10 000 吨，出口面粉 800 吨。以船舶运输。

第三节 旅客运输

一、市内区域间运输

2005 年为解决三道沟镇沿江大长川、仙人洞、小长川、二道沟和滴台 5 个村村民每周二到三道沟镇赶集的需要，镇政府用“吉浑 1 号”客船接送赶集的沿江村民。

二、旅游观光运输

旅游观光运输涉及通航水域很多，包括云峰库区、白山库区、靖宇仁义风景区、临江江心岛旅游区、抚松县的几大漂流水域，鸭绿江上游的漂流旅游运输，另外还有青山湖风景区、龙湾湖风景区等。2005 年旅游观光游客达 82 990 人，旅客周转量达 1 156 860 人公里。

第五章 国际合作

鸭绿江是中华人民共和国和朝鲜民主主义人民共和国的界江，为两国共有，由两国共同管理、使用。自1960年5月23日，中朝两国政府在北京正式签定了《中华人民共和国和朝鲜民主主义人民共和国政府国境河流航运合作的协定》，同时制定了《中朝国境河流船舶航行规则》。自1961年3月起，两国航运部门根据《协定》的有关规定，在国境河流上开始了航运合作。

一、航道整治

1961年6月至11月底中方完成了鸭绿江临江至六道沟的全面测量和险滩整治设计工作，全段长58.5公里。鸭绿江临江（中江）至六道沟（厚昌）段航道整治工程，由中方负责。

朝方于1971年编制了鸭绿江苇沙河口（远洞里）至临江（中江）铁桥段的航道浅滩疏浚工程设计。设计标准：水深1.0—1.1米，底宽25米，曲度半径300米以上。双方首席代表派员组成设计审查小组，负责审查批准设计。朝方于1973年内召集设计审查小组会议，按批准的设计施工（1984年继续施工）。

二、附录：历届合作会议相关鸭绿江白山段内容

第十一次会议

1971年10月22日至10月30日在北京举行。会议主要内容：商定委员会第九次、第十次会议书中有关编制鸭绿江八道沟（厚昌）至十三道沟（新坡）段航道浅滩整治工程设计事宜。

第十二次会议

1972年11月18日至1973年1月19日在朝鲜民主主义人民共和国平壤举行。会议主要内容：商定鸭绿江苇沙河口（远洞里）至大长川（土城里）段等处航道浅滩疏浚工程

设计、设计标准、以及双方首席代表派员组成专家小组和在老西航区区域内新的挖槽位置等。1973 年 1 月 19 日，双方首席代表在平壤签署了协议书。

第十五次会议

1975 年 12 月 29 日至 1976 年 1 月 14 日在中华人民共和国沈阳举行。会议主要内容：商议关于鸭绿江五道沟大碛子下端，八道沟至十三道沟段，以及苇沙河口至大长川段的航道浅滩疏浚工程问题。

第四十次会议

2001 年 5 月 22 日至 5 月 29 日在朝鲜民主主义人民共和国首都平壤举行。会议主要内容：鸭绿江六道沟（富田里）至苇沙河（远洞里）段航道进行调查测量。其测量作业主要在中方岸和通航水域内进行，朝方将提供必要的帮助。

第五篇 DI FANG TIE LU

地 方 铁 路

2002年前，白山市境内除鸭大、浑白国营铁路线及部分林业专用小铁路外，无一条地方性经营铁路线。靖宇县境内三岔子至那尔轰森林小铁路全长151公里，在靖宇境内131公里。该铁路于1947年春动工修建，1950年铺设到大北山，1951年对三岔子到金家店（三道湖镇）段进行全线整修后，开始采用12吨小火车头牵引，运输木材和旅客，1956年修至景山镇，1977年修至西南岔林场，1978年又延伸到崇礼林场，1985年修到那尔轰林场。三岔子至那尔轰森林小铁路的修建，对靖宇境内沿线人民群众的生产和生活带来了方便，缓解了靖宇境内交通运输的紧张状况。由于靖宇境内森林采伐量锐减，加之国家实施“天保”工程，自2000年以后逐年分段拆除该小铁路，木材运输方式由以铁路运输为主逐步变为以汽运为主。到2004年底，该小铁路已全部拆除。

2001年初，靖宇县委、县政府提出修建靖宇至辉南地方铁路的构想，经白山市委、市政府同意，县委、县政府主要领导带领有关人员多次到国家计委、铁道部、省政府、省计委、省交通厅等有关部门汇报工作，得到了大力支持，国家计委将该项目列为《全国地方铁路“十五”计划及2010年发展规划》。2001年10月18日，吉林省确定了《预可研报告》，12月18日，靖宇县委、县政府邀请国家地铁协会等有关部门共41名专家及领导，在靖宇县召开了预可研评审会，并通过评审。吉林省发改委于2001年12月21日批准立项。

2002年初，经过积极协调，努力工作，宇辉地方铁路工程建设项目正式启动。业主为省交通厅，省宇辉地方铁路有限公司负责施工。靖宇县政府与省地铁局签订协议，负责本县境内的占地拆迁和工程施工的有关协调服务工作。县委、县政府成立了地方铁路建设领导小组，在县交通局设立了专职地方铁路建设办公室，及时做好与辉南县的相关协调和县内的占地拆迁及有关协调服务工作。2002年7月16日，县政府邀请近百名全国铁路专家进行了为期3天的工程可研评审会，通过评审。

2003年4月，完成了工程的招投标工作，全线划分为8个标段，确定了施工队伍，5月12日，宇辉地方铁路工程总指挥部在靖宇县龙泉镇挂牌成立，5月15日全线开工，至2005年7月24日完成铺轨架梁工程，全线贯通，同年10月中旬竣工。

宇辉地方铁路的修建，结束了白山市及靖宇县没有地方铁路的历史，对完善全省公、铁综合运输网络，促进靖宇和沿线开发开放及吉林省东部地区经济发展，加强国防建设，具有十分重要的意义。

第一章　宇辉地方铁路的筹建

第一节　技术等级和运营方式

铁路设计等级为地方铁路Ⅱ级，采用单线线路，全长67.01公里，从国铁团杉线辉南站接轨，途经辉南县抚民镇、靖宇县龙泉镇和靖宇镇，终点为靖宇县“农夫山泉”公司矿泉水生产基地。宇辉地方铁路靖宇县境内29.04公里。

宇辉地方铁路建成后，全权委托国铁管理运营。

第二节　筹　建　情　况

一、立项

吉林省发改委于2001年12月21日下发了《关于新建靖宇至辉南地方铁路项目建议书的批复》（吉计交字［2001］1174号）批准该项目立项。

二、筹建组织机构

吉林省交通厅于2003年1月16日下发了《关于成立宇辉地方铁路有限公司的批复》（吉交函［2003］11号），省交通厅为业主，靖宇县政府负责县内征地拆迁及施工协调服务等项工作。批准成立宇辉地方铁路有限公司，该公司为宇辉地方铁路工程项目法人。

三、征地拆迁

2003年4月28日，国家林业局下发了《使用林地审核同意书》（林资林地审字［2003］078号），2003年4月30日，吉林省林业厅下发了《关于新建靖宇至辉南地方铁路项目征占用林地的通知》（吉林资［2003］263号），批准了该项目林地砍伐。2003年5月22日，吉林省国土资源厅下发了《关于靖宇至辉南新建地方铁路项目申请提前开工的复函》（吉国土资更发［2003］3 号）。批准宇辉铁路工程可先行使用土地。2004 年 1 月 1 日，国土资源部下发了《关于靖宇至辉南地方铁路工程建设用地的批复》（国土资函［2003］495 号），批准了项目建设用地。靖宇县境内征地拆迁工作按时完成。

四、投资

该项目总概算投资 56 530 万元。靖宇境内由省交通厅与沈阳铁路局联合投资26 280 万元。

五、建设情况

路基、桥涵、隧道、防护、房建等线下工程于 2004 年 8 月 30 日全部完成，线下架梁工程于 2005 年 7 月 7 日完成，铺轨工程于 2005 年 7 月 24 日全线贯通，全线线路整备及通信、信号工程于 2005 年 9 月全部完成，达到竣工验收标准。

宇辉地方铁路共建有三座火车站，辉南县境内抚民站，建筑面积 1 039．06 平方米；靖宇县境内龙泉站，建筑面积 1 959．68 平方米，靖宇站建筑面积 4 386．27 平方米。

第二章　桥梁（隧道）

1. 全线建有隧道 1 座（龙岗隧道），位于靖宇县龙泉镇老岭屯（与辉南县交界处），全长 1 508 米，于 2004 年 9 月 5 日竣工。

2. 全线建有大、中、小桥共计 30 座，其中靖宇境内 12 座（大桥 2 座、中桥 5 座、小桥 5 座，700. 42 延长米），建有涵洞 205 座，其中靖宇境内 65 座。大中桥情况见表 5 - 2 - 1。

表 5 - 2 - 1　　宇辉地方铁路靖宇境内大中桥梁情况表

桩　号	大中桥	上部机构	设计荷载	全长（米）	跨径（米）	桥高（米）	跨越河流
DK40 + 992. 62	大桥	预应力钢筋混凝土简支梁	中—活载	111. 96	24	7. 5	珠子河
DK47 + 261. 62	大桥	预应力钢筋混凝土简支梁	中—活载	283. 47	24	4. 5	珠子河
DK53 + 666. 62	中桥	预应力钢筋混凝土简支梁	中—活载	42. 84	16	5. 3	与靖新公路立交
DK58 + 247. 62	中桥	预应力钢筋混凝土简支梁	中—活载	69. 95	16	5. 5	黄泥河
DK59 + 247. 62	大桥	预应力钢筋混凝土简支梁	中—活载	117. 2	20	5. 5	青龙河
DK64 + 956. 2	中桥	预应力空心板桥梁	中—活载	39	13	6. 8	
DK64 + 128	中桥	钢筋混凝土框架桥	中—活载	36	18	5. 4	与榆江公路立交

第三章 车站设施

第一节 机务

宇辉地方铁路在靖宇站设机务折返所一处，内设待班线一条、走行线一条、机务值班室一座，在辉南站的地方铁路入口处、团林侧入口处和靖宇站的辉南侧入口处，设红外线轴温探测设备，在装卸作业比较集中的靖宇站设装卸检修所一处。

第二节 通信信号

宇辉地方铁路设有架空光缆 39.38 公里、直埋光缆 61 公里、直埋电缆 61 公里，构成长途通信、站场通信、无线通信及运输、货物计算管理系统。

抚民、龙泉、靖宇三个车站信号，实行电气集中联锁、半自动闭塞。

第三节 场站建设

宇辉地方铁路接轨于团杉线辉南站，除接轨站进行改造外，沿线设置抚民站、龙泉站和靖宇站，在专用线终点农夫山泉公司矿泉水厂区前，设置地区车场一处，为满足铁路长远发展需要，在辉南至抚民之间预留了对东海兴会主站的增设条件；在抚民至龙泉村之间预留了铺扳石会主站的增设条件。抚民站设到发线 3 条、货物站台一座；龙泉站设到发线 3 条及 1 条腰岔式货物线和一座货物仓库及站台；靖宇站设到发线 3 条（预留 1 条）、调车线 3 条（预留 1 条）、货物线 4 条（预留 1 条）、货场 1 座、货物仓库 1 座、货物站台 2 座。

第四章　组织机构及运输管理

第一节　运 输 组 织

宇辉地方铁路运营后，运输管理、货物运输、站场管理等，由宇辉地方铁路公司全权委托国铁按照铁道部下发的文件及相关规定进行组织管理。

第二节　运 输 管 理

宇辉地方铁路的运价，执行省发改委《关于靖宇至辉南地方铁路货运价格的批复》（吉发改收管字［2005］619号）规定的价格，在浮动的价格中，由宇辉地方铁路公司和国铁确定最终的执行价格（文件规定基础运价为0.30元/吨．公里，上浮10%，下浮不限）。

运营初期不经办旅客运输，以后视情况而定。

第六篇 CHANG BAI SHAN MIN YONG JI CHANG

长白山民用机场

长白山民用机场筹建工作始于2000年末。在国民经济发展的“八五”期间，国家民航总局和吉林省政府就把建设通化机场列入了规划布局。“九五”期间白山市政府为了本地区社会、经济的快速发展提供便利交通条件，把在白山市建设机场的问题提上了议程，并得到了吉林省政府、民航东北地区管理局和民航吉林省管理局的肯定和支持。通过白山市政府的筹划和运作，民航总局同意将原规划中的通化机场放在白山、通化两市之间，定名为白山机场。2001年11月民航总局批准位于白山、通化两市之间的白山市八道江区六道江机场选址方案。随着吉林省社会经济和旅游业的快速发展，特别是国家提出“振兴东北老工业基地”战略决策后，吉林省政府对全省经济结构做出战略性调整，为加快吉林省东部环长白山地区旅游资源的开发，将机场重新选址定在抚松县松江河境内。根据洪虎省长的建议，将该机场定名为长白山机场。2004年6月民航总局正式批准了长白山机场松山场址方案。

2005年8月29日，国务院、中央军委以国函［2005］76号文，批准新建长白山民用机场立项。本期工程建设规模为：飞行区等级4C，设计机型为B737系列飞机，跑道长2 600米；航站区按满足2015年旅客吞吐量54万人次的目标设计，航站楼面积8 000平方米，航管楼800平方米，站坪面积52 000平方米；配套建设供电、供水、供油、通信、消防及辅助生产生活设施；估算总投资30 980万元。

第一章 组织机构

长白山民用机场建设，从2000年白山市政府提出筹建机场到2005年，经国务院、中央军委批准，筹建工作大体分为两个阶段：第一阶段，2004年9月以前，由白山市政府组织筹建工作；第二阶段从2004年9月以后，由吉林省政府和白山市政府联合筹建，以吉林省政府为主。

2001年2月1日，白山市副市长岳俊峰召开专题会议，研究长白山机场建设前期工作问题。会议决定：根据吉林省“十五”规划，白山市政府决定筹建白山机场；成立机场筹备领导小组，下设机场筹备办公室，办公室设在白山市交通局。

2001年2月13日，白山市政府下发白山政专字［2001］5号《专题会议纪要》。组建长白山机场建设筹备领导小组，组长：岳俊峰（白山市副市长）；副组长：李新勃（白山市政府副秘书长）、吕明武（白山军分区参谋长）、王永和（白山市计委主任）及解运发（白山市交通局局长）；机场建设筹备办公室主任：解运发（白山市交通局局长）；副主任：吴福龙（白山市交通局副局长）、苏宇杰（白山市计委副主任）、高景义（白山市外经局助理调研员）。

2001年5月12日，根据民航东北局机场规划设计院的建议，白山市副市长岳俊峰主持召开会议，专题研究组建长白山机场筹建办公室等有关问题。会议决定：（1）白山市机场筹备办公室为市政府直属机构；（2）机场筹备办公室人员由市计委、交通局、外经局、工商局等部门抽调组成。于17日，白山机场建设筹备办公室正式组建，办公室地点设在白山市公路处职工培训中心三楼，下设办公室、技术科、综合科。28日，白山市机构编制委员会办公室以白山编办［2001］第14号文印发《关于成立白山市长白山机场建设筹备领导小组的通知》。长白山机场建设筹备领导小组组长：朱彤（白山市市长）；副组长：岳俊峰（白山市副市长）；机场筹备办公室主任：夏德富；副主任：高景义。

2002年3月27日，白山市机构编制委员会办公室以白山编办［2002］第23号文印发了《关于调整白山市长白山机场建设筹备领导小组的通知》。组长：李树国（白山市市长）；副组长：陆平（白山市副市长）。

中共白山市委为了确保机场建设快速进行，2003年8月10日确定由市人大副主任张洪德、张克顺负责包保长白山机场筹建工作。14 日，白山市人大副主任张洪德、张克顺召开由市机场筹建办全体人员参加的机场筹建工作有关问题专题会议。会议决定：组建长白山机场指挥部，总指挥张克顺、副总指挥夏德富、孙长山；原六道江场址开支结帐，指挥部筹建经费采取向市机场办借款方式结算。

2004 年 1 月 31 日，白山市市长周化辰在市政府会议室召开机场筹建专题会议，确定长白山机场建设是白山市第一号工程，由市长周化辰、副市长陆平共同主抓；重新调整长白山机场筹建领导小组。白山市机构编制委员会办公室 4 月 15 日以白山编办［2004］40 号文下发《关于调整白山市长白山机场建设筹备领导小组成员的通知》，组长：周化辰（白山市市长）、副组长：陆平（白山市副市长）。8 月 23 日，吉林省省长助理徐建一、省政府副秘书长刘仰轶受洪虎省长的委托召开专题会议，研究白山机场建设有关问题。会议决定：（1）组建长白山机场建设领导小组；（2）成立长白山旅游机场建设指挥部；（3）省发改委出资 100 万元、省财政厅出资 200 万元，用于机场注册资本金；（4）请省发改委尽快将《预可研报告》上报国家发改委，并抓紧衔接，尽快批复。会议要求：各有关方面要加强协调与配合，争取当年开工。9 月 6 日，吉林省人民政府以吉政办明电［2004］129 号文下发《吉林省人民政府办公厅关于成立白山机场和高速公路建设领导小组的通知》。（1）吉林省政府长白山机场和高速公路建设领导小组，组长：王儒林（常务副省长），常务副组长：徐建一（省长助理），副组长：刘仰轶、刘长龙（省政府副秘书长），焦海昆（省发改委主任），刘克志（省交通厅厅长），车进军（民航东北局副局长），张军（省民航机场集团公司总裁），周化辰（白山市市长）；（2）领导小组下设办公室，主任：李福春（省发改委副主任）；（3）成立长白山机场建设指挥部，总指挥：张军（省民航机场集团公司总裁）、副总指挥：张广涛（省民航机场集团公司副总裁）、陆平（白山市政府副市长）。9 月 21 日，白山市机构编制委员会以白山编字［2004］6 号文下发《关于成立白山市机场和高速公路建设工作协调组织的通知》。（1）白山市长白山旅游机场和高速公路建设工作协调小组，组长：周化辰（白山市市长）、副组长：陆平（白山市副市长）；（2）设立长白山机场建设协调办公室，主任：夏德富（市计委副主任）、副主任：孙长山（市交通局局长）、高景义（市计委助理调研员）。11 月 29 日，吉林省民航机场集团长白山机场有限公司在白山市工商局注册成立。公司法人代表：董事长张军，公司注册资本金：300 万元。

吉林省民航机场集团公司 12 月 11 日在抚松县召开吉林省民航机场集团长白山机场有限公司第一次全体人员会议：（1）宣布吉林省民航机场集团长白山有限公司正式成立，长白山机场有限公司与长白山机场建设指挥部一个机构两块牌子合署办公，人员由吉林省民航机场集团公司派出人员和白山市机场筹建办人员组成。（2）宣布吉林省民航机场集团长白山机场有限公司领导班子组成人员，董事长：张军，总经理：张广涛，副总经理：葛学范、夏德富。（3）宣布吉林省民航机场集团公司长白山有限公司中层干部人员名单。

第二章 机 场 选 址

长白山机场建设，经多次论证，结合吉林省、白山市经济社会发展要求，先后在八道江区、江源县、抚松县多次实地踏察选址，前期确定在八道江区六道江；后因吉林省政府提出加快长白山旅游业发展基础设施建设，改选址抚松县松江河镇松山。

第一节 六道江场址

2001 年 2 月 13 日，白山市机场筹建办公室组建后，岳俊峰、吴福龙等人到吉林省政府和民航东北管理局请示汇报，得到积极支持。白山市政府 2 月 29 日邀请民航东北管理局机场规划设计院副院长于正东来白山市与市计委、市交通局主要负责人专题研究长白山机场选址前期的准备工作等有关问题，并决定在适当时机民航东北设计院派专人来白山进行实地选址工作。

2001 年 3 月 16 日，吉林省发展和改革委员会吉计交函字［2001］29 号文向民航东北管理局呈报了《吉林省计委关于申请帮助将白山机场列入国家机场建设“十五”计划的函》。进一步阐述了建设白山机场的必要性，并明确机场前期工作由白山市人民政府负责。

2001 年 3 月 23 日，民航东北管理局机场规划设计院副院长于正东、高级工程师杨维德、设计室主任苗健来白山市到抚松县、江源县、八道江区进行初选白山机场场址。通过图上作业和实地踏察共初选抚松县松江河镇四公里、江源县城墙大平台、二道河子、八道江区六道江老营、红土崖南平台等 5 个场址。

2001 年 3 月 30 日，民航东北地区管理局东北局以［2001］30 号文向国家民航总局呈报了《关于将白山机场列入民航机场建设“十五”计划的请示》。

2001 年 4 月 2 日，白山市政府邀请民航东北地区管理局机场规划设计院院长辜克信、副经理于正东、设计室主任苗健、高级工程师杨维德、项目负责人骆洪森来白山市做白山机场选址的前期调研工作。经调研，确定白山机场建成后将作为国内旅游机场，重点发展长白山地区旅游并兼顾公务和商务发展，辐射通化市及周边各市县，推动吉林省东部地区的旅游产业发展的建设宗旨，机场规划设计院建议白山市政府组建专门的筹建机构全力抓好筹建工作。

2001年5月25日，白山市政府市长朱彤召集常务副市长王兆华、岳俊峰和市政府各有关部门负责人会议，研究和部署长白山机场场址征集及编制《新建长白山民用机场选址报告》资料等有关问题。会议要求各部门必须及时、准确、保质保量的完成资料征集工作。

2001年7月1日，机场筹备办以白山机场筹建办字［2001］1号《关于委托编制长白山机场预可研报告的函》。正式委托民航东北管理局机场规划设计院编制《新建白山民用机场选址报告》、《新建白山民用机场预可行性研究报告》。

2001年7月8日，民航东北管理局航务处工程师张志清、民航东北管理局机场规划设计院副院长于正东、设计室主任苗健、高级工程师杨维德、项目室主任骆洪森来白山踏察机场场址，经研究确定江源县二道河子、八道江区红土崖南平台、六道江老营三个场址为白山机场推荐场址。

2001年7月18日，白山市政府以白山政请发［2001］37号文向沈阳军区空军司令部呈报《吉林省白山市人民政府关于拟建长白山民用支线机场场址的请示》。又以白山政请发［2001］55号文向民航东北管理局呈报《吉林省白山市人民政府关于拟建长白山民用支线机场场址的请示》。

2001年8月7日，民航东北地区管理局在白山市召开白山机场选址会议，民航吉林省管理局、吉林省发展和改革委员会、民航东北地区空管局、民航吉林省管理局、民航东北局机场规划设计院、白山市政府及有关部门的领导、专家出席了会议，会议确定六道江场址为白山机场上报国家民航总局复审的推荐场址。

2001年9月10日，民航东北局航务处编制完成了《新建长白山民用机场六道江场址飞行程序设计报告》，设计规定：六道江场址为东经126°19′23″、北纬41°52′07″，跑道真方向为58°7′—238°7′，跑道长度为2 200米，航线为白山—长春、牡丹江、延吉、沈阳、丹东、大连、北京、上海等。

2001年9月18日，民航总局专家俞大刚、工程师何运成、民航东北局航务处处长马永伟、工程师张志清、机场规划设计院副院长于正东来白山对六道江场址进行飞行性能设计，经过精确计算，六道江场址可安全起降麦道80型、90型、波音B737及以下机型。民航东北局机场规划设计院，根据民航东北局关于长白山机场六道江场址初审意见，10月8日修改完成《新建长白山民用机场选址报告》。

2001年11月5日，民航总局在白山市召开白山新机场场址复查会议，民航东北地区管理局、民航吉林省管理局、吉林省计委、民航东北局机场规划设计院、白山市有关部门领导和专家参加了会议。

2001年11月15日，民航东北管理局以东北局［2001］79号文向国家民航总局呈报了《关于白山市新建机场选址复核的请示》。

2001年12月24日，沈阳军区空军司令部作战处战场科科长曹溪、工程师陈永彦等领导和专家来白山踏察六道江场址，认为：长白山机场六道江场址位于通化—白山两市之间，位置适宜，于沈空在该地区的军用机场航线不矛盾，机场于中朝边境线的距离符合国家规定，填补沈阳军区在吉林省东南部地区没有机场的空白，具有重要的军事价值。

2002 年 1 月 4 日，中国人民解放军沈阳军区空军司令部以［2002］第 4 号（函）下发了《同意吉林省白山市拟建白山机场位置》。

2002 年 1 月 30 日，民航总局以总局机函［2002］013 号文件下发了《关于新建长白山机场场址的复查意见》，批复六道江场址为长白山民用机场场址和建设方案。

2002 年 2 月 15 日，民航东北管理局航务处副处长张志清、中国机场建设总公司东北分公司副总经理苗健等人来白山开展《新建长白山民用机场预可行性研究报告》的调研。3 月 17 日，中国机场建设总公司东北分公司白山机场项目负责人骆洪森等 8 人来白山市开展编制《新建长白山民用机场预可行性研究报告》实地调研，走访白山市各有关部门，查阅机场建设的有关文件、标准、规定的资料。5 月 13 日，中国机场建设总公司东北分公司总经理于正东、副总经理苗健等 4 人来白山市六道江场址，研究老营沟河流区域的涵洞、土方设计工作。6 月 3 日，民航东北管理局空管局通导处工程师孙先峰、情报处工程师李波、机场规划设计院项目负责人骆洪森、到白山市六道江场址实地踏察并确立机场场址两端设立 NDB 导航台站具体的位置。

2002 年 7 月 17 日，国务院副总理吴邦国在省长洪虎陪同下到长白山自然保护区视察并发表重要讲话，要求吉林省政府要大力发展长白山地区旅游产业，在长白山自然保护区外围修建一座旅游机场，推动长白山地区经济的发展。

2002 年 8 月 8 日，中国民航机场建设总公司东北分公司完成六道江场址《新建长白山民用机场预可行性研究报告》。由于吉林省政府要变更长白山机场场址，至此，长白山机场六道江机场筹建工作结束。

第二节 松山场址

2002 年 9 月 19 日，白山市发展和改革委员会以白山计能字［2002］121 号文向省计委呈报了《关于白山市长白山机场重新选址有关事宜的请示》。

2002 年 10 月 9 日，抚松县人民政府向白山市机场筹备办呈报了《长白山民用机场重新选址建议书》。

2003 年 3 月 27 日，吉林省发展和改革委员会副主任曹大卫、交通处副处长闫日平、民航吉林省管理局副局长孟泉、计划处副处长李成勇等人就机场重新选址来白山市抚松县松江河镇实地踏察预选的磨盘山、东岗、北台子、两公里、西岗等五个场址。听了白山市机场筹备办主任夏德富关于长白山机场重新选址情况的汇报。吉林省发展计划委员和民航吉林省管理局领导认为，白山市的长白山机场重新选址方案可行，建议白山市政府在抚松县松江河地区选择新场址。

2003年5月23日，白山市人民政府以白山政文［2003］33号文向省人民政府呈报《白山市人民政府关于新建长白山民用机场场址有关问题的报告》。

2003年9月18日，白山市机场筹备办以长白山机场筹建办字［2003］年9号文向中国机场建设总公司东北分公司呈报了《关于委托编制长白山机场松江河场址和预可研报告的函》。

2003年10月2日，吉林省省长洪虎、吉林省政府秘书长马俊清、白山市委书记阎宝泰、市长李树国等人到松江河视察长白山机场预选场址。洪虎要求白山市委、市政府全力抓好长白山机场筹建工作。省政府开始接管长白山机场筹建工作。

2003年11月19日，按照国家民航总局第68号令《民航航空运输机场选址规定》的要求，白山市机场筹建办邀请中国机场建设总公司东北分公司的领导和专家来白山市松江河地区开展选址工作，通过图上作业的实地踏察，初步预选了松江河白西、白西北、小山、抚南、松山、开封、钎字号、红旗、板石河等9个新场址，经过审查专家认为：松山、抚南、小山场址符合民航有关行业规定，同意以上3个场址作为长白山机场新的推荐场址。

2003年12月1日，白山市发展和改革委员会以白山计能字［2003］596号文向省计委呈报了《关于长白山旅游（支线）机场重新变更场址的请示》。

2004年1月8日，白山市人民政府以白山政文［2004］9号文向民航东北地区管局呈报了《白山市人民政府关于变更长白山民用机场场址的请示》。

2004年2月5日，吉林省发展和改革委员会以吉计交函字［2004］6号文向民航东北管理局呈报了《关于变更长白山旅游机场场址的函》。

2004年2月20日，中国机场建设总公司东北分公司编制完成《新建长白山民用机场选址报告》。

2004年2月27日，民航东北地区管理局在松江河林业局召开吉林长白山民用机场场址初审会，民航东北地区空管局、民航吉林安监办、吉林省民航机场集团、省发改委、中国机场建设总公司东北分公司、白山市政府及抚松县有关部门领导和专家出席了会议。研究同意松山场址作为向国家民航总局推荐场址，建议长白山机场定位为支线机场，按飞行区技术指标3C标准设计，能起降70座以下机型。远期按飞行区技术指标4C规划，能够起降B737及以下机型。

2004年2月28日，民航东北地区管理局下发了《吉林长白山民用机场初步设计审查会议纪要》。

2004年3月11日，白山市人民政府向省人民政府呈报《白山市人民政府关于吉林长白山民用机场重新选址及立项前期筹备工作所需费用的请示》。

2004年3月17日，民航东北地区管理局以东北局［2004］14号文向国家民航总局呈报了《关于白山市新建长白山民用机场变更场址的请示》。

2004年4月15日，中国人民解放军沈阳军区空军司令部在白山市抚松县松江河镇召开长白山机场场址可行性座谈会。沈空作战处处长王欣荣大校、航管处处长郝光大校、设计所高级工程师陈家彦、战场科科长常健中校、白山市政府副市长陆平、抚松县副县长张爱国、松江河林业局副局长李俊及白山市机场办领导和专家出席了会议，并实地踏勘了松山、小山、抚南三个场址。会议认为：（1）长白山机场建设突出为发展旅游产业服务。（2）机场建设规模要一次性到位，防止重复建设。（3）同意松山场址为长白山机场具体位置不要再次变更。（4）机场建设具有一定的军事价值。

2004 年 4 月 17 日，白山市机场办向沈阳军区空军司令部呈报《吉林长白山民用机场场址沈阳空军审查会议纪要》。

2004 年 4 月 23 日，中国人民解放军沈阳军区空军司令部以［2004］第 104 号文向白山市人民政府下发了《关于长白山旅游（支线）机场变更场址事》，批准松山场址为长白山机场具体位置。

2004 年 5 月 21 日，国家民航总局在松江河林业局召开吉林长白山民用机场场址复查会议，民航总局飞标司、规划司、机场司、空管局、民航东北局空管局、民航吉林安监办、吉林省发改委、吉林省民航机场集团、中航油东北分公司、白山市政府及抚松县政府有关部门的领导专家出席了会议。会议决定：长白山机场为国内旅游机场，按飞行区技术标准 4C 设计，同意松山场址为长白山机场推荐场址。

2004 年 5 月 24 日，白山市长白山机场筹建办公室以长白山机场筹建办字［2004］5 号文印发了《吉林长白山机场场址复查会议纪要》。

2004 年 6 月 2 日，白山市长白山机场筹建办经请示市政府领导同意，以长白山机场筹建办字［2004］2 号文《吉林长白山旅游机场占用林地调查设计委托书》，委托经吉林省林业厅指定的白山市林业勘察设计院，展开松山场址占用林地勘察设计工作。

2004 年 6 月 3 日，白山市长白山机场筹建办公室以长白山机场筹建办字［2004］3 号文《吉林长白山旅游机场地震安全评价报告委托书》，委托经吉林省地震局指定的——吉林省工程地震研究中心，开展松山场址的工程场地地震安全性评价工作。

2004 年 6 月 4 日，白山市长白山机场筹建办以长白山机场筹建办字［2004］6 号文《吉林长白山旅游机场征用土地地质灾害评价委托书》，委托经吉林省国土资源厅指定的——吉林省地质环境监测总站，开展松山场址的征用土地地质灾害评价工作。

2004 年 6 月 6 日，白山市长白山机场筹建办以长白山机场筹建办字［2004］8 号文《吉林长白山旅游机场建设工程初勘委托书》，委托吉林省长春地质工程勘察院，开展松山场址的初勘工作。

2004 年 6 月 9 日，白山市长白山机场筹建办以长白山机场筹建字［2004］4 号文《吉林长白山旅游机场建设工程环境影响评价委托书》，委托经白山市环保局指定的吉林省环境科学研究院，开展松山场址的环境影响评价工作。

2004 年 6 月 14 日，国家民航总局以民航机函［2004］384 号文下发了《关于新建吉林白山民用机场变更场址的复核意见》，批准松山场址为长白山机场首选场址。

2004年6月15日，白山市人民政府以白山政文［2004］36号文向省政府呈报了《白山市人民政府关于长白山旅游机场投资和建成后归属的请示》，吉林省政府同意将建成后的长白山旅游机场，所有资产转移至首都机场集团公司。

2004年6月16日，白山市环境保护局以白山环发［2004］25号文下发了《关于长白山机场建设项目环保初审意见》，原则同意该项目立项，并按规定在项目可行性研究阶段，完成报告书编制，将环境影响报告书报送环保行政主管部门审批。具体环保要求以环境保护行政主管部门对环境报告书的批复为准。

2004年6月18日，吉林省森林防火指挥部办公室以吉森防办［2004］16号文向民航东北地区管理局印发了《吉林省森林防火指挥部办公室关于长白山旅游机场兼备森林防护功能的函》。文件要求长白山机场投入使用后，可对机场周边50公里范围内近80万公顷森林火灾应急扑救和大面积森林病虫害飞行防治等森林保护工作起到应急备降基地的作用。

2004年6月30日，吉林省环境科学研究院编制完成了《吉林长白山旅游机场建设工程环境影响简评报告书》，并通过了吉林省环保局组织的省级环评专家的评审。

2004年7月10日，吉林省工程地震研究中心编制完成了《长白山旅游机场工程场地地震安全评价报告》。并通过了吉林省地震局组织的省级地震评价专家的评审。

2004年7月12日，吉林省地震局以吉震发［2004］52号文下发了《关于确定长白山旅游机场工程场地抗震设防要求的通知》，同意吉林省地震安全性评价委员会对《长白山旅游机场工程场地地震安全性评价报告》的评审意见。要求该工程抗震设防裂度为V1度，并对火山灾害采取必要的预防措施。

2004年7月15日，吉林省长春地质工程勘察院编制完成了《吉林长白山旅游机场建设工程——工程地质、水文地质初勘报告书》，并送中国机场建设总公司东北分公司。

2004年7月27日，吉林省发展和改革委员会在长春市春谊宾馆召开《长白山机场预可研报告》预评估论证会。民航东北局、吉林省机场集团公司、民航吉林安监办、吉林省工程咨询公司、白山市政府的领导和专家出席会议，研究原则同意中国机场建设总公司东北分公司的《预可研报告》，同时提出了修改报告的评估意见。

2004年7月29日，白山市长白山机场筹建办以长白山机场筹建办字［2004］9号文下发《关于吉林长白山旅游机场前期费用贷款事宜的说明》。

2004年8月18日，中国民航机场建设总公司东北分公司编制完成了《新建长白山民用机场预可行性研究报告》。

2004年8月20日，吉林省民航机场集团公司以吉机场［2004］78号文向民航东北管理局呈报了《吉林省民航机场集团公司关于新建长白山机场的立项报告》。

2004年8月24日，吉林省发改委以发改交运字［2004］369号文向国家发改委呈报了《关于报批新建长白山民用机场预可行性研究报告的请示》，同时呈报了《新建长白山民用机场预可行性研究报告》。

2004年9月15日，民航东北地区管理局以东北局［2004］40号文向国家民航总局呈报了《关于新建长白山民用机场预可行性研究报告审核意见的报告》。

2004年9月22日，吉林省国土资源厅以吉国土地灾评估［2004］第34号文批复了省地质环境监测总站关于长白山机场《建设用地地质灾害危险性评估审查认定表》，同意专家组意见，对《报告》预以认定。

2004年9月24日，白山市机场筹建办以长白山筹建办字［2004］10、11号文分别向国家环保总局、国家环保总局环境影响评价管理司呈报了关于报批《新建长白山民用机场建设工程环境影响评价大纲》的请示。

2004年10月10日，吉林省地质环境监测总站编制完成了《新建长白山民用机场建设用地地质灾害危险性评估报告》，并通过了省国土资源厅组织的专家组的评审。

2004年10月13日，中国国际工程咨询公司在北京中咨公司大厦19楼会议室，召开了《新建长白山民用机场预可研报告》预评估会议。中咨公司民航处处长赵民合、副处长熊朝、工程师范珏，特邀专家：孙永泉、俞大刚、宋晔、李坤，中国机场建设总公司总经理助理张仁武，吉林省民航机场集团公司副总裁张广涛，白山市副市长陆平等领导和专家13人参加会议。会议认为：（1）长白山机场是吉林省“振兴东北老工业基地”的重点建设项目，机场建设不仅能改变吉林省民用航空相对滞后的状况，而且能改善长白山地区旅游、交通环境。（2）原则同意中国机场建设总公司东北分公司编制的《新建长白山民用机场预可研报告》，编制单位需要按会议和专家提出的在投资概算、航站楼规模、净空条件处理、机场必要性、机场与延吉机场的关系等方面进一步完善《预可研》的内容。（3）中咨公司决定《新建长白山民用机场预可研报告》正式评估会议于11月在白山市召开。

2004年10月18日，吉林省国土资源厅以吉国土资规发［2004］81号文下发了《关于长白山民用机场用地规划有关问题的意见》。（1）同意为长白山机场建设项目安排用地。（2）要将耕地开垦费及其它应向政府缴纳的土地税费纳入工程预算。（3）及时开展建设项目用地预审和审查报批工作，依法办理建设用地手续。

2004年10月19日，白山市长白山机场筹建办公室以长白山机场筹建办字［2004］13号文向松江河林业有限公司呈文《新建长白山民用机场征用吉林森工集团松江河林业有限公司林地的申请》。

2004年11月10日，白山市长白山机场筹建办公室以长白山机场筹建办字［2004］14号文向吉林省地矿信息中心发《长白山民用机场建设用地压覆矿产评价报告委托书》。

2004年11月12日，白山市长白山机场筹建办公室以长白山机场筹建办字［2004］15号文向吉林省国土资源厅呈报《关于新建长白山民用机场建设用地预审的请示》。

2004年11月14日，吉林省地矿信息中心编制完成了《长白山民用机场工程压覆矿产资源情况调查报告》。

2004年11月16日，吉林省国土资源厅以吉国土资压字［2004］54号文下发了《长白山民用机场工程压覆矿产资源情况调查报告》审查意见。文件指出：编制的调查报告资料真实可靠，在工程建设项目范围内未发现重要的矿产资源，未设置探矿权和采矿权。

2004年11月21日，白山市机场筹建办公室以长白山机场筹建办字［2004］16号文向抚松县建设局呈送了《关于出据长白山机场建设用地选址意见书的申请》。

2004年11月22日，吉林省抚松县建设局以抚松字［2004］059号文向吉林省建设厅呈报了《关于长白山机场（建设项目选址意见书）》。

2004年12月1日，国家环保总局环境工程评估中心以国环评估纲［2004］255号文下发《关于新建长白山民用机场环境影响评价大纲的评估意见》。经国家环保总局同意，《新建长白山民用机场环评大纲》编制较规范，工程概况和环境现状介绍基本清楚，评价工作等级确定正确，评价方法总体可行，经详细认真的补充、修改后可作为开展评价工作的依据。

2004年12月9日，中国国际工程咨询公司受国家发改委委托在吉林省抚松县宾馆2楼会议室召开《新建长白山民用机场预可行性研究报告》评估会议，中咨公司领导蒋士良、民航处副处长熊朝，工程师范珏，中咨公司特邀专家孙永泉、俞大刚、宋晔、何运成、李坤，国家民航总局规划财务司工程师茅俊杰，国家民航空管局工程师亢戈及沈空、吉林省、白山市等领导和专家79人参加了会议。会议对机场场址和当地资源进行实地考察，听取与会各单位意见，并形成了评估专家组意见：（1）《新建长白山机场预可研报告》内容比较完整，规划的工程项目符合国家规范和民航行业标准，推荐的场址合理。（2）长白山机场定性为国内旅游机场近期航线。（3）同意松山场址作为长白山机场建设场址。

2004年12月26日，白山市机场筹建办公室以白机建字［2004］18号文向国家民航总局呈报了《关于报批新建长白山民用机场建设工程环境影响评价报告的请示》。

2004年12月28日，中国环境科学院以国环评证甲字［1001］号，编制完成了《新建长白山民用机场环境影响报告书》（送审稿）。

2004年12月29日，吉林省人民政府以吉政文［2004］185号文向国务院、中央军委呈报了《吉林省人民政府关于申请批准新建长白山民用机场项目预可行性研究报告的请示》。

同日，吉林省建设厅在省城乡建设规划设计院4楼会议室召开了《长白山民用机场建设用地规划选址论证报告》论证会。吉林省建设厅副厅长褚民华、规划处副处长尹中白，省发改委交通处处长常明，省国土资源厅主任科员霍启俊，省交通厅主任科员曹玉超，省林业厅高级工程师郑太晶，省林业厅郦书新，省民航机场集团副总裁张广涛，白山市副市长陆平等领导和专家参加会议。会议原则同意长白山机场松山场址位置。

同日，吉林省建设厅以吉规选字第［2004］021号文批复《长白山机场建设项目选址意见书》：（1）同意白山市长白山机场筹建办在抚松县松江河镇东南15公里位置建设长白山机场，规划用地面积2 437亩。（2）机场建设应充分考虑长白山自然保护区范围的划定和自然保护工作。（3）该建设工程的建筑物设计风格、体量高度和色彩等应与长白山自然保护区环境相协调。

2004 年 12 月 30 日，民航东北地区管理局以东北局［2004］61 号文向民航总局呈报了《关于新建长白山民用机场预可行研究报告审核意见的报告》。

2005 年 1 月 11 日，国家民航总局在北京民航干部管理学院 1 号楼 6 楼会议室，召开了《新建长白山民用机场环境影响报告书》预审会，形成会议纪要。会议原则同意中国环境科学院编制的《新建长白山民用机场环境影响报告书》。国家民航总局机场司工程师张宏、国家环保总局环境评价司副司长牟广丰、环境评价司二处副处长裴亚欣、国家环保总局环境评价中心工程师苏小将，特邀专家：来禄、郭秀兰、王景华、沈毅、俞穆清、中咨公司民航处副处长熊朝、吉林省环保局佟才、吉林省民航集团公司副总裁兼长白山机场建设指挥部副总指挥张广涛、白山市副市长兼长白山机场建设指挥部副总指挥陆平、白山市环保局副局长袁清华等领导和专家参加会议。

2005 年 1 月 11 日，吉林省民航机场集团公司长白山有限公司以长白机字函［2005］01 号文向松江河林业有限公司印发了《关于新建长白山民用机场征用林地函》。

2005 年 1 月 12 日，吉林省机场集团公司长白山有限公司以长白机字函［2005］02 号文向中国机场建设总公司印送了《关于委托编制新建长白山机场可行性研究报告的函》。

2005 年 1 月 14 日，白山市国土资源局在抚松县宾馆 3 楼会议室召开了《长白山民用机场建设项目对东岗镇土地规划实施影响评估报告》论证会议。

2005 年 1 月 20 日，吉林省国土资源厅以吉国土资规发［2005］8 号文向国土资源部呈报了《关于长白山民用机场建设项目用地预审的请示》。

2005 年 1 月 23 日，中国环境科学院以国环评甲字第［1001］号（039/S，2004），编制完成了《新建长白山民用机场环境影响报告书》（报批稿）。

2005 年 1 月 25 日，吉林省环境保护局以吉环函［2005］9 号文向国家环保总局呈报了《关于新建长白山民用机场环境影响报告书审查意见的函》。

2005 年 1 月 27 日，白山市国土资源局在抚松县政府计经局会议室召开了长白山机场《抚松县东岗镇土地利用总体规划调整方案听证会》。白山市国土资源局规划科科长董德禄、白山市机场工程师牟政东、抚松县人民政府副县长张爱国、抚松县政府法制局孙洪涛、抚松县计经局副局长滕兆辉、长白山自然保护局松江河办事处主任王琦、松江河林业有限公司工程师孙树德等 16 人参加了会议。

2005 年 2 月 1 日，国家民航总局以民航机函［2005］49 号文向国家环境保护总局印发了《关于对长白山机场建设工程环境影响报告书预审意见的函》。文件指出：（1）长白山机场建设，对促进以长白山为依托的吉林省旅游业发展，带动当地的经济发展，有着十分重要意义。（2）原则同意经修改后的《长白山机场建设工程环境影响报告书》，以及专家组评审意见。（3）机场建设工程的有关环保工程的设计方案，由民航东北地区管理局审批。

2005年2月2日，吉林省人民政府办公厅以省政府专题会议纪要第［2005］10号文下发了《研究长春龙家堡机场建设和长白山机场筹建有关问题》的会议纪要。

2005年2月17日，中国国际工程咨询公司以咨交通［2005］172号文向国家发展和改革委员会呈报了《关于新建长白山民用机场项目（预可行性研究报告）的咨询评估报告》。报告认为：(1) 从加快发展旅游业、优化完善交通体系、保护生态环境、巩固国防建设、完善机场网络布局等方面分析，建设长白山民用机场都是必要的。(2) 该机场为国内旅游机场，机场跑道2 600米×45米，航站楼面积8 000平方米，工程建设总投资30 982万元。

2005年3月2日，国家环境保护总局以环审［2005］206号文送达《关于新建长白山民用机场环境影响报告书审查意见的函》。

2005年3月3日，吉林省民航机场集团长白山有限公司总经理张广涛受董事长张军的授权与松江河林业有限公司总经理纪连营，共同签署了《新建长白山民用机场占用林地补偿协议》。协议规定：新建长白山机场占用松江河林业有限公司林地146.22公顷（2 205亩），补偿总费用35 460 296.00元。

2005年3月8日，中国人民解放军沈阳军区以（函）向吉林省人民政府下发《关于新建长白山民用机场的意见》。

长白山机场预可行研究报告代立项文件2005年3月在国家发改委内部会签完毕，送总参会签。4月29日，总参会签件返回国家发改委。

2005年5月17日，国家发改委通过《新建长白山民用机场预可行研究报告》审批，并以发改交运［2005］832号文报国务院审批。

2005年7月26日，新建长白山民用机场项目经国务院常务会审查通过。

2005年8月29日，国务院、中央军委以国函［2005］76号文，批准新建长白山民用机场立项。新建长白山民用机场项目本期工程建设规模为：飞行区等级4C，设计机型为B737系列飞机，跑道长2 600米；航站区按满足2015年旅客吞吐量54万人次的目标设计，航站楼面积8 000平方米，航管楼800平方米，站坪面积52 000平方米；配套建设供电、供水、供油、通信、消防及辅助生产生活设施；估算总投资30 980万元。

2005年9月2日，经国家林业局审核，同意新建吉林省长白山民用机场建设项目，占用松江河林业局经营范围内国家所有林区林地146.22公顷，出具了《使用林地审核同意书》。

2005年9月5日，长白山机场建设指挥部会同松江河林业局，根据国家林业局的《使用林地审核同意书》，到吉林省林业厅办理了新建长白山民用机场占用林地采伐证，并开始组织机场场址的林木采伐和清理场地。

2005年10月27日，中国国际工程咨询公司受国家发改委的委托，在北京新大都饭店国际会议中心组织专家对《新建长白山机场民用机场可行性研究报告》进行了评估。

第三章 筹 融 资

2004 年 5 月 11 日，国家民航总局局长杨元元及民航东北局领导等 14 人，在吉林省政府常务副省长王儒林、副省长矫正中、副秘书长刘仰轶，吉林省民航机场集团总裁张军、书记王长安的陪同下到延吉朝阳川机场视察时，听取了吉林省政府、吉林省机场集团公司、白山市政府领导关于新建长白山旅游机场筹建前期工作情况的汇报，民航总局局长杨元元表示：国家民航总局支持长白山机场建设项目，同意为长白山机场建设工程投资 1 亿元。

2004 年 7 月 29 日，白山市长白山机场筹建办以长白山机场筹建办字［2004］9 号文下发了《关于吉林长白山旅游机场前期费用贷款事宜的说明》。

2004 年 8 月 23 日，吉林省政府省长助理徐建一、省政府副秘书长刘仰轶受洪虎省长的委托主持召开了专题会议，研究长白山旅游机场建设有关问题。会议听取了白山市政府关于长白山旅游机场进展情况的汇报，并就成立长白山旅游机场和高速公路领导小组等问题进行了研究。会议决定：(1) 组建长白山旅游机场建设领导小组。(2) 成立长白山旅游机场建设指挥部。(3) 省发改委出资 100 万元、省财政厅出资 200 万元，用于机场注册资本金。(4) 请省发改委尽快将《预可研报告》上报国家发改委，抓紧衔接，尽快批复。会议要求：各有关方面要加强协调与配合，积极推进长白山旅游机场建设，争取今年开工。省发改委常明，财政厅石学文，民航机场集团公司张广涛、李成勇、曹光锐，白山市政府陆平、夏德富参加会议。

2004 年 12 月 23 日，吉林省人民政府以吉政函［2004］68 号文向国家发改委呈报了《吉林省人民政府关于新建长白山机场建设资金来源情况的函》。

2005 年 7 月 24 日，吉林省人民政府和首都机场集团公司签订了《吉林省人民政府 首都机场集团公司重组吉林省民航机场集团公司合作协议》。此协议的签订，使新建长白山民用机场建设投资主体发生了变化，首都机场集团公司承担吉林省人民政府对新建长白山民用机场的投资。

2005 年 10 月 27 日，首都机场集团公司致函国家发展和改革委员会，承诺除民航总局补贴的 1 亿元资金外，负责筹集长白山机场项目所需要的其余 2.39 亿元资金，保证所承诺的资金按照工程进度及时到位。

第四章　建设规划

长白山民用机场经2000年至2005年的筹建，拟定长白山机场近期规划用地总面积235.41公顷，远期用地总面积282.15公顷；停机坪近期按3B3C规划，其中2个廊桥机位、4个远机位，远期按3B5C2D规划，其中6个廊桥机位、4个远机位。机场设计、资金筹融、立项等逐步得到落实，并定于2006年夏季起正式开工修建，为迎接2008年北京奥运会，于奥运会开幕前竣工投入使用。

第七篇 JIAO TONG GUAN LI

交 通 管 理

交通管理由于交通法律、法规和规章的不断颁布和出台，也在日趋完善过程之中。20 年来逐步由行业管理、政策管理向法制管理方向发展，从机构体制的设立及队伍编制的确定，到交通行政执法，使交通行业管理逐步完善，走上科学化、规范化、法制化管理的轨道，为确保交通建设的快速发展起到积极的保障作用。

第一章　管理机构

一、白山市交通局

自1985年起，白山市交通局承担全市交通管理、交通建设规划等职责，对各县（市、区）交通局实施业务指导，对市区交通直属部门进行直接管辖。各县（市、区）交通局先后经省市编制委员会审核批准设立。在当地党委、政府的领导下，行使交通行政管理职能。

白山市交通局、各县（市）交通局是全市公路管理、交通安全管理、稽查征费管理、运政管理、收费公路管理、海事管理、地方铁路及超载超限运输管理等行政管理的主管部门。管理机构设置见图7－1－1、7－1－2。

图7－1－1

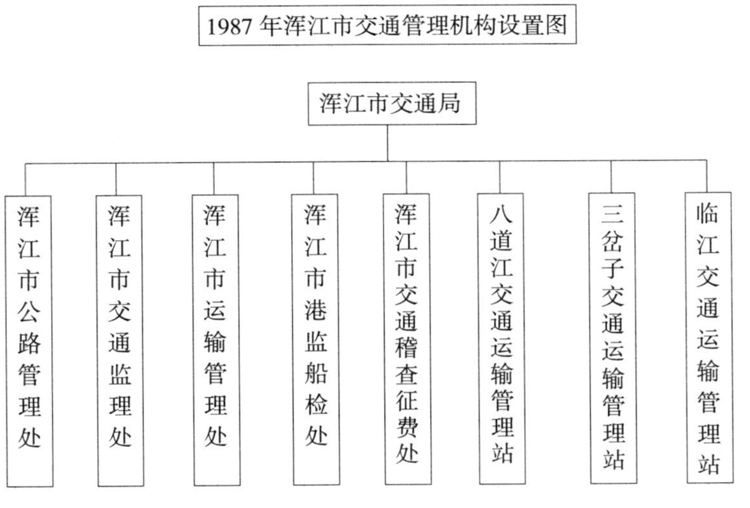

图 7－1－2

2005 年白山市交通管理机构设置图

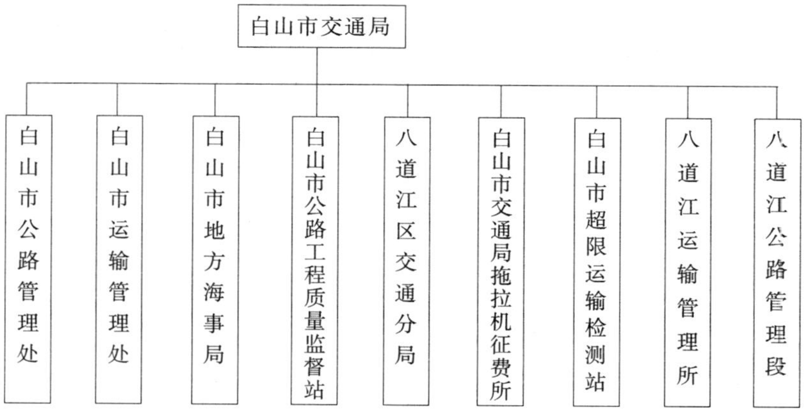

二、路政管理

1985 年建市建局后设立浑江市公路管理处，各县（市）区设公路管理段。

1997 年 7 月 3 日，《中华人民共和国公路法》颁布之后，经省交通厅核定公路管理中的行政执法，具体实施由路政管理部门承担。主要对辖区内通过依法整治和规范管理，防范治理各级别公路、公路用地、公路附属设施受到侵害和破坏，保证公路建设和道路运输畅通。经省、市编委批准在市公路管理处内设路政管理科，各县（市、区）在公路段内设路政管理科（室）。

三、交通监理

交通监理是公路交通的早期行政执法部门，主要职责承担车辆管理、驾驶员管理、维护交通安全、预防和处理事故、制止、纠正违章行为。1985 年正式成立中华人民共和国浑江交通监理处，同时在各县（市、区）设交通监理所。1987 年 7 月 1 日根据国务院国发［1986］94 号文件规定，把公路交通安全管理、监理机构及其人员移交当地公安部门管辖。由此而结束了公路交通部门的交通监理执法机构和权限。

四、运政管理

随着公路建设的不断延伸并由低等级向高等级路面提升，促使道路运输业蓬勃发展，为了维护道路运输市场秩序，保障道路运输安全，保护道路运输有关各方当事人的合法权益，道路运输管理机构先后在全市设立。随着道路运政管理的法律、法规和规章的颁布出台，道路运政管理机构已成为交通运政管理不可缺少的行政执法部门，同时也经历了由政府委托转为行政授权，成为法定交通执法机构。白山市运政管理自 1987 年 4 月设立运输管理处，并在各县（市、区）设立运输管理所，在部分乡镇设立运输管理分所。在白山市辖区内主要依据1997年吉林省第八届人大常务委员会颁布的《吉林省道路运输管理条例》、2004年4月14日国务院颁布的第406号令《中华人民共和国道路运输条例》及交通部发布的相关规章，对旅客运输、货物运输、机动车维修、机动车驾驶员培训等道路运输相关业务经营市场依法管理。

五、交通征费管理

交通规费征收依据国家法规标定的税费立项而核定的标准征收。主要征收单位和项目为机动车辆公路养路费征收、拖拉机养路费征收、运输管理费征收及车购费征收等。

（一）机动车辆养路费

1985年建市后至1987年6月末由各县、区交通局监理所征收，1987年7月起改由市稽查征费处负责，由各县（市、区）稽查征费所承办。1994年11月起全市稽查征费机构、人员及业务上交吉林省交通规费征收管理局管辖，白山市交通部门不再承担公路养路费征收业务。该项养路费征收统一上缴省交通厅，用于公路建设和养护。

（二）拖拉机养路费

1985年1月起至1987年6月末止，拖拉机养路费征收由市辖八道江、三岔子、临江三区交通运输管理站的运输管理所代征，1987年7月起由市稽查征费处代征，1994年11月改由当地组建的拖拉机征费所征收。所有征收的养路费由当地交通局用于农村公路建设养护专用。

（三）运输管理费

根据吉林省政府1983年11月8日制发《吉林省公路（内河）运输管理规定》和1991年10月24日颁发《吉林省道路运输管理费规定》按营业额收取运输管理费率为1%计征。由各地运政管理部门征收，每月将所征运输管理费上缴市运输管理处25%，其中10%上缴省运输管理局，又从中上缴交通部1%。1998年经国家计委、财政部决定降低为0.8%征收。1994年4月1日，吉林省财政厅核准全省各地将运输管理费总额40%上缴省运输管理局。运输管理费主要用于运管部门经费开支，列当地财政预算内资金。

（四）代收税费

在征收机动车辆公路养路费、拖拉机养路费之外，交通部门还承担对客货运输附加费、车辆购置税、港监船检、船舶转营籍、船员培训、水上交通安全管理及航道养护费征收等项工作。其中车辆购置税及客货运输附加费征收，先后于1996年、2001年由运管部门征收。之后改由规费征收管理部门征收。车购税先后由交通监理所、运管所、征费所代征。2005年4月起车购税代征工作及相关人员划归当地国税局。同年8月港监、船检等项税费征收转归新成立的地方海事局承担。

六、收费公路管理

1985年建市建局起至2005年末，全市公路建设由地方贷款修建而经省政府批准在白山市境内建有公路收费站21个。其中各县（市、区）自行管理的有15个。市交通局管辖的有6处。1990年经白山市编委批准设白山市公路收费总站，下设八道江、上甸子、花园口、大镜沟、大阳岔、湾沟等公路收费站。所收车辆通行费用于偿还公路建设资金的银行贷款。

七、超限运输管理

根据交通部［2000］第2号令《超限运输车辆行驶公路管理规定》，交通部、公安部、发改委、质检总局、安全监理局、工商总局、法制办联合下发《关于在全国开展车辆超限超载治理工作的实施方案》，吉政明电［2001］27号《吉林省人民政府关于开展治理超限运输车辆行驶的通告》和吉治办［2005］13号《关于统一我省治理车辆超限超载工作路面治理处罚标准》。白山市超限运输检测站于2004年6月20日成立，在四浑公路白山段收费站设有检测站点。

各县（市、区）也同时在县城公路出口处设立超限运输检测站点。

截止2005年末，共出动执法人员7 542人次，检测车辆11 490台次，其中超限车辆达2 489辆。实施卸载转运181辆。

八、水路运输管理

吉林省机构编制委员会办公室、交通厅、人事厅、财政厅吉编办［2005］8号文件（2005年1月19日）《关于实施水路运输和水上安全监督管理体制改革的通知》，决定撤销与交通规费征收管理部门合署办公的各级港监船检机构，并将原港监船检机构及业务与各级运输管理部门内设的航运管理机构及业务合并，组建各级地方海事机构，实行属地管理。

白山市机构编制委员会以白山编字［2005］5号文件（2005年3月18日）批复同意成立吉林省白山市地方海事局。海事局为市交通局管辖的负责水路运输和水上安全监督管理的事业单位，副处（县）级规格。海事局执行编制12名（原港监船检划转10名、运管部门编制划转2名）。其中管理人员2名，专业人员9名，工勤人员1名。所需人员用工形式实施聘用制。内设4个职能科室，分别是：办公室、安全监督科、船舶检验科、港航管理科。

第二章　交 通 规 划

浑江市自1985年1月起至2005年末，20年间实施了“七五”、“八五”、“九五”、“十五”四个五年规划，分别完成了各规划间的交通建设任务。

第一节　1985年至2000年交通运输事业的发展规划

根据国家交通部［87］交计字178号文件及省交通厅吉交计［1987］163号文件《关于编制2000年和“八五”规划大纲》的要求，依据全省交通运输事业的发展布局和浑江市社会和国民经济发展总体战略的要求，编制了全市“七五”、“八五”、“九五”交通运输事业发展规划。

浑江市交通运输发展规划的总原则是：符合吉林省经济发展战略的总要求，即与吉林省东部山区的经济发展和自然资源的开发相适应。有利于白山市商品经济的发展，特别是要有利于农村经济由自给和半自给经济向商品经济转变；有利于发挥中心城市振兴经济的依托作用；有利于经济体制改革；有利于运输结构的调整；有利于国防战略的需要。

一、公路规划

到1990年，白山市路网总里程为3 288公里，到1995年为3 503公里；到2000年达到3 556公里。

（一）提高行政等级

“七五”期间，通浑北线41公里，又称为四（平）浑（江）线，为省级路。县级提为省级的有长浑线，（浑江至柳河界）18公里；营长线，抚松至长白（于抚松界内连接营抚线至长白）213公里。新增乡级公路595公里。到1990年，国道为280公里，省道为652公里，县道为355公里，乡道为1 422公里。

“八五”期间，乡级提至县级的有临三线（临江至下三道沟）67 公里；临贾线（临江至贾家营）32 公里；万良线（万良至石龙崴子）28 公里；靖赤线（靖宇至赤松）35 公里；浑柳线（六道江至柳河界）18 公里；坡东线（坡口至东北岔）27 公里；长二线（长白至二道龙岗）25 公里；闹桦线（闹枝至桦树镇）15 公里；红桦线（红力至桦树镇）17 公里；八十三线（八道沟至十三道沟）72 公里。乡村公路即减少 135 公里。到 1995 年，国道为 280 公里，省道为 661 公里，县道为 676 公里，乡道为 1 287 公里。

“九五”期间，县级提至省级公路的有：琵（琵河口）浑线（孙家堡子至桦甸界）135 公里。乡级提至县级公路的有松仙线（松树至仙人桥）31 公里，新增乡村公路 15 公里。到 2000 年，国道为 280 公里，省道为 796 公里，县道为 577 公里，乡道为 1 302 公里。

到 2000 年，公路网密度为每百平方公里 19.9 公里，比 1985 年提高 51%。

（二）提高技术等级

“七五”期间，新增二级路 48 公里（通浑北线 41 公里，三岔子至芦家堡子 7 公里），新增三级路 479 公里（含 1986 年以后已建部分）。到 1990 年，二级路为 48 公里，占总里程的 1.5%；三级路为 975 公里，占总里程的 29.7%；四级路为 803 公里，占总里程的 24.4%；等外路 1 462 公里，占总里程的 44.5%。

“八五”期间，新增二级路为 2 公里，新增三级路 564 公里。到 1995 年，二级路为 50 公里，占总里程的 1.4%。三级路为 1 539 公里，占总里程的 43.9%；四级路为 609 公里，占总里程的 17.4%，等外路 1 305 公里，占总里程的 37.3%。

“九五”期间，新增三级路 53 公里，到 2000 年，二级路为 50 公里，占总里程的 1.4%；三级路为 1 592 公里，占总里程的 44.8%；四级路为 629 公里，占总里程的 17.7%；等外路为 1 285 公里，占总里程的 36.1%。其中在县级以上公路中消灭等外路。

同时白山市的路面状况将由土路及砂石路向高级次高级路面进化。“七五”期间，新增油路里程 84 公里，1990 年油路里程达到 101 公里，占总里程的 3.1%。“八五”期间，新增油路里程 388.5 公里。到 1995 年，油路里程达到 439 公里，占总里程的 12.5%。“九五”期间，新增油路里程 166.5 公里，到 2000 年，油路里程达到 605 公里，占总里程的 17%。2000 年以前，还将接通断头路 65.5 公里（含乡村公路，不含 1987 年之前已接通的 20 公里）；新建桥梁 26 座，888 延长米，还将对一些危桥进行加固改造，改造 212 座，5 715 米。其中：改造大桥 8 座，1 208 延长米，包括临江国际大桥。

以上总需投资 35 869 万元（不含 1987 年以前投资部分），其中县级以上公路总需投资 33 179 万元。

在实施规划的过程中，逐步实行现代化管理。配套相应规模的现代化管理设施，在 5 个主要行政区域中，建立 8 个“公路养护管理中心”（大道班）配上微机、传真机，逐步实现联网，并实现通讯、信息传递现代化。养护设备合理布局，逐步配齐品种，增加马力，培训人员，实现养护设备规范化。建沥青站两处，为铺装沥青路面提供必备设施，加强路政管理。

二、客运站建设规划

截止到1987年，浑江市共有公路客运站舍9处，4 068平方米，其中市县级5处，3 828平方米。

计划在“七五”期间，新建客运站舍35处，7 050平方米。“八五”期间，新建客运站舍36处，5 600平方米。含配套设施，如车库、保养场、停车场、储油站、软席候车室等，总需资金972万元。到“八五”期末，浑江市的三县、三区及71个乡镇基本都建有公路客运站。可按具体情况实行定点售票，方便旅客运输。考虑“客运附加费”征收初定8年，到1995年截止。“九五”期间，若有其它资金来源，可分期分批地对已有站舍进行扩建改造。

三、集装箱中转站建设规划

“八五”期间，拟建中转站一处，投资300万元，地点：八道江。

四、货运场站建设规划

“七五”期间，拟建货运场4处，1 500平方米，需资金60万元。“八五”期间，拟建货运场6处，2 350平方米，需资金92万元。“九五”期间，拟建货运场7处，2 800平方米，需资金112万元。总需资金264万元。

五、汽车维修站检测中心建设规划

“七五”期间，在八道江建汽车检测中心一处，需资金100万元。

六、汽车修理网点规划

据统计，浑江市汽车修理网点212个，其中国营办32个，集体办97个，个体办83个，分布在三县三区。其中八道江区52个，临江区15个，三岔子区27个，长白县28个，抚松县57个，靖宇县33个。这些网点主要从事小修业务和部分中修。存在的主要问题是：价格不尽合理，修理门类不齐全，保修仪表化水平很低，服务质量不高，需要进行整顿，实行统一管理。对于不具备修车能力，粗制滥造的修理企业应予取缔。有条件可组织联合经营，逐步提高服务质量。

系统内从事专业修理行业2户，年大修能力90台。规划到2000年，年大修能力达到300台，提高保修仪表化水平。

七、开发水上运输规划

经初步勘查，白山电站上游有近100公里可以通航，属松花江流域，沿江两岸为靖宇和抚松两县，江水最深可达170米；云峰电站上游，经大栗子到临江，有95公里可通航，属鸭绿江流域。江水最深处可达160米。其中沿经的长川、滴台两个村（含7～8个自然屯）不通公路。这里的农副产品和生活物资主要靠水上运输。在鸭绿江上，这里的人们长期利用江水“放木排”，搞水上运输。此外，又是旅游观光的必经之地。从自然江河资源来看，开发水上运输，前景可观。

八、建立“交通职工学校”规划

白山市地处偏远，人员素质较差，全系统有职工5 000余人，有大中专以上文化程度者占6%左右，初中以下及文盲职工几乎占一半。专业素质也很差，学有所用的专业技术人员较少，大多是“半路出家”，有的适应不了本职工作。管理人员530人，大多未经专业培训，管理科学知识少，适应不了现代化管理的需要。还有每年本系统新增大中专毕业生及代职培训人员为数甚少，知识更新速度太慢。鉴于以上原因，拟建一所“交通职工学校”。

学校性质为短期培训，建校规模拟每年招收学员200名，其中长训班50名，短训班150名。专业设置有筑路专业（含道路养护）、汽车运用与修理专业、汽车驾驶专业、企业管理专业。

现有条件是：可利用原汽车驾驶员培训中心的校舍，面积为1 800平方米。各专业师资可在系统内聘任，个别可外招。

建校费用，每年需办学经费12万元。尚需建一所学生礼堂200平方米和三个教室400平方米，共需投资18万元，开班费用5万元。

建校时间，从1987年8月末开始筹办，可望在1988年2月开始办班。

“八五”计划以后开始办正式中专，争取纳入国家计划。

第二节　“十五”规划

根据国家制定的未来15年基本形成完善的综合运输体系，使交通基础设施与国民经济相适应的发展策略，结合白山市的实际，未来本市公路交通发展的指导思想是：坚持全面规划、合理布局、保证畅通、保护环境、确保质量。建设和养护并重、寻求可持续发展、有效资源配置的发展原则，加快基础设施建设步伐，提高公路网的整体功能，积极发展县乡公路，促进公路建设市场、运输市场、养护市场体系的建立和综合运输体系的形成，为实现本市国民经济的第三步战略目标奠定坚实的基础。

一、“十五”公路、水运交通建设原则

（一）加强路网主骨架建设，提高网络功能

“十五”期间，在市到县通油路的基础上，建设和完善路网的八个重要通道：一是建设白山（江源）经通化至沈阳（即北线一级公路）的快速通道；二是建设白山（八道江区）经抚松至珲春的通边达海通道；三是建设白山（江源）经靖宇至吉林市的出口通道；四是建设临江至丹东的沿江通道；五是改善临江、长白通往朝鲜的口岸通道；六是建设松江河至大峡谷、天池、横山至天池的旅游通道；七是建设临江经桦树、漫江、泉阳、二道白河至安图的安临线（省道）另一条旅游大通道；八是建设临江至长白、桦树至仙人桥等县际间的连接通道，打通临江老岭隧道，实现区域内国省干线通油路和县到县全部通油路。

（二）加强公路网建设的规划和管理力度，正确处理好局部利益和整体利益的关系

坚持统一规划、分期实施、突出重点，注重实效的原则，树立全市一盘棋的思想，使公路建设有序发展。加强公路建设的统一管理，执行有关规范和规定，确保公路建设质量和工期。

（三）积极筹措公路建设资金，确保路网建设如期实施

白山市公路建设资金除省交通厅按标准补贴外，自筹资金要采用多种渠道筹措方式，加大筹资力度。一是积极争取省交通厅增加投资，尤其是县乡公路。山区公路小桥涵、防护工程构造物多，土石方量大，工程造价高，现补贴标准低，要争取省厅更大的倾斜投资；二是通过银行贷款，收费还贷；三是鼓励社会各界以独资、合资等方式投资公路建设，争取公路建设的受益部门进行投资，谁投资谁受益；四是积极争取军方投资国边防公路建设；五是依靠各级政府出台公路建设的优惠政策，通过减免各种税费、民工建勤等支持公路建设；六是积极争取国家对国省干线和扶贫公路的建设债券支持。

（四）抓好水运和运输场、站建设，做到系统配套、协调发展

在公路建设的同时，应抓好水运和运输场站配套设施建设，充分发挥公路、水运交通运输网络的整体功能和效益，同时，建设中应注意与其它部门的合理衔接，避免重复建设。

（五）深化养护体制改革，保持现有公路路况并有所提高

保持现有公路路况水平并有所提高，重点要抓好改善、大中修，加快公路绿化、美化、标准化养护的进程。

二、“十五”期间公路、水运交通建设发展目标

（一）公路建设

“十五”期间，白山市计划新改建、续建公路总里程为 1 431.4 公里，其中：一级公路 40 公里，二级公路 730.9 公里，三级公路 309.5 公里，四级公路 351 公里。建设总里程中有：路基工程 453 公里。沥青砼路面 820.4 公里，水泥砼路面 158 公里。建设总里程中有：国道 124.9 公里，省道 347 公里，县道 551.5 公里，边防公路 58 公里，乡（村）道路建设 350 公里。完成这个目标，实现国省干线公路全部通油路，县到县全部通油路。

国道干线公路基本达到二级以上公路标准，形成公路网主骨架。

“十五”期间公路重点建设项目为：

1. 续建鹤大线孙家堡子至通化界40公里，一级公路，沥青路面工程，建设期2000—2002年；

2. 建设鹤大线万良至沿江段79公里，二级公路，沥青路面工程，建设期2001—2005年；

3. 建设鹤大线抚松镇及湾沟镇绕越线6公里。二级公路，沥青路面工程，建设期2004—2005年；

4. 续建沈长线十四道沟至长白46.5公里。二级公路，沥青路面工程，建设期2000—2004年；

5. 建设沈长线临江至十四道沟173.5公里。三级公路，沥青路面工程，建设期2003—2005年；

6. 建设沈长线临江老岭隧道工程，建设里程30公里，其中隧道3座，3 518米，引道长26.5公里，二级公路标准，沥青砼路面，建设期2002—2004年；

7. 建设沈长线八道江至石人段22公里，二级公路，沥青路面工程，建设期2003—2005年；

8. 建设榆江线靖宇至小西头（桦甸界），75公里，二级公路，沥青路面工程，建设期2001—2004年；

9. 建设县级公路14条551.5公里，其中路基工程152公里，路面工程399.5公里。重点建设松江河至天池、横山至天池的旅游公路，开工建设临江经桦树、漫江、泉阳、二道白河至延边公路，建设红土崖至三道沟、靖宇至西沟等县级公路，改善本市重点经济和旅游公路的交通条件；

10. 建设国边防公路3条58公里，其中路基工程51公里，路面工程7公里。完成沿鸭绿江的边防公路贯通工程。

11. 建设乡道（过境路）水泥路（油路）100公里，平均每年完成20公里水泥路（油路），实现乡镇所在地通油路工程。完成村级道路建设250公里，平均每年完成路基50公里。完成村村通油路工程，改善重点村屯的通行条件。

到2005年底，白山市公路通车里程将新增250公里，达到3 540公里；新增一级公路40公里，新增二级公路700公里，达到1 240公里；公路晴雨通车里程新增500公里，达到2 730公里。届时，市到县达到二级以上公路连接，乡镇通油（水泥）路达到91%以上，乡乡晴雨通车，村村通公路，公路交通将逐步适应社会发展的需要，乡村出行难问题得到解决。

（二）内河航运建设

以经济效益为中心，充分利用好本市现有的江河资源。加强长白、临江口岸建设，并以此为基础，开发水上运输；同时在靖宇、三道沟、苇沙河建3个泊位。

1. 建设长白口岸（即港口、货场、客运站一体）；

2. 建设临江口岸（即港口、货场、客运站一体）；

3. 建设靖宇港一个泊位，年吞吐能力10万吨；

4. 建设三道沟港一个泊位，年吞吐能力5万吨；

5. 建设苇沙河港一个泊位，年吞吐能力1.5万吨。

（三）运输场、站建设

以区域经济发展、路网建设、客流、物流为依托，加强公路运输场、站建设，与本市国民经济和路网建设发展相适应，与客流、物流的需求相适应，初步形成本市的运输网络体系。

“十五”期间，重点进行市县两级公路货运枢纽和公路运输信息枢纽站建设，发挥公路枢纽推动运输市场发展的作用。

“十五”期间计划新建白山公路运输通讯信息枢纽站，兴建白山市货运枢纽站，完善白山客运中心站和西客运站，扩建临江、长白口岸货运站，完善靖宇货运站，新建江源、抚松货运站，改建长白客运总站。已经建设的乡镇级客运站要逐步实施“国建民养”，尚未建设的将实行“民建民养”，国家适当补贴的办法，集中财力、物力完成市县两级客货运输枢纽站建设。

（四）交通支持保障系统

1. 通讯、信息：建立和完善白山市交通局远程数据通信传输系统，实现公文、信息电子化，各种业务信息传输网络化；配合省交通厅建立并完善基本数据库和管理系统软件；实现机关日常办公的微机化、网络化；建设和完善公路运输信息系统，初步实现货源组织、运力安排、生产调度的优化管理，为公路客货运输服务。

2. 科研：围绕交通发展中的难点问题，开展科研开发工作。

3. 教育培训：建立在职职工的培训、再教育制度，提高交通职工文化、业务素质，以适应未来交通可持续发展的要求。

三、2015年公路、水运长远规划设想

根据白山市国民经济发展总体规划设想，2006—2015年间，公路、水路交通运输需要适应国民经济的发展，在“十五”路网获得进一步改善的基础上，逐步转向县乡公路建设。同时，搞好交通配套设施建设，形成机动灵活、安全便捷的公路运输网络体系。营白公路、八道江至松江河公路将是本市主要的经济和旅游干线，根据需要可考虑在二级公路的基础上改建为一级公路。完善国省干线路网水平，省道榆江线由孙家堡子延伸至石人镇（或三道沟），延伸省道安图至二道白河公路，经由露水河、泉阳、松江河、锦江村、桦树、闹枝，至终点临江。

到2015年，白山市公路网服务水平将大大提高，实现县到乡通油路，村村晴雨通车。届时，全市将形成以一级公路为主骨架，国省干线二级公路为纽带，县乡公路为依托的现代化公路交通体系，公路的通达深度和服务水平将明显提高，人民群众的出行条件得

到更大改善，进一步促进经济发展，为实现本市21世纪经济可持续发展战略，建设生态市创造更加有利条件。

运输场、站建设以完成主枢纽建设为标志，形成全市场站网络。深度开发鸭绿江、松花江重点段落的航道和港口建设。

四、实施规划的建议

（一）建议省及白山市政府继续出台相关的优惠政策，确保本市“十五”期间公路建设的顺利实施。“十五”期间，本市公路网主骨架建设任务还相当艰巨。要完成国省干线通油路任务，多方面、多渠道、多种方式筹集公路建设资金，是完成“十五”交通发展计划的关键。

（二）加大县乡公路和旅游、边防公路的建设力度，以带动经济发展和社会进步。由于县级以下公路省补资金额度小，公路建设资金严重不足，为此，需要各级政府更大的支持，扶持县乡公路、边防公路和旅游公路建设。

第三节 “十一五”规划

白山市“十一五”公路、水路、地方铁路交通发展的指导思想是：紧紧围绕服务于振兴吉林老工业基地发展要求和全面建设小康社会目标，坚持全面规划、合理布局、保证畅通、保护环境、确保质量。建设和养护并重、寻求统筹协调经济与社会发展，城市与农村发展、地区间发展、人与自然可持续发展、国内发展与对外开放、有效资源配置的发展原则，加快基础设施建设步伐，提高公路网的整体功能，积极发展农村公路，促进公路建设市场、运输市场、养护市场体系的建立和综合运输体系的形成。

一、要调整路网结构，适当增加省及县级公路规模，适应经济发展要求

以完善干线公路网“四纵四横”的基本框架为重点，加强以硬化路面为主体的行政村通油路建设。同时，适当增加县级公路规模，使区域内的省道和县道比重接近国家路网水平。“四纵”：①国道鹤大线沿江至通化界；②省道长春至白山（长白山天池）；③省道榆江线小西头至江源（延伸至三道沟）；④争取将省道安图至二道白河延伸至临江。“四横”：①省道朝长线朝阳镇至长白；②省道沈长线沈阳至长白改为沈阳至临江；③争取将沿鸭绿江公路改为省道丹天线通化界至长白山天池；④争取将县道驼靖线辉南界至靖宇煤矿改为省道新宾至靖宇煤矿。

二、加强路网主骨架建设，提高网络功能

“十一五”期间，在完善区域公路网的基础上，重点提高交通建设繁忙路段的公路技

术等级，初步形成长白山旅游公路大通道。主要工程：①续建鹤大线沿江至万良73公里，二级公路，沥青路面工程，建设期2003—2006年；②新建朝长线营城子至松江河240公里（境内约110公里）。高速公路，沥青路面工程，建设期2006—2012年；新改建环长白山旅游公路103公里（白山段约75公里）；拟建朝长线漫江至横山53公里，二级公路（含长松岭隧道5 000米/1处），沥青路面工程，建设期2005—2012年。③拟建榆江线靖宇至江源段53公里，一级公路、沥青砼路面，建设期2008—2013年；新建榆江线（争取将路线终点江源延伸至三道沟）双顶沟隧道，全长10公里，隧道长约1 200米，建设期2007—2009。④拟建沈长线通化界至七道江段14公里，二级公路，建设期2007—2010年；二道阳岔至临城段19公里一级公路，2公里二级公路，建设期2007—2010年。⑤改建省道沈长线临江至八道沟段74公里，二级公路，建设期2004—2007年，改建县道下临线集安界至临江段87公里，二级公路，建设期2008—2015年；县道长廿三线长白至天池段三级公路100公里，建设期2006—2010年。⑥改建县道驼靖线靖宇至马当煤矿54公里，二级公路，建设期2004—2006年。⑦拟建县级公路288公里，其中二级公路25公里，三级公路263公里，建设期2005—2012年。⑧拟建村村通油（水泥）路工程，完成四级公路1 000公里（年均完成200公里），实现420个行政村通油（水泥）路，通油（水泥）路率达到83%。

积极争取国家扶持东北老工业基地建设的政策，努力完成公路项目前期工作，主要有：①协调上级有关部门落实长春至白山高速公路规划；②协调落实鹤大线高速公路分期实施方案，落实规划具体内容。

到2010年底，白山市公路通车里程将新增250公里，达到5 350公里；新增高速公路255公里；新增一级公路82. 3公里，达到121. 2公里；新增二级公路750公里，达到1 450公里。

三、抓好水运和运输场、站建设，做到系统配套、协调发展

以经济效益为中心，充分利用好白山市现有的江河资源。加强长白、临江口岸建设，并以此为基础，开发水上运输；同时在靖宇、三道沟、苇沙河建3个泊位。以区域经济发展、路网建设、客流、物流为依托，加强公路运输场、站建设，与白山市国民经济和路网建设发展相适应，与客流、物流的需求相适应，初步形成白山市的运输网络体系。“十一五”期间，重点进行市县两级公路货运枢纽和公路运输信息枢纽站建设，发挥公路枢纽推动运输市场发展的作用。在“十五”建设的基础上，拟建白山公路运输通讯信息枢纽站，完善白山市货运枢纽站，改善白山客运中心站和西客运站，扩建临江、长白口岸货运站，完善靖宇、江源、抚松货运站，拟建白山市高速客运站，争取在“十一五”期间投入使用。已经建设的乡镇客运站要逐步实施“国建民养”；尚未建设的将实行“民建民养”，采取国家适当补贴的办法，集中财力，物力完成市县两级客货运输枢纽站建设。

四、保持现有公路路况并有所提高

保持现有公路路况水平并有所提高，重点要抓好改善、大中修，加快公路绿化、美化、标准化养护的进程。

五、加快地方铁路建设和长白山机场速度，构筑综合交通网络

靖宇至松江河地方铁路建成后可连接“沈吉”和“浑白”线国铁，连接“长双烟”铁路，构成长春至长白山铁路旅游大通道，同时也极大地方便了沈阳及关内到长白山旅游和区域间的货物运输。该路接续“宇辉”铁路建设，消灭了“断头路”，更有利于“宇辉”铁路运营，同时可缓解“通梅”和“浑白”铁路运输压力，使吉林省和东北地区铁路路网更趋于合理。远期看，“东边道”铁路建设又增加了一条“出海通道”，该路线的客货运量必将大幅度增加。长白县境内新发现了储量18.5亿吨大型煤田，“靖松”铁路建设为续建松江河至长白铁路，为该煤田开发创造了前提条件。

六、尽快建设长白山机场

长白山旅游资源的开发和旅游业的发展，需要良好的交通条件来支持。建设长白山旅游机场可以弥补长短距离、灵活的交通方式的不足，对于进一步促进旅游业的发展，推动白山市乃至通化市的经济发展，将具有非常重要的意义。

七、加强交通支持保障系统建设，增强交通系统的反应能力

建立和完善白山市交通局远程数据通信传输系统，实现公文、信息电子化，各种业务信息传输网络化；配合省交通厅建立并完善基本数据库和管理系统软件；实现机关日常办公的微机化、网络化；建设和完善公路运输信息系统，逐步实现货源组织、运力安排，生产调度的优化管理，为公路客货运输服务。

围绕交通发展中的难点问题，开展科研探讨工作。

建立在职职工的培训，再教育制度，提高交通文化、业务素质，以适应未来交通可持续发展的要求。

第三章　法制建设

为贯彻落实党的十二大精神和依法治国基本方略，坚持以人为本，执政为民的原则，全面推进依法行政，建设法治政府。遵照推动社会主义物质文明、政治文明、精神文明协调发展的要求，交通局行业管理工作主要是：公路行政管理、道路运输管理、地方海事管理、公路工程质量监督、农村拖拉机养路费征收管理等。

1996 年 3 月 17 日《中华人民共和国行政处罚法》颁布之后，交通行政执法正式步入法制化管理轨道。根据交通行业管理工作的特点和白山市交通行政执法工作的实际情况，至 2005 年末，交通系统行政执法工作人员 386 人，其中公路行政管理 60 人，道路运输管理 196 人，地方海事管理 20 人，公路工程质量监督 16 人，农村拖拉机养路费征收管理 94 人。市局本级直属行政执法单位 5 个：1. 公路管理处路政科（包括超限站、八道江公路管理段）公路行政管理人员 29 人。2. 运输管理处（包括政务大厅窗口、八道江运输管理所）道路运输管理人员 82 人。3. 地方海事局 20 人。4. 市公路工程质量监督站 16 人。5. 市拖拉机征费所 30 人。

第一节　行政执法工作职责

白山市交通局行政执法工作的主要职责是：

1. 贯彻执行、落实交通行业管理有关的法律、法规及规章。

2. 负责组织地方交通法规、规章（送审稿）的调研论证和起草工作，及市政府法制办公室交办的地方性法规、规章征求意见稿和市直有关部门送签的规范性文件会签稿修改意见的审核。

3. 对交通实施的法律、法规及规章，通过各种途径和各种形式向社会进行宣传。

4. 对重大交通行政处罚案件处理情况进行检查监督。

5. 受理交通行政复议案件的立案，及时组织开展行政复议工作。

6. 检查、指导、监督县（市、区）交通行政执法工作，负责制定全市交通行政执法监督检查工作方案、意见的审核。

7. 指导帮助基层行政执法单位抓好行政执法队伍的培训和管理工作。

8. 负责交通行政执法证件的审核管理、换发、年审等工作。

9. 审查全市交通系统行政处罚、行政征收、行政许可、行政强制等行政执法案卷的制作情况。

10. 对公民、法人和其他组织咨询交通行政执法工作中的具体问题，有依据法律、法规和规章给与解答的义务。

11. 负责协调与市直有关部门及本局科室之间的行政执法工作。

第二节　行政执法工作制度

为全面推进交通工作法制化建设，为全市交通系统新的历史性跨越和发展创造良好的法治环境，逐步规范交通行政执法各项工作。白山市交通局制定了《白山市交通局行政执法责任制度》、《交通行政执法责任制评议考核办法》、《交通行政执法责任制考核评分标准》、《白山市交通局行政执法考评制度》、《白山市交通局交通行政执法检查制度》、《白山市交通局行政执法人员培训、资格管理制度》、《白山市交通局行政执法证件管理制度》、《白山市交通局行政执法年度工作报告制度》、《白山市交通局行政执法责任制报告制度》、《白山市交通局重大行政处罚案件集体讨论制度》、《白山市交通局行政执法重大行政处罚决定备案审查制度》、《白山市交通局交通行政执法错案追究制度》、《白山市交通局法制宣传工作制度》、《白山市交通局交通规范性文件备案审查制度》、《白山市交通局行政处罚统计报告制度》、《白山市交通局交通行政赔偿案件备案审查制度》、《白山市交通局法律、法规、规章和规范性文件实施情况年度报告制度》、《白山市交通局行政复议工作制度》及《白山市交通局行政复议程序》。

第三节　依法行政规划

2004年3月22日，国务院颁布实施了《全面推进依法行政实施纲要》，提出了依法行政，建设法治政府的战略目标和任务，为了全面贯彻落实《全面推进依法行政实施纲要》，适应构建和谐社会，全面建设小康社会的新形势，建设法治政府，推进白山市各级交通部门及其所属行政管理机构依法行政工作，结合全市交通工作实际，制定了《白山市交通局依法行政工作规划》。

一、指导思想

以邓小平理论和“三个代表”重要思想为指导，立党为公、执政为民。坚持以人为本和社会主义科学发展观，按照构建和谐社会主义社会的要求，贯彻落实依法治国基本方略，推进党的执政方式向依法执政转变，增强交通系统干部职工，特别是领导干部的依法行政观念，提高依法行政能力，切实做到真正维护公民、法人和其他组织的合法权益。进一步转变交通部门的职能，提高交通行政管理效能，创新管理方式，为全市交通系统新的历史性跨越和发展创造良好的法制服务环境。

二、工作目标

1. 交通部门的职能进一步转变，市场监管和公共服务职能基本到位，形成统一、开放、竞争、有序的道路运输市场。

交通基础设施建设市场、公路养护市场、道路运输市场逐步建立和完善。交通发展规划的调控作用得到加强，科学民主的行政决策机制基本形成。各级交通部门之间的职能和权限基本明确。

2. 在交通法律、法规、规章体系逐步完善的同时，道路运输市场，交通基础设施建设市场、公路养护市场的监督机制更加健全，以适应市场发展和市场监管工作的实际需要，符合最广大人民群众的根本利益的需要。

3. 全面正确地贯彻实施交通各项法律、法规和规章，切实保护行政相对人的合法权益，及时纠正不当的行政行为，行政审批和市场监管。做到公开、公平、公正、透明、高效。

4. 行为规范、运转协调、公正高效的交通行政管理体制基本形成；权责明确，行为规范，监督有效，保障有力的交通行政执法体制基本建立；交通行政监督制度和机制基本完善，全面推行行政执法责任制，层级监督和专门监督明显加强，行政监督效能显著提高。

5. 交通部门工作人员特别是各级领导干部依法行政观念明显提高，依法决策，依法管理，依法办事的工作水平明显提高，善于运用法律手段妥善处理交通工作的各种矛盾。

三、工作重点

按照《全面推进依法行政实施纲要》的要求，建立权责明确、行为规范、监督有效、保障有力的行政执法体制，加快行政执法的规范化、法制化建设步伐，实现“正确、合法、公正、公开、合理、文明、规范、高效”的执法工作格局。市局法规工作抓了四个方面的重点工作：

1. 全面推行行政执法责任制。在全面梳理交通行政执法职能和任务的基础上，对职能和任务加以系统归类，按照法律法规和规章规范及程序规定制定具体工作标准和工作程序，用责任书形式把法定职责分解落实到各个行政执法岗位，并建立具体的考评标准和办法予以考核。

2. 实施执法案卷评查制度。采取评查、座谈、解析、抽查等灵活多样的形式，有针对性地组织行政执法案卷的评查活动，从中发现问题和不足，提出整改措施和办法，进一步加强和提高行政执法工作水平。

3. 加强对实施行政处罚自由裁量权的管理。为了规范道路运输行政处罚自由裁量行为，依法实施行政处罚，确保行政处罚公平、公正、保障公民，法人和其他组织的合法权益，根据《行政处罚法》、《中华人民共和国道路运输条例》等有关法律、法规、规章，结合全市道路运输行政执法工作实际，研究制定了《白山市道路运输行政处罚自由裁量执行标准参考意见》。统一和规范行政处罚自由裁量权的实施，促进执法公平。

4. 加强执法队伍建设。通过健全制度，强化培训，完善程序，严肃纪律等措施，增强行政执法人员的依法行政，依法办事的能力，使其认真履行法律赋予的职责，做到既不失职、又不越权行政、滥作为，注重依法保障当事人和利害关系人的权益，防止违法行使行政权力情况的发生。在实际工作中，遵照从严治政的要求，实行执法人员资格管理制度，不合格人员不得上岗执法。各行政执法机构完善内部监督机制，加强对执法人员的管理和监督，严厉惩处徇私枉法、执法犯法、欺压百姓、借执法之机以权谋私等违法违纪行为。

第四节　法制宣传教育

《中华人民共和国行政许可法》（以下简称《行政许可法》）由第十届全国人大常委会第四次会议审议通过，于2004年7月1日起施行，《行政许可法》的颁布实施，是国家社会主义民主与法制建设的一件大事，对交通行业管理工作也产生重大而深远的影响，是继《国家赔偿法》、《行政处罚法》、《行政复议法》之后又一部规范政府行为的重要法律。其所确定的行政许可设定制度、行政许可统一办理制度、行政许可实施程序制度等等，都是对现行行政许可制度的规范和重大改革。对于保护公民、法人和其他组织的合法权益，保障和监督行政机关有效实施行政管理，进一步转变政府职能，改革行政管理方式和推进依法行政，从源头上预防和治理腐败，都产生深远的影响。市局法规科以全面贯彻、正确实施《行政许可法》为契机，促进全市各级交通部门严格依法行政，提高依法行政的能力。将《行政许可法》和交通法律、法规、规章的学习纳入实施交通“四五”普法规划的范畴，对学习、宣传、贯彻《行政许可法》做出具体安排部署，认真抓落实。

一、抓学习培训提高执法素质。组织全市交通系统各行政执法岗位上的所有行政执法人员进行了全员学习培训，聘请市政府法制办法律专家进行授课，要求交通行政机关工作人员，特别是领导干部，从践行“三个代表”重要思想的高度，带头学习《行政许可法》及交通法律、法规和规章，准确理解，正确把握，深刻领会其基本规定、原则和精神，提高依法行政能力。准确理解和熟练掌握《行政许可法》的有关规定，转变思想观念，明确自己应当履行的义务和应尽的责任。

二、加大宣传力度。采取多种形式，多种渠道向交通系统广大干部职工、服务对象广泛宣传《行政许可法》和交通法规。结合交通的工作实际，充分利用广播、电视、报刊、杂志等新闻媒体进行宣传，在市政府广场、客运站、局机关办公楼前等多处设立宣传点，通过悬挂宣传标语，发放宣传资料等各种丰富多彩的形式，向社会群众尤其是服务对象广泛宣传《行政许可法》，使他们了解自己的权利和义务，积极维护合法权益，增强遵守法律的自觉性，确保《行政许可法》在全市交通系统全面贯彻、正确实施、推进依法行政，使“依法治交通”工作不断深入。

三、抓好贯彻落实。为全面实施《行政许可法》，结合交通行政执法工作，认真开展清理行政许可项目和清理行政许可实施主体工作。市局法规科通过认真地梳理执法依据，明确市交通局行政主管部门作为许可主体的行政许可项目 18 项；市道路运输管理机构作为许可主体的行政许可项目 7 项。遵照市政府提出的“进厅是原则，不进厅是例外”的要求。2003 年市局本级交通系统的行政审批项目已进入市政府政务大厅工作，统一受理和承办审批业务。建立了“窗口围着群众转，单位围着窗口转，一切围绕发展转”的工作机制，最大限度简化行政审批程序，提高办事效率。

第五节 公路法制建设

一、公路的法律、法规、规章

白山市公路管理处根据《公路法》、《吉林省公路管理条例》和交通部、吉林省交通厅有关文件精神，执行行业管理和行政执法职能。

1. 《公路法》于 1997 年 7 月 3 日第八届全国人民代表大会常务委员会第二十六次会议通过，1998 年 1 月 1 日起施行；1999 年 10 月 31 日，根据第九届全国人民代表大会常务委员会第十二次会议《关于修改〈中华人民共和国公路法〉的决定》第一次修正；2004 年 8 月 28 日，根据第十届全国人民代表大会常务委员会第十一次会议《关于修改〈中华人民共和国公路法〉的决定》第二次修正。

2. 《吉林省公路管理条例》，2001 年 1 月 12 日颁布实施。

3. 《路政管理规定》，2003 年中华人民共和国交通部以第 2 号令发布，自 2003 年 4 月 1 日起施行。同时废止 1990 年 9 月 24 日交通部发布的《公路路政管理规定（试行）》。

4. 《超限运输车辆行驶公路管理规定》，交通部［2000］2 号令，2000 年 1 月 14 日经第 12 次部长办公会议通过，2000 年 4 月 1 日起实施。

5.《收费公路管理条例》，中华人民共和国国务院第417号令，2004年8月18日国务院第61次常务会议通过，自2004年11月1日起施行。

二、学习宣传贯彻执行公路相关法律法规的基本情况

吉林省公路管理局规定每年4月份是路政法规宣传月，白山市公路管理部门依照相关要求安排部署，在全市开展大规模路政法规宣传和集中清障活动。

每年的宣传活动以国省干线和县乡公路为重点，开展《中华人民共和国公路法》、《路政管理规定》、《吉林省公路管理条例》、《超限运输车辆行驶公路管理规定》等法律法规的宣传。受教育人群可达5万人以上，把“公路法规”深入到群众当中去。具体的做法：

1. 提前做好准备工作，确保法制宣传工作的开展。市公路管理处在每年3月末组织活动，安排宣传和集中清障人员、宣传车辆，提前编写对境内公路的两侧墙体标语进行了重新漆刷、制做条幅、印刷宣传单，利用新闻媒体，制定好以农村公路为主、国省干线为辅的宣传和清障路线，为4月份宣传奠定了良好的基础。

2. 采取集中宣传的形式开展工作。要求各县（市）区公路段、超限站路政宣传人员到市公路管理处集中，组成宣传队伍，首先到市政府广场悬挂宣传条幅，发放宣传单，设立公路法规咨询台，为过往行人答惑解疑。

3. 集中开展走访宣传。组织全体宣传人员出动执法宣传车，到各家运输企业进行宣传讲解活动，发放宣传资料，向运输企业领导及司机宣讲超限运输的危害性，并交流探讨治超经验。要求他们遵守公路法规，维护爱护公路，树立“以人为本，生命至上”的理念。正确的看待超限运输的危害性，安全合法的从事公路运输。通过宣传讲解，使各运输企业提高了对公路法律、法规的深刻理解，对维护爱护公路的重要性认识，理解支持治理超限运输工作。

4. 进行流动宣传。采用发送宣传短信、聘请军乐队、秧歌队、张贴公告等多种有效宣传形式，到县城、乡镇、自然村屯进行宣传。悬挂宣传条幅、出动宣传车、散发宣传单，采取发送宣传短信进行宣传。

5. 集中清障。为加大宣传力度，对沿线影响路容路貌的土堆、垃圾堆及违章设立的牌匾幌等进行集中清理。

三、法制教育

1999年，全市有4名路政人员参加了全国交通执法培训班，3名参加了吉林省交通执法培训班，66名交通执法人员通过了全市的执法资格考试。

四、路政管理

白山市公路管理处内设路政法规科，对公路依法行政管理。主要执法权限和工作职

责具体如下：

组织宣传贯彻国家有关公路路政管理法律、法规和地方性路政法规、部门规章等；负责本辖区损失10万元以上或罚款5千元以上的重大路政案件立案调查；负责本辖区非公路交通标志牌设置的上报审批和规范管理工作；负责上报审批本辖区国道公路的挖掘以及各种管线与国道公路交叉或接近的有关事宜；负责上报审批本地区跨（省）地区超限运输车辆行驶公路事宜及省局委托超限运载许可范围内的审批；上报审批公路两侧建筑控制区内临时建筑物，申请非公路交通标志设置的现场勘察及审批，监督和检查办理各项申请手续等等。

1997年，《中华人民共和国公路法》颁布实施，路政管理工作有法可依、依法治路。以扩大的普法宣传为工作重点，进行路障的清理整治，维护路产路权。当年确定11月、12月为“公路法宣传月”，组织路政宣传车队在市区各大公共场所进行法制宣传，提高公路法的社会认知度。

1998年，白山市公路管理处在路政管理工作中提出“巡路四、四制”，即每天巡路不少于4个小时，每周巡路不少于4天；并针对路政执法人员提出“十个不准”和“十个必须”，以规范执法人员的行为，树立公路执法人形象；确定四浑北线为“路政外业管理标准化路段”，以带动全市路政工作的标准化管理。

2000年，针对白山市公路等级不断提高的发展需要，路政工作中存在执法力度不强等问题，当年8月，在靖宇县召开了全市路政管理现场会，落实《白山市路政管理经济责任制》。以清理违章建筑、公路集市为重点，全面加强路政工作。

2001年，全面落实《吉林省公路管理条例》，继续开展路政管理标准路段活动，以大案、难案、要案为突破口，清理整顿了道口违章、骑路贸易、控制区内非法建筑等违规行为。

2002年，白山市公路管理处出台《路政管理责任制》，要求路政执法人员权责挂钩，包路线、包指标、包经费，明确职责范围、工作权限和管理目标。推动了全市路政管理工作进入标准化轨道。并成立一级公路路政管理大队，对北线一级路和营白公路白山段进行管理。

2004年6月，根据交通部2000年第2号令《超限运输车辆行驶公路管理规定》及吉林省政府相关规定设立白山市超限运输检测站，开展治理超限超载运输工作。

五、收费公路管理

自1988年，以实施国家贷款修路、收费还贷政策而建立的第一条收费公路——抚松至仙人桥段收费公路开始，建立第一家收费站沿江收费站。进入“九五”时期以后，随着公路建设的迅猛发展，白山地区收费公路剧增，所设收费站点由当地交通局负责管理，白山市公路管理处履行行业指导职能。2003年，公路体制改革后，白山市公路管理处增设收费管理科，负责制定全市普通公路收费管理的办法、方针、政策、规定和规范；负责针对全市的公路收费工作进行全面指导和监督检查；负责全市普通收费站布局的统筹规划和指导；负责全市公路收费站的稽查工作等等。

随着公路建设的发展，截止到2005年，白山市辖区内共设21个收费站，八道江区设6个收费站，隶属于白山市公路建设收费总站；江源县设2个收费站，隶属于江源县交通局；临江市设3个收费站，隶属于临江市交通局；抚松县设4个收费站，隶属于抚松县交通局；长白县设2个收费站，隶属于长白县交通局；靖宇县设4个收费站，隶属于靖宇县交通局。

1997年，白山市公路收费总站全面推行“奖罚连锁制”，在各个收费站点实施百分考核办法，加大了稽查力度，有效地堵塞了票款流失，当年超计划完成收费指标46万余元。

1998年，白山市公路收费总站开展了创建文明窗口活动，成立了“党员收费班”和“团员收费班”，有效带动全站收费工作的进一步提升。

2001年，白山市公路收费管理工作遵照《吉林省公路、桥梁、隧道收费站管理办法》、《吉林省车辆通行费收费站建设管理标准》执行，整体管理水平进一步提高，服务意识和规范化管理深入各个管理环节。白山市公路收费总站直属各分站全面实施了电视监控收费，有效遏制了票款流失。

2003年，白山市公路管理处机关改革后，根据吉林省公路管理局相关规定，内设收费管理科，全面负责指导、监督和检查本地区的公路收费工作。

第六节　道路运输法制建设

自道路运输市场开放以来，运输法制建设明显加快，国家、省、市颁布多项道路运输法规和规章。

一、1997年3月28日经吉林省第八届人民代表大会常务委员会第三次会议通过出台了《吉林省道路运输管理条例》，本《条例》共设13章78条，是运输市场管理工作的重要法律依据。

二、2000年8月25日，白山市运输管理处征得地方政府的支持，经白山市政府第三次常务会议通过，出台了地方性规章《白山市道路旅客运输资源优化配置暂行办法》，把单一的部门行为上升为政府行为。

三、2004年4月14日由中华人民共和国国务院颁布《中华人民共和国道路运输条例》，并于2004年7月1日实施。本《条例》共设7章83条。

上述各项法规和规章的出台有利于解决道路运输行业管理中存在的问题，为道路运输管理提供了法律依据，确立运输管理的体制，保证道路运输市场健康有序发展。

四、1997年，吉林省交通厅先后出台了《吉林省营业性运输从业驾驶人员持证上岗管理办法》、《吉林省营业性道路运输车辆驾驶人员上岗证考试办法》及《关于道路运输上岗证管理有关问题的通知》等规定，把营业性运输驾驶人员资质管理推上规范化管理规道。

五、1993年交通部根据国务院［1993］204号文件精神，相继颁发了《汽车驾驶员培训学校管理办法》、《汽车驾驶员培训学校（班）开业条件》，［1996］第11号《中华人民共和国机动车驾驶员培训管理规定》及吉林省交通厅、吉林省工商行政管理局、吉林省地方税务局吉交运字［1996］3号《关于加强机动车驾驶员培训单位管理的通知》、吉省价房涉字［1998］第11号《关于机动车驾驶员培训收费标准的通知》等一系列规章、规定。由于法制的完善，交通部门不断加大工作力度，使驾驶员培训单位的管理走向法制化、规范化轨道。截止2005年末，白山市共建有驾驶员培训学校11所。

第七节　海事管理法制建设

海事管理依照下列法律、法规和规章进行执法。

一、《中华人民共和国内河安全管理条例》（2002年6月28日公布），本条例自2002年8月1日起实行，条例设十一章，九十五条。《条例》对船舶、浮动设施、船员、航行、停泊、作业、危险货物管理、渡口管理、通航保障、救助、事故调查处理、监督检查和法律责任等项作了明确规定。

二、《中华人民共和国港口法》2003年6月28日颁布，自2004年1月1日起实施。本法设六章，六十一条。《港口法》对港口规划与建设、港口经营、港口安全与监督管理和法律责任等项依法作出了规定。

三、《中华人民共和国水污染防治法》自1984年11月1日起施行。本法设七章，六十二条。本法对水污染防治的监督管理、水环境质量标准和污染物排放标准的规定、防止地表水污染、防止地下水污染及法律责任等项都有了明确规定。

四、《中华人民共和国船舶登记条例》自1995年1月1日起施行。本条例设十章，五十九条。《条例》中对船舶所有权登记、船舶国籍、船舶抵押权登记、光船租赁登记、船舶标志和公司旗、变更登记和注销登记、船舶所有权登记证书、船舶国籍证书的换发和补发及法律责任都作了具体规定。

五、《中华人民共和国内河船舶船员适任考试发证规则》自2005年6月 l 曰起施行。本规则设七章，四十八条。本规则对适任证书、水上服务资历和文化程度要求、适任考试与见习、发证和再有效审验、监督管理及法律责任等项有了明确规定。

六、《中华人民共和国船舶最低安全配员规则》自2004年8月1日起施行。本规则设五章，二十七条，对最低安全配员原则、最低安全配员管理及监督检查作出了基本要求。

七、《中华人民共和国船舶载运危险货物安全监督管理规定》自2004年1月1日起生效。本规定设七章，三十七条。《规定》对通航安全和防污染管理、船舶管理、申报管理、人员管理及法律责任等项有了明确规定。

八、《中华人民共和国船舶签证管理规则》自1993年7月1日起施行。本规则设五章，三十条。本《规则》对船舶签证管理作了规定。

九、《中华人民共和国内河海事行政处罚规定》2004年11月5日经交通部第24次部务会议通过，自2005年1月1日起施行。本规定设四章，六十九条。对内河海事行政处罚的适用、内河海事行政违法行为和行政处罚作了具体要求。

十、《中华人民共和国水路运输管理条例》1987年5月12日国务院发布，根据1997年12月3日《国务院关于修改〈中华人民共和国水路运输管理条例〉的决定》修正。本条例设4章，三十三条。

十一、《国内船舶运输经营资质管理规定》自2001年4月1日起施行。本规定设五章，二十五条。

十二、《吉林省乡镇运输船舶安全管理办法》自1993年11月2日起施行。本办法共二十一条。

十三、2005年8月4日吉林省人民政府下发《吉林省人民政府关于进一步明确水上交通安全管理责任的通知》。本通知分四部分，（一）地方政府责任；（二）主管部门责任；（三）监督机构责任；（四）船舶所有人（经营人）责任。

第四章　公路建设管理

第一节　管理机构职责

白山市交通系统具备公路建设市场管理职责的单位有：

一、白山市交通局：负责本行政区域内公路建设市场的监督管理工作，主要职责是：一是贯彻执行国家有关法律、法规、规章和公路建设技术标准、规范和规程；二是配合省级地方人民政府交通主管部门进行公路建设市场准入管理和动态管理；三是对本行政区域内公路建设市场进行监督检查；四是依法受理举报和投诉，依法查处本行政区域内公路建设市场违法行为；五是指导各县（市）区交通局公路建设市场管理工作。

二、白山市公路管理处：负责市管路网工程的设计外业验收，工程的设计及预算的审查批复；项目法人的初审；工程招投标管理，对资格预审文件和招标文件的审查、批复；工程开工及变更设计报告的审查批复；工程建设的质量、进度、内业、安全、成本的监督、检查、指导和服务；以及工程竣工验收工作。

三、各县（市）区交通局：负责辖区内公路工程的建设单位。

四、白山市公路建设质量监检站：规划管理本地区公路工程质量监督和施工监理工作，审核申报监理单位和监理工程师资格的报告；监督检查施工监理单位、监理工程师、施工单位工程质量保证体系及其人员的工作；主持交工工程质量鉴定，参加工程竣工验收；组织工程质量检查，定期发布工程质量动态；组织工程质量事故调查、处理、仲裁工程争端，监督检查重大工程质量事故的处理方案执行情况；参与本地区本行业优秀勘察、优秀设计、优秀工程的评审工作，对申报国（部）级“三优”工程的项目进行质量鉴定。

五、白山市公路勘测设计院：承担测绘乙级和勘测设计丙级资质范围内的工程设计。

六、公路建设监理公司：通过招投标代替业主行使生产、质量、安全等项的管理

七、重点项目建设指挥部：代表市、县级交通局行使建设单位职责。

第二节 管理办法

一、规划的编制

1987年8月，浑江市交通局制定的《浑江市交通运输事业发展规划》（1985年—2000年）中，针对国道、省道、县道、乡道的主要建设项目做了详细的规划；

1994年，白山市公路管理处制定了《白山市公路建设六年路网规划》和《白山市公路建设30年远景规划》；

2000年11月，白山市交通局制定了《白山市公路、水运交通“十五”发展计划及2015年远景规划设想》（讨论稿），2002年确定《白山市公路、水运交通“十五”发展计划及2015年远景规划》；

2002年，白山市公路管理处制定《2003年—2005年农村公路发展规划》。

2003年，白山市公路管理处编制了《2004年白山市公路建设建议计划》、《十五后三年调整计划》、《2003—2007年白山市公路建设计划》。

二、前期工作

建设项目必须依法认真履行基本建设程序，按有关规定把好公路建设项目审批（核准）关，不得越权审批（核准）和擅自简化基本建设程序。按照公路建设的长远规划，建设主体将建设项目提交省（市）发改委，经批复后立项，开始进行工程可行性研究，委托有资质的设计单位进行工程测设工作，完成估算后，经省（市）发改委批复列入近期建设计划。建设单位委托设计单位进行初步施工设计，根据工程的复杂程度确定若干方案，经研究审查确定最终施工方案，批复后形成施工标准文件，基本能够达到工程的实际造价。

三、招投标

自1997年开始，白山市交通局对本地区的交通工程严格实行招投标制，在公路工程招投标中严格遵循公开、公平、公正和诚信的原则，程序如下：

1. 下列公路工程施工项目必须进行招标，但涉及国家安全、秘密、抢险救灾或利用扶贫资金实行以工代赈不适宜进行招标的项目除外：（1）投资总额3 000万元以上的公路工程施工项目。（2）施工单项合同估算价在200万元以上的公路项目。（3）法律、行政法规规定应当招标的其它公路工程项目。

2. 招标的项目应当具备下列条件：（1）初步设计文件已被批准。（2）建设资金已经落实。（3）项目法人已经确定，并符合项目法人资格标准要求。

3. 公路工程施工招标分为公开招标和邀请招标，符合下列条件之一，不适宜公开招标的，依法履行审批手续后，可进行邀请招标：（1）项目技术复杂或有特殊技术要求，且符合条件的潜在投标人数是有限的。（2）受自然地域环境限制的。（3）公开招标的费用与工程费用相比，所占比例过大的。

4. 公路工程施工招标，按下列程序进行：（1）确定招标方式。（2）编制投标资格预审文件和招标文件。（3）发布招标公告，发售投标资格预审文件，采取邀请招标的可直接发出投标邀请书，发售招标文件。（4）对潜在投标人进行资格审查。（5）向资格预审合格的潜在投标人发出投标邀请书和发售招标文件。（6）组织潜在投标人考察招标项目工程现场，召开标会。（7）接受投标人的投标文件，公开开标。（8）组建评标委员会评标，推荐中标候选人。（9）确定中标人。（10）发出中标通知书。（11）与中标人订立公路工程施工合同。

5. 公路工程施工招标的评标方法可使用合理低价法、最低评标价法、综合评估法和双信封评标法等。

1997 年，汤湾公路是白山地区第一条实施招投标的工程。2001 年，《招投标法》颁布实施，重点工程项目实行招投标制度，使工程建设市场管理趋于规范化。

四、施工

建设项目在组织实施过程中，要严格执行项目法人责任制、工程监理制和合同管理制。各工程项目法人要认真履行“开工报告”、“质量监督申请”和“质量鉴定申请”程序，落实工程监理制和合同管理制度。对违法、违规和严重违约者依法予以清退或更换，并报省厅列入限制其进入建设市场“黑名单”。项目法人必须按批准的施工图设计组织实施，不得随意变更和降低标准，确需设计变更的，必须严格按照交通部颁布的《公路工程设计变更管理办法》和吉林省新颁《吉林省公路工程设计变更实施细则》履行审批手续。施工检查依中间检查与全面检查相结合，根据施工项目不同特点，按分步工程、单项工程、单位工程和整体工程等方式完成各步骤施工质量监查，出现与设计不一致情况，施工单位出示变更设计。公路建设市场实行三级质量管理体系。

五、竣工验收

1. 公路建设项目的交（竣）工验收应严格按照交通部颁发的《公路工程竣（交）工验收办法》的有关规定执行。竣工验收由交通主管部门负责。

2. 竣工验收前应全部完成交工验收报告提出的遗留问题，完成项目的设计缺陷和工程质量缺陷的修复施工的质量达到要求，并已向接管养护部门移交。

3. 项目法人在申请验收时，应将工程遗留问题和设计、工程质量缺陷修复和完成情况的报告，报送组织验收的交通主管总部门和接管养护单位核备。

4. 项目法人在申请验收时，应将土地使用证（原件）和土地占地图报送组织竣工验收的交通主管部门和省公路管理局、市州公路处核备。

5. 交工验收一年以后，严格执行吉林省公路管理局制定的《交通基础设施建设市场管理办法》，明确工程竣工验收的条件和标准，在工程质量、设计质量和建设单位管理评分等方面针对工程的竣工验收进行评分，合格后完成工程的竣工验收。项目法人应在交工验收后第二年至第三年间申请竣工验收，工程建设项目交工验收超过三年，仍不申请竣工验收或没有按规定完成交工验收提出的遗留问题和完成工程项目的设计缺陷、工程质量缺陷的施工，接管部门将不负责继续保养。

6. 项目法人应按交通部《公路工程竣（交）工验收办法》附件二“公路工程竣工档案目录”要求的全部内容编制竣工文件，并报送县（市）公路管理段存档。

第三节 管理机制

白山市交通局对本地区的公路工程项目管理的主要工作：

各级质量监督机构要加强监督，加大责任追究力度，规范监理队伍和检测市场，设计单位必须对勘察、设计的质量负责，在施工中完善补充设计、做好服务；监理单位要认真履行职责，坚持旁站制度，充分运用教育、监督、经济、组织、法律、科技等手段，重点抓好六个坏节：一是严把设计质量关，严格设计审查，对工程建设的高填、深挖路段，软土路基、桥头等重点、难点部位采取特殊技术措施；二是严把招投标关，必须按国家有关规定，认真组织招投标，不准自行规定邀请招标，严防暗箱操作。三是严把材料质量关，坚持大宗筑路材料和重点材料跟踪检验制度，杜绝不合格材料进场。四是严把施工现场质量管理关，严格控制每一道工序，由业主代表和监理对每道工序质量进行跟踪检查，关键工序监理必须坚持旁站，本道工序不合格，必须返工，不得签证转入下道工序。五是严把试验检测关，各施工单位必须建工地试验室，项目法人或监理单位成立中心试验室，主要试验必须由中心试验室做平行检测，并对各施工单位试验检测工作进行指导。六是严把检查验收关，重要的分部工程、分项工程及全部工程完工后，质量监督部门必须严格进行验收检查，发现问题坚决返工，并追究有关人员的责任。要加强对重点部位、关键工序、薄弱环节的重点检查，及时发现质量问题和质量隐患并予以纠正。

1997 年，公路工程建设项目增幅比较大，质量意识已经深入人心，为了保证工程质量和工程工期，白山市实施建立了重点工程项目经理负责制和工程监理制，落实了“政府监督、工程监理、企业自检”的三级质量管理体系。全面落实《工程质量立体管理办法》，公路工程管理从单一粗放型管理向科学化管理转变。至 1998 年，在工程质量管理方面又提出了质量风险抵押责任制度，针对各个施工路段的质量状况实行奖罚，加大监理力度，确保工程项目开工一项，合格一项。

1999 年，交通部确定为“公路工程建设质量年”，吉林省交通厅又确定为“公路建设质量成本年”，白山市委、市政府提出“全民总动员，奋力拼三年，努力实现市到县全部通油路，县到县基本通油路”的奋斗目标，全市网化工程、县级公路工程、乡道建设、扶贫路工程齐头并进。白山市公路管理处成立了以处长为组长的工程质量年活动小组，加大了工程项目各个环节的监管力度。

2000 年，白山市公路建设工程量进一步增大，针对筑路材料需求巨大的问题，白山市公路管理处通过实地调查研究，科学论证，对钢材、水泥、沥青等大宗筑路材料实行政府采购制，改变了以往分散采购带来的弊端，使各种材料得以及时供应。

2002 年，根据吉林省交通厅吉交发字［2002］21 号《吉林省公路建设管理的有关规定》，白山市公路管理处制定了《白山市路网工程管理办法》、《白山市路网工程奖罚办法》等规章制度，加大了路网工程的中间检查力度，发现问题及时提出，督促建设单位、施工单位限期整改，消除质量隐患，保证了工程质量。

2003 年，白山地区路网工程建设规模比较大，白山市政府、各县（市）区政府成立交通建设重点项目督查组，由主要领导作为负责人，有效加大了路网建设工作管理力度。

“十五”期间是公路建设突飞猛进的时期，白山地区以安全、质量、成本为目标，全面加强了公路建设市场管理力度，市委、市政府下发了《公路建设任务责任人及督导任务人员责任目标任务书》，白山市公路管理处制定了《白山市公路建设管理年活动实施方案》等各项规定，从制度上为公路建设的顺利进行打下了基础。特别是在农村公路建设管理方面，各建设市场管理部门充分发挥行业管理的服务职能，实施有效的监督，把好施工设计审批关、施工单位准入关、技术人员控制关、质量监检关以及工程验收关等关键环节。

第四节 质 量 监 督

一、白山市公路工程质量监督执法机构

白山市公路工程监督站成立于 1991 年 6 月，为白山市交通局直属事业单位，前身是白山市公路管理处质监科（成立于 1989 年），在业务上受吉林省交通基本建设质量监督站指导。市质监站是政府对公路工程质量监督管理的专职机构，被纳入政府委托行政执法系列，依照有关法律、法规和部颁现行的标准、规范、规程及招标合同文件的要求，按分级管理的原则，代表政府对白山地区公路工程质量进行强制性的监督管理，确保公路建设目标的实现，为保证投资效益和提高工程质量提供了组织保障。

二、监督依据及程序

监督依据：《中华人民共和国公路法》（1999 年 10 月 3 1 日，中华人民共和国主席令第 25 号）、国务院《建设工程质量管理条例》（2000 年第 279 号令）、交通部《公路工程质量监督规定》（2005 年第 4 号令）。

监督工程程序：建设单位提交监督申请、监督机构监督登记、落实监督人员、编制工作计划、下发监督通知、监督检查、交通竣工质量鉴定等。

三、公路工程质量监督主要内容

1. 工程质量管理的法律、法规、规章、技术标准和规范的执行情况。
2. 从业单位的质量保证及其运转情况。
3. 勘察、设计质量情况，工程质量情况，使用的材料、设备质量情况。
4. 工程试验检测工作情况。
5. 工程质量资料的真实性、完整性、规范性、合法性情况。
6. 从业单位在工程实施过程中的质量行为。

四、公路工程质量监督主要职责

1. 监督检查从业单位是否具有依法取得的相应等级的资质证书，从业人员是否按照国家规定经考试合格，取得上岗资格。

2. 监督检查建设、勘察、设计单位、施工和监理单位质量保证体系的针对性、严密性和运行的有效性，以及各单位质量保证体系之间的协调性和一致性。

3. 监督检查勘察、设计文件是否符合国家规定的技术标准和规范要求，设计文件、是否达到国家规定的编制要求。

4. 监督检查施工、监理和设备、材料供应单位是否严格按照有关质量标准和技术规范进行施工、监理和供应设备、材料。

5. 监督检查监理单位的质量管理和现场质量控制情况，以及对公路工程关键部位和隐蔽工程的旁站情况、对各施工工序的质量检查情况。

6. 监督检查试验检测设备是否合格，试验方法是否规范，试验数据是否准确，试验检测频率是否符合有关规定。

7. 监督检查材料采购、进场和使用等环节的质量情况，并公布抽查样品的质量检测结果，检查关键设备的性能情况。

8. 对公路工程质量情况进行抽检，分析主要质量指标的变化情况，评估总体质量状况和存在的主要问题，提出加强质量管理的政策措施和指导性意见，定期发布质量动态信息。

9. 对完工项目进行质量检测和质量鉴定。

五、监督工作成果

白山市公路工程质量监督本着“严格监督、热情服务、秉公执法、一丝不苟”的原则开展全地区质量监督工作，认真执行相关法律、法规、政策及各项制度，为不断完善“政府监督、法人管理、社会监理、企业自检”四级质量保证体系。为了更好完成监督任务，1997 年白山市公路工程质量监督站根据省站的各项制度和管理办法，结合本市实际，制定了《白山市公路工程质量监督实施细则》、《白山市公路工程竣工质量鉴定办法》、《白山市公路工程质量监督人员考核办法》和《白山市公路工程监理细则》等管理制度。建站以来共监督项目 300 项，监督里程 2 000 公里，监督工程及监督检查逐年递增，不断扩大监督覆盖面，加大监督检查频率，提高监督工作质量，为白山地区公路建设提供质量保障。

第五章　运输管理

第一节　道路运输管理

一、市场管理

1983 年自运输市场开放以来，运输市场发生了较大的变化。为了确保新型运输市场健康发展，加强了运输管理机构和市场的法制建设。

1985 年道路运输市场是由过去的专业企业独家经营发展到多家经营竞争的新格局，市场中个体车辆仍有较强的发展势头。为了适应运输市场发展，加强市场的管理，1987 年根据吉林省编制委员会、吉林省交通厅［1987］146 号文件精神组建的白山市运输管理处，由交通局的内设机构改为独立授权执法部门。白山市区及各县都成立运输管理所，在车辆较多的乡镇，还成立了运输管理分所。其管理职能是：

1. 贯彻执行国家及省、地有关道路运输方针、政策、法规，执行上级道路运政管理机构制定的有关规章、规范、标准和细则。

2. 根据管理权限，审批道路客货运输、搬运装卸、运输服务和三类汽车维修业户的开业、停业及年度审验，核发经营许可证、道路运输证，审批区域内客货运输线路. 执行好客运“定线路、定班次、定站点”工作，协调好各相关部门、各种运输方式、各运输业户之间的横向关系。

3. 具体负责道路运政管理机构统一制定的证、照、牌、单及票据的分发、回收、管理，具体负责征收管理运输规费及其它委托代征税、费，负责运费结算。

4. 具体负责执行对道路运输市场的运输质量、经营行为、价格执行及使用的证、照、牌、单、票据等进行日常性监督检查，并对违章者进行处罚，处理日常性商务事故，调解日常性运输纠纷。

5. 具体组织实施重点物资、大宗物资、重点港站集散物资的运输，具体组织实施重要节假日的旅客运输，具体组织实施指令性的抢险、救灾、防汛、战备物资的运输。

6. 掌握本地运力与运量情况，按时向有关部门和上级交通部门提供需求信息，配合上级运政部门做好车辆投入、车辆结构和技术进步的调控工作，做好站点布局、建设、管理工作，做好能源供应的配合工作。

7. 负责运输市场源头管理，建立各种基础台帐，对本区域的道路运输业的经营、生产和主要技术经济指标进行统计、上报，组织日常性运输市场调查，收集各种基本信息，开展咨询服务和市场预测，制定本区域行业规划。

这些职责的履行，使运输市场行为得到规范，建立起良好的市场秩序，保证市场健康的发展。

1987 年建处时全市运管人员 115 人，市运管处机关 30 人。2005 年全市运管人员达到 180 人，市处 39 人。

二、运输企业的管理

运输企业管理是运输行业管理的重点。运输企业发展历史长，实力雄厚，是运输业的主力军。1985 年白山市专业运输企业 19 户，其中国营 5 户，集体 14 户。自道路运输市场开放以后，运输企业不断深化改革，为了建立起政企分开、产权明晰、权责明确、管理科学的现代企业制度。以建立现代企业制度为中心内容，转换经营机制，推进产权制度改革。19 户企业中有 6 户实行了股份制经营，有 5 户实行国有民营，使企业成为自主经营、自负盈亏、自我发展、自我约束的法人实体。运输管理部门引导运输企业不断充实实力，提高经营能力，在 2000 年道路运输企业经营资质评定为国家级二级企业 1 户，国家级三级企业 6 户，国家级五级企业 3 户。

三、旅客运输管理

旅客运输管理是运输行业管理工作中的重中之重。为了确保旅客运输的安全，行业管理文件中对旅客运输的车辆技术状况、驾驶员的资质都作出了具体要求，尤其是对经营主体进行分类，划分经营范围，以保证安全和优质的服务。旅客运输经营主体的基本情况：1985 年专业运输企业 19 户，其中国营专业运输公司 5 户，以客运为主兼营货运。集体专业运输企业 14 户是以货运为主兼营客运。专业运输企业共有客车 93 台，年完成客运量 336 万人次，客运周转量 13 895 万人公里。个体客车 36 台，年完成客运量 251 万人次，客运周转量 6 153 万人公里。自运输市场开放后加强了客运市场的管理，根据《吉林省道路运输管理条例》加强“准入”管理，对于客运线路有偿使用及线路招投标等执行严格“准入”的资质审验，确保运输生产的安全。同时引导经营者根据市场的需求更换车型和车辆的技术等级的提高，提高运输服务质量。

客运市场由于坚持公平、公正、公开和便民的原则，发展较快。2005 年全市（1）营运客车 2 201 辆。其中高级客车 73 辆，中级客车 358 辆，普通客车 255 辆，专业旅游客车 4 辆，出租车 1 511 辆。（2）客运班线 346 辆，日发班次 1 035 次，其中跨省班线 27 条，日发班次18次；跨市班线60条，日发班次97次；跨县及乡镇班线259条，日发班次900次。通达农村的客运班线175条，大部分都采用滚动发车形式，旅客随到随走，实现了人便于行的管理目标。

四、货物运输管理

自行业管理以来，货运市场发展较快，1985年个体营运货车达1 235台，集体企业货车142台，全民企业货车22台，拖拉机1 093台。年完成货运量943万吨，货运周转量13 861万吨公里。货运市场开放后打破了以国营企业为主，集体企业为辅，个体运输业为补充的运输结构。由于个体运输业发展迅速，形成了个体运输为主，企事业单位承包车辆参与经营的新格局。

货运市场的管理，加强了准入营运业户的资质审验，确保运输安全生产，同时根据市场的需求，引导经营者调整运力结构，追求更大的经济效益，运量配置也改变了过去运管部门统一调配的形式，是由物流业网络化管理，信息化配载，优化了配置，实现了“货畅其流”。

货运市场重点是危险货物运输，每年从事危险货物运输的人员实行全员培训，考核后持证上岗，确保危险货物运输安全。

五、汽车维修管理

自运输市场开放以来，汽车修理业发展迅速。1986年12月根据交通部、国家经委、国家工商行政管理局颁发的《汽车维修行业管理暂行办法》文件要求精神纳入了行业管理，1988年成立了专业管理机构，并进行市场调查。按照《汽车维修行业管理暂行办法》规定标准进行普查登记，对达到规定标准核发《汽车维修许可证》，对达不到规定标准的业户，限期整顿，整顿后仍达不到规定标准的业户，则令停业或转业。

加强维修企业的质量管理，制定维修企业整顿方案，对维修企业实行维修类别的划分。同时向企业宣贯了国家标准局颁发的汽车修理技术标准（GB3798－3803.83）、（GB5336－84）和交通部颁发的汽车修理技术等标准。

整顿后全市汽车、摩托车维修业户314户，其中国营33户，集体79户，个体202户。

一类维修企业15户，二类维修企业14户，三类维修企业77户，四类专项修理184户，五类摩托车维修业24户。

从业人员2 019人，其中技术人员805人，五级工以上人员819人，其他人员395人。

2005年全市汽车维修企业达212户，其中一类维修企业14户，二类维修业9 1户，三类维修业86户，四类维修业11户。为了促进汽车修理业规范化经营，提高服务质量，向企业先后贯彻了交通部的《汽车维修质量管理办法》、《汽车维修质量纠纷调解办法》、《汽车维修合同实施细则》等文件。同时还开展岗位练兵技术比赛等活动。引导企业树立规范化经营意识和诚信优质服务的理念。

六、车辆技术管理

现行的运输市场的车辆技术管理，是执行交通部13号令《汽车运输业车辆技术管理规定》。因为自运输市场开放以来，由于经营成份的增加，营运车辆的快速增长，车辆技术管理遇到了一系列的新问题。由于管理工作跟不上市场发展的需求，车辆技术状况下降，燃润料的消耗增加，机械失灵造成的事故时有发生。如何保持车辆技术状况良好，使汽车运输业创造更大的经济效益和社会效益，制定与当前汽车运输生产相适应的车辆技术管理法规，是当务之急。

1990年3月7日交通部13号令《汽车运输业车辆技术管理规定》为车辆技术管理提供法律依据，共八章八十条。

其特点是：

1. 实行了全行业管理，将过去的交通运输部门所属汽车运输与修理企业的管理，扩大为整个汽车运输业的管理，使之适用于各种不同所有制和隶属关系的一切运输单位和个体运输户。

2. 管理对象针对运输车辆，特别是营业性运输车辆，将以往的对汽车运输和维修企业的技术管理转变为针对汽车运输业的最基本设备——运输车辆的技术管理。

3. 实行技术与经济相结合的综合性管理，也是将过去仅强调技术管理转变为技术与经济相结合的综合管理，以期汽车运输业取得最佳经济效益和社会效益。

1991年白山市运管处举办了车辆技术检验人员培训班，经考试核发85个检验证。实行全过程管理，也就是从过去的管、用、养、修四个环节的管理转变为从车辆选购开始直至报废的全过程管理。

七、搬运装卸管理

搬运装卸市场随着运输市场的变化，也发生了较大的变化。1985年全市搬运装卸设备197台，市场的组织成分有：专业运输企业的搬运装卸组织，有汽车运输企业为运输生产相配套的搬运装卸组织，有个体经营户。搬运装卸设备普遍比较落后，机构化程度低，机械设备型号单一。由于没有大宗货源，作业是松散型，随意性也比较强。货运市场放开前重点管理是搬运装卸作业价格管理，货运市场放开后搬运装卸的作业价格标准比照货运市场放开标准双方商量确定。

八、运输服务管理

汽车运输服务业由于受到区域经济限制发展迟缓。自改革开放后才有较大的发展。运输服务市场目前仅处于构建的发展阶段。运输服务市场的基本概念是指：为运输市场提供综合性服务的市场体系，是各种运输方式和运输活动彼此衔接的桥梁，是综合运输的“二传手"，是城乡交流网效应的基础。运输服务市场包括客货联运、货运委托、客运代办、货物包装、仓储理货、配运服务、信息服务等综合性的服务体系。白山市的运输服务市场，仍处于初级发展阶段，仅开展配运服务、仓储服务等服务项目，其它的服务项目有待于发展。发展的原则是逐项开展，全面发展，建立起综合性服务的运输服务市场。

九、汽车场站、客运站管理

1985 年至 1987 年间，运输基础设施建设是由运输企业自筹资金建设，自行管理。1987 年 7 月 1 日吉林省人民政府吉政发［1987］49 号《吉林省人民政府关于征集公路客运基础设施建设专用基金的通知》和 1992 年吉林省人民政府吉政发［1992］224 号《关于开征公路客货运输附加费的通知》实施。“两费”开征加快了运输基础设施的建设和改造。截止 2005 年末白山市建成的客运站 39 户，其中一级站 1 个，二级站 6 个，三、四级站 32 个；建成的物流中心 1 个；货运市场 3 个（1998 年筹建，2000 年后先后投入使用）。1995 年根据省交通厅［1995］147 号文件要求精神，实行“站车分营”，客运站从运输企业分离出来，成为独立的公益性事业单位，实行企业化管理，服务设施配套，综合服务素质有了较大的提高。其从业人员经培训，服务素质提高，并且实行优化组合，择优上岗，合理配置，并根据业务技能，职业素质，年龄结构、文化程度、健康状况都分别制定岗位标准。经考核后，持证上岗。为了促进从业人员素质不断提高，还适时开展从业人员服务竞赛活动，如红旗手、岗位明星竞赛等活动，优胜者均与工资、奖金相挂钩，综合服务素质不断得到提高，营造了良好的服务氛围。

第二节　水路运输管理

一、市场管理

1987 年 9 月 22 日，交通部发布《水路运输管理条例实施细则》。根据 1997 年 12 月 3 日《国务院关于修改〈中华人民共和国水路运输管理条例〉的决定》和 1998 年 3 月 6 日《交通部关于修改〈水路运输管理条例实施细则〉的决定》。这两个《决定》适用于一切从事水路营业性旅客，货物运输的企业，其他单位和个人。各部门、各单位要求设立水路运输企业或以运输船舶经营地（市）内运输的，应申报所在地（市）交通局或其授权的航运部门批准。个体（联户）船舶经营地（市）内运输的，应申报所在地的地（市）交通局或其授权的航运管理部门批准。

二、企业管理

设立水路运输企业，必须具备下列条件：

1. 具有与经营范围相适应的运输船舶，并持有船检部门签发的有效船舶证书，其驾驶、轮机人员应持有航政部门签发的有效职务证书。

2. 在要求经营的范围内有较稳定的客源和货源。

3. 经营客运航线的应申报沿线停靠港（站、点），安排落实船舶靠泊、旅客上下所必需的安全服务设施，并取得县以上航运管理部门的书面证明。

4. 有经营管理的组织机构、场所和负责人，并订有业务章程。

5. 拥有与运输业务相适应的自有流动资金。

三、运价、费收管理

水路运输企业和其他从事营业性运输的单位和个人，必须按照交通部和省交通厅制定的运价规章和费率计收运杂费用，应按照国家规定缴纳税金、规费（船舶港务费、停泊费、航道养护费）和运输管理费。不论全民、集体或个人所有制水运业、依法经营的水路运输业务，其合法权益受国家法律保护，任何单位和个人不得向其非法滥收、重收、摊派各项费用。

四、港站管理

根据2003年6月28日颁布的《港口法》和2005年8月4日《吉林省政府关于进一步明确水上交通安全管理责任的通知》规定，各级海事机构也是依法对港口实施监督检查的港口行政管理部门。港口总体规划由港口行政部门征求有关部门和有关军事机关的意见编制。从事港口经营，应当向港口行政管理部门书面申请取得港口经营许可，并依法办理工商登记。经营港口理货业务，应当按照规定取得许可，不得兼营货物装卸经营业务和仓储经营业务。从事港口旅客运输服务的经营人，应当采取保证旅客安全的有效措施，向旅客提供快捷、便利的服务，保持良好的候船环境。港口经营人必须依照《安全生产法》等有关法律、法规和国务院交通主管部门有关港口安全作业规则的规定，加强安全生产管理，建立健全安全生产责任制等规章制度，完善安全条件，采取保障安全生产的有效措施，确保安全生产。港口行政管理部门应当依法制定可能危及社会公共利益的港口危险货物事故应急预案、重大生产安全事故的旅客紧急疏散和救援预案以及预防自然灾害预案，建立健全港口重大生产安全事故的应急救援体系。船舶进出港口，应当依照有关水上交通安全的法律、行政法规的规定向海事管理部门报告。港口行政管理部门依法对港口安全生产情况实施监督检查。港口行政管理部门应当制定所管理的港口的章程，并向社会公布。

第三节　地方铁路运输管理

宇辉地方铁路运营后，宇辉地方铁路公司的运输管理、货物运输、站场管理等，全权委托国铁按照铁道部下发的文件及相关规定进行组织管理。

宇辉地方铁路的运价，执行省发改委《关于靖宇至辉南地方铁路货运价格的批复》（吉发改收管字［2005］619 号）规定的价格，在浮动的价格中，由宇辉公司和国铁确定最终的执行价格（文件规定基础运价为 0. 30 元/吨．公里，上浮 10%，下浮不限）。

2005 年末，宇辉地方铁路竣工，因未正式投入营运，暂不经办客货运输，以后视情况而定。

第六章　安　全　管　理

交通安全在社会发展和国民经济建设中发挥着重要作用。交通安全是交通部门的一项重要职责，涉及千家万户，责任重大。由于历史的原因：恶劣的自然条件；淡薄的安全意识；严重的资金短缺和安全投入不足及防灾能力低下等因素，造成了白山地区安全生产工作滞后。但是白山市交通局领导和广大干部职工积极向上，对党和人民生命、财产高度负责的精神，支持和推动着安全生产工作的进步和发展。进入21世纪，党和国家提出了“解放思想，以人为本”，用改革和发展的观点解决当今社会的种种矛盾和问题，给白山市交通安全工作确立了重要的地位，使交通安全生产工作开创了新局面。

白山市交通安全生产主要包括交通运输安全、公路建设安全和水上交通安全三个方面。主要工作任务是认真贯彻落实《安全生产法》、道路交通安全法律、法规，全面落实安全生产责任制，突出行业特点，加强专项整治，建立健全各项规章制度，防止恶性安全生产事故的发生，保障人民生命和国家财产不受损害，维护良好的交通安全生产秩序，为社会发展和国民经济发展，创造良好的交通安全环境，保障交通运输事业的快捷发展和畅通。

第一节　安全组织机构建设

1. 组织落实。市局安全生产领导小组组长由历任交通局局长担任，下设四个分组。第一组交通运输安全组；第二组公路建设安全组；第三组消防安全组；第四组水上交通安全组。市局安全生产领导小组下设办公室。市局安全领导小组直接管理市局直属企业单位，并指导督办各县（市、区）交通局安全生产领导小组工作。形成了一个完整的安全生产工作领导体系，全面落实了组织领导工作。

2. 制度建设。交通安全生产以《安全生产法》、交通安全法律、法规为依据，在安全生产工作中主要执行国家交通法律法规，地方性法规、规章。交通各单位自行制定安全生产规章制度。形成一套完整、配套、科学、严密、可行的安全生产管理工作程序。不断规范了安全生产的管理行为，推动了安全生产工作。并与“三个文明”建设结合起来一道评比检查，对发生生产事故的单位施行一票否决制。

由于白山交通安全生产工作，求真务实，解放思想，开拓创新，较好完成了各项工作任务。2004 年、2005 年市局荣获市政府安全生产先进单位称号。

第二节 交通运输安全监管

交通安全管理是交通行政管理的重要组成部分，是道路运输安全运行的重要保障手段，主要是通过履行交通监管的职责来实施。以不断加强对运输企业，运输场、站建设，交通运输市场监管为主要内容，以贯彻交通法规，维护交通安全生产秩序，防止交通事故，制止违章行为及对交通肇事进行行政处理为职责，保证道路运输的正常生产秩序和人民生命及国家财产安全。

在运输企业监管中，始终坚持“安全第一，预防为主”的方针，抓源头管理，坚持企业法人是安全生产第一责任人，不断加强企业安全生产组织、制度建设、规范管理，落实全面责任制为重点。抓职工队伍安全教育和培训，提高车辆技术水平为管理手段。在客运企业中，实行安检员对客运车辆出车前和收班后安检制，确保了车辆技术状况完好率。

运政管理部门在抓好交通运输安全生产工作中，主要职责是做好“三关一监督”，三关：一是严把运输经营者市场准入关；二是严把营运车辆技术状况关；三是严把营运车辆驾驶员从业资格关。一监督：搞好客运站的安全监督。

第三节 公路建设安全监管

公路建设安全生产是公路建设管理部门对公路建设施工单位生产经营活动的安全管理。安全管理的主要任务是保护生产活动中的人身安全，保证建筑施工的顺利进行。通过采用计划、组织、技术等手段，掌握并运用人、物、环境的积极因素，防控事故的发生。

为保证施工安全生产，在加强安全管理中，加强安全措施的落实，重点放在人的不安全行为与危险物质的不安全状态的控制，以消除一切事故，避免事故伤害，减少事故损失为管理目的。一是落实安全责任，实施责任管理制。建立完善以工程项目管理为首的安全经营组织，开展安全管理活动，承担组织、领导安全生产的责任，明确各级人员的安全责任，建立各级安全生产责任制，从项目施工、投招标开始，必须通过安全生产资质审查，并得到认可。必须通过培训考核，取得《安全操作合格证》，坚持“持证上岗”制度，一切管理操作人员均与施工项目签定安全生产协议，对施工项目作出保证。经常性开展责任落实情况安全检查，做好详细纪录。进行安全教育和培训，提高安全生产意识，防止人为不安全行为，减少人为失误，通过开展“安全生产活动月”活动等多种形式，形成制度，提高知识、技能、意识、能力，定期不定期进行安全生产检查、自查、抽查活动，采取一般检查、专项检查、季节性检查和督查活动，消除危险因素，发现隐患及时整改，保证安全生产。

采用标准化，规范化操作，信息化管理模式，提高安全生产管理水平，制定适应突发事件应急救援预案，降低重大事故的损失，有效地推动了安全生产管理工作。

在公路基础设施管养中，加大工作力度，交通与交警部门互相协作，积极配合，深入实际进行事故隐患排查整改。从2005年开始实施“安保”工程，对事故多发点、段、桥涵、隧道、险路、险段进行整改。新增护栏板、挡墙、护坡、减速带、标志、标线、警示标志等措施，大大增强了道路交通的安全性和通行能力，有效地减少了事故的发生，提高了白山公路建筑与运输的安全水平。

第四节 水上交通安全监管

为加强水上交通安全监管工作，1985年至1987年水上交通安全由浑江市交通监理处负责，1987年7月至2005年3月，由浑江市交通稽查征费处及省交通规费征收管理局白山分局负责。2005年3月，白山市成立了白山市地方海事局，主要职责是加强辖区内水上交通安全的监管。对辖区内水域从事营运的船舶、排筏等水上交通运输工具，从业人员培训，颁发经营许可证等工作。

2005年后，白山市地方海事局先后对市区水上运输生产进行了重新登记审核，加强从业人员培训和考核工作，对船舶使用安全、性能进行了认定工作，并认真履行职责，严厉查处非法营运、无证驾驶等违法行为，从而保证了水上交通的安全。

一、运输企业的安全管理

运输企业要严格遵照“政府统一领导，部门依法监督，企业全面负责，群众参与监督，社会广泛支持”的安全生产新格局的要求，负好责任，认真做好本企业的安全管理工作。运输企业是安全运输的主体，对所拥有的船舶安全负主体责任。要切实履行安全运输的责任和义务，建立健全本企业安全运输责任制，完善安全管理体系，组织制定安全运输规章制度和操作规程，保证安全运输有效实施，督促检查安全运输工作，及时消除安全事故隐患，组织制定，实施安全运输事故应急预案。海事机构实施对所管辖的运输企业水上交通安全的监督管理。

二、乡镇船舶的安全管理

（一）船舶管理

1993 年 11 月 2 日颁布的《吉林省乡镇运输船舶安全管理办法》规定。乡镇运输船舶，系指乡镇和农村企业事业单位、个体、合伙、承包经营户从事运输的客船和货船。乡镇运输船舶的安全管理，由乡（镇）人民政府负责，根据实际工作需要可设置专（兼）职乡镇运输船舶安全管理员。行政上受乡（镇）人民政府领导，业务上受所在地港航监督机构的领导。乡镇运输船舶航行，必须具备以下条件：（1）持有船舶检验部门检验合格证书和港监部门发放的船员证书；（2:）持有交通运输管理部门核发的《船舶营运证》和工商行政管理部门核发的《营业执照》；（3）按国家和省有关规定配备合格的消防、救生、灯光和声号、旗号等设备：（4）船舶应按规定标明船名，勘划载重线；（5）职务船员应具有相应等级的适任证书；（6）客运船舶应标明载客客位，并办理人身保险。乡镇运输船舶严禁超载、超员，严禁无证驾驶和酒后驾船。乡镇运输船舶不得载运易燃、易爆、有毒、有害等危险物品。遇有特殊原因确需由乡镇运输船舶运输危险物时，必须向港航监督机关申请，按国家有关危险物品管理和运输的规定办理。水库、公园、风景区水域中的乡镇游览船舶，当地人民政府应指定其管理单位，按照港航监督部门的要求负责管理，并接受港航监督部门的监督检查。

（二）船员管理

乡镇运输船舶的所有者、经营者和船员，应对船舶的安全负责，保持船舶适航状态，并严格按照《船舶检验证书》核定的航区、用途、装载定额进行作业、航行。乡镇运输船舶发生事故时，船员应采取有效措施进行自救，并及时将发生事故的时间、地点、受损情况，救助要求向就近乡（镇）人民政府和港航监督机构报告。乡镇运输船舶发生交通事故致使船舶或所运货物在通航水域沉没的，船舶所有人、经营人和船员必须在沉船位置设置有效标志，并迅速组织打捞。违反本办法的船员，根据情节轻重由港航监督机关按照有关规定，给予警告、罚款或由原发证机关扣留或吊销船舶船员证书的处罚。

（三）通航管理

船舶在中国管辖水域航行、停泊、作业应当遵守交通部公布的以及海事管理机构在其职权范围内依法公布的交通安全和防治船舶污染的规定。对在中国管辖水域航行、停泊、作业的载运危险货物的船舶，海事管理机构应当进行监督。船舶应当选择符合安全要求的通航环境航行、停泊、作业，并顾及在附近航行、停泊、作业的其他船舶以及港口和近岸设施的安全，防止污染环境。海事管理机构规定危脸货物船舶专用航道、航路的，载运危险货物的船舶应当遵守规定航行。船舶通过狭窄或者拥挤的航道、航路或者在气候、风浪比较恶劣的条件下航行、停泊、作业，应当加强了望谨慎操作，采取相应的安全、防治措施。必要时，应当落实辅助船舶待命防护等应急预防措施，或者向海事管理机构请求导航或者护航。对操作能力受限制的载运危险货物的船舶，海事管理机构应当疏导交通，必要时可实行相应的交通管制。船舶与载运危险货物的船舶相遇应当注意按照航行和避碰规则的规定，尽早采取相应的行动。船舶从事水上过驳作业，应当符合国家水上交通安全的防止船舶污染环境的管理规定和技术规范，选择缓流、避风、水深、底质等条件较好的水域，尽量远离人口密集区、船舶通航密集区、航道重要的民用目标或者设施、军用水域，制定安全措施和应急计划并保证有效实施。船舶从事水上危险货物过驳作业的水域，由海事管理机构发布航行警告或者航行通告予以公布。船舶发生水上险情、交通事故、非法排放事件，应当按照规定向海事管理机构报告，并及时启动应急计划和采取应急措施，防止损害、危害扩大。海事管理机构接到报告后，应当启动相应的应急救助计划，支援当事船舶尽量控制并消除损害、危害的态势和影响。

三、船舶技术监督

（一）船舶检验

国家海事局2004年3月1日实施的《内河船舶法定检验技术规则》规定，船舶有6种检验。

1. 初次检验——在船舶投入营运以及第一次对船舶核发证书之前，对与某一特定证书有关的所有项目进行一次完整的检查，以保证这些项目符合有关要求并且能满足船舶预定的营运业务。

2. 年度检验——对与特定证书有关项目进行总的检查以确保其处于良好状态，并且符合船舶预定的营运业务的要求。证书检查，船舶及其设备的足够程度的目检以及为确定其保持良好状态而进行的某些试验，目检以确认对船舶及其设备没有作过未经认可的变更。如果对船舶或其设备的状态的保持有疑点时，则有必要进行进一步的检查和试验。

3. 中间检验——对与特定证书有关指定项目进行详细检查，以确定结构、机械和设备处于良好状态，并且符合船舶预定的营运业务。

4. 换证检验（特别检验）——在证书到期之前，对结构、机械和设备的检验以及必要的试验以确保其满足与特定证书有关的要求，且其结构、机械和设备处于良好状态并符合于船舶从事的营运业务的要求。换证件应包括核查所有证书、记录簿、操作手册以及特定证书所要求的其他须知和文件是否都已放置于船上。合格后须发一张新证书。

5. 船底外部检查（坞内检验）——对船舶水下部分的外板及设备等有关项目进行检验，以确保其处于良好状态，并且适合船舶所从事的营运业务。

6. 附加检验——船舶发生下列情况时应进行附加检验：发生事故、影响船舶适航性时；改变船舶证书所限定的用途或航区时；注定证书失效时；船舶所有人或经营人的变更及船名或船籍港变更时；涉及船舶安全的修理或改装。附加检验应根据情况进行普遍或部分检验，应确保维修和任何换新已经有效地进行，且船舶及其设备继续适合于船舶所从事的营运业务。

（二）船用产品（物品）检验

船用产品检验范围根据中国船级社的《产品检验规则》，凡作为重要的材料设备或零部件的船用产品，当拟用于中国船级社或受中国船级社监督检验的船舶。

1. 金属材料及其制成品：（1）钢板、扁钢、型钢（2）钢管（3）有色金属：铜质螺旋桨（4）焊接材料（5）锻钢件（6）锚（7）锚链（8）钢丝绳。

2. 非金属材料及其制成品：（1）油漆（2）纤维绳（3）玻璃（4）硬质塑料管（5）非金属轴承材料。

3. 主机、辅助机械。（1）柴油机、汽油机等（2）各种泵及管系（3）齿轮箱、联轴器、离合器、液力偶合器、尾轴密封装置、尾轴承等。（4）螺旋桨（5）起重机械拖带装置（6）制冷机组。

4. 锅炉与受压容器。（1）主锅炉（2）热交换器、燃油式热锅炉、废气加热式热油器、热水器（3）受压容器

5. 防污染设备。（1）滤油设备（2）生活污水处理装置（3）焚烧炉。

6. 消防设备。消防水带、消防水枪、喷水器、泡沫枪、泡沫炮、手提式灭火器等。

7. 耐火材料与耐火结构件。（1）、耐火材料（2）、A－0、A－15、A－30、A－60 级舱壁或甲板、B－0、B－15 级舱壁、甲板、天花板、C 级分割件。

8. 救生设备。救生衣、救生圈、救生服、救生浮具。

9. 电气装置。发电机、控制电器、航行灯、信号灯、照明灯具。

10. 无线电通讯、导航设备。

11. 舾装设备。（1）舷窗、水密门（2）舷梯等。

12. 配套件和零部件。

船用产品检验办法

中国船级社根据国际惯例和其船舶入级与建造规范，对于船舶所用的产品，实施在认可的基础上进行检验发证的制度。

第五节　交通安全监理

1985 年建市初期组建的中华人民共和国浑江市交通监理处，主要负责辖区内公路交通安全管理工作，以预防为主，抓交通安全宣传教育，抓驾驶员培训考核及车籍、车辆年检审，负责违章处罚和事故处理。1985 年全市交通肇事 30 起，死亡 23 人，伤 18 人，经济损失 16 800 元；1986 年全市交通肇事 37 起，死亡 27 人，伤 28 人，经济损失 47 150 元。1987 年 6 月根据国务院及省政府规定，全部移交给浑江市公安局管理。

第六节　地方铁路交通安全管理

2005年宇辉地方铁路竣工后，全段的车辆、驾乘人员、站场安全、道口安全、客货运输安全等项安全管理，全权委托国铁（通化铁路分局）负责。

第七节　典型事故

一、旅客运输典型事故

典型事故之一，1986年3月15日长白县运输公司36－38021号长途客车行驶在浑（江）长（白）公路125公里加600米处翻入78米深沟，造成4人死亡，11人重伤，27人轻伤，车辆报废的特大交通事故。

典型事故之二，1988年5月11日，浑江运输公司91－01042牌号长白山662型长途客车，行至浑（江）长（白）公路25公里加18米处，倒立式翻入距路面69米深沟，当场死亡6人，后经抢救无效死亡7人，重伤8人，轻伤21人，造成特大交通事故。

典型事故之三，1991年6月30日，浑江市运输公司06－10681号客车行至鹤大线石人岭处翻车，造成4人死亡，7人重伤，轻伤43人，车辆报废的特大交通事故，直接经济损失54、2万元。

典型事故之四，1994年6月26日，靖宇县第二运输公司60－50064号客车在鹤大线江源路段强行超车致使车辆侧翻，造成1人死亡，19人重伤，经济损失10万元。

典型事故之五，1998年6月22日，抚松县运输公司吉F40316号客车由延吉返回抚松途中，车辆行驶到安图县八家子林业局专用线70公里500米下坡弯道窄桥处，与一货车会车，因躲避障碍不及坠入右侧7.07米高桥下，造成死亡11人，重伤3人，轻伤12人，车辆严重损坏的特大交通事故。

典型事故之六，2003年10月7日，抚松县运输公司吉F42457号客车，从松江河发往长春，中午11时40分，车辆行驶到朝阳镇外环路加油站，加油后交给司机之子（有驾驶证，无从业资格证）驾驶，下午4时左右，车辆行至省道103线77公里700米处时，因超越同方向行驶的农用车与对面驶来的梅河口客运公司吉E37799大客车相撞，造成车内7名乘客死亡，11人受伤，对方车辆11人受伤的特大交通事故。

以上事故的直接原因是司机违反操作规程，在视线和路况不好的情况下强行会车、超速行驶以及乘务员不履行职责等原因所致。

二、货物运输典型事故

典型事故之一，2003 年 2 月 21 日中午，山东省金乡汽车运输公司驾驶员李全国，驾驶鲁 H－82023 号青岛产解放平头柴油 10 吨货车，车上载挂面 45 吨（由山东济宁给白山市山货庄市场个体摊主运货）。12 时 45 分许，车行驶至营白公路 248 公里＋850 米处，由于制动原因，侧翻于行驶方向路左侧，车上乘坐 3 人当场死亡，司机重伤。

典型事故之二，2003 年 2 月 21 日下午，河北省唐山市已运集团有限公司汽车驾驶员吴延峰驾驶晋 B－37354 号红岩斯太尔型 10 吨货车（从唐山载 60 吨硝氨化肥运往板石铁矿），13 时 55 分许，该车强行驶过营白公路 245 公里＋500 米封闭交通路段，由于制动原因驶至 248 公里＋850 米第一起事故现场，在通过现场时为避让路中停放的施救起重汽车，驶下路右侧路肩，从路外围观人群中驶过翻于路下 15 米处，造成驾驶员当场死亡，执勤巡警刁强牺牲，围观群众 6 人当场死亡，有 3 人送医院抢救无效死亡，重伤 3 人，轻伤 6 人，造成特大交通事故。

以上两车因严重超载，导致行驶中制动失效，车辆失去控制而造成特大交通事故。

三、公路建设典型事故

典型事故之一，2005 年 3 月 9 日，抚松松花江大桥突然发生桥面滑落事故，事故没有造成人车伤害。大桥的 7 号墩至 8 号墩的桥面靠 8 号墩台处滑落到江面。事故发生后，吉林省公路管理局、白山市交通局、白山市公路管理处、白山市质监站、抚松县交通局、大桥建设单位抚松县松郊乡等设计单位、施工单位、监理单位负责人陆续到达事故现场，进行测量分析，7 月中旬挖开基础后，有关专家又对基坑桥墩进行了测量分析，确认造成 8 号桥墩位移的主要因素是受外力作用产生的，不属质量事故。该桥修建后于 2005 年 8 月 5 日恢复通车。

典型事故之二，1986 年 5 月 15 日早 6 时，正在施工中的浑江市六道江镇太平乡的乡村公路上的净跨 20 米、净宽 7 米，全长 188 米的空股式拱桥—浑江老营大桥，两孔拱圈突然塌落。

造成塌落事故的主要原因是当时气候反常，降水集中江河上游，雨雪齐下，江水陡涨，超出围堰正常水位高度，洪水冲垮围堰，集中冲刷第三孔拱架，造成拱架沉落，致使拱圈发生单向推力，在第三拱圈塌落的同时，产生连锁推移，导致第二孔拱圈倒塌。

典型事故之三，长白县十七道沟河口桥 1993 年 5 月 20 日开工，该桥是单孔跨径 20 米，桥梁全长 38.6 米，桥面净宽 7 米。同年 9 月 20 日 16 时，拆撤拱圈模板时，桥梁突然坍塌。造成 10 人死亡，3 人受伤的恶性事故。事故发生原因：1. 砌筑砂浆粘结不好。2. 砂浆强度不足。3. 桥台侧墙砌筑质量差，灰口过大，嵌挤不紧。4. 放炮使砌筑砂浆酥化剥离。属施工质量事故。

第七章 规费征收

第一节 公路养路费

公路养路费是国家统一确定的交通规费，是公路养护与建设的主要资金来源。1991年10月15日，交通部、国家计划委员会、财政部、国家物价局［1991］交工字714号文《公路养路费征收管理规定》是根据《中华人民共和国公路管理条例》又进一步作了具体规定。1992年7月29日，吉林省人民政府发布第62号令《吉林省公路养路费征收管理实施办法》，对养路费征收标准、方法、范围、变更等项作了明确规定。白山市自1985年建市起至1987年7月公路养路费由白山市交通监理处代征；1987年7月起至1994年10月由白山市征费处征收；1994年10月1日根据吉林省编委《关于改革全省交通稽查征费机构管理体制的通知》精神，白山市交通稽查征费机构建制，由吉林省交通厅统一管理。白山市1985年至1994年养路费征收情况及车购费征收情况统计见表7－7－1。

表7－7－1　　1985—1994年白山市公路养路费征收情况表　　单位：万元

年　度	1985	1986	1987	1988	1989	1990	1991	1992	1993	1994	合计
征收额	1 510.5	1 783.9	2 126.3	2 500	2 705.2	2 269	2 529.5	3 446	4 191	4 429	27 490.4

第二节 公路客、货运输附加费

根据吉林省交通厅、财政厅、物价局、税务局吉交运联字［1992］278号《吉林省开征公路客、货运输附加费实施细则》精神，白山市运输管理处于1992年12月29日承办代征任务，1993年至1995年共代征附加费2 723.7万元，后于1996年3月根据吉林省交通厅通知移交白山规费征收管理分局代征。

第三节　公路旅客基础设施建设基金

吉林省公路旅客基础设施建设基金是根据吉林省交通厅、物价局、财政厅1994年1月21日吉交运联字［1994］6号文件规定，将原省定征收额度由每人公里5厘增至1分。由当年3月1日起执行。

2002年初移交稽查征费部门征管。1987年至2001年白山市公路客建基金征收情况见表7－7－2。

表7－7－2　　1987年至2001年白山市公路客建基金征收统计表

年度	征收额（万元）	年度	征收额（万元）
1987	48	1995	215
1988	125	1996	235
1989	128	1997	250
1990	129	1998	255
1991	139	1999	255
1992	122	2000	286
1993	144	2001	255
1994	209	合计	2 795

第四节　拖拉机养路费

拖拉机养路费由各县（市）区自行设置征管机构征收，由于征收时间、额度有别，加之农村拖拉机的保有量逐年下降，多数转型为农用汽车，早期征管部门多由征费处（所）经办，后又单列征费所（站）征管，其差异较大。无法统一征管。如靖宇县1991年建立拖拉机征费站；市区八道江是1994年成立拖拉机征费所；临江市1993年成立拖拉机征费站；抚松县1989年成立拖拉机征费站；长白县1998年成立拖拉机征费站；江源县1996年成立拖拉机征费站。

各地征收拖拉机养路费全额上缴地方财政，用于乡村道路建设和养护。1989—2005年白山市拖拉机养路费征收情况见表7－7－3。

表 7－7－3　　1989—2005 年白山市拖拉机养路费征收情况表

县名	八道江		临江		长白		抚松		靖宇		江源		全市	
年度＼征收额	车辆	征收额（万元）	车辆	征收额（万元）	车辆	征收额（万元）	车辆	征收额（万元）	车辆	征收额（万元）	车辆	征收额（万元）	车辆	征收额（万元）
1989							106	6.7					106	6.7
1990							244	15.4					244	15.4
1991							163	10.3	672	15.4			835	25.7
1992							190	12	527	12.2			717	24.2
1993			279	21			249	15.7	511	13.9			1 039	50.6
1994	360	70	279	21			278	17.5	493	16.4			1 410	124.9
1995	340	56	252	19			177	11.2	468	10.4			1 237	96.6
1996	230	32	252	19			169	10.7	396	10.1	201	13	1 248	84.8
1997	250	39	212	16			119	7.5	374	10.9	190	12	1 145	85.4
1998	240	34	212	16	382	6.3	71	4.5	360	11.4	160	11	1 425	92.9
1999	300	42	212	16	487	10.5			334	10.1	130	9	1 463	107.6
2000	240	34	212	16	507	11.3			313	9.8	80	6	1 352	77.1
2001	250	35	186	14	516	12.7			297	9.8	50	3	1 299	74.5
2002	300	40	186	14	524	13.4			254	9	48	3	1 312	89.4
2003	280	45	172	13	548	14.1			122	5	48	3	1 170	80.1
2004	350	50	186	14	630	16.2	380	32	39	1.1	45	3	1 630	116.3
2005	400	65	132	10	650	16.7	372	30	32	7	50	4	1 636	132.7
合计	3 540	542	2 772	209	4 244	101.2	2 518	173.5	5 192	152.5	1 002	67	19 268	1 284.9

第五节　车辆购置附加费

自 1989 年全市征收车辆购置附加费，至 1994 年移交省交通规费征收管理局征管。1989 年至 1994 年附加费征收情况见表 7－7－4。

表 7－7－4　　1989 年至 1994 年白山市车辆购置附加费征收情况表　　单位：万元

年度	1989	1990	1991	1992	1993	1994	合计
征收额	33	15	102	167	354	811	1 482

第六节　公路运输管理费

1986 年 12 月 29 日，交通部、国家经委［86］公路字 1013 号文件《公路运输管理暂行条例》共 13 章 56 条。其中第 48 条规定，收费标准按经交［1983］594 号文规定，收取营业额的1%。各县（市）运管部门上交市运管部门25%，其中上交省运管部门10%，上交交通部门1%。

1987年根据吉林省物价局、交通厅吉交运联字［1987］号397号《关于对不易按营业额计算的货运管理实行定额征收的通知》（自1987年10月10日起执行）。

定额征收标准：征费时间以一个月为单位，不足一个月按一个月征收；对非营业兼营业性的运输经营者（半营业性），不足半月可减半征收。标准如下：汽车（主车）8元/吨；汽车（挂车）6元/吨；大中型拖拉机7元/吨；四轮拖拉机、手扶拖拉机12元/台；马车（一匹）5元/台；马车（两匹）7元/台；马车（三匹）10元/台；马车（四匹以上）14元/台；驴车4元/台；手推车3元/台。对特种车辆定额征收运输管理费标准由各市（县）、行署交通主管部门和物价部门制定。对能够计算出营业额的运输经营者仍按营业额的1%征收运输管理费。

1998年6月26日，吉林省交通厅、物价局、财政厅、吉交联发字［1998］19号文转发国家计委、财政部《关于第一批降低22项收费标准的通知》（计价费［1997］2500号）精神将全省货运运输管理费标准按营业额0.8%征收。1987年至2005年白山市运输管理费征收情况见表7－7－5。

表7－7－5　　1987年至2005年白山市运输管理费征收情况统计表

年度	运管费金额（万元）	年度运	管费金额（万元）
1985		1996	580
1986		1997	800
1987	113	1998	735
1988	118	1999	727
1989	221	2000	630
1990	216	2001	670
1991	306	2002	780
1992	387	2003	850
1993	489	2004	852
1994	484	2005	988
1995	490		

白山市运政管理由1987年组建管理处承担各项运输市场管理。其中运管费征收由各县（市）区按1987年交通部、省交通厅相关规定征收经市运管处统管，统计上报。因此1985、1986两年规费征收统计无法列入。

第七节　水路运输管理费

一、航养费

1989 年 7 月 10 日省交通厅、财政厅、物价局颁发《吉林省航道养护费征收和使用暂行办法》明确规定，凡在吉林省航道部门管理和养护的通航河道（包括湖泊）内航行和生产作业的下列船舶与排筏，均须缴纳航道养护费。

（一）应缴纳航道养护费船舶

1. 国营、集体运输企业和担任客、货运输和采挖河砂、卵石的机动和非机动船舶。

2. 个体联户、个体户从事客、货运输和采挖河砂、卵石以及捕鱼作业的机动和非机动船舶。

3. 国家机关、企事业单位以及农牧、林业、水产、水利、渔业、粮食和旅游等部门进行水上生产、作业或经营运输、游览等业务的机动和非机动船舶。

4. 国营、集体、个体所有拖运和人工流放的排筏。

5. 其他从事水上交通运输、生产作业或游览等业务的机动和非机动船舶。

（二）航道养护费征收标准

1. 专业运输企业的船舶按营运收入总额的 3% 征收。

2. 机关、企事业及个体户的非专业运输的船舶，机动船按总马力征收，每马力每月 2 元；非机动船按检验丈量载重吨位征收，每吨位每月征收 4 角。

3. 拖运和人工流放的排筏，一律按千吨公里计征，每千吨公里征收 4 角。

4. 客货船、机动驳船已按马力计征的，对客位、吨位不再另行收费。

5. 其他特殊船舶可分别比照上述标准计征。

二、水路运输管理费

1990 年省交通厅、财政厅、物价局根据交通部、财政部、国家物价局关于《水路运输管理费征收和使用办法》的通知，结合吉林省实际，特做以下规定：

（一）对能准确反映营运（营业）收入的运输（服务）企业、单位和个人，其运管费按营运（营业）收入 2% 计征。1998 年 1 月 4 日吉林省物价局、财政厅转发《国家计委、财政部关于第一批降低 22 项收费标准的通知》，收费标准降到 1.6%。

（二）对难以准确反映营运收入的运输企业、单位和个人，其运管费按船舶客位、马力、载重吨计征。

1. 客船、顶（拖）客驳，以船检核定客位计征。每客位每月计征两元。20 客位以下机动客船（不含挂浆机船）的收费标准，由各市（地、州）交通局、物价部门根据不同航线的运输效益情况自行确定。

2. 机动货船、顶（拖）驳船，以马力计征，每马力每月计征两元。

3. 非机动货船，按定额载重吨计征，每载重吨每月计征 0.4 元。

三、港务费[①]

1992 年 4 月 26 日国家物价局、财政部发布实施的《水上安全监督收费项目及标准》对船舶港务费规定如下：

船舶每进港或出港一次，均以船舶净吨（拖轮马力）为单位征收船舶港务费。船舶无净吨按总吨、无总吨按载重吨、无载重吨则按 500 吨计费；船舶大小两组吨位的，一律按大吨位计征，进入中国领海作业的外轮，分别征收进口、出口船舶港务费；多用途船舶按到港的实际用途计征。航行国际航线船舶，海船每净吨（马力）0.15 元（注：按交通部交运发［1992］967 号文自同年 12 月 15 日起调整为 0.25 元），内河船舶净吨（马力）0.35 元。

① 注：此项规费征收因经营时限短（冰封时间长）及业户经营亏损而无法征缴。2005 年建立地方海事局后，待省厅作出征缴规定方能实施征缴，因而本节无法统计列表说明

第八章　交通建设筹融资

白山市自1985年建市起至2005年，在公路、公路运输场站、地方铁路及水路等项基本建设中，通过各种渠道共融资722 654.9万元，确保白山市交通建设有了跨越式发展。

第一节　公路建设筹融资

自1985年建市至2005年，在白山市公路建设方面，从国家到地方的多渠道筹融资总额多达679 131万元。其中国债（含中央证券、地方证券、车购税）投资58 461万元；中央投资17 590万元；省投资305 440万元；银行贷款63 216万元；地方自筹234 424万元（含地方政府优惠政策、地方财政转移支付、民工建勤、农民投工投劳、地方提供筑路材料、招投标差价、工程结余等项）。1985年至2005年白山市公路建设投入资金情况如表7－8－1。

表7－8－1　　1985—2005年白山市公路建设投入资金统计表　　单位：万元

年　度	国家投资国（边）防公路	省投资	银行贷款	国　债	地方自筹	合计
1985		1 120				1 120
1986		1 627				1 627
1987		2 183				2 183
1988		2 898			202	3 100
1989		2 311			989	3 300
1990		3 301				3 301
1991		2 887			213	3 100
1992		2 804			796	3 600

续表1

年　度	国家投资国（边）防公路	省投资	银行贷款	国　债	地方自筹	合计
1993		3 488			1 112	4 600
1994		4 254			5 746	10 000
1995	100	5 311			5 989	11 400
1996	890	6 325			4 785	12 000
1997	330	9 547	2 000		4 923	16 800
1998	1 940	14 787	5 567	2 000	3 706	28 000
1999	210	14 187	10 346	8 000	6 257	39 000
2000	300	25 834	12 938	5 000	18 928	63 000
2001	230	26 483	10 800	5 500	8 987	52 000
2002	400	17 874	10 000	14 100	13 626	56 000
2003	1 600	48 568	8 000	8 186	38 646	105 000
2004	700	72 583	3 565	7 800	51 352	136 000
2005	10 890	37 068		7 875	68 167	124 000
合　计	17 590	305 440	63 216	58 461	234 424	679 131

第二节　公路运输客货场站建设筹融资

1986 年至 2005 年，白山市公路运输客货场站建设，计划总计筹融资金 16 862 万元，其中国家投资 186 万元；省投资 2 931 万元；市投资 330 万元；地方投资 13 415 万元（由各县、市、区自筹）。在总筹融资额中公路客运站投资 4 156 万元，物流场站投资 12 706 万元，总建筑面积 27 133 平方米。1986 年至 2005 年白山市公路客货场站建设投入资金情况详见表 7－8－2。

表 7－8－2　　1986—2005 年白山市运输基础建设筹融资情况统计表

序号	投资时间年	投资部门	投资渠道	投资总额（万元）	其中：投资建设项目分类							
					客运站				物流场站			
					名称	占地面积㎡	建筑面积㎡	金额万元	名称	占地面积㎡	建筑面积㎡	金额万元
1	1986	地方自筹	银行贷款	137	客运站	5 000	1 367	137				
2	1987	地方自筹	银行贷款	959	客运站	3 818	2 100	959				
3	1989	省投资	客建基金	176	客运站	2 000	2 358	176				

续表 1

序号	投资时间年	投资部门	投资渠道	投资总额（万元）	其中：投资建设项目分类							
					客运站				物流场站			
					名称	占地面积㎡	建筑面积㎡	金额万元	名称	占地面积㎡	建筑面积㎡	金额万元
4	1991	市投资	客建基金	105	客运站	146	1433	93				
		地方投资	其它					12				
5	1993	省投资	客建基金	7	客运站	100	100	7				
6	1995	省投资	客建基金	913	客运站	8 575	4 842	270				
		市投资	客建基金					161				
		地方投资	其它					482				
7	1996	省投资	客建基金	440	客运站	3 288	3 277	342				
		市投资客	建基金					30				
		地方投资	其它					68				
8	1997	省投资	客建基金	14	客运站	200	200	14				
9	1998	省投资	客建基金	83	客运站	2 615	700	37				
		市投资	客建基金					46				
10	1999	省投资	客建基金	1 128	客运站	8 842	3 142	840				
		地方自筹	其它					288				
11	2001	省投资	客货附加费	427					货运站	12 000	4 000	427
12	2002	省投资	客货附加费	1 568	客运站				货运站	31 558	8 628	818
		地方自筹	其它									750
13	2003	省投资	客建基金	10 719	客运站	312	312	8	货运站	138 700	32 346	
		地方自筹	客货附加费									2 364
			其它									8 347
14	2005	中央投资	购车税	186	客运站	3 216	1 434	165				
		地方自筹	其它					21				

第三节　地方铁路建设筹融资

2003 年至 2005 年，吉林省宇辉地方铁路吉林省政府投资总额 56 530 万元，其中靖宇境内路段投资 26 280 万元。2003 年至 2005 年地方铁路投资情况详见下表。

表 7－8－3　　2003—2005 年地方铁路筹融资情况统计表

序号	项目名称	投资时间	投资渠道	投资部门	投资总额（万元）	占地面积（亩）	建筑面积（平方米）	距离公里	隧道		桥梁		涵洞		备注
									座	（平方米）	座	延长米	座	延长米	
1	宇辉地方铁路	2003 年 5 月至 2005 年 10 月	政府投资	省交通厅沈阳铁路局	56 530	3 665.4	8 904	67.01	1	1 508.3	30	3 155.93	205	3 591.6	
2	靖宇境内路段	2003 年 5 月至 2005 年	政府投资	省交通厅沈阳铁路局	26 280	1 692.6	6 346	29.04	1	1 508.3	11	749.06	75	1 263.85	

第四节 海事水运建设筹融资

一、省投入水路运输建设资金

1988 年吉林省交通厅稽查征费处调拨一艘“中国港监”艇投放三道沟云峰库区，价值 15 万元。作为中朝界江云峰库区水上安全监督之用。

1998 年吉林省交通规费征收管理局投资 50.9 万元，建设三道沟港监站，占地面积 667 平方米，建筑面积 337.5 平方米。

2002 年吉林省交通规费征收管理局调拨一艘“吉海巡 61”艇投放云峰库区，价值 6 万元。作为中朝界江鸭绿江云峰库区水上安全监督之用。

二、市投入水路运输建设资金

2005 年八道江区三道沟镇政府自筹资金 226 万元；市交通局投资 84 万元，在八道江区三道沟镇建成“三道沟龙湖港”。占地面积 11 020 平方米，建筑面积 5 000 平方米。繁荣了鸭绿江云峰库区的水路运输。

1988 年至 2005 年，白山市水路建设筹融资情况详见下表 7－8－4

表 7－8－4　　1988—2005 年白山市水路建设筹融资情况统计表

<table>
<tr><th rowspan="3">序号</th><th rowspan="3">投资时间（年）</th><th rowspan="3">投资部门</th><th rowspan="3">投资渠道</th><th rowspan="3">投资金额（万元）</th><th colspan="7">其中：投资建设项目分类</th></tr>
<tr><th colspan="4">港口码头、港监站</th><th colspan="3">船</th></tr>
<tr><th>名称</th><th>占地面积㎡</th><th>建筑面积㎡</th><th>金额（万元）</th><th>名称</th><th>艘</th><th>金额（万元）</th></tr>
<tr><td>1</td><td>1988</td><td>吉林省交通厅稽查征费处</td><td>省拨</td><td>15</td><td></td><td></td><td></td><td></td><td>“中国港监”艇</td><td>1</td><td>15</td></tr>
<tr><td>2</td><td>1998</td><td>吉林省交通规费征收管理局</td><td>省拨</td><td>50.9</td><td>三道沟港监站</td><td>667</td><td>337.5</td><td>50.9</td><td></td><td></td><td></td></tr>
<tr><td>3</td><td>2002</td><td>吉林省交通规费征收管理局</td><td>省拨</td><td>6</td><td></td><td></td><td></td><td></td><td>“吉海巡61”艇</td><td>1</td><td>6</td></tr>
<tr><td rowspan="2">4</td><td rowspan="2">2005</td><td>八道江区、三道沟镇</td><td>自筹</td><td>226</td><td rowspan="2">三道沟龙湖港</td><td rowspan="2">11 020</td><td rowspan="2">5 000</td><td rowspan="2">310</td><td rowspan="2"></td><td rowspan="2"></td><td rowspan="2"></td></tr>
<tr><td>市交通局</td><td>投资</td><td>84</td></tr>
<tr><td>合计</td><td></td><td></td><td></td><td>381.9</td><td></td><td>11 687</td><td>5 337.5</td><td>360.9</td><td></td><td>2</td><td>21</td></tr>
</table>

第九章　交通战备管理

白山市交通战备工作在省交通厅的指导下，于2002年初开始组建白山市交通战备办公室，并先后在县（市）区交通局建立健全了战备工作组织机构，整组了以交通运输为主的“国防交通白山市运输保障大队”和以公路建设为主的“国防交通白山市路桥保障大队”及以市区八道江公路段为主的“国防交通白山市应急保障中队”，使白山市交通战备工作形成了完整的组织管理体系。

第一节　工 作 职 责

白山市交通战备按照吉林省交通厅战备办公室的要求，结合白山市交通战备工作特点，其主要职责是：负责国防、边防战备公路、水路基础设施的建设、养护等管理；交通战备器材的储备、检查、调整、维护；组织开展交通专业战备保障队伍整组和训练工作；组织贯彻落实国家国防交通战备工作的方针、政策及法律、法规；组织规划全市战备网络布局、参与重点交通战备项目的审查、论证和竣工验收工作；全市交通战备运力动员和运力征用等工作。

第二节　保 障 预 案

按照国家交通战备办公室下发的《交通战备工作正规化建设规定》要求和《沈阳军区交通战备工作规划建设实施细则》有关内容，结合白山市交通战备工作需要，采取“平战结合”，即平时应对突发应急事件、自然灾害、恐怖袭击，战时实施交通运输保障为目的工作原则，强化组织领导，完善了交通战备工作的组织机构，编制完成《白山市交通战备运输应急预案》和《白山市交通战备路桥应急预案》。《白山市国防交通隧道应急保障预案》，并通过建立健全各项工作制度，强化工作职责，有效提高了交通战备正规化建设管理水平，加强了应急救援和反应、处理能力，为白山市交通战备正规化建设奠定了基础。

第八篇 KE JI JIAO YU

科 技 教 育

白山市交通系统重视科教兴交通工作，特别是在“九五”、“十五”以后，在一批青年科技工作者的带动下，针对山区交通工作的特点，全面展开了公路建设、养护、管理及公路运输、交通管理等一系列课题研究。筑路新材料在山区的应用、山区公路病害防治、公路运输体制、企业管理体制、交通执法体制和培训等方面的科研，学术论文分别在国家、省、市级刊物及学术研讨会上发表或推广。

第一章 科 技

邓小平提出“科技是第一生产力”。白山市交通系统在科技工作中首先抓组织落实，由每届局领导班子为白山市交通局科教兴交通领导小组成员，局长任组长，办公室设在局总工程师办公室，专门负责科教兴交通的具体工作。2004年5月25日，为了认真贯彻落实全省交通会议对科技创新工作要求，加强对科技工作的领导，特成立白山市交通局科技工作领导小组。组长：孙长山；副组长：吴福龙、吴永忠；成员：张伟、付巍、张文刚、袁笠娟、隋志林。办公室设在局计划科。

第一节 科技工作管理

1992年以来，根据吉林省交通厅对交通科技工作提出的“依靠科技、振兴交通”的方针，并在“九五”期间全面启动实施“科教兴交通”战略，确定了“发展经济、交通先行；发展交通、科技先行；交通科技发展要比交通建设适度超前”的战略指导思想，以及坚持“明确目标、突出重点，系统配套，注重应用”的原则。白山市交通局确定以服务交通基础建设，提高质量、增强效益为中心，加快科技成果向生产力转化的步伐和规模，优先发展实用技术与重点工程相结合项目及短平快、经济效益、交通建设应用成果明显的项目。

进入“十五”时期，白山市交通建设的快速发展和公路等级的不断提高，要求交通管理工作不断提高科学化进程，增加科技含量，以适应现有交通规范化、科技化和法制化建设的需要。

1985年至2005年在制定全市“七五”、“八五”、“九五”、“十五”交通发展规划中都把交通科技工作内容逐项列入。

1994年，制定了《白山市公路建设六年路网规划》。

2002 年，编制了《2003 年白山市公路养护建议计划》、《白山市公路、水运交通“十五”发展计划及 2015 年远景规划》、《2003 年—2005 年农村公路发展规划》。完成了《白山市公路交通现状图》的出版工作，为交通建设事业的发展提供了科学依据。

2003 年，编制了《2004 年白山市公路养护建议计划》、《2004 年白山市公路建设建议计划》、《十五后三年调整计划》、《2003—2007 年白山市公路建设计划》。

第二节　科技成果及应用

针对白山地区山区公路冰湖多，影响交通安全畅通的实际情况，研究公路冰湖的形成原因，采取防治措施。“山区公路冰湖的成因分析及防治”课题研究，根据实际解决了 100 多处冰湖根治问题，使车辆通行安全得到保证。

针对公路旧桥加固和技术改造进行探讨，提高了旧桥的技术标准和承载能力。全市由木质桥及石拱桥向“T”型水泥混凝土结构发展。主要应用成果有 8 项：

一、光致蓄能发光材料在隧道照明中的应用

2003 年，该科研项目被例入省交通科技发展计划。针对白山隧道建设供配电及照明设备造价高，建成后养护维修工程费用高，养护复杂等问题，由吴永忠、张光明、刘福有共同进行了公路隧道照明涂料的研制及施工工艺的研究。该项目采用高科技新材料光致蓄能发光材料和反光材料等其它材料制成蓄能发光涂料，用一定的施工工艺将其喷在隧道衬砌表面，利用光致蓄能发光材料吸收过往汽车灯光的能量并发光，用反光材料增强高度，达到隧道通车照明亮度，保证行人行车安全。该科研项目在珠宝隧道中设立试验段。

二、煤矸石在公路建设中的应用

因白山境内有很多路段建设处于矿区，存有大量的煤矸石，经过试验利用煤矸石做基层，即降低了成本又有利于环保，经检测煤矸石基层强度能够达到设计要求。该新材料的应用在兴红线太源路段建设中得以应用。该项目由八道江区交通分局许传军、王寿波等研制。

三、43KN 破冰除雪器研制

白山地区冬季降雪量大，公路易形成积雪，积雪和防滑料掺杂在一起，经车轮碾压后象一层混凝土沾在路面上，硬度非常大。1999 年，针对冬季除雪困难的问题，江源县公路管理段以张永佳、胡平等 5 人成立科研攻关小组，经过反复的实验和论证，开发研制

机械破冰除雪设备，即43KN破冰除雪器。该破冰除雪器可一次性清除路面冰雪，比人工除雪提高工效400倍以上，即节省了冬季采备防滑用料，又节省了大量的人工除雪费用。该科研项目被评为白山市技术活动优秀成果一等奖；吉林省首届职工经济技术创新成果奖；省总工会、经贸委、科技厅技术创新二等奖。2000年，由江源县公路段制造的12台破冰除雪器在白山市6个县（市）区推广使用。

四、大块碎石二灰灌缝路面基层结构试验路段

1987年5月至10月，由白山市公路处设计室主任吴永忠设计，由该处工程队队长张文刚负责组织，在鹤大线八道江段金坑岭7公里路段上，采用了大块碎石二灰灌缝路面基层结构试验。其优点一是采用当地石料，干压大块碎石骨架结构，强度高，具有整体性；二是比较常用二灰碎石结构可节省资金30%；三是可边施工边通车，施工与通车两不误。

五、黄泥风化砂磨耗层扫浆养护法

白山市干线公路在1990年以前以砂石路为主，公路路况较差，尤其是营抚线龙泉镇至靖宇县城段，该路段存在大量的搓板病害，造成行车严重颠簸，存在着安全隐患。为改变全市砂石路养护落后的面貌，白山市公路处决定以靖宇县砂石路养护为突破口，全面提高全市的砂石路养护水平。为此，白山市公路处成立了以处长孙长山为组长的公路养护领导小组亲赴靖宇县进行实地调研考查，通过现场认真分析和研究制定了实施方案，确定了铺筑稳定保护层即扫浆法提高靖宇路况的方法，扫浆的目的是为公路路面提供必要的平整度，并产生足够的强度以直接抵抗各种外力的破坏作用。

做法是：清扫原路面，洒水至路面均匀湿润，铺撒粘土，再撒一遍水，然后用扫浆器拖扫3—4遍。直至泥浆达到无泥块、稠度适宜为止。在泥浆表面未干之前进行铺料，利用行车碾压，并随时校正平整度和路面横坡。在初期养护的第一周内，每天洒水1—2遍，保持湿度。

经过一年的努力，靖宇县的公路路况发生了变化，1990年靖宇县公路管理段获得了吉林省干线公路养护全好段；1991年吉林省砂石路养护现场会又在靖宇县宾馆隆重召开，会上白山市公路管理处向吉林省的公路养护单位详细介绍了采用砂石路扫浆法提高公路路况的经验，受到了与会代表的一致好评。

六、乳化沥青冷拌施工

1994年至1995年，引进外省筑路新技术，由白山市公路工程处组织在鹤大线江源县枫叶岭路段30公里山路实施了乳化沥青冷拌施工（另称强基薄面）。其段路面厚度为1公分，每公里路造价仅为10万元。

七、卫星定位系统（GPS）

GPS系统是利用卫星定位对交通运输车辆监控的一项科技。填补了运输科学化管理的空白。

GPS系统的特点：（1）定位精度高（2）观测时间短（3）测站间无须通视（4）可提供三维坐标（5）操作简便（6）功能多、应用广（7）可全天候作业。

1. 2002年根据交通运输发展的需要，吉林省运输管理局决定在全省范围内，将跨省、市的客运车辆上安装GPS系统，同年8月吉林省运管局统一部署实施安装。

2. 在全省统一部署下，2002年8月起，白山市交通局组织投资24万元，在全市运输企业中的50台跨省、市客车中安装。

存在的问题：（1）因白山市高山区域机站信号覆盖面小，致使部分线路车辆收不到信号，因而不能准确给车辆定位（2）车载设备质量不过关，故障率较大。

八、开展道路运输资源优化配置工作

1999年至2000年白山市开展道路运输资源优化配置工作，并得到各级政府的高度重视，使这项工作由单一的部门行为上升为政府行为。由白山市运管处起草，并经白山市交通局审核的《白山市道路旅客运输资源优化配置暂行规定》于2000年8月25日经白山市政府第三次常务会议通过，自9月1日起实施。道路旅客运输资源优化配置工作效果显著，白山市共更新车辆109台，占应更新车辆的93.1%。对司乘及站务人员资质条件申报考评323人次，占整个从业人员的94%。

第二章　微机应用与信息化建设

自 1988 年初，根据白山市交通建设长期规划，逐步建立和完善远程数据通信传输系统。实现了日常办公微机化、信息电子化、网络化，使交通建设和生产调度优化管理迈上了科学化、规范化管理的新台阶。

同年 10 月起，吉林省交通厅为各市（州）交通局统一购置长城 0520—DH 微型计算机，白山市交通局安装了第一台计算机。

1989 年 7 月，白山市稽查征费处投资 7 万元配置了 TBH－XT 型微机，应用于养路费征收稽查。

1989 年 12 月，白山市公路管理处开始配置微机。至 2000 年养护管理、工程管理、财务管理等实现了微机化操作。

1992 年起，白山市运输管理处投资 3 万元。开始装备微型计算机，用于运输管理和规费征收稽查。

2002 年，白山市交通系统局、处投资 30 万元，实现了微机网络化运行。

2003 年，白山市交通局投资 24 万元，使全市县（市、区）交通局微机网络化运行。

2005 年 3 月，白山市交通局依托白山市人民政府门户网站，确定建立了白山市交通局门户网站，域名为 jtj. cbs. gov. cn。网站栏目设有交通系统概况。组织机构及领导分工、法律法规（定期公布）、发展规划、招投标信息、交通公文、交通工作动态（定期更新）及重点工程项目建设情况。网站还设立了领导信箱及举报信箱。白山市门户网站因基础信息比较丰富，又突出了交通特色，已经成为白山市交通局对外宣传、信息发布重要平台和公众获取交通信息的重要渠道。

第三章 教 育

第一节 专 业 教 育

1999 年，白山市公路管理处经吉林省公路局、白山市人事局和白山市交通局批准，组建成立了“交通部电视中专白山分校”，设全日制班和脱产班。生源来自全市各阶层，开设了道路专业。电视中专坚持严格办学，通过军事化管理、外聘教师等方式，提高综合教学水平。2002 年，因生源问题暂停办班。

第二节 干 部 培 训

2004 年，白山市交通局、公路处及运输管理处机关的信息化建设完成，组织了机关干部办公自动化系统培训及应用工作，培训合格率 100%，当年应用 OA 报送资料达到 100%，以电子形式的公文流转达到 60%。

第三节 岗 位 培 训

自 1995 年以来，白山市公路管理处陆续开展了道班统计员培训班、财务人员培训班、工程技术人员培训班等教育活动。

1998 年起，白山市运输管理处在抚松县温泉村挂牌“白山市公路运输培训中心”，不断对运政执法人员全员培训，培训率达到 100%，并对乘务员、危货运输驾驶员、押运员等进行了专业培训，被交通部表彰为全国执法培训先进单位。

1999 年在交通部电视中专白山分校举办了道班班长培训班。至 2001 年，始终坚持在电视中专开展在职职工的培训教育，有效改善了山区养护科技含量低的状况。

2002 年，白山市公路管理处制定了山区公路管理人才培养计划，分期分批输送年纪轻、素质高的在职人员到有关院校进行培训，为提升公路管理水平做好人才储备。

2003 年 8 月，白山市公路管理处组织了财务人员的软件更新培训。

第四章　专业技术队伍

2005年白山市交通系统各类专业技术（中、高级）职称人员464人，其中高级职称81人，中级职称383人。详见下表8－4－1。

表8－4－1　　2005年中、高级专业技术人员统计表

	专业职称	人数（人）
高级职称	研究员	2
	高级工程师	37
	高级政工师	37
	高级经济师	3
	高级统计师	2
	合计	81
中级职称	工程师	189
	经济师	42
	会计师	9
	统计师	5
	馆员	13
	政工师	108
	三级演员	1
	工人技师	16
	合计	383

第一节　专业技术高级职称人员

1. 研究员

吴永忠、张枭雄

2. 高级工程师

金姬玉、王海、许传军、孔祥明、宋旭、齐恒昌、陈亚魁、张文刚、刘武军、关士林、胡万志、蒋顺华、牟桂芳、吕明、牟政东、马靖伟、许长印、刘福有、杜吉成、王守刚、马淑兰、张正波、李相哲、王力、董杰、武秋会、龚静、卢永海、刘世建、高忠良、于春林、王晓彤、陈洪兴、许浩德、刘锦、丛强、全文来

3. 高级政工师

杨万卿、裴广全、崔长平、陈永海、陈锋、单广春、张继强、单晓星、李玉书、裴玉山、于振田、张建国、张卫东、战忠宝、张怀瑞、李宝林、宋兰杰、张林、郝为民、范仁友、徐慧、周海河、叶云君、宫云平、刘丽娜、钟艳、裘玉麟、唐义飞、王海、王平福、高永绪、于周远、杨金权、候振才、许天泉、张力刚、刘宝成

4. 高级经济师

张仁、单志坚、王敏

5. 高级统计师

李德珍、穆桂芳

第二节　专业技术中级职称人员

1. 工程师

顾元晶、董全尧、谭化章、钟庆贺、张勇、朱孔昌、李扬、蔡荣玉、金是勋、崔凯、李宝林、郝建胜、刘波、田丽鑫、陈志盛、王尉、张世伟、董正阳、秦元利、王淑娟、张继红、周国庆、王光、陈广君、张宏、程繁堂、李可才、李凯、曲彩虹、胡国甫、刘永强、刘卫国、迟军德、曹晶、孙乃波、梁景胜、刘长顺、金成浩、马恩选、白泉珠、张福琴、马先伟、郑春洲、李玉红、金炜杰、潘明清、张传武、黄刚、姜长春、刘艳霞、金米娜、刘茂举、马云华、王乃龙、郑文才、臧家春、刘世晶、张光明、张壮力、解军、陆吉祥、王伟旭、李春方、边金枝、、孟凡霞、王晓光、郑义文、李大波、李长阁、王义文、衣服尧、隋铭欣、胡景威、王寿波、徐广清、郝艳静、胡景崎、刘双利、解万亮、夏新军、刘立先、李巍、刘少波、王秀君、付萍、吴成利、曹庆祝、罗兆君、李云峰、刘振国、牟亮、郑来和、金玉善、魏传芝、曲宝柱、赵连华、周立宏、师延来、周明胜、刘文武、崔玉生、孙立坤、崔晓梅、张凤、郑云峰、刘景林、刑桂华、王玮、王进凯、张建华、陶磊、杨艳华、孙建军、李玉芳、王智永、张艳、赵杰、唐宏伟、崔凯、蔡善民、张士祥、李允祥、贾振森、王国祥、朴车虎、陈洪瑜、逄广荣、赵国华、张庆军、张道军、陈如、朴周光、高勇、贺仁峰、安玉仁、孙志祥、孙玉广、安郁先、赵芙英、李凤霞、车德玺、由兆庆、姜清祥、李智友、杨伟宏、王明辉、相洪海、王力强、唐慎秀、周玉春、朱斌惠、胡平、张永德、郑春梅、于连清、周立君、林建华、隋洪喜、徐华昌、徐永福、卢友车、邹存宝、李凤兰、张晓冬、王凤东、王强、陈志刚、林强、丛

万全、任成芳、于强、王猛、刘洪达、张惠、王淑平、王洪顺、郑万利、孙帅、韩雷、徐卫昌、刘长山、王靖华、张光明、陈广军、马云华、迟军德、金玉善、张建国、姜辉

2. 经济师

李先茂、朴华俊、鞠耀宗、单晓影、孙长山、李坤德、王景乾、邹云章、李桂强、刘乐海、杜松、汤敏莉、孙桂琴、高志杰、王鑫、宋连芬、赵雪、李凤阁、刘亚琴、胡军、张宗莲、张瑞荣、崔月华、王殿森、赵国东、洪玉清、徐慧、张英春、张荣山、邹秀琴、张玮、宋华、胡景岚、潘明清、沙晓杰、白艳、穆翠玲、安丰杰、解军、王昱、王艳秋、许宏家

3. 会计师

王瑞玲、毛萍、赵丽艳、刘秀梅、李志美、卜晓红、高秀华、孙程艳、侯宝杰

4. 统计师

于丽琴、王淑玲、于秀岩、宋伟、辛泳光

5. 馆员

王玉芙、冯桂静、单晓颖、王丽巍、梁景秀、于文华、宁微、夏晓红、孙乃雨、赵雪芹、张晶、刘欣、刘丽

6. 政工师

王海东、郭民、杨成江、刘宝田、刘桂荣、王世华、宋修庆、刘玉溪、张猛、卜庆民、初艳华、王军、高文波、姚志华、张家龙、马燕、李长福、刘晨光、姜辉、许淑萍、赵永阳、许庆斌、卢玉海、赵永耀、侯宝媛、王明香、潘永杰、姜世禄、周彦、王连利、宫玉起、崔秀兰、贾振林、赵禹村、姜振文、侯赔林、刘志玉、陈永新、林玉恒、宋雨虹、王宝善、周玉波、包殿武、高举德、祁燕、万丽华、李明娟、王惠敏、袁月凤、张永德、宋德凤、周国伟、刘金松、王韧、贾强芝、纪永生、于大涛、王刚、赵宏博、刘才溪、张建辉、迟明宝、田玉国、石全义、王秋伟、陆翠玲、王志平、杨海山、袁桂仁、刘再发、邵国民、王月、闫玉华、杨秀琴、秦晓英、李连成、白著明、张祥华、于慈平、宋宝君、黄立明、王奇术、姜秋艳、孙金华、李洪明、王淑霞、闫瑞江、文波、张德君、宋德贵、姜波、张荣杰、袁明新、张弘欣、李艳平、高丽娟、王芳、单春凤、徐英杰、宋跃华、刘春、谭化章、鲁晓丽、卜庆友、刘春林、徐凌欣、刘霞、李德英

7. 三级演员

宋志宽

第三节　工 人 技 师

邹军、吕良国、尉洪富、狄君、林野、徐勤玉、宗文献、鞠辉忠、王继钦、岳关运、孙志福、张道恒、逄金山、连佩生、刘逊、王恒岩

第五章　学术理论（获奖）文章

1985年至2005年白山市交通系统干部职工努力撰写了社会科学和自然科学相关交通建设的理论文章。参加国际、国内理论研讨并获奖，为交通建设作出了显著成果。详见表8－5－1。

表 8－5－1　　1985 年—2005 年学术论文(获奖)情况表

序号	撰稿人	题目	单位	获奖名称	颁奖单位	授奖时间
01	吴永忠	鹤大公路(孙石段)翻浆严重的分析及防治	浑江市公路管理处	大会交流优秀论文	东北地区公路科技情报网	1991.7
02	吴永忠	山区公路路基病害综合防治技术研究	浑江市公路管理处	吉林省科技进步二等奖	吉林省科学技术进步评审委员会	1999.12
03	吴永忠	油石比光电仪在沥青拌合坊	浑江市公路管理处	一九九一年度优秀论文	《吉林交通科技》编辑部	1991.12
04	吴永忠	论档案工作在公路建设及规范化管理中的重要作用	浑江市公路管理处	优秀论文	吉林省公路学会	1992.9
05	吴永忠	山区公路冰湖的成因分析及防治	浑江市公路管理处	吉林省自然科学成果二等奖	吉林省科协吉林省科技局	1997.11
06	吴永忠	水泥石灰稳定砂砾基层在山区乡路的应用	浑江市公路管理处	首届青年学术年会二等奖	浑江市科学技术协会	1992.12
07	吴永忠、鲁晓丽	白山市公路管理体制和养护运行机制改革的实践及探索	浑江市公路管理处	优秀论文一等奖	《中国基层优秀人才学术成果精选》编委会	2005.12
08	赵连生	企业转机建制与思想政治工作的变革	浑江市交通局	一等奖	中共吉林省委宣传部	1998.11
09	吴永忠	水泥稳定砂砾基层在山区公路的应用	浑江市公路管理处	三等优秀学术论文	吉林省公路学会	1993.3
10	吴永忠	水泥石灰稳定砂砾基层的设计和施工	浑江市公路管理处	道桥技术交流会优秀论文奖	黑龙江省公路学会	1993.8
11	吴永忠	水泥石灰稳定砂砾基层在山区公路的应用	浑江市公路管理处	工程技术信息交流会;优秀论文奖	东北地区公路科技情报网	1993.10
12	吴永忠	公路科技档案的作用剖析	白山市公路管理处	科学优秀学术成果一等奖	中国社科文库丛书编委会	2001.3
13	吴永忠	等级路况经济责任制	白山市公路管理处	优秀论文一等奖	四川新时代经济文化发展研究中心《中国新世纪改革发展战略丛书》	2001.4
14	吴永忠	等级路况经济责任制是山区公路养护管理的必然选择	白山市公路管理处	优秀论文二等奖	《中国改革发展战略丛书》编纂委员会	2001.4
15	吴永忠	档案工作在公路建设及管理中的重要作用浅析	白山市公路管理处	优秀论文一等奖	四川新时代经济文化发展研究中心、《中国新世纪改革发展战略丛书》	2001.4
16	吴永忠	等级路况经济责任制是山区公路养护管理的必然选择	白山市公路管理处	荣获一等奖	中华新纪元文典评审委员会中华新世纪文典编辑委员会	2001.4
17	吴永忠	档案工作在公路建设及管理中的重要作用浅析	白山市公路管理处	荣获一等奖	中华新纪元文典评审委员会中华新纪元文典编辑委员会	2001.4

续表1

序号	撰稿人	题 目	单位	获奖名称	颁奖单位	授奖时间
18	吴永忠	《等级路况经济责任制》推动山区公路养护质量稳步提高	白山市公路管理处	优秀奖	中国管理科学研究院学术委员会	2001.4
19	吴永忠	公路科技档案的重要作用剖析	白山市公路管理处	荣获一等奖	中国发展西部经济文化研究丛书委员会	2001.5
20	吴永忠、周海河 马靖伟、高中良	试行责任制促进山区公路养护质量稳步提高	白山市公路管理处	荣获一等奖	中国发展西部经济文化研究丛书委员会	2001.5
21	吴永忠、金姬玉	等级路况经济责任制是养护体制改革的保障	白山市公路管理处	荣获一等奖	中国发展西部经济文化研究丛书委员会	2001.5
22	吴永忠、金姬玉	等级路况经济责任制是山区公路养护管理的必然选择	白山市公路管理处	优秀论文一等奖	中国改革发展研究丛书编纂委员会	2001.5
23	吴永忠、丛 强 王 光	公路科技档案在规范化管理中的重要作用剖析	白山市公路管理处	优秀论文一等奖	中国改革发展研究丛书编纂委员会	2001.6
24	吴永忠	等级路况经济责任制推动山区公路养护质量的稳步提高	白山市公路管理处	优秀成果二等奖	中国管理科学研究院人文科学研究所	2001.6
25	吴永忠	《等级路况经济责任制》是山区公路养护管理的必然选择	白山市公路管理处	大型征文活动二等奖	中国报道杂志社	2001.6
26	吴永忠	《等级路况经济责任制》是山区公路养护管理的必然选择	白山市公路管理处	研讨会上被评一等奖	中国新世纪经济科教理论文集编辑部 北京精苑文化交流中心	2001.7
27	吴永忠、李大波	档案工作在公路建设管理中的重要作用浅析	白山市公路管理处	优秀论文特等奖	中国西部发展战略丛书编委会	2001.8
28	吴永忠	试行责任制促进山区公路养护质量稳步提高	白山市公路管理处	优秀论文特等奖	中国西部发展战略丛书编委会	2001.8
29	吴永忠	试行责任制促进山区公路养护质量稳步提高	白山市公路管理处	学术成果二等奖	亚洲人文社会科学院全国理论创新学术成果评审委员会国际学术交流出版社中国管理科学院人文科学研究所	2002.6
30	吴永忠	《等级路况经济责任制》是山区公路养护管理的必然选择	白山市公路管理处	学术成果二等奖	亚洲人文社会科学院全国理论创新学术成果评审委员会国际学术交流出版社中国管理科学院人文科学研究所	2002.6
31	吴永忠	改革时期行政领导干部须做好思想政治工作	白山市公路管理处	年会上获得二等奖	吉林省公路职工思想政治工作研讨会	2002.8
32	吴永忠	改革时期行政领导干部须做好思想政治工作	白山市公路管理处	年会上获得一等奖	全国公路职工思想政治工作研讨会	2002.10
33	吴永忠	浅谈公路体制改革的新形势下人才的培养与使用	白山市公路管理处	年会获得三等奖	吉林省公路职工思想政治工作研讨会	2003.9

续表 2

序号	撰稿人	题 目	单位	获奖名称	颁奖单位	授奖时间
34	吴永忠	浅谈公路体制改革的新形势下人才的培养与使用	白山市公路管理处	优秀论文奖	吉林省公路职工思想政治工作研讨会	2004.4
35	吴永忠	浅谈公路体制改革的新形势下人才的培养与使用	白山市公路管理处	研讨会二等奖	白山市职工思想政治工作研讨会白山市交通局	2004.8
36	吴永忠	《等级路况经济责任制》是山区公路养护管理的必然选择	白山市公路管理处	理论成果一等奖	中国改革之星人物征评委员会中国改革发展战略研究院中国改革战略杂志社	2005.5
37	吴永忠	公路科技档案的重要作用剖析	白山市公路管理处	理论成果一等奖	中国改革之星人物征评委员会、中国改革发展战略研究院、中国改革战略杂志社	2005.5
38	吴永忠	档案工作在建设及管理中的重要作用浅析	白山市公路管理处	征集活动荣获一等奖	中国现代化管理科学研究院中国管理科学论坛杂志社中国现代化管理成果评审委员会、北京华翔时代国际文化交流会	2005.7
39	张枭雄	利用五轮仪实验数据建立车辆跟驰模型	白山市公路管理处	《公路交通科技》国家一级期刊		2003.2
40	张枭雄	高速公路后评价－油耗指标的确定与对比	白山市公路管理处	中文综合性科学技术核心期刊《吉林大学学报(公学版)》中		2004.2
41	张枭雄	山区公路改建勘测设计的体会	白山市公路管理处	白山市首届青年学术年会科技论文三等奖		2004.3
42	张枭雄	网络计划在公路工程施工管理中的应用	白山市公路管理处	吉林省公路学会优秀论文奖		2003.6
43	张枭雄	交通网络分布式模拟同步策略与同步算法研究	白山市公路管理处	吉林省科技厅项目		2003.4
44	张枭雄	长春交通网络分布并行模拟软件系统研究与开发	白山市公路管理处	长春市科技局科技项目		2003.5
45	张枭雄	短时交通预测的改进方法	白山市公路管理处	21 世纪城市交通与环境第 11 届国际学术研讨(葡萄牙)		2005.4
46	张枭雄	高速公路可变限速实施效果分析模拟研究	白山市公路管理处		第七届 IEEE 智能运输系统国际会议	2004.10
47	杨万卿	浅谈新时期运输企业思想政治工作的群体化	浑江市运输管理处	优秀论文	吉林省运管局、全省运输系统理论研讨会	1989.6
48	杨万卿	浅谈新时期运输企业思想政治工作的群体化	浑江市运输管理处	优秀论文	吉林省交通职工思想政治工作研讨会	1990.12

续表3

序号	撰稿人	题目	单位	获奖名称	颁奖单位	授奖时间
49	杨万卿	吉林省运管系统行风建设好形势由来与发展	浑江市运输管理处	论文一等奖	吉林省运管局、全省运输系统理论研讨会	1991.9
50	杨万卿	浅谈新时期个人主义的表现、危害及其抵制的对策	浑江市运输管理处	论文三等奖	浑江市委宣传部	1991.9
51	杨万卿	浅谈新时期个人主义的表现、危害及其抵制的对策	浑江市运输管理处	论文三等奖	吉林省运管局	1991.9
52	杨万卿	浅谈新时期精神文明建设的系统共建	浑江市运输管理处	社会科学研究成果二等奖	浑江市社会科学联合会	1992.2
53	杨万卿	对建立廉政档案强化制约机制的初探	浑江市运输管理处	优秀论文一等奖	吉林省社科联《长白山论丛》杂志社	1993.3
54	杨万卿	抓住通讯报道，搞活政治工作	浑江市运输管理处	优秀论文一等奖	新闻学苑杂志社、浑江市新闻工作者协会	1993.8
55	杨万卿	吉林省运管系统行风建设好形势由来与发展	白山市运输管理处	优秀论文	中国交通政研会第七次年会	1995.4
56	杨万卿	企业走向市场、发挥竞争优势	白山市运输管理处	优秀成果二等奖	白山市社科优秀成果评审委员会	1995.8
57	杨万卿	新时期个人主义表现及抵制对策	白山市运输管理处	优秀成果三等奖	白山市社科优秀成果评审委员会	1995.8
58	杨万卿	开发交通文化推进交通发展	白山市运输管理处	论文一等奖	白山市交通局、交通局党委	1998.9
59	杨万卿	适应新形势新变化加大运管机构改革力度	白山市运输管理处	优秀论文	东北地区汽车运输科技情报网	1999.8
60	杨万卿	浅议道路运输企业承包制	白山市运输管理处	优秀论文	全国交通科技学术研讨会	1999.11
61	杨万卿	开发交通文化、推进交通发展	白山市运输管理处	二等奖	吉林省职工思想政治工作研讨会	2001.1
62	杨万卿	对加大思想政治工作力度确保运管体制改革顺利完成的探讨	白山市运输管理处	优秀论文	吉林省职工思想政治工作研讨会	2001.1
63	杨万卿	对提高交通执法人员素质途径的探讨	白山市运输管理处	优秀论文二等奖	东北、内蒙古四省区第十四次交通教育研讨会	2001.10
64	杨万卿	对提高交通执法人员素质途径的探讨	白山市运输管理处	优秀论文	吉林省职工思想政治工作研讨会	2003.2
65	杨万卿	浅谈交通文化界定、选择和开发	白山市运输管理处	优秀论文二等奖	吉林省职工思想政治工作研讨会	2003.2
66	杨万卿	转变工作职能迎接新的挑战	白山市运输管理处	优秀学术成果一等奖	中国管理科学院学术委员会并入选《中国当代思想宝库》	2003.5
67	杨万卿	对建立廉政档案强化制约机制的初探	白山市运输管理处	优秀论文	吉林省运管局、“金龙杯”论文征文	2003.11

续表4

序号	撰稿人	题 目	单位	获奖名称	颁奖单位	授奖时间
68	杨万卿	浅谈交通文化界定、选择和开发	白山市运输管理处	优秀论文一等奖	吉林省运管系统，“吉运杯”论文研讨会	2002.9
69	侯振才	无愧英雄称号－记白山市政府经济顾问	临江交通局	学术成果特等奖	中国西部经济文化探索丛书编委会	2004.2
70	安郁先	浅谈全心全意依靠工人队伍	抚松县交通局	优秀论文	白山市社会科学优秀成果评审委员会	1992.8
71	安郁先	加强运输车辆二级检测有效落实维护管理规定	抚松县交通局	优秀论文	东北地区汽车运输科技情报网	1998.8
72	安郁先	促进职工进一步解放思想、转变观念，树立新的择业观	抚松县交通局	二等奖	交通纵横杂志社、全国交通系统优秀论文编委会	1998.9
73	安郁先	论公路建设与白山文明的关系	抚松县交通局	二等奖	白山市社会科学优秀成果评审委员会	1998.10
74	安郁先	货运配载中介工作体系	抚松县交通局	优秀论文	东北地区汽车运输科技情报网	1999.8
75	安郁先	家清公路建设，促进长白山生态经济发展	抚松县交通局	三等奖	白山市社会科学优秀成果评审委员会	2000.7
76	安郁先	长白山地域公路建设与生态经济协调发展	抚松县交通局	优秀论文	交通部	2002.6
77	高增全	浅议新时期运管队伍的思想政治工作	靖宇县运管所	二等奖	吉林交通报社、吉林省运管局	2002.5
78	宁永利	试论在创建运管“三抓三带”模式中深化思想政治工作	靖宇县运管所	一等奖	吉林交通报社吉林省运管局	2002.5
79	周海河	公路体制改革过程中思想政治工作必须围绕法制建设展开	白山市公路管理处	优秀论文三等奖	吉林省职工思想政治工作研究会	2004.4
80	周海河	长白山除雪日记	白山市公路管理处	好新闻二等奖	吉林交通报	2001
81	周海河	把握机遇转变观念努力开创思想政治工作新局面	白山市公路管理处	优秀论文奖	吉林省职工思想政治工作研究会	2001.1
82	宫云平	关于改革后加强公路行业政工队伍建设的思考	白山市公路管理处	优秀论文三等奖	吉林省职工思想政治工作研究会	2004.4
83	叶云君	浅谈改革中如何做好职工思想政治工作	白山市公路管理处	优秀论文奖	吉林省职工思想政治工作研究会	2004.4
84	鲁晓丽	要以务实创新的姿态加强企业思想政治工作	白山市公路管理处	优秀论文三等奖	吉林省职工思想政治工作研究会	2004.4
85	鲁晓丽	新时期思想政治工作应充分发挥其务实功能	白山市公路管理处	优秀论文二等奖	吉林省职工思想政治工作研究会	2001.1

续表 5

序号	撰稿人	题目	单位	获奖名称	颁奖单位	授奖时间
86	王守刚	公路网规划理论方法及实用技术综述	白山市公路管理处	优秀论文	吉林交通报	2001.3
87	单晓影	公路科技档案的重要性	白山市公路管理处	一等奖	中国改革创新发展成果报告	2005.5
88	单晓影	浅谈公路科技档案管理服务于公路建设的有效途径	白山市公路管理处	优秀成果二等奖	吉林省档案学会	2004.4
89	刘世建	浑江山岭区旧路改建标准的探讨	浑江市公路管理处	浑江市首届青年学术三等奖	浑江市科学技术协会	1992.12
90	刘世建	浑江山岭区旧路改建标准的探讨	浑江市公路管理处	学术交流三等奖	吉林省公路学会	1993.3
91	刘世建	监理工程师应具备的知识与职责	白山市公路管理处	优秀论文	中外科技信息杂志	2001.3
92	刘世建	现代科学技术与现代管理	白山市公路管理处	优秀论文一等奖	白山市自然科学学术论文评审委员会	2004.6
93	许长印	公路工程施工质量模糊评判法	浑江市公路管理处	优秀论文二等奖	吉林省公路学会	1991.1
94	许长印	吉林省沥青路面养护管理系统开发与应用	白山市公路管理处	吉林省交通科学进步一等奖	吉林省公路学会	1997.4
95	许长印	ASA－9304 沥青抗剥落剂的研制与应用	白山市公路管理处	吉林省交通科学进步奖二等奖	吉林省科学技术进步评审委员会	1998.11
96	张仁	路政和交警是管好公路和交通的统一体	白山市公路管理处	优秀奖	吉林省公路学会	1995.8
97	张永德	破冰除雪器	江源交通局	技术优秀成果二等奖	吉林省科技局、吉林省总工会	2005
98	胡平	破冰除雪器	江源交通局	技术优秀成果二等奖	吉林省科技局、吉林省总工会	2005
99	刘军	破冰除雪器	江源交通局	技术优秀成果二等奖	吉林省科技局、吉林省总工会	2005
100	朱立军	破冰除雪器	江源交通局	技术优秀成果二等奖	吉林省科技局、吉林省总工会	2005
101	万肖音	破冰除雪器	江源交通局	技术优秀成果二等奖	吉林省科技局、吉林省总工会	2005
102	王双平	论人才兴业	江源交通局	优秀论文	吉林省交通报	2005
103	陈亚魁	浅议汽车节油装置的应用	浑江市运输管理处	优秀论文	东北汽车运输科技情报网	1991.4
104	陈亚魁	汽车运行燃料消耗量计算简化的研讨	浑江市运输管理处	优秀论文	东北汽车运输科技情报网	1990.8
105	陈亚魁	专业运输企业如何走向市场	白山市运输管理处	优秀论文	征集入新华出版社改革发展丛书编辑出版的《企业管理研究专辑（二）》	1999.4
106	陈亚魁	小型道路运输企业转换经营机制，改革产权制度的探讨	白山市运输管理处	优秀论文	东北汽车运输科技情报网	1995.8

续表 6

序号	撰稿人	题 目	单位	获奖名称	颁奖单位	授奖时间
107	陈亚魁	浅议道路运输企业承包制	白山市运输管理处	优秀论文	东北汽车运输科技情报网	1998.4
108	陈亚魁	关于加速专业运输企业发展的几点建议	白山市运输管理处	优秀论文	东北汽车运输科技情报网	1999.2
109	陈亚魁	汽车货运配载中介工作体系	白山市运输管理处	优秀论文	东北汽车运输科技情报网	1999.8
110	陈亚魁	汽车运价改革的设想	白山市运输管理处	优秀论文	征集人《吉林交通科技》	2000.1
111	裴广全	对提高交通执法人员素质途径的探讨	白山市运输管理处	优秀论文二等奖	黑龙江省交通职工教育研究会	2001.10
112	裴广全	长白县加强出租车市场管理	白山市运输管理处	白山运管杯三等奖	长白山报社、白山市交通局	1996.12
113	裴广全	锐志进取、争创一流，振兴山区运输管理事业	白山市运输管理处	二等奖	吉林省建设有中国特色社会主义理论研究会、新世纪、新思考编委会	1999.12
114	张枭雄	驾驶行为协同仿真建理论与方法研究	白山市公路管理处		国家自然科学基金	2004.1
115	张枭雄	西部地区公路运输大通道集疏运应用技术研究	白山市公路管理处		交通部科技教育司	2004.9
116	张枭雄	出行需求管理综述	白山市公路管理处		东北汽车运输	2002.3
117	张枭雄	吉林省地区物流需求量预测	白山市公路管理处		东北汽车运输	2003.12
118	张枭雄	不同流量条件下车道利用率的仿真研究	白山市公路管理处		公路交通科技（全国中文核心期刊）	2005.6
119	张枭雄	物流单边治理结构和一体化理论对我国物流企业的启示	白山市公路管理处		东北汽车运输	2005.6
120	孙长山	开创白山市公路建设新局面	白山市交通局	特等奖	中国科学研究院四川分院	2003.5

第九篇 JING SHENG WEN MING JIAN SHE

精神文明建设

白山市交通局的精神文明建设工作，围绕交通建设中心工作，坚持以人为本、与时俱进、建设和谐社会。用马列主义、毛泽东思想、邓小平理论和“三个代表”重要思想对职工进行社会主义理论和共产主义理想教育，开展“学雷锋”、“学先进人物事迹”、“文明在交通”、“学、创、树”和建设“负责任行业”等活动，不断提高行业文明程度和职工素质，造就学习型、创新型、诚信型、服务型、廉洁型的干部职工队伍，推动交通文化建设和经济建设的发展，为白山市交通系统“三个文明建设”提供精神动力和智力支持。

第一章 创建文明行业

第一节 组 织

白山市交通局党委在抓精神文明建设工作，始终坚持加强领导，建立健全组织，在领导班子换届时及时调整精神文明建设领导成员。实行党委书记负总责，党委副书记具体负责，党委办公室负责具体工作。

1985 年 5 月，交通局党委下发关于《一九八五年浑江市交通系统开展“五、四、三”活动方案》的通知，提出浑江市交通局成立以主管局长卜贤浩为组长的精神文明建设领导小组，下设“五、四、三”（五讲、四美、三热爱）办公室在局党办，由赵明发负责具体工作，并要求各基层单位都要成立相应组织。

1986 年设立全市交通系统思想政治工作研究会。

会长：崔文宝

副会长：伊尚志

成员：刘金宝 刘宝库 裴玉山 隋志林 赵连生 杨万卿

1989 年 4 月 26 日，成立浑江市交通局精神文明建设委员会，下设办公室，负责委员会的日常工作。

精神文明建设委员会：

主任：崔文宝

副主任：卜贤浩 张俊男 伊尚志 刘金宝 裴玉山

委员：王清娥 解运发 蒋宝玉 战广令 李成友 赵连生

精神文明建设委员会办公室：

主任：裴玉山

副主任：赵连生

成员：隋志林 董兴亚

1996年10月，党中央发布《中共中央关于加强社会主义精神文明建设若干重要问题的决议》后，白山市交通局按照市精神文明建设委员会要求组建了白山市交通局精神文明领导小组和办公室。

精神文明建设领导小组：

组长：张俊男

副组长：解运发　孙长山　刘金宝　石丕业

成员：隋志林　赵连生　杨万卿　裴玉山　陈振复　郑宪华

精神文明建设办公室设在交通局党委办公室。

1999年，因交通局主要领导变动，局党委调整交通局精神文明建设组织领导成员：

组长：解运发

副组长：石丕业　张伟

成员：隋志林　赵连生　杨万卿　裴玉山　陈振复

精神文明办公室设在交通局党委办公室。

主任：赵连生

成员：郑宪华　张力刚　吴永俊

2005年交通局精神文明建设组织领导机构：

组长：孙长山

副组长：袁笠娟

成员：隋志林　赵连生　张枭雄　李宝林　吴永俊

精神文明办公室设在市交通局党委办公室。

主任：吴永俊

成员：徐慧

交通局精神文明建设工作在局党委的领导下，接受吉林省交通厅精神文明办和白山市精神文明建设委员会（原五讲、四美、三热爱办公室）的检查指导。对白山市各县（市、区）交通局和直属各单位的精神文明建设工作检查指导，评选表彰。

第二节　文明行业建设

一、强化领导，落实责任

在精神文明建设工作中采取明确目标，落实责任和措施有力的工作方法。实行党委统一领导，党政一把手负总责，党政工青妇齐抓共管，围绕交通建设中心任务，把精神文明建设贯穿于经济建设始终。采取分类指导，重点考察，日常考核与年终考评相结合的办法，对精神文明建设工作实施动态管理，开展丰富多彩的创建活动，激发职工的精神文明争创意识，提高创建积极性，把创建活动融入职工日常工作学习中去，成为职工的自觉行动。对精神文明创建工作在人力、物力、财力上不断增加投入，提高设施水准，保证精神文明建设有好的工作条件。

在精神文明建设工作中，以“七个坚持”和“六个一”的工作方法：坚持以人为本；坚持依靠干部职工；坚持典型引路；坚持重在基层；坚持与时俱进；坚持实事求是；坚持一把手负总责。每年对全系统精神文明建设进行一次部署、检查、评比。一次机关作风整顿；一次行风建设工作会议；一次纠风工作专项大检查；一次行风评议活动；一次行风建设经验交流大会。

二、开展学习教育活动

组织干部职工学政治理论、学科学文化、学技术业务。制定教育培训规划和制度，抓好业务学习培训、岗位技能和创新能力培训，继续教育和加强职业道德教育，加强党政、经济管理、专业技术人才三支队伍建设。学习贯彻落实《公民道德建设实施纲要》、《交通职业道德》和《交通行政执法职业道德教程》，全面提高白山交通干部职工的素质。

三、建设文明行业

在交通系统开展“学雷锋文明服务金杯赛”、“共铸诚信交通”活动，制定交通诚信制度、失信惩戒机制，整治交通领域中的商业欺诈，偷费逃税，违法分包转包、弄虚作假、偷工减料、以次充好等严重违法违纪和失信问题，倡导《交通行业文明公约》进行职业道德规范教育，开展“三德”、“四职”教育。选树政务大厅交通窗口诚信执法典型。推行信息公开和政务公开，向社会公布岗位职责、办事程序、服务规范、收费标准、工作纪律、查询办法、赔偿规定等，提高行业知名度，接受社会监督。在基础设施建设上实行文明施工和文明样板路创建，提供“畅、洁、绿、美、安、优”的交通条件；在交通服务领域，开展以“为人民服务，树行业新风”为主要内容、以实现优美环境、优良秩序、优质服务为目标的文明示范窗口、文明车、船、站、班线创建活动，实施等级考核评比制度，为人民群众提供周到热心服务；在交通行政执法领域，开展文明执法创建活动，提高交通行政执法队伍整体素质；在交通职工中，开展争创先进生产工作者、青年文明号、青年岗位能手、巾帼文明示范岗、巾帼建功标兵、职工职业道德建设“双十佳”、文明标兵等群众性创建活动。

四、做好思想政治工作

交通局领导经常深入到职工群众中做调查研究，了解干部职工关心的热点、难点问题，为职工办实事、关心职工疾苦。开展“慈善救助双日捐”、“扶贫助困献爱心”、“捐资助学”等扶贫助困献爱心活动。扶助白山市江源县大石人乡护林村特困学生马冬梅、马冬娟，完成小学、中学及大学学习，并对她们家庭生活上的困难给予捐助。帮助八道江区三道沟中心校改造校园、校舍，并给其购买教学设备。关心下岗困难干部职工、离退休干部职工，帮助他们解决工作、生活中遇到的困难和问题。做好社会关注、影响交通改革发展稳定的征地拆迁、工程质量、体制改革、反腐倡廉、公路“三乱”等问题。树立发展交通的新理念，建立健全交通突发事件应急保障机制，提高处置交通突发事件的能力。做好宣传工作，宣传白山市交通事业改革发展的成果和新人新事，为构建和谐交通营造良好的舆论环境和社会环境。

五、培养宣传先进典型

做好发掘、培养、树立、宣传典型工作，用先进典型的事迹鼓舞广大干部职工。以召开报告会、座谈会、研讨会等多种形式和方法，组织职工学习宣传青岛港、“华铜海轮”、杨怀远、包起帆、许振超、牛玉儒、陈刚毅等先进典型的活动，形成学习宣传热潮。把远学全国先进典型,.近学身边先进人和事结合进行。总结宣传 省模范集体市公路客运总站、省劳动模范长白县老保甲道班郭士坤、三道沟道班胡晓林、白山市十大拔尖人才张枭雄（白山市公路处党委书记）和白山市第二届十大杰出青年高忠良（白山市路成路桥有限公司总经理）、省级劳动模范李杰（白山市路成路桥有限公司技术员）等先进模范单位和个人的先进事迹，发挥先进典型的示范导向作用。推动精神文明建设发展。

六、开展文明在交通活动

组织干部职工以“文明在交通”为主题，以创建文明行业为目标，开展创建活动。一是组织文明单位达标晋级；创建文明窗口，争当岗位明星；创建文明科室、文明家庭、文明楼院；创建安全文明小区和各项文明共建活动。二是在创建活动中，紧紧围绕“三学、两创、一树”（学理论、学科学文化知识、学技术业务；创一流工作业绩、创双文明单位和个人；树交通行业新风）活动，开展“三个一”（即创一流队伍、创一流业绩、创一流形象）和“六个一”（创一流领导班子、创一流职工队伍、创一流管理、创一流服务、创一流效益，创一流环境）活动。三是结合交通部门实际，深入开展“三学四建一创”（学青岛港、“华铜海轮”和包起帆先进典型事迹，建设交通基础设施优质廉政工程、建设交通行政执法素质形象工程、建设交通运输文明畅通工程、建设交通运输企业安全效益工程；创文明行业）活动和“经营讲诚信，保证你放心；执法讲公正，保证你舒心；服务讲优质，保证你欢心”的“三讲三心”活动。四是开展模范职工之家、“青年文明号”、“巾帼建功立业”活动，发挥职工、团员青年、妇女在文明建设中的作用。五是组织运输企业和经营者开展创建星级客运站、创红旗客车、争当出租车文明使者、满意在旅途活动。

第三节　创建活动

一、开展竞赛活动

1986年，为贯彻落实中共中央《关于社会主义精神文明建设指导方针》，开展了各项形势政策教育活动。举办“学英模、树理想”读书演讲比赛；组织人员参加吉林省交通厅开展的百工种排头兵竞赛活动，浑江市交通局参赛队在竞赛中取得总分第三名；在运输企业客运站优质服务活动中，浑江市运输公司客运站被交通部命名为优秀运输先进集体；在吉林省十二城市文明窗口竞赛中荣获冠军。

1990年，组织浑江市公路客运站参加全省“金杯赛”和全市“文明杯”赛活动中，获优胜集体奖。

1991年7月19日，浑江市交通局下发“开展‘公仆杯’、‘雷锋杯’”竞赛活动方案。在浑江市交通系统开展为期3年（1991年7月至1994年3月）的以学雷锋、焦裕禄、严力宾、全心全意为人民服务的公仆杯、雷锋杯竞赛。各县（市）区交通局机关、市公路处、运管处、稽征处人员参加的“公仆杯”赛，交通系统其他单位人员参加“雷锋杯”赛，举办了交通系统“党在我心中”读书演讲比赛。

1994年10月，举办“学英模、做奉献、争当岗位明星”演讲赛。

1995年，参加白山市精神文明建设办公室举办的“白山精神”首届演讲大赛，市交通局代表队获团体第三名。

1996年10月30日至11月1日，在交通局会议室举行白山市交通系统职工第二届台球暨第四届乒乓球、象棋比赛，有12个代表队105人参加。

1997年，开展评选“十佳”活动，即十佳文明单位、十佳文明服务标兵、十佳优秀道班员工、十佳好公仆。为宣传在“全民办交通、举市大筑路”活动中涌现的先进集体和个人的模范事迹，举办征文活动。

在文明示范窗口，规范化服务活动中白山市交通局提出创“四个一”（一流服务、一流环境、一流形象、一流效益）的竞赛。白山收费站被誉为“白山第一窗”称号。从12月23日开始，在白山市交通系统职工中开展优质工程、优质服务双优竞赛活动。在市交通宾馆举办了全市交通系统“文明在交通，奉献在岗位”演讲会，纪念改革开放20周年。

二、举办文体活动

1991年6月，举办了浑江市交通系统“党旗颂”书法、美术展览；迎“七一”，“交通新貌”黑板报展评活动。

1992年9月22日至24日，在市交通局大会议室举行浑江市交通系统第二届乒乓球及台球类比赛。

1994年8月，举办白山市交通改革建设成就图片展览和咨询活动；9月，在白山市交通局会议室举办白山交通系统书法、美术、摄影展，聘请市书协、美协和摄影协会的专家进行评奖；10月，举办了白山市交通系统第三届体育（乒乓球、象棋）比赛。

1995年12月，在白山市交通系统组织学习邓小平建设有中国特色社会主义理论和《中国共产党党章》活动和宣传交通快速发展年活动，组织各县、区交通局和市直公路、运输、稽征等部门做宣传交通建设图板18块，利用10天时间在白山市区和各县巡展。

1996年11月7日，参加吉林省公路管理局在白城市举行的卡拉OK演唱会，白山市交通代表队获团体第一名，宋志宽、郑天壮获特别荣誉奖，姜建平获第一名。

1997年7月，在白山市交通宾馆举办“迎七一、庆香港回归”卡拉ok演唱会；12月10日，在白山市发电厂文化宫举办了白山市举市大筑路慰问演出。

1998年白山市交通局与长白山报社联合开展“筑路杯”有奖征文活动。交通系统职工发送稿件500篇，制作了5部电视专题片，在市电视台连续3次播放。白山市交通局还举办了“全民办交通、举市大筑路”成果展，书画、摄影征文展评；迎“七一”庆香港回归卡拉OK演唱和“文明在交通，奉献在岗位”演讲会。

1999年6月1日，在临江市交通局举办了白山市交通系统“我爱家乡长白山”演讲暨展示交通风采卡拉OK演唱会，有8个队23人参赛；9月29日—10月3日，在白山市交通局大会议室举办了全系统第三届“交通杯”书画摄影展，有122幅送展，展出108幅，并到全市各县（市）区进行巡回展出。

2000年9月8日、9日，为庆祝实现市县通油路总体目标，邀请吉林省歌舞团莅临白山市，在发电厂文化宫为全市交通系统职工和各界群众举办专场慰问演出。

2001年举办“情系交通，党在我心中”征文活动，纪念中国共产党建党80周年，宣传白山交通建设成果；7月28日，在矿务局文化宫举办市直交通系统职工庆祝建党80周年“党旗颂”职工大合唱演唱会，公路电视中专、公路处、运管处、公路客运总站、沥青站、八道江公路管理段、公路设计处8个单位参加演出。

2002年4月29日，局团委在交通局大会议室举办了“展青春风采、创交通辉煌”卡拉OK演唱会，庆祝建团81周年；10月18日，在电厂文化宫举办了热烈庆祝四白一级公路白山段竣工通车《大路丰碑》文艺演出。

2003 年 8 月 30 日，由白山市交通局主办、江源县交通局承办白山市交通系统第四届乒乓球赛，在三岔子林业局体育馆举行；9 月 28 日，在白山市交通局会议室举办白山市公路运输系统书法、绘画、摄影作品展。

2004 年 5 月 16 日，在靖宇举办了全市交通系统首届篮球赛，全市交通系统共有 10 个代表队参加了比赛；9 月 30 日，在交通局大会议室举办了白山市交通系统“畅通杯”书画摄影展活动，共征集系统职工的各类作品 191 件，邀请了白山市文学艺术联合会等有关专家担任评委，评选出书画、摄影、绘画各一、二、三等奖 18 名和优秀奖 46 名。

2005 年 9 月 17 日，在临江市举办了白山交通系统首届文艺汇演，全系统共有 400 人参加了演出，通过歌舞、小品等文艺形式，将交通战线上的先进事迹和取得的辉煌成绩进行宣传，展示了白山交通人昂扬向上的风貌。

三、宣传教育

1989 年创办的“交通信息”和“交通报”，至 2005 年末分别发行 841 期、261 期。

1994 年 6 月 17 日，白山市交通局以 45 号文件下发《关于开展“交通宣传发展年”活动的通知》，提出：宣传交通，请领导重视；宣传交通，请部门支持；宣传交通，让社会理解；宣传交通，让群众监督；11 月组织全市交通系统职工学习《邓小平文选》第三卷百题问答竞赛。

1995 年，组织白山市交通系统职工参加在全省交通系统开展的“文明在交通”活动。公路系统开展“文明在交通，奉献在岗位”活动；运管系统开展“文明在交通，体现在运管”活动；稽征系统开展“文明在交通，稽征打先锋”活动；组织开展“交通快速发展宣传年”活动，把宣传交通作为交通建设工作的一个重要部分，加强宣传力度。全年有 6 篇宣传文章在国家报刊刊载，有 90 篇文章在省级报刊刊载，有 85 篇文章在白山市报刊载。《白山交通信息》出刊 161 期。白山市交通局把提高交通系统职工科学文化和业务水平作为重要工作。制定“科学文化和业务培训进修制度”；制定科学文化教育的有关规定，在规定中提出给学习进修人员提供时间保证和创造学习条件，对学习获得毕业文凭的职工核销学费、工资、生活补助，对没取得毕业文凭的不享受待遇；4 月，召开以“交通快速发展宣传年”为主要内容的宣传交通研讨会。市委宣传部、白山电台、电视台、长白山报社、市委、市政府信息科等单位的领导及有关人员 23 人参加研讨；4 月 22 日，市交通局下发《关于开展向孔繁森同志学习活动通知》，组织白山市交通系统职工学习孔繁森活动，要求立足岗位学英雄，做贡献；5 月 11 日，召开做好“交通建设快速发展宣传年”工作会议，对宣传报导工作实行量化和奖罚制度，局党委副书记与各县（市）交通局和直属单位主管宣传领导签订责任状，各单位的领导和《白山交通报》记者交了抵押金；市交通局又一次下发学习“孔繁森”活动通知。在白山市交通系统开展“学习孔繁森，做人民公仆”活动。

1996 年在抓宣传交通工作中，把做好《白山交通信息》工作作为重点，建立信息员网。在 3 月省委办公厅评选信息工作时，白山交通局信息工作被评为全省党务信息工作 1995 年、1996 年先进单位。《做好春运安全工作》的信息被中央办公厅信息采用；做好关心下一代工作，发挥离退休老干部作用，调整健全关心下一代工作委员会组织，开展对青少年的帮教活动，组织青少年到革命先烈纪念地进行爱国主义等教育。在全市关工委双先会上交通局关工委被评为先进集体；开展扶贫帮困活动，组织各级领导到贫困职工家走访慰问，帮助解决困难，局机关包保了 26 户贫困户，捐衣物 513 件。

1997 年，在白山市交通系统职工中开展“三德四职”教育活动（职业道德、社会公德、家庭美德、职业责任、职业技能、职业纪律、职业诚信）。

1998 年 9 月，在白山市公路处培训中心召开了全市交通系统思想政治工作理论研讨会；10 月 22 日，全市交通系统文明示范窗口规范化服务现场会在临江口岸客运总站召开。临江市交通局、临江市运输管理所、临江口岸客运总站在会上介绍了经验并参观了临江口岸客运站和站务员的演练。在白山交通系统开展以雷锋、孔繁森、李素丽为榜样、学习勤政为民的好所长王殿森、默默奉献甘当铺路石的胡晓林，文明在交通、奉献在岗位，我为白山添光彩活动。在职工中开展倡导“五统一”思想教育，坚持真理和实践统一；个人成就感和社会责任感统一；英雄精神和时代精神统一；科学理想追求和世界观、人生观改造统一；不断学习和不断实践的统一。

2000 年 2 月 21 日，白山市交通局举办为期一周的全市交通系统领导干部理论培训班，共有 102 名领导干部参加培训。聘请吉林大学教授和市委党校等 8 名专家学者进行专题授课；4 月 4 日，制定《白山市交通局 2001—2005 年社会主义精神文明建设规划》。提出白山市交通精神：“团结奋斗、廉洁奉公、爱岗敬业、无私奉献”。

2002 年开展“六个教育”，即：“三个代表”思想、职业道德、理想信念、民主法制、“三德”（社会、职业、家庭）、党风廉政教育等活动；开展向社会实行四项公开承诺：对举报交通执法人员有吃、拿、卡、要行为的人员奖励人民币 200 元，革命残疾军人乘坐公路长途客车免费；客运站免费办理预售客票；客运站设立重点旅客候车室（老、弱、病、残、孕、幼）；开展“文明样板路”、“三园式道班”建设，“内强素质抓培训、外树形象抓道德”活动。全年绿化建设精品工程 27 公里，重点建设 333 公里，种植乔木 67 595 株，灌木 105 899 株，建景观点 37 处，投入资金 422 万元。培训执法人员 145 人。

2003 年，组织开展“优质服务”活动。4 月 15 日，召开白山交通系统优质达标工作动员大会，在全市利用广播、电视、报纸等宣传工具进行宣传。年末经考核有 6 个二级客运站达 990 分以上（1 000 分制）有 15 个客运站达 950 分以上，站务人员、营运客车、设施、技术状况 100% 达标；白山市交通局扶助的大石人乡胡林村农民贫困学生马冬娟考上白山师范学院，交通局又一次为她交付5年学费2万元，并每月给补助生活费300元；支持帮助乡镇学校建设，为八道江区三道沟中心校购置5万元的电脑和电子琴，改善了农村学校落后的教学设施；在“文明在交通”活动中，采取针对全市各县和直属单位的各自特点，要求不要千篇一律，要各有特色，各有重点，突出服务质量、效果。在吉林省交通工作会议上，白山市交通局《求实创新，深化“文明在交通”活动》以书面介绍了精神文明建设工作经验。

2004年，组织开展讲诚信，做负责任行业，创建学习型机关活动。学习《公民道德建设实施纲要》，《交通行业文明公约》，《交通职业道德》。举办2期《行政许可法》、《道路运输条例》培训班，有106人参加学习；6月15日，制定下发《白山市交通局2004年创建学习型行业实施方案》，《白山市交通局关于开展“三学四建一创”活动的实施方案》。（三学：学习包起帆、许振超、“华铜海”号轮；青岛港先进典型事迹。四建：建设交通基础设施优质廉政工程；交通执法素质形象工程；交通运输通达文明畅通工程；交通运输企业安全效益工程。一创：创建文明行业）；6月20日，制定下发“关于开展做负责任行业活动的实施方案”。在全市交通系统开展建设有良好的行业风气，人民群众满意信服的负责的行业活动；6月29日，制定下发“开展‘三讲三心’活动的实施方案”。即：在全市交通执法部门和窗口单位开展经营讲诚信，保证你放心；执法讲公正，保你舒心；服务讲质量，保你欢心的活动；9月27日至29日，吉林省交通系统精神文明建设座谈会在长白县召开，有来自全省各市、县、区和省厅领导及厅直单位精神文明建设工作者100人参加会议，对如何做好吉林省精神文明建设工作，深入开展“文明在交通”活动，进行汇报和研讨。

2005年3月28日至30日，市交通局在通煤疗养院举办《白山交通志》纂稿人培训班，有28人参加，聘请省、市修志专家授课；6月20日，制定下发《白山市交通局关于开展“做负责任行业”活动的实施方案》。在白山交通系统开展内强素质抓培训，外树形象抓道德，三学（学理论、学技术、学科学）两创（创文明单位、创文明标兵）活动。培训180名运输管理人员，1 000名司乘、维修、驾训、危险品运输人员；开展“共产党先进性教育活动”，对交通局直属单位党员从2月24日开始分两批进行教育活动，年末经市共产党员先进性教育办公室验收，得到良好的评价；10月9日，组织局机关离退休老干部到各县区参观、检查指导公路建设，老干部对交通建设给予很高的评价，也提出一些好的建议。

第二章 褒 奖 录

1985年至2005年全市交通系统在“三个文明”的创建活动中涌现出大批先进集体、先进个人，先后荣获国家级及省、市级表彰奖励。本章按级别、时间顺序编辑如下：

第一节 中共中央组织部表彰

优秀党务工作者（1989年9月）

侯振才 临江交通运输管理站党支部书记

第二节 交通部表彰

全国交通系统两个文明建设先进集体（1987年）

临江交通运输管理站

优秀交通监理员（1987年3月）

胡永昌 临江交通监理所监理员

两个文明建设劳动模范（1989年9月2日）

胡永昌 浑江市交通稽查征费处科长

1992年度全国公路水路旅客运输文明单位（交运发［1992］1211号）

浑江市客运总站

全国文明汽车客运站（交运发［1992］754号）

浑江市长途客运公司客运总站

全国交通系统先进生产者（交通部、人事部1993年10月19日）

王殿森 抚松县运输管理所所长

全国道路运输系统道路管理文明单位（交公路发［1997］646号）

抚松县运输管理所

全国交通系统先进工作者（交通部、人事部［1998］81号）

张俊男 白山市交通局局长

1998—1999 年度全国道路运输系统文明单位（交公路发［1999］687 号）

临江市口岸客运总站

1998—1999 年度全国道路运输管理文明单位（交公路发［1999］687 号）

靖宇县运输管理所

1999 年全国交通系统优秀工程质量监督工程师

张枭雄，白山市公路工程质量监督站站长

1999 年全国交通系统优秀工程质量监督员

刘立先 白山市公路工程质量监督站

2000—2001 年度全国道路运输系统文明单位

临江市口岸客运总站

2000—2001 年度全国道路运输系统道路运输管理文明单位（2001 年 8 月 交公路发［2001］468 号）

靖宇县运输管理所

全国交通系统交通行政执法人员岗位培训工作先进集体（2001 年 3 月 15 日）

白山市运输管理处

国家人事部、交通部表彰全国交通系统先进工作者（2001 年 10 月人发［2001］106 号）

解运发 白山市交通局局长

国家人事部、交通部表彰全国交通系统先进工作者（2005 年 3 月）

孙长山 白山市交通局局长

第三节 中共吉林省委表彰

中共吉林省委办公厅 1988 年表彰全省党委信息系统先进工作者（89 第 082 号）

侯振才 浑江市临江交通管理站党支部书记

吉林省模范（优秀）党务工作者（1989 年 6 月）

侯振才 临江交通运输管理站党支部书记

全省学雷锋先进个人（1991 年 3 月）

尹立军 浑江市公路客运总站站务员

中共吉林省纪委、吉林省监察厅、吉林省人事厅表彰全省行风建设先进集体（1996 年 6 月吉纪发［1996］6 号）

白山市交通局

第四节 中共吉林省委、吉林省人民政府表彰

劳动模范（1986 年 7 月）

胡永昌　临江交通监理所监理员

精神文明建设先进单位（1996—1997 年）

白山市运输管理处

临江口岸客运总站

白山市公路管理处

劳动模范（1998 年 5 月）

赵　铁　临江市公路管理段段长

精神文明建设标兵单位（1999 年 9 月）

白山市交通局

精神文明建设先进单位（1999 年 9 月）

白山市运输管理处

八道江区运输管理所

抚松县交通局

精神文明建设标兵单位（2001 年 9 月 5 日）

白山市交通局

精神文明建设先进单位：

白山市运输管理处

白山市八道江运输管理所

白山市长途客运总站

白山市公路管理处

抚松县交通局

抚松县运输管理所

靖宇县交通局

靖宇县运输管理所

临江口岸客运总站

白山市公路管理处八宝沥青贮运站

精神文明建设先进单位（2002—2003 年）

白山市公路客运总站

白山市八道江运输管理所

抚松县交通局

抚松县运输管理所

劳动模范（2004 年 9 月）

宋连勤　长白县交通局局长

李　杰　白山市路成路桥有限公司副厂长

李建华　临江市交通局局长

李立武　靖宇县交通局局长

精神文明建设先进单位（2004－2005 年）

白山市八道江运输管理所

精神文明建设先进标兵单位：

白山市交通局

第五节　吉林省人民政府表彰

一等功（1988 年 12 月）

侯振才　临江交通运输管理站站长

劳动模范（1989 年 9 月）

侯振才　临江交通运输管理站站长

吉林省精神文明建设先进单位（1992 年 12 月 23 日）

浑江市公路管理处

浑江市公路客运总站

劳动模范（1994 年）

胡晓林　八道江区公路管理段三道沟道班班长

吉林交通建设文明市、县（1994 年）

抚松县人民政府

吉林交通建设文明市、县（1995 年 2 月吉政发［1995］7 号）

抚松县人民政府

长白县人民政府（一等奖）

吉林省精神文明建设先进单位（1995 年 11 月 27 日）

白山市交通局

白山市公路管理处

白山市公路长途客运总站

白山市公路管理处八宝沥青贮运站

临江市运输管理所

吉林省交通建设文明市、县（1996 年 3 月吉政发［1996］10 号）

抚松县人民政府（一等奖）

长白县人民政府（二等奖）

吉林省交通建设文明市、县（1997 年 4 月吉政函［1997］14 号）

抚松县人民政府（一等奖）

靖宇县人民政府（二等奖）

白山市人民政府（二等奖）

吉林省交通建设文明市、县（1998 年 4 月吉政发［1998］31 号）

临江市人民政府（交通建设文明县）

白山市人民政府（公路建设先进市）

江源县人民政府（公路建设先进县）

长白朝鲜族自治县人民政府（公路建设先进县）

抚松县人民政府（公路建设先进县）

吉林省交通建设文明市、县（1999 年 3 月吉政函［1999］31 号）

靖宇县人民政府

抚松县人民政府

吉林省民族团结进步模范集体（1999 年 11 月吉政涵［1999］144 号）

长白县交通局

吉林省交通建设文明市、县（2000 年 4 月）

靖宇县人民政府

抚松县人民政府

吉林省“九五”绿化工程建设先进单位（2001 年 3 月）

白山市交通局

吉林省交通建设文明市、县（2001 年 4 月吉政涵［2001］34 号）

靖宇县人民政府

抚松县人民政府

吉林省交通建设文明市、县（2002 年 3 月 12 日吉政涵［2002］17 号）

长白县人民政府

抚松县人民政府

白山市人民政府（运输管理先进市）

临江市人民政府（运输管理先进市）

吉林省政府政务信息上报工作优秀信息员（2002 年 12 月 12 日）

王伟旭　白山市交通局企管办副主任

吉林省交通建设文明市、县（2003 年 3 月 25 日吉政函［2003］22 号）

靖宇县人民政府

临江市人民政府

吉林省防治非典型肺炎工作模范个人（2003 年 8 月）

孙长山　白山市交通局局长

吉林省人民政府表彰全省行政执法先进个人（2004 年 2 月吉政函［2004］1 号）

杨万卿　白山市运输管理处政委

吉林省交通建设文明市、县（2004 年 4 月）

靖宇县人民政府

吉林省模范集体（2004 年 9 月 29 日）

白山市公路客运总站

吉林省法制宣传先进个人（2005 年）

张世峰　临江市交通局党委副书记

第六节　吉林省军区后勤部、省交通厅、省战备办表彰

两个文明建设标兵（1986 年 11 月 11 日）

胡永昌　临江交通监理所监理员

吉林省交通厅全省交通系统贤内助（1987 年 9 月 8 日）

李文芳　临江交通管理站站长侯振才夫人

“雷锋杯赛”先进单位（交通厅 1988 年 419 号）

抚松县公路客运总站

吉林省边防公路建设先进单位、先进工作者（1988 年 6 月 11 日吉办战办联字［1988］5 号）

长白县交通局

洪玄哲　长白县交通局副局长

吉林省交通系统两个文明建设标兵（1990 年 9 月 30 日）

侯振才　临江交通管理站站长

吉林省边防公路建设先进工作者（1990 年 11 月 6 日吉交联发［1990］24 号）

洪玄哲　长白县交通局局长

边防公路养护管理先进单位：

长白县交通局

吉林省交通厅表彰全省公路客运“89 畅达杯”竞赛文明单位和个人（1990 年 3 月 13 日吉交发［1990］5 号）

浑江市客运总站

长白县运输公司客车队

李　军　长白县运输公司乘务员

杨丽艳　临江运输公司售票员

张春萍　浑江市客运总站服务员

阎秀英　浑江市客运总站问事员

于世臣　长白县运输公司驾驶员

李春艳　浑江市客运总站检票员

姜　静　长白县客运总站广播员

孙　丽　浑江市客运总站行包员

吉林省交通厅表彰全省交通系统财会、审计工作先进集体、先进工作者（1996 年 7 月 5 日吉交发字［1996］6 号）

白山市运输公司财务科

白山市八道江运输管理所财务科

于增春　临江市公路管理段会计

高会兰　白山市石人运输公司会计

吉林省交通厅、公安厅、林业厅、省政府纠风办表彰全省治理公路“三乱”工作先进单位和先进个人（1999年9月1日吉交联发字［1999］18号）

白山市交通局治理公路“三乱”办公室

临江市交通局治理公路“三乱”办公室

抚松县交通局治理公路“三乱”办公室

靖宇县交通局治理公路“三乱”办公室

白山市八道江运管所

陈振复　白山市交通局纪检监察员

韩国成　临江市交通局党委副书记

吉林省交通厅、吉林省统计局表彰公路普查先进集体和先进个人（2002年12月9日吉交公联字［2002］230号）

靖宇县公路管理段

孔祥明　白山市公路管理处科长

李德珍　白山市公路管理处科员

于周远　白山市公路管理处站长

袁桂仁　靖宇县公路管理段段长

吉林省道路客运优质服务达标活动先进单位和先进个人（2004年12月20日吉交发［2004］17号）

白山市八道江运输管理所（先进运管机构）

白山市万里运输有限责任公司（先进客运企业）

张秀军　抚松县客运个体户

王青军　长白县客运个体户

姚志华　白山市八道江运管所副所长

姜显林　江源县运管所所长

孙成义　白山市客运总站站长

吉林省交通厅、省妇联表彰全省交通系统“巾帼建功”先进个人（2004年3月1日吉交联发［2004］5号）

玛兰华　白山市公路客运总站值班站长

金姬玉　白山市公路管理处计划统计科长

吉林省关工委工作先进集体（2005年9月）

抚松县交通局

第七节 吉林省总工会表彰

吉林省“五一”劳动奖章（1998年5月）

尹立军 白山市公路客运总站值班班长

吉林省“十佳”女职工（2000年）

贺 雪 白山市公路客运总站值班班长

吉林省“十佳”女职工标兵岗（2005年3月）

白山市公路客运总站

吉林省“五一”劳动奖章（2005年3月）

玛兰华 白山市公路客运总站值班站长

吉林省职业道德建设先进班组（2005年8月）

抚松县车辆保养通行费收费总站

第八节 共青团吉林省委表彰

青年文明号：

白山市公路建设收费总站（1996年）

白山市公路客运总站（1997年）

白山市八道江运输管理所（1998年）

白山市拖拉机征费所（2000年）

鹤大线汤弯公路湾沟收费站（2002年）

白山市路成路桥有限公司（2004年）

青年文明号信用示范单位（2001年）

白山市公路建设收费总站

白山市公路客运总站

白山市八道江运输管理所

江源县交通局出租车管理所

吉林省五四红旗团委

共青团白山市交通局委员会（1998年、2003年）

共青团长白县交通局委员会（1999年）

共青团白山市公路处委员会（2005年）

吉林省五四红旗团支部

共青团白山市公路建设收费总站支部委员会

吉林省青年思想政治工作先进个人（2001 年 12 月）

吴永俊　白山市交通局团委副书记

吉林省青年文明号（2005 年 10 月）

白山市路成路桥有限责任公司

第九节　吉林省妇女联合会表彰

吉林省“巾帼建功”标兵（2004 年 3 月）

张弘欣　靖宇县客运总站党支部副书记

玛兰华　白山市公路客运总站值班站长

第十节　中共白山市委、白山市人民政府表彰

1989 **年全市思想政治工作优秀企业、优秀工作者称号**（1990 年初）

浑江市临江运输公司

伊尚志　浑江市交通局党委副书记

康卫国　抚松县运输公司党支部书记

徐国功　临江运输公司经理

冯田源　浑江市交通局白灰厂厂长

参加吉林省八城市“金杯赛”和浑江市“文明杯”赛优胜集体、优秀组织者（1990 年 9 月 25 日）

浑江市交通局（优胜集体）

浑江市公路客运站（优胜单位）

张俊男　浑江市交通局局长

伊尚志　浑江市交通局党委副书记

杨万卿　浑江市运输管理处政委

1990 **年全市学雷锋标兵集体**（1991 年）

浑江市公路客运总站

先进党组织、优秀共产党员、优秀党务工作者（1990 年 3 月 17 日）

先进党组织

临江交通运输管理站党支部

浑江市公路管理处党委

模范党务工作者、优秀党员

侯振才　临江交通运输管理站党支部书记

冯田源　浑江市交通局白灰厂厂长

杨万卿　浑江市运输管理处党支部书记

安全生产先进个人（1991 年 3 月 19 日浑政发［1991］13 号）

全德珠　浑江市运输公司司机

1991 年浑江市安全生产先进集体、先进个人（1992 年）

临江运输公司

临江运输公司客车队

刘廷海　临江运输公司司机

于世臣　长白县运输公司司机

徐国功　临江运输公司经理

金德珠　浑江市运输公司司机

孙长山　浑江市公路管理处副处长

1991 年浑江市绿化工作先进县团级以上单位（1992 年）

浑江市公路管理处

1991 年浑江市爱国卫生先进集体（1992 年）

靖宇县交通局

1992 年浑江市爱国卫生运动先进集体（1992 年）

浑江市交通局

1992 年中共浑江市委表彰先进基层组织、优秀共产党员、优秀党务工作者（1992 年 7 月 1 日）

浑江市公路管理处党委

徐国功　临江运输公司经理

裘玉麟　浑江公路客运站站长

杨万卿　浑江市运输管理处政委、党支部书记

1992 年省直机关下派浑江干部模范工作者（1993 年）

李忠孝　吉林省交通厅精神文明办副主任下派市运输公司

1991—1993 年创建省级卫生城市先进单位、先进个人（1994 年）

浑江市交通局

张继强　浑江市交通局办公室主任

1993 年精神文明建设先进单位（1994 年）

临江市运输公司

浑江市公路处八宝沥青贮运站

浑江市交通局

浑江市运输管理处

浑江市交通稽查征费处

浑江市八道江交通运输管理站

湛江市第二货运公司

1994 年全市模范集体称号（1995 年）

白山市公路管理处八宝沥青贮运站

1994 年全市特等劳动模范称号（1995 年）

杨怀贵　白山市第一运输公司经理

1994 年全市劳动模范称号（1995 年）

肖殿模　抚松县运输公司工人

陶清华　靖宇县公路段西道班班长

张学兰　长白县公路段老局所道班班长

张俊男　白山市交通局局长

胡晓林　白山市八道江公路管理段三道沟道班班长

1994 年全市兴农服务工作先进单位、先进工作者（1995 年）

白山市交通局

宋兰杰　白山市交通局监察室检察员

1994 年全市技术进步先进工作者（1995 年）

解运发　白山市交通局副局长

白山市人民政府表彰办理人大代表建议和政协委员提案先进单位（1997 年 2 月 27 日白山政发［1997］13 号）

白山市交通局

中共白山市委宣传部、白山市总工会、白山市交通局、白山市公安局、白山市物价局、白山市工商行政管理局表彰 1996 年创建文明运输市场活动先进工作者（1997 年 5 月 26 日白山交联［1997］1 号）

徐　丹　白山市总工会副主席

张卫东　白山市精神文明办主任

许天泉　白山市运管处副处长

单志坚　白山市运输管理处维修科长

杨　成　八道江区委宣传部新闻科副科长

刘景军　八道江运管所稽查科科长

李昊地　八道江运管所客运科长

郁家林　江源县交通局局长

刑玉福　江源县运管所所长

迟国荣　江源县运管所湾沟分所所长

韩国成　临江市交通局副书记

张建国　临江市运管所稽查科长

谢云详　临江市运管所运管员

康卫国　抚松县交通局副局长

刘志玉 抚松县运管所教导员
王殿壁 抚松县运管所泉阳分所所长
李世密 靖宇县委宣传部副部长
高增全 靖宇县运管所教导员
贾 武 靖宇县运管所运管员
宋贵山 长白县委宣传部副部长
韩成林 长白县运管所八道沟分所所长
王瑞玲 长白县运管所财务科长

中共白山市委表彰市直机关“人民好公仆”（1997 年 6 月 27 日白山发［1997］15 号）

张俊男 白山市交通局局长、党委书记

1998 年白山市人民政府表彰 1997 年城市扶困、就业、工资调控、增长、安全生产工作单位（1998 年 2 月 25 日白山政函［1998］10 号）

白山市交通局

1997 年度公路建设先进县（市）区、先进单位、先进个人（1998 年 4 月 13 日白山发［1998］9 号）

交通建设优胜奖：

靖宇县人民政府
临江市人民政府
八道江区人民政府

公路建设先进奖：

抚松县人民政府
江源县人民政府
长白县人民政府

公路建设先进单位奖：

中共白山市委组织部
中共白山市委宣传部
中共白山市直属机关工作人员委员会
共青团白山市委员会
白山市水利局
白山市建设局
白山市人民防空办公室
中国人民银行白山市支行
白山市地方税务局
白山市财政局
白山市邮电局
白山市建材工业局

白山市老龄工作委员会
白山市公安局
白山市人民检察院
白山市中级人民法院
白山市司法局
白山市教育委员会
白山市工商行政管理局
吉林省交通规费征收管理局白山分局
白山市土地管理局
白山太平洋保险公司

公路建设特别贡献奖：

白山市交通局

交通建设先进个人奖：

李铁成、秦昌平、曹宇光、纪德平、柳忠诚、管延秋、金长发、杜学贵、于开路、董建中、张显成、张云波、李印锡、于开河、许天泉

公路建设先进个人奖：

牟润忠、王铁夫、王志龙、徐斌、刑占杰、赵洪章、王延生、徐峰、尤世才、安玉仁、郁家林、殷松山

交通工作立功人员：

一等功：张俊男、刘汝田、解运发、孙长山
二等功：赵志旭、石丕业、张伟
三等功：陈志盛、吴永忠、许长印

"公仆杯"最佳个人（1998年6月30日）

张俊男　白山市交通局局长

精神文明建设先进单位（1998年6月30日）

白山市运输管理处

"明星杯"最佳单位（1998年6月30日）

八道江运输管理所

精神文明建设文明单位标兵（1998年6月30日）

抚松县运管所
靖宇县运管所
临江口岸客运总站

精神文明建设文明单位（1998年6月30日）

临江市交通局

精神文明创建活动优秀组织者（1998年6月30日）

赵连生　白山市交通局党委办公室主任

郑宪华 白山市交通局科员

中共白山市委表彰 1998 年先进党组织优秀共产党员、优秀党务工作者（1998 年 7 月 1 日白山发［1998］17 号）

先进基层党组织：

长白县公路运输有限责任公司党支部

临江市交通局党委

白山市公路处党委

优秀共产党员：

安玉仁 抚松县交通局局长、党委书记

张俊男 白山市交通局局长、党委书记

优秀党务工作者：

赵连生 白山市交通局党委办公室主任

白山市人民政府表彰全市纠风专项治理工作先进单位、先进集体（1998 年 8 月 21 日白山政函［1998］79 号）

白山市交通局

靖宇县交通局

抚松县交通局

中共白山市爱卫会表彰 1998 年度爱国卫生工作先进单位和先进工作者（1999 年 4 月 10 日白山爱卫发［1999］3 号）

临江市口岸客运总站

白山市公路客运总站

宋兰杰 白山市交通局办公室主任

中共白山市委组织部表彰 1998 年下派工作先进集体和先进个人（1999 年 5 月 25 日白山组发［1999］3 号）

白山市交通局驻靖宇县东兴乡工作队

隋志林 白山市交通局助理调研员

中共白山市委、白山市人民政府表彰民族团结进步先进集体（1999 年 9 月 14 日白山发［1999］26 号）

抚松县交通局

白山市交通局

精神文明建设先进系统（1999 年 9 月）

白山市交通局

“青年文明号”标兵单位（1999 年 9 月）

白山市公路客运总站

精神文明建设文明单位（1999 年 9 月）

白山市交通局八道江分局

中共白山市委命名表彰“白山市见义勇为先进分子”（2000年2月23日白山发［2000］5号）

薄文礼　白山市公路建设收费站分站站长

胡文勇　白山市公路建设收费站职工

黄克俭　白山市公路建设收费站职工

曹　阳　白山市公路建设收费站职工

中共白山市委表彰1999年度信访工作优秀单位（2000年3月9日白山发［2000］8号）

白山市交通局

中共白山市委、白山市人民政府表彰全市劳动模范（2000年5月）

安玉仁　抚松县交通局局长

中共白山市委、白山市人民政府命名表彰1998—1999年度全市精神文明建设先进集体、先进个人（2000年6月19日白山发［2000］18号）

先进系统：

白山市交通系统

标兵单位：

长白县交通局

抚松县运管所

靖宇县运管所

白山市公路长途客运总站

先进单位：

江源县运输管理所

江源县交通局

临江市交通局

临江市公路管理段

白山交通局八道江分局

白山市公路工程质量监督站

白山市万里运输有限责任公司

白山市公路工程处

文明市民：

解运发　鲁晓丽　裘玉麟　石丕业　孙忠田

中共白山市委、市政府表彰市容环境综合整治“百日会战”先进单位、先进工作者（2000年9月29日白山发［2000］21号）

先进单位：

白山市交通局

先进工作者：

赵志旭、隋志林、宋兰杰、鞠耀宗、李玉书、李宝林、高文波、杜成祯、崔敏、王

辉

2000 年白山市安全文明创建活动安全文明单位（2001 年 2 月 28 日白山发［2001］13 号）

临江市交通局

抚松县运输公司

白山市公路长途客运站

白山市八道江运输管理所

白山市八宝沥青储运站

白山市人民政府表彰全市行风建设先进单位（2002 年 6 月 13 日白山政函［2002］52 号）

白山市交通局

中共白山市委表彰全市党委系统先进信息工作者（2001 年 5 月 15 日）

王伟旭　白山市交通局科员

中共白山市委、白山市人民政府表彰 2000—2001 年度精神文明建设先进集体和先进个人的决定（2002 年 7 月 3 日白山发［2002］12 号）

先进系统：

白山市交通系统

标兵单位：

临江市交通局

临江市公路管理段

白山市万里运输有限责任公司

先进单位：

抚松县公路通行费收费总站

抚松县公路管理段

靖宇县交通局

靖宇县公路管理段

靖宇县公路客运总站

江源县交通局

江源县运输管理所

江源县公路建设收费站

八道江公路管理段

白山市公路管理处职工培训中心

白山市公路建设收费总站

军民共建精神文明先进单位：

中国人民解放军吉林省白山军分区后勤部

白山市交通局

2004 年度社会治安综合治理荣记个人二等功（2005 年 2 月）

孙长山　白山市交通局局长

先进工作者：

赵连生　白山市交通局党委办公室主任

张立刚　白山市交通局党委办公室科员

1999—2002 年度市长公开电话工作先进单位、先进个人（2002 年 9 月 10 日白山政函［2002］80 号）

白山市交通局

李军锋　白山市交通局办公室主任

中共白山市委组织部表彰 2000—2001 年度党内统计工作先进集体和先进个人（2002 年 11 月 19 日白山组函［2002］96 号）

白山市交通局

吴永俊　白山市交通局党委办公室主任

中共白山市委表彰 2002 年安全文明创建活动先进集体和先进个人（2003 年 1 月 26 日白山发［2003］3 号）

白山市交通局

江源县交通局

长白县交通局

2002 年度安全生产工作目标责任状优胜单位安全专项整治工作先进单位和安全生产先进单位（2003 年 2 月 27 日白山政函［2003］24 号）

白山市交通局

白山市人民政府表彰交通系统先进单位和先进个人（2003 年 4 月 18 日白山政函［2003］44 号）

交通建设标兵单位：

长白县交通局

临江市交通局

抚松县交通局

靖宇县交通局

交通建设先进单位：

江源县交通局

白山市交通局八道江交通分局

交通系统先进单位：

白山市运输管理处

白山市公路管理处

长白县公路管理段

长白县运输管理所

临江市口岸客运总站

临江市公路工程有限公司

抚松县运输管理所
抚松县公路收费总站
靖宇县运输管理所
靖宇县公路管理段
江源县运输管理所
江源县运输公司
八道江运输管理所
白山市公路工程质量监督站
白山市万里运输有限责任公司
白山市公路客运总站
白山市路成路桥有限公司
白山市公路收费总站
八道江公路管理段
白山市公路段八宝沥青储运站
白山市公路处职工培训中心

先进个人：

张显贵　长白县公路运输有限责任公司司机
白泉洙　长白县公路工程指挥部技术员
刘洪书　长白县公路管理段十三道沟道班班长
郭里娟　长白县公路管理段双山道班班长
胡　军　长白县运输管理所副所长
李立武　靖宇县交通局局长
宁永利　靖宇县运输管理所所长
阎瑞江　靖宇县公路收费总站站长
张宝洁　靖宇县公路管理段西南岔道班班长
康卫国　抚松县交通局局长
陈东峰　抚松县交通局办公室主任
姜清祥　抚松县公路管理段段长
张淑芳　抚松县客运总站站务员
梁卫京　抚松县运输公司经理
李建华　临江市交通局局长
刘庆丰　临江市交通局总工程师
付绍文　临江市公路工程有限公司总经理
鲁爱荣　临江市口岸客运总站党支部书记
李树军　江源县交通局副局长
姜　海　江源县公路收费总站站长

于春林　江源县公路客运公司经理
王　韧　江源县公路管理段副段长
吴永忠　白山市公路管理处处长
裴玉山　白山市公路管理处书记
邹秀琴　白山市公路管理处财务科长
周海河　白山市公路管理处党办主任
马靖伟　白山市路成路桥有限公司董事长
李　杰　白山市路成路桥有限公司拌合场电工
李　杨　白山市公路勘测设计处技术员
郑天壮　白山市公路处八宝沥青储运站站长
李玉书　白山市公路收费总站站长
裘玉麟　白山市八道江公路管理段段长
张义祥　白山市公路处职工培训中心经理
马树告　白山市公路处筑路材料供应站经理
齐成生　白山市公路处房屋维修管理站副站长
宋兰杰　白山市运输管理处处长
杨万卿　白山市运输管理处政委
宋修庆　白山市运输管理处稽查科科长
李宝林　白山市八道江运输管理所所长
许传军　白山市八道江交通分局副局长
孙成义　白山市公路客运总站站长
张枭雄　白山市公路工程质量监督站站长
郝维民　白山市交通局驾驶员培训中心主任
孙锡山　白山市交通局白灰厂厂长
薄文义　白山市交通局拖拉机征费所副所长
杨怀贵　白山市万里运输有限责任公司经理
吴丽荣　白山市万里运输有限责任公司工人
孙　光　白山市万里运输有限责任公司司机
杜福齐　白山市万里运输有限责任公司司机
张　林　白山市交通宾馆经理
荆志君　白山市交通宾馆客房部主任

白山市劳动模范（2003 年 4 月 26 日）

姜世禄　长白县公路段养路工
康卫国　抚松县交通局局长
于春林　江源县公路客运公司经理
李　杰　白山市公路管理处电工

吴永忠　白山市公路管理处处长

徐　跃　白山市八宝沥青站工人

白山市模范集体（2003 年 4 月 26 日）

白山市公路客运总站

靖宇县交通局

江源县公路管理段

白山市人民政府表彰市长公开电话工作先进个人（2003 年 9 月 10 日）

王伟旭　白山市交通局企管办副主任

白山市人民政府表彰全市行政执法先进个人（2003 年 10 月 22 日白山政函［2003］125 号）

杨万卿　白山市运输管理处政委

2003 年度全市旅游工作先进单位（2004 年 3 月 9 日白山政函［2004］32 号）

白山市交通局

白山市“五一”劳动奖章（2004 年 4 月 26 日）

李立武　靖宇县交通局局长

中共白山市委、白山市人民政府表彰“创一流业绩领导班子”（2004 年 5 月 14 日白山发［2004］20 号）

白山市交通局

靖宇县交通局

中共白山市委表彰先进基层组织、优秀共产党员、优秀党务工作者（2004 年 6 月 29 日白山发［2004］21 号）

先进基层党组织标兵：

靖宇县交通局党委

优秀共产党员标兵：

李建华　临江市交通局局长、党委书记

先进基层党组织：

白山市交通局党委

优秀共产党员：

张士祥　长白县交通局副局长

李可才　白山市公路质量监督站长、党支部书记

优秀党务工作者：

袁笠娟　白山市交通局党委副书记

白山市人民政府表彰尊师重教先进集体（2004 年 9 月 5 日白山政函［2004］110 号）

白山市交通局

江源县交通局

中共白山市委、白山市人民政府表彰有突出贡献专业技术人才（2004 年 9 月）

张枭雄　白山市公路管理处副处长

2002—2004年度精神文明建设先进集体（2004年11月26日白山发［2004］30号）

白山市交通局

白山市交通局八道江分局

白山市万里运输有限责任公司

白山市路成路桥有限责任公司

白山市八道江公路段

白山市运输管理处

白山市公路建设收费总站

白山市公路规划设计院

靖宇县交通局

临江市交通局

抚松县交通收费总站

抚松县公路管理段

靖宇县公路管理段

靖宇县公路收费站

靖宇县公路客运站

江源县交通局

江源县运输管理所

江源县公路管理段

江源县交通局拖拉机征费所

白山市公路客运总站（文明服务窗口）

精神文明建设先进工作者（2004年11月26日白山文明委发［2004］7号）

袁笠娟　白山市交通局党委副书记

吴永俊　白山市交通局党委办公室主任

2004年度市长公开电话工作先进集体、先进个人（2005年1月12日白山政函［2005］4号）

白山市交通局

张壮力　白山市交通局科员

2004年度安全生产工作先进单位（2005年1月27日白山政函［2005］11号

白山市交通局

2004年度社会治安综合治理荣记个人二等功（2005年2月）

孙长山　白山市交通局局长

"五一"劳动奖状（2005年4月）

抚松县交通局

第十一节　白山市总工会表彰

白山市岗位明星（1995年9月）

贺　雪　白山市公路客运总站值班班长

1997年白山市总工会表彰落实工会基层工作目标责任制先进单位（1998年1月19日白山工字［1998］1号）

白山市交通局工会

1998年白山市总工会表彰最佳文明职工、文明家庭（1998年3月5日白山工发［1998］8号）

贺秋芬　白山市交通局公路勘测设计处科员

刘世建　白山市交通局公路勘测设计处主任

白山市"十佳"女职工（2005年3月）

玛兰华　白山市公路客运总站值班站长

白山市女职工建功立业示范岗白山工发［2005］6号

白山市公路处

第十二节　共青团白山市委表彰

共青团白山市委员会、白山市人事局表彰"创先争优"活动先进集体、优秀个人（1998年5月4日白山团联发［1998］5号）

先进集体：

白山市公路处团委

白山市长途客运总公司团总支部

白山市拖拉机收费站团支部

优秀个人：

倪书平　白山市长途客运总公司党支部书记

李希刚　临江市交通局公路段工人

高明伟　白山市公路收费站科员

曲慧娟　白山市拖拉机收费站团支部书记

张　静　白山市公路管理处科员

张英春　白山市八道江运管所科长

共青团白山市委、白山市人事局命名表彰1998年度全市优秀团干部标兵（1999年1月20日白山团联发［1999］1号）

辛泳光　白山市交通局团委书记

共青团白山市委、白山市人事局表彰“创先争优活动”先进集体和优秀个人（1999年5月4日白山团联发［1999］8号）

先进集体：

白山客运总站团支部

优秀个人：

宁亚平　白山市交通局干事

杨美裕　临江市交通局拖拉机征费站科员

刘永强　白山市交通局质监站科员

白山市创建青年文明号活动组委会表彰命名1998年度全市青年文明号（1999年5月5日白山青号字［1999］2号）

临江市口岸客运站

白山市团委表彰优秀团干部标兵（2001年1月19日）

吴永俊　白山市交通局团委副书记

共青团白山市委表彰2001年度业绩突出团委（2002年1月8日白山团发［2002］3号）

白山市交通局团委

表彰2001年“创先争优”活动先进集体和优秀个人（2002年5月4日团联发［2002］5号）

先进集体：

白山市公路管理处团委

先进个人：

张英慧　白山市交通局团委书记

高嗣成　白山市公路管理处科员

许家颖　白山市交通局科员

张　亮　白山市公路收费总站收费员

宋伟平　白山市长途客运总站团支部书记

裴　斌　白山市公路处八道江公路段科员

共青团白山市委表彰2002年度全市单项工作金牌奖、优秀团干部标兵（2003年1月9日白山团联发［2003］1号）

白山市交通局团委

张英慧　白山市交通局团委书记

共青团白山市委表彰2002年度青年文明号（2003年5月）

抚松县公路收费总站沿江公路收费站

共青团白山市委表彰2002年度“创先争优”活动先进集体和优秀个人（2003年5月4日白山团联发［2003］5号）

先进团委：

临江市交通局团委
靖宇县交通局团委
白山市公路管理处团委

先进支部：

白山市公路工程质量监督站团支部
白山市客运总站团支部

优秀团干部：

倪书平 白山市万里运输公司团总支书记
张英慧 白山市交通局团委书记

优秀团员：

封永波 江源县交通局科长
鲁晓丽 白山市公路管理处科员
许家颖 白山市交通局科员

第二届白山市杰出青年（2004 年 4 月 20 日）

高忠良 白山市路成路桥有限公司董事长、总经理

白山市创建青年文明号活动组委会命名 2003 年市级青年文明号（2004 年 10 月 25 日白山青字［2004］1 号）

抚松县公路收费总站松抚路收费站
白山市公路处大镜沟收费站

先进基层团委（白山团联发［2004］6 号）

抚松县交通局团委

共青团白山市委表彰 2004 年度“创先争优”活动先进集体和优秀个人（2005 年 4 月 30 日白山团联发［2005］5 号）

先进基层团委：

长白县交通局团委
白山市公路管理处团委

先进团支部：

临江市交通局客运站团支部
白山市公路收费总站总支
白山市公路客运总站团支部

优秀团干部：

鞠晓波 靖宇县公路收费总站科长
张英慧 白山市交通局团委书记
鲁晓丽 白山市公路管理处科员

优秀团员：

许家颖 白山市交通局科员

宋伟平　白山市公路客运总站团支部书记

代玉惠　白山市路成路桥有限公司科员

白山市创建青年文明号活动组委会命名2004年度市级青年文明号（2005年8月12日白山青字［2005］1号）

抚松县公路收费总站万抚路收费站

靖宇县公路收费站

白山市公路收费总站白山收费站

白山市公路收费总站花园收费站

白山市路成路桥有限责任公司

白山市公路规划设计有限公司

白山市八宝沥青物资贮运有限责任公司

第十三节　白山市妇女联合会表彰

白山市十大女杰（1998年3月）

杨志捷　八道江运输管理所稽查员

表彰城镇妇女“巾帼建功”竞赛活动先进集体、个人（1998年3月5日白山城妇发［1998］1号）

靖宇县交通局“巾帼建功”活动领导小组

白山市交通局公路长途客运总站巾帼文明岗

张春萍　白山市公路长途客运总站精神文明办主任

尹立君　白山市公路长途客运总站广播员

白山市巾帼文明示范岗（2001年3月）

白山市公路客运总站

白市巾帼建功标兵（2004年3月）

玛兰华　白山市公路客运总站值班站长

白山市巾帼文明示范岗（2005年3月）

抚松县客运总站

表彰2003－2004年度白山市城镇妇女巾帼建功竞赛活动先进协调单位（2005年3月）

抚松县交通局

表彰2004年度全市优秀妇女干部（2005年3月）

胡庆莲　抚松县交通局党办主任

第十篇 LIAN ZHENG JIAN SHE

廉 政 建 设

白山市交通局的纪检监察工作，在中共白山市委、市纪委和交通局党委的组织领导下，按照中央、省委和市委关于加强党风廉政建设和深入开展反腐败斗争的部署和要求，始终坚持“两手抓，两手都要硬”的方针，加强领导，强化措施，狠抓落实，对腐败现象和不正之风实行标本兼治，综合治理，增强了各级领导干部廉政勤政意识和拒腐防变能力，提高了职工队伍的整体素质，树立了良好的行业形象，加快了交通建设的步伐，有效地推动了交通系统廉政建设、行风建设和反腐败斗争的深入开展。

反腐倡廉是一项长期的、艰巨而又关系全局的重要任务，其关键在领导干部，落脚点在依法治吏。1985 年，白山市交通局党委始终坚持“两手抓、两手都要硬”的方针，始终坚持把落实党风廉政建设责任制和责任追究制工作放在首位，把党风廉政建设纳入到全局工作的重要议事日程，同业务工作一起部署、一起落实、一起检查、一起考核，按照“谁主管、谁负责”的原则，实行党风廉政建设责任制“一把手”工程。一是，成立了由局党委书记、局长任组长，副局长、副书记、纪委书记任副组长，各业务科室科长为成员的交通局党风廉政建设领导小组，并设立了办公室，由专人负责具体工作；二是市局每年度实行逐级签定《党风廉政建设责任书》，逐级落实责任；三是针对公路工程建设项目签定《廉政合同》，并印发了公路工程建设项目廉政责任追究办法。通过签定责任书、实行廉政合同制和责任追究制，把此项工作以责任制的形式固定下来，形成了“一把手”对局领导班子党风廉政建设负总责；副局长、党委副书记、纪检委书记对分管的科室、基层单位负全责，一级抓一级，层层抓落实的纵向到底、横向到边的完整的责任体系。

第一章 廉 政 教 育

思想上的坚定，源自理论上的清醒，政治上的敏锐。因此，加强思想教育，加强政治理论学习，是构筑拒腐防变的思想道德防线，也是反腐倡廉工作的基础。1985 年建局以来，为有效推进党风廉政建设，白山市交通局党委积极开展了以下几个方面的教育：

一、在全系统党员干部特别是党员领导干部中，深入开展了党性党风党纪以及理论教育活动。适时组织聘请省、市委党校理论教员讲课辅导，在进行专业知识培训的同时，进行了法律法规、党风党纪和思想道德等方面知识的培训。组织领导干部和交通行政执法人员学习《党员领导干部廉洁从政手册》和领导干部廉洁自律的有关规定，从源头上预防和遏制了腐败问题的发生。通过坚持不懈地进行法律、纪律、道德教育，筑牢拒腐防变的三道思想防线，提高了领导干部素质，使党员干部特别是领导干部不出问题或少出问题。

二、开展典型案例的警示教育。剖析案例，进行反面典型警示教育，在局机关和局直属单位，利用陈希同、成克杰、胡长清、王宝森、慕绥新、马向东等严重违法违纪案件，开展警示教育；组织观看了《生死抉择》、《蜕变》《钱惑》、《铁窗泪》、《当权力失去监督的时候》、《警世悔言》等 20 多部反面案例的录像片；组织领导干部和行政执法执收人员针对这些反面典型，开展大讨论，使大家从中吸取教训，经受住腐蚀的严峻考验，做到自重、自省、自警、自励，警钟长鸣。

三、弘扬正气，进行先进典型示范教育。局纪委始终坚持用先进典型的事迹来鼓舞广大干部职工，在组织党员干部开展学习孔繁森、汪洋湖、刘保中和李黄玺等先进典型的同时，在全系统广泛开展了向青岛港、“华铜海轮” 和包起帆、许振超等先进典型事迹学习的活动，通过召开座谈会、讨论会等多种形式和方法，引导广大干部职工做优秀公务员、优秀执法者、优秀职工，像先进典型那样热爱交通、奉献交通、淡泊名利、争创一流的工作业绩。同时，为了宣传树立白山交通系统的先进典型，进一步弘扬交通精神，开展了“十大创业先锋” 评选活动，把在交通系统公路建设、养护、管理、运输发展、企业管理等方面做出突出贡献的经营管理者、科技人才、一线员工评选上来，在社会上引起了较好的反响。通过广泛宣传先进典型、弘扬正气，在全系统掀起了学先进、比贡献、创一流、增效益的高潮。

通过长期坚持法律、纪律、道德教育和正反面典型教育，不仅使交通系统的干部增强了法律、纪律观念，而且，强化了努力把真理的力量和人格的力量统一起来的道德意识。使广大干部职工深刻认识到“贪如火不遏则燎原、欲如水不遏则滔天”。牢固地树立马克思主义的世界观、人生观、价值观。牢固地树立正确的权力观、地位观、利益观，做到常怀律己之心，常思贪欲之害，常排非分之想，常修为官之德。每名公职人员特别是党员领导干部都要经得住诱惑、耐得住寂寞、抗得住腐蚀，把握住自己、管好自己，筑牢拒腐防变的思想道德防线。

第二章　制度建设

预防腐败问题的发生，制度建设是根本。将权力的行使规范化、制度化，做到关口前移、落实防范、规范行为，达到最终铲除滋生职务犯罪土壤的目的。1987 年起，在制度建设方面：严格执行上级有关文件、制度、规定，从抓制度建设入手，逐步建立健全《预防职务犯罪责任制》、《施工承包合同制度》、《公路工程招投标制度》、《公路建设项目法人制度》、《质量事故报告制度》、《工程财务审计制度》、《工程监理制度》，制定了市局“一把手”四个不直接管的规定（不直接管人、不直接管钱、不直接管重大工程的招投标、不直接管大宗物资的采购）。由过去“一把手”直接管人、管钱、管物变为由副职负责，全局重大事项由党委会和局务会议充分发扬民主，集体讨论决定。重申了公务接待“三定、两不准，一公开”制度（公务招待定地点、定人员、定标准；不准私客公请、不准接受可能影响公正执行公务的宴请；招待费公开下帐）。落实了“三重一大规定”（重大决策、重要人事任免、重要项目决策，大额资金的调度、使用都必须由局领导班子会议集体讨论决定），并将决策的情况公布于众等一系列制度。

2004 年将中央及省交通厅等有关法规（制度）、文件汇编了《交通系统构建惩治和预防腐败体系法规（制度）选编》小册子，下发到全市交通系统广大党员干部特别是党员领导干部学习、掌握和遵循。严格做到“按制度办事、用制度管人”；在制度的执行上，局纪委始终把反腐倡廉法规制度的贯彻执行作为头等大事来抓，促使广大干部增强法律意识和法制观念，严格执行各项法规制度，更好地用制度和法律规范权力的运行、约束干部的行政行为。从而保证了制度的严肃性、权威性，充分发挥了制度的震慑、约束作用。

第三章 廉政监督

权力失去监督就必然会滋生腐败，只有切实加强对权力的监督，才能有效的预防和遏制权钱交易，从而杜绝和减少交通建设中的腐败问题和职务犯罪事件的发生。所谓监督必须是全方位的监督，包括组织监督、民主监督、社会监督和舆论监督。1996 年，建立对局主要领导干部的监督制度，严格规范“一把手”的从政行为。“一把手”在交通部门的机关、企事业单位中具有举足轻重的地位，加强对“一把手”的监督尤为重要。在这方面先后制定了谈话制度（提醒谈话、诫勉谈话、定期谈话）、下发《警示通知书》、参加双重组织生活会、实行政务公开、推行任期内年度经济责任审计、进行重大事项报告审核、述职述廉、实行年度考廉和开展督查活动等多项监督办法，进行组织监督、党内监督和群众监督。

2001 年，市交通局作为行政执法部门，每年都要向社会做出公开承诺，在《长白山交通报》上刊登《白山市交通局机关党员干部廉洁自律七项承诺》；同时，还向社会公开了办事制度，将机构设置、工作职责、职权范围对外公布，主动接受社会和交通系统广大干部职工的监督。

2004 年起，每年针对公路建设计划的编制、项目的确立，向市委、市政府汇报请示，并聘请市人大、政协、纪委、审计等部门的领导和专家审查监督。每项工程的招投标均邀请市纪委、监察局、市公证处进行现场监督，确保了公开、公平、公正竞标。重点工程联系点廉政建设领导小组成员从工程开始到竣工验收，以“质量、安全、成本”三项考核内容为重点，实行全过程监督检查，形成了政府监督、纪检监督、工程监理监督的三位一体的监督机制。在此基础上还制定了工程质量领导责任制、项目法人责任制、工程监理责任制、工程质量终身责任制和责任追究制，并在施工现场设立了廉政举报信箱、举报电话，通过全方位的有效监督，有效地遏制了公路工程建设领域中腐败问题的滋生和蔓延。

第四章 重点防腐

1992年起，白山市交通局党委把加强交通基础设施建设中的党风廉政建设作为反腐倡廉工作的关键和重点。

一、严把工程建设中的四个环节：

（一）严格执行《招标投标法》环节，实施“阳光工程”。为从源头上杜绝和遏制腐败问题的发生，防止出现权钱交易和腐败问题，市交通局对全市50万元以上的公路工程项目（包括大修改造工程）全部实行招投标。在招投标过程中严格坚持公开、公平、公正的原则，从招投标的准备阶段开始到开标、评标、定标的各个阶段都由纪检、监察、公证部门全过程参与监督，严格把好选择优秀施工队伍这一关键环节，有效地遏制了招投标过程中违纪违规现象的发生。1995年，白山市交通局在省公路主管部门的主持下对湾沟至汤河口段36.1公里二级路工程进行了招投标。之后，一直坚持实施“阳光工程”，杜绝了暗箱操作，有效的遏制了权钱交易等腐败问题的发生。

（二）严格把好物资采购环节。公路工程建设中，各种物资、材料的采购管理是工程的重点部位。它既是确保工程质量的基础，又是重点工程加强党风廉政建设的关键所在。在这方面一是采取在工程技术人员严把施工材料质量关的前提下，由施工单位自行采购；二是确需交通部门负责采购的物资、材料，必须先由施工单位提出计划，按照施工设计要求的技术标准、质量、数量、规格为依据，通过招投标方式进行采购。在同等条件下，优先选用优质低价的施工材料，不仅可以降低工程成本，而且也十分有效地避免了违规违纪问题的发生。

（三）严格把好工程监理环节。工程监理既是工程建设的直接管理者，也是工程建设质量的直接责任者。为此，在选择确定施工监理队伍时，事先对工程监理在管理上提出严格的要求。一是同受聘的监理单位签定施工责任合同书，严格执行工程监理的各项法律法规。同时，对监理人员实行奖罚制，促使监理人员认真负责，做好本职工作；二是对工程监理人员制定了《公路工程党风廉政建设五不准》，即：不准索取管理、服务对象的钱物；不准接受可能影响公正执行工程监理计量、验收的礼物馈赠和宴请；不准为亲友和亲属承揽工程或到施工单位安排工程机械；不准借工程质量检测、工程管理和工程验收索要好处费和暗中吃回扣；不准以虚报谎报等手段隐瞒工程建设情况。通过采取以上制度和措施，使工程质量和工程进度得到了保证。

（四）严格把好工程财务管理环节。在公路工程建设管理中，财务管理是最易出问题的要害之处，为确保公路建设工程达到既定目标，提高工程资金的使用效率，切实加强工程项目资金的财务管理和监督工作尤为重要。在全市公路工程建设中，白山市交通局党委严格执行国家和财政部的有关法律、行政法规，依法合理、及时筹集和使用工程项目资金，做到专户储存、专款专用，严格按照工程建设预算标准做好帐务设置和财务管理，严格履行拨款手续，杜绝了资金拨付的随意性；同时，纪检、监察、审计人员对资金的管理和使用进行经常性的监督检查，做到不违规、违纪、挤占、截留和挪用专项工程资金，切实起到监督检查作用。

二、建立了重点工程项目廉政建设联系点。按照吉林省交通厅印发的《吉林省交通厅关于建立交通基础设施建设重点工程廉政建设联系点制度（试行）》的文件要求，局纪委专门召开会议进行了传达部署，市交通局及各县（市）区交通局都于2003年上半年相继成立了领导小组，制定了《实施方案》，并与省、市管理的重点工程项目部建立了联系点，白山市交通局纪委及各县（市）区交通局纪委共建立了10个重点工程项目廉政建设联系点。

三、与检察机关建立了共同预防职务犯罪工作的协调联系制度。根据省交通厅文件《吉林省交通厅关于在交通基础设施建设领域中与检察机关共同预防职务犯罪工作的实施意见（试行）》的要求，靖宇、抚松、长白、临江、江源五个县（市）交通局及市局都与当地检察机关建立了工作联系和协调机制。临江市交通局与检察院针对投资3．6亿元的老岭隧道工程，为避免“工程上马、干部下马”现象的发生，专门制定了《关于在老岭隧道工程建设中共同开展预防职务犯罪工作实施办法》，临江市检察院在进驻交通局期间，向局党委递交了一份4 000字的《关于开展交通系统预防和重点工程专项预防工作的计划书》，计划书体现了两家联手预防的工作思路，也体现了检察官的实干精神。

第五章　自 身 建 设

1991 年 7 月，中共浑江市交通局第二届党员代表大会上，组建第一届纪律检查委员会起，局党委始终把纪检监察部门的自身建设和培养一支高素质的纪检监察干部队伍放在首位。在组织建设、思想建设、作风建设和业务培训方面下工夫。认真做到“三个相结合”：一是学习理论与工作实践相结合；二是榜样示范与自我“慎独”相结合；三是制度建设与检查监督相结合。从而使全体纪检监察干部自身的思想政治建设和思想道德建设得到进一步加强，充分发挥了模范带头和表率作用。

由于白山市交通局党委、纪委坚持反腐败抓源头，标本兼治，重在治本，在筑牢堤坝、拒腐防变上下功夫，每年在领导干部述职过程中，坚持把述廉作为重要内容，不断提高自我约束力和增强群众监督的透明度。因而使党风廉政建设和反腐败工作取得了丰硕成果。领导干部廉洁自律工作取得明显成效，广大党员、干部特别是党员领导干部自律意识明显增强，行为操守更加规范。市交通局 2004 年度、2005 年度政（行）风及软环境建设被评为全市第一名。

第十一篇 ZHI LI GONG LU SAN LUAN

治理公路“三乱”

自1995年4月18日全国治理公路“三乱”第一次电话会议后，党中央、国务院把治理公路“三乱”作为反腐败和纠风专项治理的重要内容，进行了集中治理。白山市委、市政府对此高度重视，每年都召开会议，提出治理目标，作出具体部署，始终坚持“政策不变，力度不减，口子不开，标本兼治，综合治理”目标，保持了治理公路“三乱”工作健康发展的良好势头。

第一章　建章　建制

第一节　组　织

1997年，在省、市有关部门的大力支持下，白山市的公路建设得到了长足的发展，已经初步形成了“三纵两横四出口”的路网框架，并实现了从市到县全部通油路，从县到县基本通油路，为实现白山市经济跨越式发展做出了突出贡献。在交通这个束缚经济发展的“瓶颈”得到缓解的同时，社会上却流传着一种说法“要想富，上公路，站卡就是摇钱树”。白山市委、市政府针对个别部门和行业把在公路上罚款收费作为一项重要财源这一现象，专门成立了由主管交通的副市长任组长、交通局局长、交警支队支队长任副组长，林业、农委、城建和监察部门的主要领导任成员的全市治理公路“三乱”工作协调小组。市纪委纠风办组织协调，工作办公室设在市交通局。市交通局党委按照市委、市政府的部署和要求，站在讲政治、反腐败的高度，坚持“谁主管，谁负责”、“管行业必须管行风”的原则，切实把治理公路“三乱”作为减轻农民和企业负担，改善白山市经济发展软环境，惩治腐败、维护社会稳定的重要任务，坚持以人民群众满意为标准，认真履行牵头部门的责任，从组织协调、监督检查、规范行为和查纠问题等方面，不断加大工作力度，取得了较为明显的效果。

市委、市政府对治理公路“三乱”工作，每年都召开专门会议，进行动员部署，以市政府办公室文件印发实施方案，对治理公路“三乱”的工作机制、工作任务和具体措施提出明确要求。主管交通的副市长定期召集交通、公安、林业、农委、城建、监察及市纠风办负责人参加的协调会，听取汇报，对全市治理公路“三乱”工作进行指导。协调组成员还身体力行，常年坚持不定期上路明察暗访，认真查纠公路“三乱”问题。

第二节　制　度

为巩固治理公路“三乱”工作成果，建立长效机制，促进依法行政，根据《中华人民共和国公路法》、《中华人民共和国道路交通安全法》、《收费公路管理条例》、《国务院关于禁止在公路上乱设站卡乱罚款乱收费的通知》、《吉林省治理公路“三乱”协调组办公室关于规范执法行为防止公路“三乱”的规定》、《吉林省治理公路“三乱”工作考核办法》等法律法规。2002 年 5 月 28 日，白山市人民政府纠正行业不正之风办公室制定了《白山市治理公路“三乱”有关规定》。

《白山市治理公路“三乱”有关规定》基本内容如下：

1. 明确公路“三乱”是指任何部门、单位、组织和个人违反国家法律和相关规定，在公路上乱设站卡、乱罚款、乱收费的行为。

2. 收费站工作标准“着装整齐、挂牌上岗、规范收费、文明服务”；收费站实行“六公开”，即“批准证件、工作范围、收费单位、收费标准、收费期限和监督电话公开”。

3. 允许上路检车部门是：根据国发［1994］41 号《国务院关于禁止在公路上乱设站卡乱罚款乱收费的通知》中确定除公安、交通、林业三个部门以外，其他任何部门、单位、组织和个人不准以任何理由上路检车。

4. 对准予上路检车的公安部门要求：公安交警在公路上依法进行巡逻值勤、疏导交通、纠正违章，除发现有违章行为和犯罪嫌疑的情况外，不得随意拦截车辆。不准在弯道隐蔽处定点检车，不准技术性检车、不准在 200 米内双向检车。连续检车不准超过 3 台。不准在公路上代其他部门拦截车辆检查。

5. 对准予上路的交通公路管理部门要求：交通公路执法人员只限在省政府规定的征费稽查站执法执收、依法履行职责，不准在公路上无目标流动检查或随意拦截车辆进行检查、罚款、收费。

6. 公路收费站收取公路通行费的规定：凡利用贷款（包括需归还的集资）新建、改建的高等级公路、桥梁、大型隧道，经省政府批准后，可以对过往的车辆收取通行费，但必须严格执行有关收费标准和收费期限的规定。

7. 对擅自设置站卡、乱收费、乱罚款的处理：依据《中华人民共和国公路法》第八章第七十四条规定，违反法律或者国务院有关规定，擅自在公路上设卡、收费的，由交通主管部门责令停止违法行为，没收非法所得，可以处违法所得三倍以下罚款，没有违法所得，可以处两万元以下的罚款；对负有直接责任的主管人员和其他直接责任人员，由有关部门依据《违反行政事业性收费和罚没收入收支两条线管理规定行政处分暂行规定》（国务院令第 281 号）给予党纪政纪处分。

8. 明察暗访前应做好的准备工作：要组织对检查人员的业务培训工作，包括被访单位的职能、相关的政策法规以及暗访的方法等，另外要准备好笔录纸、介绍信、工作证、检查证等。

9. 明查暗访的基本方法是：总的原则就是深入基层，实事求是，事先不打招呼，不带框子。采取问、听、看等方法。问：就是向窗口工作人员及管理服务对象咨询、询问有关办事程序以及软环境等方面的情况；听：就是听取群众的反映和意见；看：就是看窗口和行政执法工作人员服务态度、工作纪律、工作作风、公开办事制度、收费罚款等情况。一般采取的检查顺序是“四先四后”，即先暗后明、先看后问、先访后记、先查后办。

第三节　要　求

一是化整为零，有分有合。组织暗访检查组一般都是3至5个人，谁发问，谁配合，谁记录，事先应研究好，当检查人员进入窗口时，最好是一、两个先进去，不要一起进去，另外，到窗口前也不一定先发问，先观察窗口人员的反应如何，是否主动服务，有无做与工作无关的事情。暗访结束后，暗访的人员再找个适当的地方，简单议一下，看是否需要就地反馈。

二是虚实结合，明知故问。暗访前检查组的每个人员都要准备或假设一些问题，事前明明知道某项收费标准，但是咨询或询问时故意发问，这样就能够发现有无乱收费、搭车收费或强行有偿服务的问题，通过这种一问一答的方式，就可以看出窗口工作人员的服务用语、行为举止、应知应会的情况。

三是掌握时机，以访带查。乱收费、乱摊派等问题也有其特点，一些部门进行证、照年审和执收执罚等，极易出现搭车收费、强行摊订书报刊问题。另外对有些已解决的问题也可以通过暗访形式进行复查，如果掌握这些情况或线索，暗访会收到很好的效果。

四是突出重点，有所侧重。暗访应根据窗口的特点各有侧重，执法监督部门的窗口要突出依法办事、依法行政、清正廉洁，看是否存在贪赃枉法等问题；公共服务行业的窗口要突出是否方便群众、优质服务，看是否存在生冷硬顶推，强买强卖等问题；行政经济管理部门的窗口要突出转变职能、转变作风，看是否存在乱收费、乱罚款和各种摊派以及吃拿卡要报等问题。

五是深入实际，双向访查。有些窗口由于工作性质决定，如果仅到其办公场所去暗访掌握的情况就不会很全面，或者有问题也没被发现，这样就需要直接深入到服务对象中去，能了解一些真实的情况。

第二章 做法与特点

在白山市治理公路“三乱”工作协调组成员单位的共同努力下，紧紧围绕既定目标，坚持政策不变，力度不减，口子不开，标本兼治，综合治理，保持了健康发展的良好势头，巩固和扩大了全市所有公路基本无“三乱”的治理成果，确保了公路畅通无阻，为全市经济发展和社会进步，创造了良好的公路交通运输环境。

第一节 落实责任

为了全面实现全市所有公路无“三乱”的总体目标，巩固已取得的工作成果，白山市交通局作为牵头部门，每年年初，根据上级文件及会议精神，以市治理公路“三乱”工作协调组办公室的名义制定并印发《白山市治理公路“三乱”工作实施意见》。在《实施意见》中突出强调全市辖区内所有国、省、县、乡公路及专用公路上的站（卡）均属治理工作的范围。并将治理工作的重点逐步放在建立常效机制和查处公路“三乱”问题的快速反应机制上，加大对上路执法人员的教育培训力度，逐步建立健全教育、制度、监督并重的纠正和预防不正之风体系。对由于工作变动等原因，市及各县（市、区）治理公路“三乱”协调组成员出现空缺的及时进行了调整和充实，形成了在政府的直接领导下，交通部门牵头，政府纠风办组织协调，农委、公安、林业、建设等部门积极参与的治理公路“三乱”工作领导机构和各部门齐抓共管的工作格局。为切实加强领导，落实各成员单位的责任分工，市治理公路“三乱”协调组办公室在下发《实施意见》的同时，坚持定期例会制度，对全年治理公路“三乱”工作任务进行了安排和部署。由于领导重视，任务明确，责任落实，使治理工作取得了较好的成绩，为全市治理公路“三乱”工作任务的完成打下坚实的基础。

第二节 教育培训

为创造良好的公路交通环境，防止超越和滥用职权、以权谋私等问题的发生，保证执收执罚人员行为符合《行政处罚法》和治理公路“三乱”工作的有关规定，进一步规范了行政执法人员的行为。每年交通、公安、林业等部门和单位针对上路执法人员的实际情况都分别进行了法规教育和业务培训，为依法治理公路“三乱”提供了法律武器。通过培训提高了行政执法人员的政治、业务和文化素质，做到了文明执法，规范执法。至2005年，培训各类执法人员共计1 500人次。通过教育培训，强化了源头管理，规范了执法行为，保证了全市所有公路基本无“三乱”。

第三节 制度建设

根据《吉林省治理公路“三乱”工作考核办法》，结合全市实际情况，采取了有效措施，把各项工作真正落到了实处。一是，注重把好工作的每一个环节，不留死角，堵塞漏洞，并认真实行了责任追究制度，坚持把制度建设放在治本的突出位置上来抓，努力从源头上遏制公路“三乱”行为的发生；二是坚持每季度一次例会制度。会上，协调组各成员单位介绍本部门在治理公路“三乱”方面的工作开展情况，并研究部署下一步的工作。通过例会的召开，使各成员单位都能够认清当前形势，认真研究分析治理公路“三乱”工作中存在的问题和薄弱环节，安排部署下一阶段的工作。三是坚持经常性的监督检查，协调组每年都要对全市6个县（市、区）21个公路收费站、9个公路联合检查站、9个公路征费稽查站、16个木材检查站、6个交警大队进行不定期的明查暗访。在明查暗访的基础上，协调组不断完善监督举报制度和快速反映机制，发挥群众监督、社会监督等有效措施，发现一起查处一起，绝不手软，坚决遏制公路“三乱”行为的发生。

2005年4月在检查中，发现临江辖区51号公路检查站点位置前移，按照上级规定，当即给予了现场纠正。

2005年10月，群众反映抚松县境内的露水河林业局存在着以晴通雨阻名义收费现象，市治理公路“三乱”办公室在接到举报电话后，对群众反映的问题予以高度重视，立即将这一情况通知抚松县治理公路“三乱”协调组办公室，对辖区内出现的“三乱”反弹现象立即进行查处。抚松县治理公路“三乱”协调组办公室接到通知后，组织县纠风办、县监察局、交通局和电视台赶赴现场，并予以制止和处理。

第四节 新闻宣传

为全面实现白山市所有公路无“三乱”的总体目标，在不断加大宣传力度的同时，充分发挥新闻舆论的监督作用，以高压态势遏制公路“三乱”反弹。协调组坚持定期在《长白山日报》、《长白山交通报》刊发各县（市）区治理公路“三乱”工作的最新动态、经验和做法等。还不定期地对确保公路畅通方面的情况进行宣传，让社会各界都了解治理公路“三乱”工作进展情况、取得的成绩和存在的不足，把治理公路“三乱”工作置于社会和广大人民群众的监督之下。

2004 年 3 月，中共吉林省纪委、中共白山市纪委、省电视台联合对白山市治理公路“三乱”工作进行了采访并制作了《白山大地路路通》专题片，在省电视台《反腐倡廉之窗》节目中播放。

2005 年 5 月，中共白山市纪委、市电视台《纪检监察在线》栏目组，为全市治理公路“三乱”工作制作了《让白山大地路畅通》专题片，并在市电视台公共频道《纪检监察在线》节目中播出，在社会上引起较好的反响。

1996 年度、1997 年度白山市交通局被吉林省人民政府表彰为全省治理公路“三乱”工作先进单位。1998 年白山市治理公路“三乱”工作跨入了全省公路基本无“三乱”的先进行列。2003 年度、2005 年度，白山市治理公路“三乱”协调组被市委、市政府授予“优秀协调组织”称号。

第三章　公路检查站

为防止公路“三乱”问题的发生，吉林省人民政府先后于1992年5月15日及1996年6月20日两次发文对全省公路检查站的设置、管理及检查作出了明确规定。只限公安、交通、林业部门在公路上设置联合检查站、木材检查站和公路征费稽查站。明令禁止其它部门上路设站或流动检查。按吉政发［1992］21号文件和吉政函［1996］73号文件确定的白山市（浑江市）公路检查站情况如表11－3－1，11－3－2。

表11－3－1　　1992年浑江市公路联合检查站设置情况表

编号	市县名称	检查站名称	公路名称	公路等级	参检部门		
					公安	交通	林业
49	浑江市	胜　利	四浑线	国	公安	交通	林业
50	浑江市	石　人	鹤大线	国	公安	交通	
51	浑江市	沙金沟	鹤大线	国		交通	林业
52	浑江市	临　城	浑长线	省	公安	交通	林业
53	抚松县	仙人桥	鹤大线	国	公安	交通	林业
54	抚松县	露水河	鹤大线	国	公安	交通	林业
55	靖宇县	三道湖	营抚线	国	公安	交通	林业
56	长白县	十四道沟	浑长线	省	公安	交通	林业
57	长白县	八道沟	浑长线	省	公安	交通	林业

注：编号内序号为全省范围内排序。

表 11－3－2　　1996 年白山市公路征费稽查站设置情况表

编号	市县名称	检查站名称	公路名称	稽查站位置	公路等级
49	白山市	胜　利	鹤大线	1049 公里	国道
50	白山市	石　人	通长线	76 公里	省道
51	白山市	南　翼	鹤大线	981 公里	国道
52	白山市	板　石	鹤大线	260 公里	国道
53	临江县	临　城	通长线	137 公里	省道
54	抚松县	仙人桥	鹤大线	918 公里	国道
55	抚松县	万　良	鹤大线	883 公里	国道
56	靖宇县	义　胜	营抚线	167 公里	省道
57	长白县	马鹿沟	抚长线	146 公里	县道

注：编号内序号为全省范围内排序。

第十二篇 XUE HUI XIE HUI

学会 协会

公路学会及道路运输协会是交通系统的行业性群众组织，在白山市交通局的组织领导下，在吉林省公路学会和道路运输协会的具体指导下，遵循党和国家的方针、政策、法律和法规，为发展白山地区公路建设、道路运输事业、繁荣白山经济，逐步提高公路职工、运输行业队伍素质、科技进步和综合效益努力工作，并起到政府与会员之间桥梁和纽带作用。

第一章　白山市公路学会

吉林省白山市公路学会是隶属于白山市科学技术学会的群团组织，接受白山市民政局监督管理。

第一节　沿　　革

一、公路学会成立

白山（浑江）市公路学会成立于1988年6月13日，在浑江市公路管理处召开了首届一次会员代表大会，大会选举了理事会、常务理事会，同时选举理事长：张俊男（浑江市交通局副局长）；副理事长：解运发（浑江市公路管理处处长）、蒋宝玉（浑江市运输管理处处长）及战广令（浑江市稽查征费处处长）；秘书长胡万志（浑江市公路管理处总工程师）。

大会讨论通过了学会章程，确立了学会的主要任务是进行学术交流、科技咨询、推广科技成果、传递科学信息、推荐科技人才。

大会决定设立道路工程专业委员会、桥梁工程专业委员会、汽车运输专业委员会、筑路机械专业委员会、地质专业委员会、信息工程专业委员会、科学技术普及专业委员会、交通工程专业委员会等8个专业委员会，共有会员59人。

二、发展情况

白山市公路学会成立之初仅有会员59人，到2005年会员发展到178人（其中包括非交通系统会员24人）。2003年选举孙长山（白山市交通局局长）为学会理事长。选举张俊男、解运发为名誉理事长。

第二节 管 理

一、公路学会章程

白山市公路学会遵从吉林省公路学会章程。

二、入会条件和程序

拥护学会章程，有加入本会的意愿，在白山市从事公路管理、建设、科研、教学等工作，具有中级以上职称或学士以上学位者；高等院校毕业从事上述工作3年以上或中专毕业从事上述工作5年，自学成才，具有一定理论知识和实际工作经验者；热心并积极支持公路学会工作的领导干部。

三、会费

白山市公路学会遵照吉林省公路学会章程，向吉林省公路学会缴纳会费。

第三节 主 要 活 动

遵照吉林省公路学会章程，遵守国家宪法、法律、法规和国家的各项政策，遵守社会道德风尚，团结和组织白山市公路交通科技工作者，贯彻“经济必须依靠科学技术，科学必须面向经济建设”和“百花齐放、百家争鸣”的方针，倡导献身、创新、求实、协作的精神，促进交通科学技术繁荣发展，促进公路交通科技人才成长与提高，为白山市交通建设作出贡献。

公路事业的大发展，为发挥公路学会的作用提供了广阔的舞台，也给学会的发展带来良好的机遇。学会为科技团体和中介组织，是不可或缺的组织力量。

一、广泛调动积极性，共同做好学会工作

白山市公路学会设有道路、桥梁、交通工程、汽车运输、筑路机械信息工程等8个专业委员会，专业委员会既是公路学会的组成部分，又是公路学会在各专业业务部门工作的延伸。充分发挥各专业委员会的积极性，引导他们根据各自的专业特点开展学术活动从而促进会员增强对学会的吸引力和参与意识，起到了增强学会活动力的作用，配置好专业委员会带头人非常重要，学会各专业委员会的负责人基本上都是由各单位的学术带头人承担，把学术研究和学会的学术活动有机地结合起来，相辅相成，互相促进，达到

共同提高和发展。从而保证了学会工作的正常秩序。

二、提高学术活动质量，树立学会形象

为增强学会活动的吸引力。学会成立以来，开展了 17 次学术交流活动。1995 年 7 月受吉林省公路学会委托，白山市成功地承办了“东北三省道桥学术交流年会”。在学术年会上，共收到论文 70 篇，经大会组织评审，共有 35 篇论文获应届学术年会优秀论文奖，对评选的优秀论文编辑出版论文集，并向作者颁发证书，从而促进广大会员撰写论文的积极性，增强了学会活动的吸引力，对青年科技人员职称评定等起到积极作用。

这次年会由于精心策划，准备充分，真正办成了高水平、高质量的学术交流盛会，对弘扬科学精神、普及科学知识、开阔科技工作者的视野，启迪很大，获益匪浅。

白山市公路学会根据本地区公路建设中的难点和热点问题，如：道路设计与施工方面的问题等进行学术讨论，共有 35 篇论文发表在国家级及省级刊物上。

1991 年 1 月吉林省公路学会组织的吉林省交通系统优秀论文评选活动中，白山市公路管理处副处长许长印交流了《公路工程施工质量模糊二级综合评判初探》论文。

1992 年 12 月，吉林省公路学会组织的吉林省交通系统优秀论文评选活动中，白山市公路管理处总工程师刘世建交流了《浑江山岭区旧路改建标准的探讨》论文。

1994 年 12 月，吉林省交通厅在辽源市召开的“交通行业联合科技项目会议上，确定在白山地区组织科技联合攻关项目《冬季公路冰湖治理和火山灰在公路工程中的应用》等技术研讨活动。

1995 年 8 月，在吉林省公路学会组织的吉林省交通系统优秀论文评选中，白山市公路管理处张仁交流了《路政和交警是管好公路和交通的统一体》论文。

1997 年 4 月，在吉林省科学技术进步奖评审委员会组织的“吉林省科学技术进步奖”评审中，白山市公路管理处副处长许长印交流了《吉林省沥青路面养护管理系统开发与应用》一文。

1998 年 11 月，在吉林省科学技术进步奖评审委员会组织的“吉林省科学技术进步奖”评审中，白山市公路管理处副处长许长印交流了《ASA－9304 沥青抗剥离剂的研制与应用》一文。

2001 年 1 月，在吉林省职工思想政治工作研究会第十届年会上，白山市公路管理处周海河、鲁晓丽分别撰写了《把握机遇转变观念努力开创思想政治工作新局面》、《新时期思想政治工作应充分发挥其务实功能》论文。

2004 年 4 月，在吉林省职工思想政治工作研究会第十三届年会上，白山市公路管理处鲁晓丽、宫云平、叶云君分别撰写了《要以务实创新的姿态加强企业思想政治工作》、《关于改革后加强公路行业政工队伍建设的思考》及《浅谈改革过程中如何做好职工思想政治工作》论文。

2004年4月，在吉林省档案学会组织的“吉林省第六次档案学优秀成果奖”评选活动中，白山市公路管理处单晓影撰写了《浅谈公路科技档案管理服务于公路建设的有效途径》论文。

2005年5月，在中国改革创新理论成果评选活动中，白山市公路管理处单晓影撰写了《公路科技档案的重要作用》论文。

第四节 自身建设

2003年5月，为了配合吉林省公路学会关于加强会员管理的指示精神，白山市公路学会开展了会员核查工作，白山市公路学会是跨行业、跨部门的社会科技群团组织，具有点多、面广、分散的特点。会员遍布白山市6个县（市）区，除主要集中在公路交通部门外，工厂、科研、林业、运输、交通管理、白山市政工程等部门和单位，都有公路学会会员，同时还有已离退休的会员。核查工作难度大，学会采取了电话联系、托人代转、信函联络和上门登记等方法，确保核查工作做到详实准确。通过此次核查登记，全面掌握了学会的人员结构和行业分布，为今后会员管理工作走上制度化、规范化奠定了基础。共核查学会会员144人，登记后期又发展新会员34人，省、市级会员总数达178人。

根据白山市政府关于清理整顿社会团体文件精神，2005年9月重新办理了白山市公路学会法人登记书。

第二章　白山市道路运输协会

第一节　沿　革

1988 年 9 月 10 日，浑江市道路运输协会成立。并在浑江市公路管理处会议室召开了第一届一次会员代表大会，审议通过了协会章程。会上通过无记名投票选举产生第一届理事会常务理事 17 人，理事 41 人。选举产生会长、副会长、秘书长。浑江市副市长孔庆章出席了会议，并聘请为名誉会长。会员人数 5 260 人。吉林省各市、州道路运输协会派代表来浑江参加了会议。

会议审议通过了协会的章程，章程共 6 章 18 条，重点阐明了协会的宗旨：遵循党和国家的方针、政策，大力发展运输事业，繁荣运输经济，逐步提高运输行业队伍素质和综合效益。协会的工作职责：协会是在政府部门和会员之间起桥梁和纽带作用，向政府反映会员的愿望、要求和建议，向会员传达政府的意图，并协助政府主管部门，对本行业进行组织、协调、监督，业务上接受政府主管部门的指导。根据上级协会的部署要求，浑江市各县（市、区）于 1989 年 10 月 20 日至 10 月 31 日先后成立道路运输协会。

1998 年 4 月 16 日白山市道路运输协会在市运管处会议室召开第二届一次理事会会议，改选了理事会和常务理事会，选出新一届协会的领导。会长赵志旭、副会长蒋宝玉、秘书长王海东，常务理事 4 人，理事 10 人。

新一届协会领导要求各级协会高举邓小平理论伟大旗帜，以党的十五大精神为指针，坚持协会宗旨，强化功能，发挥桥梁和纽带作用，与会员同心协力，努力奋斗，开拓进取，开创协会工作的新局面，为白山市经济发展作出新贡献。

2002 年 6 月 4 日，因协会机构人员变动较大，为此，召开二届二次理事会，调整了理事会人员和常务理事会人员，选举了新的协会领导。会长吴福龙、副会长宋兰杰、秘书长王海东，常务理事 5 人，理事 12 人。白山市团体会员 180 户，个体会员 5 260 人。白山市道路运输协会基本情况如表 12－2－1。

表 12－2－1　　白山市道路运输协会基本情况表

单位	成立时间	名誉会长	会长	副会长	秘书长	常务理事（人）	理事（人）	团体会员（户）	个体会员（人）
浑江市道路运输协会	1988.09.10	孔庆章	张俊男	啜德义 蒋宝玉	滕世昌	17	41	180	5 260
临江区道路运输协会	1989.10.20	秦昌平	侯振才	梁连科 徐国公	赵文余	21	32	30	405
三岔子区道路运输协会	1989.10.23	李喜顺	宋孟春	刑玉福 孙铁英	刑玉福	15	30	30	334
靖宇县道路运输协会	1989.10.25	于立峰	李凤军	徐向阳 徐玉昌	高增全	18	287	28	697
抚松县道路运输协会	1989.10.26	吴高连	袁　毅	尹湘洪 王殿森	徐德财	14	21	27	651
长白县道路运输协会	1989.10.27	陈成国	殷松山	张志国 李相哲	崔长平	20	32	32	560
八道江区道路运输协会	1989.10.31	侯长德	许天泉	张伟权	张伟权	30	60	33	2 613

第二节　日常活动

一、协助团体（单位）会员企业进行改革

白山市团体会员 180 户，其中有 12 户专业运输企业（国营企业 5 户，集体企业 7 户），共有职工 2 610 人，是白山市运输市场中的骨干力量。由于区域条件的限制，企业发展较为迟缓，12 户运输企业均为小型运输企业，由于底子薄，条件差，加之企业处于体制改革时期，部分企业适应度与改革没有同步，致使企业生产下降，效益滑坡，陷入困境。1996 年 12 户专业运输企业亏损额达 71.3 万元，亏损面为 41%。

1997 年为了扼制企业的颓势，白山市运输协会会同白山市交通局企管科先后对 12 户专业运输企业进行调查研究，积极走出去，寻找出制约企业发展的症结。先后对长白县运输公司、抚松县运输公司、靖宇县运输公司、江源县运输公司、白山市长途客运公司、白山市第一货运公司、白山市第二货运公司等企业进行深入调查研究。针对企业内部主要问题资金匮乏、管理弱化、资金流失、效益下滑等原因进行了探讨，并对长白县运输公司转换经营机制，进行规范化管理的典型经验进行认真的调研。

1998 年运输协会对全市运输企业经营机制进行了综合性总结。总结出五种经营效益好的经营形式：（1）车辆定额利润承包。（2）车辆定额收入抵押承包。（3）车辆租赁承包残值归己。（4）车辆租赁承包残值不归己。（5）车辆合股经营承包。向企业推荐，并取得企业经理的共识，各企业因地而异进行不同形式的改革，各运输企业借鉴了车辆承

包制的经营机制后，都取得了较好的效益。

企业改革的目标是要实行“产权明晰”的现代化企业制度。为实现企业产权制度改革，协会为了引导企业进行深化改革，建立起政企分开、产权明晰、权责明确、管理科学的现代企业制度。以建立现代企业制度为中心内容，转换经营机制，推进企业产权制度改革，理顺企业产权关系，使企业产权制度明晰化、多元化、人格化，防止资产流失，最大限度地调动企业职工的积极性，为企业注入活力，使企业成为参与市场竞争的真正主体。

1993年浑江市运输协会撰写了《专业运输企业如何走向市场》、《小型道路运输企业转换经营机制，改革产权制度的探讨》论文和调查报告。主要介绍了企业产权制度改革一些成熟经验和作法，深刻剖析了股份制企业的特点与现行的经营机制的差别。

1994年市运输协会参与白山市通达运输有限责任公司股份制试点工作，并撰写了《脱胎换骨 股份经营》的调查报告。介绍股份试点的全过程，阐述企业领导与职工思想观念转变过程，及企业领导和职工对股份制改革后的思想认识。（1）提高了企业职工对企业的关切度，企业职工既是股东又是生产者，根除过去承包经营者那种“杀鸡取卵”拼设备拼车况的弊端，并且保证企业资产的保值与增值。（2）拓宽了企业的融资渠道，解决企业资金不足问题，增加了企业的资本金，降低了企业资产负债率。（3）企业改变了资产单一的现象，实现了资产多元化，将企业职工的利益和企业效益捆到一起，有利于促进企业的再发展。

专业运输企业经理通过学习增强了产权制度改革的意识，经过讨论和充分的协商，在政府相关部门的协调下，实现横向联合。2003年成立白山市交通运输有限公司，实行了股份合作制，形成规模化经营，不仅取得较好经济效益，对外提高了竞争能力，使专业企业真正的走向市场，成为自我约束，自我发展独立的经济实体。协会在对团体会员单位发挥指导、协调职能作用的同时体会到，在改革时期，专业企业改革无具体模式，只有在实践中探索。

二、组织指导个体会员组建联合体

1990年个体经营车辆不断增加，浑江市运输协会个体会员已达5 260人。由于个体会员人员分散，成份复杂，有农民、下岗职工、社会闲散人员和退休职工，不易组织管理。1996年临江市一台出租车到外地送客人被扣车，临江市运输协会了解情况后，立即派一名懂得相关法律法规的会员前去交涉，不但车要了回来，而且还索赔了经济损失。这件事让个体会员很受教育，提高了学习法律法规的自觉性，而且自发要求成立联合体。在白山市运输协会的指导下，各县先后成立了出租车联合体、货运联合体、客运联合体、维修联合体。这些联合体成立后办理相关的合法证照。其职能是：（1）向联合体成员宣传道路运输管理的相关法律、法规，使他们学法、懂法、守法，用法律的武器维护合法的权益。（2）为联合体的成员办理车辆证件审验及交通事故的理赔及各项税费的缴纳事务。(3) 及时传达、参与行业管理部门和协会开展行业管理要求和活动，提高个体会员经营者的服务水平和服务质量，获得了经济和社会效益的双增长。

三、搞好协调服务，理顺出租车市场管理

随着改革开放、市场经济的深入发展，出租车队伍日益壮大，由于政出多门，多家管理，出租车市场较为混乱，导致经营上的不规范，严重地干扰正常的客运秩序。市协会和县区协会根据出租车经营者的要求，维护其合法权益，保持正常的客运秩序，多次向市县两级政府相关部门反映情况，磋商、协调出租车管理权的归属问题，经过艰苦的努力，2004 年白山市已有五个县（市）的出租车管理权归交通运输管理部门管理，扭转过去混乱局面，市场秩序井然，取得政府满意、群众满意的良好社会效益。

第三节　学术活动

组织学术活动一直是协会工作中一项重要内容，每年都进行两次会员单位情况调查活动，撰写论文和调查报告，探讨运输市场中的焦点和热点问题。1991 年至 2001 年间，多次参加东北三省汽车运输技术情报研讨会及省公路学会等其它专业委员会的学术活动。会员撰写出优秀论文共有 13 篇。（先后发表在《东北汽车运输》等杂志上 6 篇，在各类学术研讨会上交流 7 篇）。

1. 发表在《东北汽车运输》等杂志上的论文

1991 年 10 月，陈亚魁会员撰写的《浅谈汽车节油装置的应用》论文，发表在 1991 年第四期杂志上。

1993 年 7 月，陈亚魁，单志坚会员撰写的《在用汽车节能技术的应用与探讨》论文发表在 1993 年的第二期杂志上。

同年 9 月，陈亚魁、丁贵义会员撰写的《专业运输企业如何走向市场》论文，发表在社会出版社出版的《企业管理研究传辑》一书中。

1998 年 4 月，陈亚魁会员撰写的《浅谈道路运输企业车辆承包制》论文，发表在 1998 年的第二期杂志上。

1999 年 9 月，陈亚魁、吴永俊、安郁先会员撰写的《汽车货运配载中介工作体系》论文，发表在 1999 年第三期杂志上。

2000 年 3 月，宋兰杰、杨万卿、陈亚魁会员共同撰写的《汽车运价改革的设想》论文，发表在《吉林交通科技》第 77 期季刊上。

2. 在“东北地区汽车运输技术经验交流会”上交流的论文

1992 年 8 月，陈亚魁会员撰写的《对汽车运行燃料消耗量化简计算方法的探讨》。

1994 年 7 月，杨万卿、许天泉会员撰写的《企业走上市场，发挥竞争优势》论文。

1994 年 7 月，陈亚魁、吴永俊会员撰写的《两权归一是公路运输企业进入市场的先决条件》论文。

1995 年 8 月，陈亚魁会员撰写的《小型道路运输企业转换经营机制，改革产权制度的探讨》论文。

1999 年 8 月，陈亚魁、陈锋会员撰写的《关于加速专业运输企业发展的几点建议》论文。

2000 年 8 月，杨万卿、陈亚魁会员撰写的《优化公路运输资源配置，促进客运市场有序发展》论文。

2001 年 6 月，杨万卿、陈亚魁会员撰写的《关于农村客运市场发展的几点思考》论文。

3. 1997 年中国公路学会、汽车运输学会，在甘肃省敦煌市召开的“汽车运输企业转轨建制和集约化经营学术研讨会”上，白山市运输协会组织会员撰写两篇论文，其中一篇《浅议道路运输企业车辆承包制》一文被大会录用。1994 年 12 月，吉林省交通厅在辽源市召开的“交通行业联合科技项目会议上，确定在白山地区组织科技联合攻关项目《冬季公路冰湖治理和火山灰在公路工程中的应用》等技术研讨活动。

第四节　参与运输市场法制建设

市场经济是法制经济，自道路运输市场开放以来，运输法制建设明显加快，多项道路运输法规、规章相继出台。为运输市场的发展起到了重要作用。

2000 年白山市运输管理处结合交通厅开展的道路运输资源优化配置活动，及时向上级部门汇报，得到地方政府的支持，出台地方性规章，确保活动卓有成效的开展。白山市运输管理处委托市道路运输协会拟定起草。白山市道路运输协会对现行的运输市场进行调查研究，尤其是对现行道路客运运输市场中关于营运客运线路审批、营运车辆更新、运力结构调整、客运企业改革、经营权有偿使用、从业人员资质条件等相关问题进行调查研究，拟定了《白山市道路旅客运输资源优化配置暂行办法》，经白山市法制局按地方性规章出台程序，提交市政府第 3 次常务会议讨论通过后，以白山市人民政府令形式颁发《白山市道路旅客运输资源优化配置暂行办法》，对资源优化配置目的意义到具体配置的内容标准，从相关部门和经营者的权利义务到管理部门的责任，都做了具体明确的规定，也确定统筹规划、平等竞争、优化配置、社会效益和经济效益并重的原则，先后制定客车结构标准、班线审批标准、车辆技术状况标准、经营者、司乘人员上岗资质标准和客运经营权有偿使用办法等，为开展资源优化配置工作提供了法律依据，也促进了运输市场法规体系系统化建设。

第十三篇 LI JIE LING DAO

历 届 领 导

1985年1月，浑江市实行市管县体制后，于同年3月成立浑江市交通局，至2005年末先后历经四届领导班子，并先后召开了四届党员代表大会，分别选举产生了中共白山（浑江）市交通局委员会。市交通局直属的公路管理处、运输管理处、稽查征费处及地方海事局先后升格为副县级建制。

1985年至2005年，市交通局历任副县级以上领导干部33名（含调研员、助理调研员）。

各县（市、区）交通局为正科级建制，隶属于当地政府行政机构，1985年至2005年历任局长、党委书记24名。

第一章　历任白山市交通局局长（书记）简介

崔文宝，男，汉族，初中文化，1934 年 8 月出生，原籍河北省滦南县，1960 年 10 月加入中国共产党。

1951 年 7 月至 1952 年 12 月，临江县人民法院学习书记员。1953 年 1 月至 1954 年 7 月，临江县人民政府文教科办事员。1954 年 8 月至 1958 年 10 月，临江县人民政府农业科科员。1958 年 9 月至 1970 年 10 月，浑江市计划委员会科员、副科长、副主任。1970 年 11 月至 1977 年 1 月，浑江市交通局副局长。1977 年 2 月至 1985 年 2 月，浑江市计划委员会副主任、主任。1985 年 3 月至 1990 年 5 月，浑江市交通局局长、党委书记。1990 年 6 月至 1994 年 9 月，浑江（白山）市统计局局长、党组书记。1994 年 9 月退休。

张俊男，男，汉族，大专文化，1942 年 7 月出生，原籍辽宁省海城县，1973 年 3 月加入中国共产党。

1974 年 9 月至 1979 年 5 月，靖宇县运输公司副经理、经理。1979 年 5 月至 1982 年 6 月，靖宇县交通局局长。1982 年 6 月至 1985 年 7 月，靖宇县大经委主任、书记。1985 年 7 月至 1990 年 7 月，浑江市交通局副局长。1990 年 7 月至 1999 年 2 月，浑江（白山）市交通局局长、党委书记兼政府副秘书长。1999 年 2 月至 2002 年 9 月，白山市人大常委会副主任。

解运发，男，汉族，中专文化，1944年3月出生，原籍吉林省临江县，1968年7月加入中国共产党。

1965年7月至1965年12月，牡丹江林业管理局八面通林业局教师。1965年12月至1973年10月，中国人民解放军陆军190师坦克团汽车连副政治指导员。1973年10月至1974年10月，浑江市委组织部科员。1974年12月至1983年10月，浑江公路管理段段长、党支部书记。1983年10月至1985年4月，浑江市交通局副局长。1985年5月至1985年8月浑江市交通局公路科科长。1985年8月至1990年8月，浑江市公路管理处处长（1986年12月，副局级巡视员）。1990年8月至1999年3月，浑江（白山）市交通局副局长。1999年3月至2001年10月，白山市交通局局长、党委书记。2001年10月至2004年4月，白山市交通局调研员。2004年4月退休。

孙长山，男，汉族，大专文化，1952年10月出生，原籍吉林省辉南县，1976年8月加入中国共产党。

1970年11月至1972年12月，浑江市八道江站前百货商店营业员。1972年12月至1979月10月，中国人民解放军39军115师炮团汽车连班长。1979年10月至1984年2月，浑江市六道江交通管理站监理。1984年2月至1984年9月，浑江市砟子交通管理站站长。1984年10月至1985年5月，浑江市公路段副段长。1985年6月至1986年12月，浑江市八道江公路管理段段长、党支部书记。1986年12月至1998年7月，浑江（白山）市公路管理处副处长、处长。1999年2月至2002年5月，白山市交通局副局长。2002年5月，白山市交通局党委书记、局长。

第二章　历任白山市交通局副局长(副书记)简介

卜贤浩，男，汉族，高中文化，1933年8月出生，原籍辽宁省桓仁县，1952年8月加入中国共产党。

1948年7月至1949年7月，通化市第四区政府通讯员。1949年7月至1950年10月，通化七道沟铁矿工人。1950年10月至1952年8月，鞍山钢铁公司技校学习。1952年8月至12月，通化七道沟铁矿工人。1952年12月至1959年7月，通化市委组织部干事。1959年7月至1965年3月，浑江市委组织部组长。1965年3月至1972年10月，浑江市二轻局党委副书记、政治部主任、党委书记、局长。1972年10月至1985年5月，浑江市交通局局长。1985年5月至1993年8月，浑江市交通局副局长。1993年8月离休。

伊尚志，男，满族，中专文化，1939年5月出生，原籍吉林省舒兰县，1960年5月加入中国共产党。

1958年3月至1960年6月，吉林省军分区547仓库勤务连战士。1960年6月至1961年4月，长春机要学校学员。1961年4月至1969年3月，吉林省军分区213师637团司令部译电员。1969年3月至1970年6月，吉林省军区边防团司令部译电员。1970年7月至1979年10月，通化军分区司令部机要科副科长、科长。1979年11月至1983年7月，浑江市武装部副部长。1983年8月至1985年12月，抚松县武装部部长。1986年1月至1994年10月，浑江（白山）市交通局党委副书记（正局级）。1994年10月至1999年6月，白山市交通局调研员。1999年6月退休。2001年11月因病去世。

刘金宝，男，汉族，中专文化，1942年6月出生，原籍山东省临沂县，1969年11月加入中国共产党。

1958年8月至1964年2月，浑江市石人粮库汽车驾驶员、人保干事。1964年2月至1969年10月，浑江市粮食局政治处科员。1969年10月至1973年2月，浑江市委组织部干部科科员。1973年2月至1983年10月，浑江市交通局监理科科长。1983年10月至1985年5月，浑江市交通局副局长。1985年5月至1986年10月，浑江市交通监理处处长。1986年12月至1994年10月，浑江（白山）市交通局纪检组组长、纪检委书记。1994年10月至1997年10月，白山市交通局党委副书记。1997年10月至2002年6月，白山市交通局助理调研员、调研员。2002年6月退休。

赵志旭，男，汉族，大学文化，1945年1月出生，原籍吉林省通化市，1978年3月加入中国共产党。

1962年8月至1964年11月，通化矿务局石人煤矿、长春邮电工程队临时工。1964年12月至1971年1月，浑江市粮食局石人粮库工人、保管员。1971年2月至1974年11月，浑江市财贸新职工培训班粮食连指导员。1974年12月至1981年7月，浑江市粮食局科员、副科长。1981年8月至1985年4月，浑江市委财贸部干事。1985年5月至1993年7月，浑江市政府办公室副科级秘书、政府党组秘书兼政务科科长。1993年8月至2000年11月，浑江（白山）市交通局副局长。2000年12月至2001年10月，白山市交通局党委副书记。2001年11月至2005年1月，白山市交通局助理调研员。2005年1月退休。

石丕业，男，汉族，大专文化，1951年11月出生，原籍吉林省临江县，1974年5月加入中国共产党。

1968年10月至1970年12月，浑江市四道沟公社下乡知青。1970年12月至1975年3月，中国人民解放军23军67师工兵营舟桥连文书。1975年3月至1983年3月，浑江市运输公司党办主任。1983年3月至1993年9月，浑江市交通局科员、科长。1993年9月至1995年7月，浑江（白山）市交通局助理调研员。1995年7月至1997年8月，白山市交通局纪检委书记、检察室主任。1997年10月至2000年11月，白山市交通局党委副书记。2000年11月，白山市交通局副局长。

张伟，男，汉族，硕士研究生，1957 年 3 月出生，原籍吉林省通化市，1989 年 7 月加入中国共产党。

1975 年 6 月至 1978 年 3 月，浑江市六道江公社胜利一大队下乡知青。1978 年 3 月至 1982 年 1 月，吉林工业大学读书，团支部书记。1982 年 1 月至 1984 年 6 月，浑江市二轻工业设计研究所技术员。1984 年 6 月至 1985 年 6 月，浑江市计划委员会副科长。1985 年 6 月至 1996 年 9 月，浑江（白山）市交通局副科长、科长。1996 年 9 月至 1997 年 11 月，白山市交通局助理调研员。1997 年 11 月至 2003 年 2 月，白山市交通局纪检委书记、检察室主任。2003 年 2 月，白山市交通局副局长。

吴福龙，男，汉族，大学文化，1958 年 6 月出生，原籍吉林省临江县，1989 年 11 月加入中国共产党。1970 年 8 月至 1972 年 2 月，浑江市化肥厂工人。1972 年 3 月至 1979 年 2 月，浑江市铅锌矿供销员。1979 年 3 月至 1981 年 2 月，浑江市劳动服务公司企管科科员。1981 年 3 月至 1982 年 12 月，浑江市劳动服务公司河口劳动力调配站站长。1983 年 1 月至 1984 年 6 月，浑江市计划委员会基本建设管理科科员。1984 年 7 月至 1988 年 6 月，浑江市计经委固定资产投资科科员。1988 年 7 月至 1992 年 3 月，浑江市八道江区计经委副主任、主任。1992 年 4 月至 1996 年 7 月，浑江（白山）市对外经济贸易公司副经理、经理。1996 年 8 月至 1999 年 1 月，白山市对外贸易进出口总公司副总经理、总经理兼市外贸局副局长。1999 年 1 月至 2000 年 3 月，白山市人民政府驻上海办事处主任。2000 年 3 月至 2000 年 11 月，白山市政府办公室调研员。2000 年 11 月，白山市交通局副局长（正县级）。

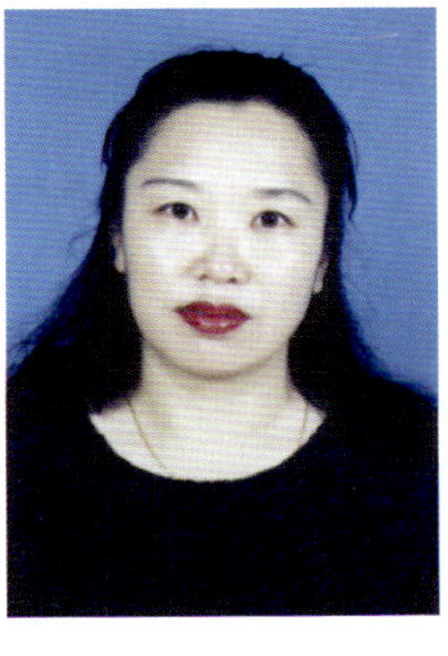

袁笠娟，女，汉族，研究生，1960 年 7 月出生，原籍吉林省浑江市，1986 年 11 月加入中国共产党。1982 年 8 月至 1982 年 12 月，浑江市第九中学教员、团委负责人。1983 年 1 月至 1986 年 4 月，共青团浑江市委宣传部干事、副部长。1986 年 4 月至 1994 年 10 月，浑江（白山）市委组织部副科级巡视员、经干科副科长。1994 年 10 月至 1997 年 10 月，白山市委组织员办公室副主任。1997 年 11 月至 2001 年 10 月，市委组织员办公室主任。2001 年 10 月，白山市交通局党委副书记。

隋志林，男，汉族，大专文化，1954年8月出生，原籍吉林省集安县，1975年1月加入中国共产党。

1975年6月至1978年6月，浑江市委组织部科员。1978年7月至1980年11月，浑江市总工会科员。1980年12月至1983年10月，浑江市孙家堡子二轻化工厂政工科长。1983年11月至1984年4月，浑江市二轻局供销公司党办科员。1984年5月至1985年6月，浑江市委统战部科员。1985年6月至1987年4月，浑江市交通局党委办公室科员。1987年5月至1991年4月，浑江市交通局团委副书记、书记。1991年4月至1997年5月，白山市交通局党委办公室主任. 1997年5月至2002年12月白山市交通局助理调研员。2003年1月，白山市交通局纪检委书记、监察专员。

吴永忠，男，汉族，大学本科，1960年6月出生，原籍吉林省东丰县，1988年5月加入中国共产党。

1983年7月至1984年5月，浑江市公路管理段技术室助理工程师。1984年5月至1985年5月，浑江市公路管理段工程科副科长。1985年5月至1986年4月，浑江市公路管理处工程科副科长。1986年4月至1989年4月，浑江市公路勘测设计处处长。1989年4月至1999年4月，白山市公路处副处长。1999年4月至2003年2月，白山市公路处处长。2003年2月，白山市交通局副局长兼公路管理处处长。

张文刚，男，汉族，大学文化，1955年7月出生，原籍吉林省通化市，1986年4月加入中国共产党。

1977年9月至1980年8月，浑江市交通局公路运输科技术员。1980年9月至1983年10月，浑江市公路管理段技术员。1983年11月至1989年3月浑江市公路工程处副处长、党支部书记。1989年4月至1989年10月，浑江市公路管理处工程科科长。1989年10月至1991年12月，通浑北线重点工程办公室主任。1992年1月至1997年7月，浑江（白山）市公路管理处副处长。1997年8月至1998年12月，吉林省重点工程营白公路指挥部白山段总监代表。1999年1月至2000年12月，鹤大公路白山段指挥部工程负责人。2000年12月至2002年12月，四白一级公路白山段指挥部主任、总监。2003年1月至2004年10月，白山市交通局总工程师。2004年11月，白山市交通局副局长。

第三章　历任白山市交通局调研员、助理调研员简介

初德贵，男，汉族，大专文化，1930 年 9 月出生，原籍山东省即墨县，1948 年 9 月加入中国共产党。

1947 年 11 月至 1948 年 3 月，临江县林子头土改工作队队员、临江县农会调研员。1948 年 3 月至 1951 年 3 月，临江县第二区委会文书、宣传委员。1951 年 3 月至 1952 年 2 月，中共辽东省委党校学习组长。1952 年 3 月至 1954 年 5 月，临江县第二、五区委会副书记。1954 年 6 月至 1955 年 8 月，中共临江县委训练班副主任。1955 年 6 月至 1972 年 12 月，中共浑江市委监委副书记。1973 年 1 月至 1974 年 12 月，浑江市科技委员会副主任。1975 年 1 月至 1976 年 12 月，浑江市财贸办公室副主任。1977 年 1 月至 1978 年 6 月，浑江市公安局政委。1978 年 7 月至 1984 年 6 月，中共浑江市委纪检委副书记。1985 年 4 月至 1988 年 12 月，浑江市标准计量局局长。1989 年 1 月至 1990 年 11 月，浑江市交通局正局级巡视员。1990 年 11 月离休。

蒋耀良，男，汉族，大学文化，1947 年 12 月出生，原籍河北省玉田县，1969 年 12 月加入中国共产党。

1968 年 3 月至 1971 年 2 月，中国人民解放军 23 军 68 师加能炮团 1 连班长、代理排长。1971 年 2 月至 1972 年 12 月，通化市委组织部干事。1972 年 12 月至 1977 年 9 月，通化团市委办公室主任兼组宣部长。1977 年 10 月至 1985 年 3 月，通化地区行政公署民政局科员、科长。1985 年 3 月至 1990 年 6 月，浑江市民政局副局长、党组成员。1990 年 6 月至 1997 年 10 月，浑江（白山）市档案局副局长、党组成员。1997 年 10 月，白山市交通局调研员。

啜德义，男，汉族，初中文化，1927年6月出生，原籍吉林省临江县，1948年10月加入中国共产党。

1948年3月至1949年9月，临江县林子头政府助理员。1949年9月至11月，临江县民政科科员。1949年11月至1950年1月，辽东军区教导大队学员。1950年1月至1953年9月，临江县武装部科员、股长、参谋。1953年9月至1955年8月，临江县纪检委秘书。1955年8月至1956年2月，临江县第六区区长。1956年2月至1959年1月，临江县交通科科长。1959年1月至1961年10月，下放临江汽修厂劳动。1961年10月至1962年2月，浑江市交通局科员。1962年2月至1972年7月，浑江市临江汽修厂生产调度。1972年7月至1975年9月，浑江市临江交通管理站安全员。1975年9月至1979年4月，浑江市临江保温材料厂汽车队长。1979年4月至1983年3月，浑江市交通局副局长。1983年3月至1987年6月，浑江市交通局副局级巡视员。1987年6月离休。2002年7月，因病去世。

纪连芳，男，汉族，大专文化，1932年2月出生，原籍吉林省农安县，1951年4月加入中国共产党。

1948年8月至1952年1月，中国人民解放军第38军113师338团通讯员、警卫员。1952年1月至1952年8月，空军第一航空预科总队学员。1952年8月至1954年9月，空军第四航空学校学员。1954年9月至1957年7月，空军12师35团3大队飞行员、中队长。1957年7月至1960年8月，空军12师35团一大队飞行副大队长。1960年8月至1967年1月，空军31师93团2大队飞行大队长。1967年1月至1968年2月，空军蚌埠基地作训科副科长。1968年2月至1969年4月，南空二医院院务处副处长。1969年4月至1971年5月，南空军区“五、七”干校学员。1971年5月至1978年10月，南空“8391”工程办公室行政组组长 。1978年10月至1979年11月，浑江市湾沟配件厂党支部书记。1979年11月至1983年8月，浑江市交通局副局长。1983年8月至1984年10月，吉林省公路总段浑江工区主持工作。1984年10月至1985年7月，浑江市交通局待职。1985年7月至1986年9月，浑江市经济开发办公室。1986年9月至1992年3月，浑江市交通局副局级巡视员。1992年3月离休。

闻东昌，男，汉族，大专文化，1934 年 5 月出生，，原籍吉林省临江县。1980 年 2 月加入中国共产党。

1948 年 11 月至 1950 年 2 月，临江县八道江区（镇）河口小学教员。1950 年 3 月至 1958 年 3 月，临江县政府教育科、财委、计委科员、代理计委副主任。1958 年 5 月至 12 月，临江县钢铁指挥部工作人员。1959 年 1 月至 1972 年 12 月，浑江市体委、临江镇政府助理、科员。1973 年 1 月至 1980 年 1 月，浑江市财政局副科长、科长。1980 年 1 月至 1981 年 10 月，浑江市铝厂副厂长、厂长。1981 年 11 月至 1983 年 7 月，通化专员公署科技情报室主任。1983 年 8 月至 1986 年 10 月，通化财会中专副校长。1986 年 11 月至 1994 年 8 月，浑江（白山）市交通局副局级巡视员。1994 年 8 月离休。

王清娥，女，汉族，高中文化，1936 年 3 月出生，原籍辽宁省桓仁县，1965 年 7 月加入中国共产党。

1952 年 8 月至 1954 年 12 月，临江县六道江区（乡）政府妇联干事、主任。1955 年 1 月至 1959 年 4 月，临江县妇联宣教部长。1959 年 5 月至 1964 年 4 月，浑江市妇联任办公室主任。1965 年 5 月至 12 月，通化市二道江区社教分团队员。1966 年 1 月至 1969 年 2 月，浑江市市直机关参加毛泽东思想学习班学习。1969 年 3 月至 1991 年 3 月，浑江市交通局党办副主任、人事科长、副县级巡视员。1991 年 3 月退休。

法维成，男，汉族，高中文化，1943 年 1 月出生，原籍吉林省长白县，1981 年 3 月加入中国共产党。

1956 年 8 月至 1962 年 4 月，长白报社印刷厂工人，车间主任。1962 年 4 月至 1969 年 11 月，长白文工团创编室主任。1969 年 11 月至 1972 年 5 月，长白县九道沟村“五、七”战士。1972 年 5 月至 1974 年 6 月，长白县医药公司批发员。1974 年 6 月至 1979 年 2 月，长白县文化馆创作员。1979 年 2 月至 1980 年 3 月，长白县科技馆负责人。1980 年 3 月至 1981 年 4 月，长白县科委科技干部科科员。1981 年 4 月至 1985 年 5 月，长白县政府办公室副局级秘书、副主任。1985 年 5 月至 1989 年 10 月，三岔子区区委常委、办公室主任、宣传部长。1989 年 10 月至 1992 年 10 月，靖宇县委常委、宣传部长。1992 年 10 月至 1994 年 6 月，浑江市检察院副处级检察员。1994 年 6 月至 2003 年 1 月，白山市交通局助理调研员、调研员。2003 年 1 月退休。

赵连生，男，汉族，大专文化，1949 年 5 月出生，原籍北京市，1974 年 6 月加入中国共产党。

1968 年 8 月至 1970 年 7 月，浑江市湾沟公社西川大队七队知青。1970 年 7 月至 1975 年 12 月，浑江市钢铁厂团总支书记、工会副主席。1976 年 1 月至 1980 年 12 月，浑江市委工交部干事。1981 年 1 月至 1983 年 12 月，浑江市二轻局团委书记。1984 年 1 月至 1985 年 6 月，浑江市经委政治部干事。1985 年 6 月至 1986 年 9 月，浑江市交通局党办干事。1986 年 9 月至 1996 年 12 月，浑江（白山）市交通局工会主席。1996 年 12 月至 1997 年 11 月，白山市交通局党办主任。1997 年 11 月至 2001 年 12 月，白山市交通局助理调研员兼党委办公室主任。2001 年 12 月至 2005 年 12 月，助理调研员。

第四章　历任白山市公路管理处主要领导人简介

刘宝库，男，汉族，小学文化，1936 年 3 月出生，原籍吉林省临江县，1956 年 9 月加入中国共产党。

1955 年 3 月至 1958 年 3 月，中国人民解放军 112 师 334 团战士、班长、副排长。1958 年 3 月至 1959 年 9 月，六道江钢铁厂工人。1959 年 10 月至 1964 年 9 月，浑江市陶瓷厂工人、副股长、工会负责人。1964 年 9 月至 1965 年 9 月，浑江市计划委员会科员。1965 年 9 月至 1969 年 9 月，浑江市工业局技校副指导员、革委会副主任。1969 年 9 月至 1980 年 11 月，浑江市造纸厂政工组副组长、党总支副书记。1980 年 11 月至 1987 年 1 月，浑江市交通局党办主任。1987 年 1 月至 1992 年 3 月，浑江市公路管理处党委书记。1992 年 3 月因病去世。

裴玉山，男，汉族，大学文化，1948 年 12 月出生，原籍山东省平邑县，1970 年 11 月加入中国共产党。

1968 年 12 月至 1969 年 12 月，浑江市六道沟小学教师。1969 年 12 月至 1975 年 3 月，中国人民解放军 192 师 576 团特务连文书、班长。1975 年 4 月至 1976 年 12 月，浑江市电机厂政工组干事。1977 年 1 月至 1980 年 12 月，浑江市委工交部科员。1980 年 12 月 1983 年 12 月，浑江市交通局党办干事、副主任。1983 年 12 月至 1985 年 3 月，浑江市经济委员会副科长。1985 年 4 月至 1987 年 1 月，浑江市公路管理处党总支副书记。1987 年 1 月至 1992 年 4 月，浑江市交通局党办主任，秘书科长。1992 年 4 月至 2003 年 5 月，浑江（白山）市公路管理处党委书记。2003 年 5 月，因全省公路系统体制改革提前离岗。

张枭雄，男，汉族，博士研究生，1965年10月出生，原籍吉林省通化市，1986年6月加入中国共产党。1988年7月至1990年5月，吉林省公路管理局生产调度。1990年5月至1995年3月，浑江（白山）市公路勘测设计处副处长。1995年3月至1996年12月，白山市公路管理处工程科科长。1996年12月至2003年5月，白山市公路工程质量监督站站长、党支部书记。2003年5月至2004年10月，白山市公路管理处副处长。2004年10月，白山市公路管理处党委书记。

第五章　历任白山市运输管理处主要领导人简介

蒋宝玉，男，汉族，1940 年 11 月出生，原籍山东省莒县，1988 年 4 月加入中国共产党。

1965 年 8 月至 1972 年 6 月，冶金部山东招远金矿技术员。1972 年 6 月至 1974 年 6 月，浑江市汽修厂技术员。1974 年 6 月至 1975 年 12 月，浑江市运输公司技术员。1975 年 12 月至 1977 年 4 月，浑江市交通局汽训班教员。1977 年 4 月至 1979 年 7 月，浑江市公路管理段助理工程师。1979 年 7 月至 1984 年 7 月，浑江市交通局科长。1984 年 7 月至 1985 年 12 月，浑江市科研所所长。1985 年 12 月至 1987 年 3 月，浑江市交通局计划统计科副科长。1987 年 3 月至 1999 年 4 月，浑江（白山）市运输管理处处长。1999 年 4 月至 2000 年 11 月，白山市运输管理处助理调研员。2000 年 11 月退休。

杨万卿，男，汉族，大专文化，1945 年 1 月出生，原籍吉林省临江县，1964 年 9 月加入中国共产党。

1963 年 3 月至 1963 年 8 月，辉南县林业局工人。1963 年 8 月至 1966 年 6 月，中国人民解放军炮兵第 31 师 402 团 4 连，侦察班长。1966 年 6 月至 1972 年 10 月，炮兵第 31 师政治部见习干事、干事。1972 年 10 月至 1979 年 9 月，浑江市邮电局人事保卫科副科长。1979 年 9 月至 1981 年 6 月，浑江市环境保护监测站党支部书记。1981 年 6 月至 1984 年 9 月，浑江市劳动服务公司副经理。1984 年 9 月至 1985 年 5 月，浑江市计划委员会秘书科科长。1985 年 5 月至 1987 年 3 月，浑江市八道江交通运输管理站站长兼党支部书记。1987 年 3 月至 2005 年 1 月，浑江（白山）市运输管理处政治教导员、政治委员。2005 年 1 月退休。

宋兰杰，男，汉族，大专文化，1952年5月出生，原籍吉林省临江县，1995年12月加入中国共产党。

1968年10月至1970年7月，浑江市松树镇大安村大队下乡知青。1970年7月至1978年8月，浑江市化肥厂工人。1978年7月至1983年8月，浑江市八道江区七道江中学教师。1983年8月至1985年8月，通化师院中文系学习。1985年8月至1993年7月，浑江市交通局科员。1993年7月至1999年4月，浑江（白山）市交通局监察员、办公室主任。1999年4月，白山市运输管理处处长。

李宝林，男，汉族，研究生，1961年1月出生，原籍山东省昌邑县，1988年2月加入中国共产党。

1979年8月至1981年7月，吉林省交通学校学习。1981年7月至1983年12月，浑江市运输公司技术员 。1983年12月至1985年7月，浑江市交通局科员。1985年7月至1987年8月，吉林省经济管理干部学院学习。1987年8月至1994年7月，浑江（白山）市运输管理处科员、办公室主任。1994年7月至1997年1月，白山市运输管理处纪检员。1997年1月至2005年7月，白山市运输管理处副处长兼八道江运输管理所所长、党支部书记。2005年7月，白山市运输管理处政治委员。

第六章　历任白山市交通稽查征费处主要领导人简介

战广令，男，汉族，大专文化，1945 年 7 月出生，原籍山东省莒县，1963 年 3 月加入中国共产党。

1961 年 7 月至 1961 年 10 月，浑江市河口供销社售货员。

1961 年 7 月至 1962 年 6 月，通化地区财贸干校学员。1962 年 6 月至 1964 年 3 月，浑江市河口供销社出纳员、记帐员。1964 年 3 月至 1968 年 12 月，中国人民公安部队河北省广宋县中队战士、文书。1968 年 12 月至 1969 年 4 月，中国人民解放军河北省高邑县中队文书。1969 年 4 月至 1974 年 3 月，中国人民解放军石家庄军分区政治部干事。1974 年 3 月至 1974 年 10 月，浑江市城建局政工组科员。1974 年 10 月至 1985 年 6 月，浑江市工交办、工交部经委科员、副科长、科长。1985 年 6 月至 1987 年 2 月，浑江市交通局纪检组纪检员。1987 年 2 月至 1994 年 10 月，浑江（白山）市交通稽查征费处处长。1994 年 10 月，划归吉林省规费征收管理局白山分局。

董义民，男，汉族，大学文化，1952 年 5 月出生，原籍吉林省临江县，1974 年 11 月加入中国共产党。

1970 年 6 月至 12 月，浑江市轴承厂军工车间学徒工。1970 年 12 月至 1975 年 3 月，中国人民解放军 23 军 69 师 205 团电影放映员、副班长。1975 年 5 月至 1976 年 3 月，浑江市交通局政工组干事。1976 年 4 月至 1977 年 3 月，浑江市交通局教育训练班政治教员。1977 年 4 月至 1982 年 3 月，浑江市公路管理段政工干事、党办主任。1982 年 4 月至 1983 年 8 月，浑江市交通局白灰厂副厂长。1983 年 9 月至 1984 年 3 月，浑江市交通局汽训班书记。1984 年 4 月至 1984 年 7 月，浑江市经委政治部干事。1984 年 8 月至 1985 年 3 月，浑江市工业经销公司经理兼书记。1985 年 4 月至 1987 年 1 月，浑江市组织部干部科干事。1987 年 2 月至 1994 年 10 月，浑江（白山）市交通稽查征费处政治教导员、政治委员。1994 年 10 月，划归吉林省规费征收管理局白山分局。

第七章　白山市地方海事局主要领导人简介

李建华，男，汉族，大学文化，1953年2月出生，原籍吉林省临江县，1986年加入中国共产党。

1984年4月至1988年10月，浑江市临江汽车配件厂副厂长、厂长。1988年10月至1990年2月，浑江市临江区工业总公司生产科科长。1990年3月至1993年5月，浑江市临江区（县）硅藻土工业总公司副总经理、总经理。1993年6月至1999年10月，临江市地质矿产局局长、党委书记。1999年11月至2005年3月，临江市交通局局长、党委书记。2005年4月，白山市地方海事局局长。

第八章　白山市各县（市、区）交通局主要领导人名录

1. 长白县交通局

郭忠海：1984 年 9 月至 1987 年 1 月任局长、党委书记

罗永礼：1987 年 1 月至 1989 年 8 月任局长

　　　　1987 年 1 月至 1987 年 9 月任党委书记

王同兴：1987 年 10 月至 1989 年 8 月任党委书记

洪玄哲：1989 年 8 月至 1992 年 10 月任局长、党委书记

殷松山：1992 年 10 月至 2001 年 11 月任局长

　　　　2001 年 11 月至 2003 年 11 月任党委书记

姜作田：1992 年 10 月至 1998 年 5 月任党委书记

苗玉祥：1999 年 5 月至 2001 年 11 月任党委书记

　　　　2003 年 11 月任党委书记

宋连勤：2001 年 11 月任局长

2. 抚松县交通局

安玉仁：1985 年 8 月至 2001 年 12 月任局长

　　　　1994 年 12 月至 2001 年 12 月兼任党委书记

康卫国：2001 年 12 月任局长、党委书记

3. 靖宇县交通局

王德发：1985 年 4 月至 1986 年 10 月任局长

　　　　1986 年 1 月至 1986 年 9 月兼任党委书记

彭德财：1986 年 10 月至 1990 年 3 月任局长、党委书记

车成有：1990 年 4 月至 1993 年 10 月任局长、党委书记

李印锡：1993 年 11 月至 2000 年 9 月任局长、党委书记

李立武：2000 年 10 月任局长、党委书记

4. 临江市交通局

侯振才：1992 年 9 月至 1993 年 4 月任局长、党委书记

隋宝先：1993 年 5 月至 1994 年 4 月任局长、党委书记

崔希成：1994 年 5 月至 1996 年 11 月任局长、党委书记

于开河：1996 年 12 月至 1999 年 11 月任局长、党委书记

李建华：1999 年 12 月至 2005 年 5 月任局长、党委书记

王炳海：2005 年 8 月任局长、党委书记

5. 江源县交通局

郁家林：1996 年 4 月至 2004 年 4 月任局长、党委书记

张　凯：2005 年 2 月任局长、党委书记

6. 八道江区交通分局

许天泉：1996 年 12 月任局长

大　事　记

1985年

2月4日，国务院批准浑江市升格为地级市，成立八道江区、临江区、三岔子区，将长白、抚松、靖宇3县划归浑江市管辖。

3月29日，新组建的浑江市委、市政府指派崔文宝到提格为县级的市交通局主持日常工作。

5月1日，长白朝鲜族自治县长白镇至朝鲜民主主义人民共和国两江道惠山市的国境公路桥动工修筑，桥长148米，宽9.5米，两国双方各自承担百分之五十的修建任务，中方投资124万元。由通化桥梁工程队承建。

5月14日，浑江市交通局45名党员参加市直机关第一批整党，经验收合格。

5月22日，浑江市交通局党委召开首届党员代表大会，共38名代表参加。大会听取了崔文宝作关于党建工作报告，选举产生了首届党委成员。

6月27日，按浑江市编委浑编字［85］第109号文件通知，成立浑江市公路管理处，解运发任处长兼党总支书记，裴玉山任党总支副书记。将原浑江市公路管理段分解，组建了八道江区、三岔子区、临江区公路管理段，隶属市公路管理处。同时，成立浑江市运输管理处（科）。将中华人民共和国浑江交通监理所改称中华人民共和国浑江交通监理处，刘金宝任处长。上述三个处均为正科级事业单位，隶属市交通局。另在八道江、三岔子及临江三区设立交通运输管理站。

7月1日，浑江市交通局“关于建议提高鹤岗至大连公路孙家堡子至通化段设计标准的报告”被纳入省计委计划后，对通浑北线工程开工建设开始筹备。

9月2日，浑江市人大常委会浑人常发［1985］1号文件任命崔文宝为浑江市交通局局长。

10月1日，八道江区西出口石英玻璃厂至六道江11公里沥青公路竣工通车，结束了浑江没有油路的历史，也是浑江市升为地级市后的境内第一条油路。

10月23日，长白县长白镇至朝鲜惠山市国境公路桥竣工后举行了通车剪彩仪式，吉林省副省长王金山等省、市、县领导和中朝万余群众参加在大桥两侧各自举行的庆祝活动。

11月4日至6日，浑江市交通局在交通局汽校召开建市、建局后的第一次交通工作会议，参加人员有各科、处、段、站及所属企事业单位的领导和负责人共计70人。副局长卜贤浩主持会议，局长崔文宝传达了省交通工作会议精神，并做了工作报告，副市长董秀章到会讲话。

12月18日，成立以副市长董秀章为总指挥的浑江市鹤大公路通浑北线工程指挥部。组织建设鹤大公路通浑北线工程（全线长76公里，其中浑江市境内39公里）。

1986年

3月15日，长白朝鲜族自治县运输公司司机郝先敏驾驶36—38021号客车在浑（江）长（白）公路125公里加600米处翻入78米深沟内，造成4人死亡（含司机一人）、11人重伤、27人轻伤、车辆报废的特大交通事故。

5月1日，抚松县抚松至仙人桥沿江公路开工建设，这是吉林省第一条贷款修筑的收费公路。贷款额400万元，将原路35公里缩短为20公里。

7月8日，通浑北线工程举行开工典礼，浑江市委副书记、市长张凤山出席并为工程奠基。该工程全长40.6公里，投资5 995万元。

7月12日，浑江市交通局党委召开了交通系统纠正行业不正之风大会，局长崔文宝作工作报告。市委副书记蒋力华到会并讲话。

7月21日至23日，浑江市运管系统在临江召开加强思想政治工作、纠正行业不正之风座谈会，制定了运管系统加强思想政治工作的规划。

7月22日，浑（江）长（白）公路230公里加400米处在临江至长白方向左侧悬崖发生塌方，长白县人大的一辆北京吉普车被砸毁，车上5人当即死亡4人（其中吉林日报女记者1人，浑江电视台副台长1人，市委宣传部干部及长白县委宣传部干部各1人，汽车驾驶员重伤，路旁的通讯线路被砸坏，造成交通与通讯中断。

8月5日，浑江市交通局党委召开首届第二次党员代表大会，出席会议代表41人，党委书记、局长崔文宝在会上作了工作报告。

8月18日，八道江交通运输管理站监理员赵学拦车救儿童，被摔成重伤，受到市交通局党委的表彰。

9月6日，浑江市交通局在临江交通运输管理站举办了运输行业八大员排头兵竞赛活动。全市60人参赛，有8人获“排头兵”称号。选派优秀人员参加全省公路运输系统排头兵竞赛，获团体总分第三名。

9月15日，交通部原副部长潘琪到长白县考察，并为交通建设题词“发展交通，造福为民”。

10月16日，浑江市交通局被评为吉林省交通战备先进单位。

1987年

2月22日，临江汽车修配厂实行租赁经营承包责任制，浑江市交通局与租赁者秦延利签定3年合同，这是全市地方国营工业实行租赁承包责任制的第一家地方国营企业。

2月28日，根据吉林省交通厅吉交稽征字［1987］49号文件精神，成立浑江市交通稽查征费处，同时还成立了浑江市港监船检处（一套人马两块牌子）。该处为科级单位，战广令为处长、董义民任政委。隶属浑江市交通局。各县区同时成立交通稽查征费所。

3月21日，浑江市公路处实行干部聘任制，市公路处处长解运发被聘为公路处内设机构的领导人，并经局党委批复。

4月1日，经吉林省浑江市编委会批准，成立浑江市运输管理处，蒋宝玉任处长，杨万卿任政治教导员。三个区设立运输管理所。

4月9日，浑江市交通局成立交通信息编辑委员会，建立了信息网络，加强了信息反馈和交流。

6月29日，根据国务院国发［1986］9号文件和省政府吉政发［1987］27号文件规定，撤消浑江市交通局所属的市交通监理处（不含养路费征收和港监船检部分）。将其截止1986年12月31日的所有人员、固定资产、资金、业务档案以及现有公路交通标志、标线等安全设施全部移交给浑江市公安局管理，1987年7月1日正式移交完毕。

7月10日，浑江市交通局临江交通运输管理站被交通部命名为两个文明建设先进单位。

7月15日，浑江市新客运站建设工程竣工（建筑面积2 160平方米），并交付使用。

7月20日，根据交通部的部署，编写浑江市交通局2000年交通运输发展战略规划，完成了编写浑江市交通局1985至2000年交通运输事业发展规划。

10月7日至9日，中共吉林省纪律检查委员会在临江交通运输管理站召开了全省党风建设联系点现场会。全省知名企业、第一汽车制造厂、客车厂、吉林化工厂等主管领导及有关人员计100余人参加了会议。省纪委副书记赵永吉、秘书长郝洪国、浑江市市长张风山、市纪委书记王风录等领导出席会议。会上临江交通运输管理站、一汽、吉化等10个单位介绍党风建设先进经验。

1988年

1月3日，浑江市交通局纪检组长刘金宝代表市交通局参加浑江市运输公司首任招标抵押承包人竞选大会，经过全体职工投票表决，公司原副经理徐贵先以102票对20票获胜。

1月23日，浑江市交通局举办信息员培训班，聘请吉林省交通厅、浑江市委信息科、市电视台、广播电台专家授课，全市交通信息员21人参加培训。

3月10日，浑江市公路管理处在长白县八道沟召开了兴办第三产业现场会，市交通局副局长张俊男到会。全市公路系统44人参加会议。

4月25日，浑江市交通局牵头召集市经委、财政局、物价局、工商局、税务局、计量局等7个部门联席会，对全市245户汽车维修企业进行初审验收、划类分级、换发证照。

5月4日，浑江市交通局为整顿运输市场秩序，促进全市运输市场管理，由市运管处组织人员对客货运输市场互检互查，经过10天工作，共检车1 450台次，对585台违章车辆进行处罚。

6月13日，浑江市交通局召开“浑江市公路学会”成立大会，全市有45名代表参加会议，市政府秘书长赵文章、吉林省公路学会副秘书长高风章到会并讲话。市交通局副局长张俊男当选为理事长。解运发、胡万志、蒋宝玉、战广令当选为副理事长。

7月18日，抚松县抚松至仙人桥沿江公路竣工通车，经吉林省人民政府批准设立收费站，收取车辆通行费，成为全省第一条收费还贷公路。也标志着吉林省的公路建设进入了新的历史阶段。

8月3日，东北片区交通财会工作研讨会在浑江市召开。来自东北三省各市的交通财会人员55人与会，交流论文13篇。中国交通会计学会秘书长陈守白、吉林省交通厅副厅长陈家玉到会并讲话。

8月6日，浑江市政府召开了民工建勤整修公路工作会议。会议由副市长董秀章主持，市交通局局长崔文宝讲话，并部署了今后的工作任务。

9月9日，经吉林省编委吉编字［1988］169号文批准，浑江市公路管理处升格为副县级建制。

9月30日，浑江市运输公司90—00690号长途客车，由通化驶往浑江，途中被6名歹徒拦劫，乘务员被打伤，经客运站派出所干警侦破，6名罪犯全部抓获。

10月20日，浑江市交通局举行长春至浑江公路一道口江至板石段二级公路18公里竣工通车典礼。吉林省公路局、浑江市委、市政府、市人大、市政协及八道江区政府领导参加庆典，市政府副秘书长孔庆章、市交通局副局长卜贤浩先后讲话。

1989年

1月18日，浑江人民广播电台召开《十年改革看浑江》有奖征文表彰大会，市运管系统杨万卿撰写《敢挑大梁担风险的人》，许天泉、孙庆礼、张伟权合写的《闪光的路》及王玉芙撰写的《养路专业户》等征文分获二等奖、优秀奖。

1月25日，中共浑江市委常委、副市长尹永祥主持召开专题会议，听取了市交通局副局长张俊男对交通运输企业生产经营情况的汇报。会上市政府做出了给予税收减免、拨发部分生产自救款等政策决定。

2月2日，浑江市副市长董秀章带领市财政局、税务局、交通局领导专程深入临江货运公司、临江配件厂、临江汽车修配厂等三户企业调研并解决了生产资金不足问题。

3月24日，浑江市交通局召开了“交通系统十年改革成就与展望”演讲会，有16人参加演讲，9人获奖。

5月5日，吉林省交通厅公布“88畅达杯”竞赛评选结果，浑江市客运站被评为文明客运站，长白运输公司车队被评为“优质服务客车队”，尹丽军等8人被授予最佳“八大员”称号。

5月11日，浑江市运输公司一辆车号为91—01042的长白山牌662型长途客车，载着浑江市二商店职工去临江珍珠门春游，下午返回时，行至浑长公路25公里18米处倒立式翻入距路面69的米深沟内，当场死亡6人，后经抢救无效死亡7人，重伤8人，轻伤

21 人，造成特大交通事故。

5 月 16 日，浑江市交通局召开全市交通系统“金杯赛”和“文明杯赛”动员大会。会上，市交通局局长、党委书记崔文宝，副局长张俊男分别与长白、抚松、靖宇三县交通局，市公路处、运管处、征费处及参赛运输企业领导签定了责任书。

6 月 12 日，浑江市交通局召开全市运输企业深化改革研讨会，会上有 8 个企业交流了经验，有 4 篇论文作了书面研讨，副局长张俊男到会讲话。

7 月 1 日，白山市交通局临江交通运输管理站党支部书记侯振才参加了吉林省委召开的“创先争优”表彰大会，在会上受到表彰并被命名为“模范党务工作者”。

7 月 3 日，浑江市委副书记高希友、市委常委、宣传部长姜海恩、副部长毕殿祥及市精神文明办主任林克信到市公路客运总站检查“金杯赛”开展情况，市交通局党委副书记伊尚志陪同并作了汇报。

7 月 14 日，浑江市交通局在市公路客运总站召开“双杯赛”现场会。全市交通系统 50 人参加会议。

7 月 14 日，浑江市运管系统召开廉政建设经验交流会，先后有 5 人介绍经验，有 10 个单位、19 名运管员分获优胜单位和先进运管员称号，市交通局局长崔文宝到会讲话。

7 月 21 日，浑江市委在市客运总站召开全市“金杯赛”现场会。市委、市人大、市政协领导及参赛单位的领导到会，市委副书记高希有、市委常委、宣传部长姜海恩到会并讲话。

9 月 25 日，浑江市交通局举办交通系统庆祝建国 40 周年书法、美术、摄影展，有 18 幅作品获奖。

9 月 30 日，浑江市政府举办庆祝建国 40 周年文艺活动，市交通局组织大秧歌队参加了庆祝活动，并获优秀组织单位奖。

12 月 7 日，由浑江市委宣传部毕殿祥、魏大伟编写反映全市养路员工辛勤劳作内容的电视专题片《绿荫下的径脉》在中央电视台一套和二套节目中播出。

1990 年

1 月 18 日，抚松县西岗乡富民村赵炳清无证驾驶 CA10B 型解放货车，在仙人桥镇外公铁交叉道口处与 353 次旅客列车相撞，汽车被推出 186 米，造成 7 人死亡、8 人重伤（车上搭乘 14 人）、汽车报废的重大交通事故。

1 月 20 日，浑江市八道江区板石镇个体客运户岳胜经营的吉 91—01519 号 660A 型长白山客车，由赵成元驾车发往上青村（车上乘客 45 人），行驶到上青岭弯道处，由于车速快、驾驶不当冲入路旁 5 米的深沟内，造成 5 人死亡、13 人重伤、26 人轻伤特大交通事故。

3 月 8 日，吉林省编委吉编字［1990］299 号文件及浑江市编委浑编字［1990］60 号文件批准，浑江市交通稽查征费处、浑江市运输管理处升格为副县级建制。各县区运输管理所、稽查征费所定为副科级建制。

4月11日-12日，浑江市交通局在靖宇县召开路况恢复现场会，出席会议的有市交通局局长崔文宝、市公路处处长解运发及各县区交通局局长、公路段段长、道班班长，计36人，时间2天。

5月15日，在吉林省交通厅的统一部署下，浑江市交通局开展了运输市场的治理整顿工作。整顿范围包括货运、客运、汽车维修市场、运输服务市场等。

6月6日，浑江市委、市政府对市交通局领导班子进行了调整，原副局长张俊男任局长兼党委书记，卜贤浩、解运发任副局长，伊尚志任党委副书记，刘金宝任纪检委书记、监察室主任。

8月28日，浑江市北线西出口大桥竣工。该桥位于浑江市中心区的西端，主桥全长217米，宽17米，引道桥长505米，总投资850万元。

9月27日-28日，为"迎亚运庆国庆"，浑江市交通局举行第一届乒乓球、棋类比赛，比赛进行2天。

10月25日，浑江市交通局召开了系统行风经验交流会。各县区交通局局长、市局各处处长、运管所所长、公路段段长、征费所所长、公司经理（厂长）、书记和市交通局领导，局长张俊男、副局长卜贤浩、解运发、纪检书记刘金宝及副科以上干部参加了会议。会议传达了省厅和市行风建设会议精神，抚松县交通局等11个单位，王殿森等5名工作人员在会上交流了经验并受到表彰。会议还研究部署了深入抓好系统行风建设的任务和措施。

1991年

1月1日，浑江市市区交通企业第一轮承包结束，在市政府的统一部署下，进入第二轮承包。市交通局代表市政府与11户企业签署了承包合同，其中有8户运输企业、3户工业企业，承包期一定三年。市工商部门进行了合同鉴定。承包人分别交纳了风险抵押金。

4月9日至11日，浑江市交通工作会议召开。各县交通局长、市直企业、事业单位、县属交通企业及事业单位党政领导参加了会议。副市长董秀章在会上做了重要讲话；市交通局长、党委书记张俊男在会上作了题为《和衷共济，发奋图强，为我市"八五"交通事业的新发展而奋斗》的工作报告，提出了1991年的工作任务；副局长卜贤浩主持了会议。大会表彰了"双文明"建设先进集体和先进个人。

4月27日，吉林省砂石路养护工作现场会在靖宇县召开。省交通厅厅长黄茂臣作了重要讲话，着重强调了推广"扫浆法"的重要性、必要性和可行性。浑江市市长张恩祥到会讲话。

4月29日，浑江市运输公司司机于德水驾驶吉林60—10414号客车行至六道江镇造成严重翻车事故，死亡2人，重伤4人，轻伤15人，车辆报废，直接经济损失37.2万元。

6月4日，《浑江交通报》正式创刊。登记证号：029，由中共浑江市委宣传部新闻报道科批准。属吉林省内部报纸，月刊，八开四版。

6月10日，浑江市政府召开1991年第五次常务会议，就通浑北线公路投资等17个方面议题进行讨论，形成了确定性的意见。

6月24日，浑江市交通局副局长解运发为团长，市外事办公室副主任李培杰为副团长的一行6人，就临江国境大桥维修事宜与朝鲜民主主义人民共和国中江郡安全负责人在朝鲜的中江郡进行了为期3天的会谈，最后达成协议。由朝方尽早实施维修，并约定1992年3月回访。

6月30日，浑江市运输公司司机任辉驾驶吉林06—10681号客车行至鹤大线石人岭处造成翻车事故，死亡4人，重伤7人，轻伤43人，车辆报废，直接经济损失54.2万元。

7月23日，中共浑江市交通局委员会第二届代表大会在市交通局招待所召开。会期1天到会代表112人，党委书记张俊男作了关于《全面加强党的建设，继续发展交通事业而努力奋斗》的工作报告。大会采取了无记名投票差额选举的方式，选举产生了出席浑江市第二次党代会的代表张俊男、蒋宝玉；选举产生了中共浑江市交通局第二届委员会，由11人组成，书记张俊男，副书记伊尚志；选举产生了中共浑江市交通局纪律检查委员会，由6人组成，书记刘金宝。

8月5日，经浑江市政府批准，将原浑江市运输公司更名为“浑江市公路长途客运公司”。

8月15日，浑江市人民政府下发了浑政发（1991）64号文件《关于加速公路建设有关问题的决定》，确定了发展公路建设和基础设施建设的优惠政策。

9月15日，历时5年，总投资9 000万元的吉林省“七五”期间的重点工程项目之一，四（平）浑（江）公路浑江段全部竣工。该工程于1986年7月7日正式开工，因公路位置位于浑江北岸，简称“浑江北线”。该公路设计为山丘二级标准，沥青混凝土路面，是浑江市历史上第一条较高等级的公路。

9月29日，市政府举行四平至浑江公路，浑江段工程竣工通车剪彩仪式，市委书记时广仁、市长张恩祥参加剪彩并祝贺。

10月15日，长白朝鲜族自治县建成红旗桥至对子沟33公里水泥混凝土路面。该路于1989年开工，路面宽6米，总投资约2 400万元。

11月15日，1986年开工的抚松县沿江公路建成通车，该公路是由仙人桥的汤河桥处沿江直达县城的公路，比经原路到县城缩短15公里，总投资361万元，经省政府批准为全省第一条收费路。

11月23日，浑江市政府在靖宇县召开公路建设现场办公会议，吉林省交通厅厅长黄茂臣、副厅长王维舟到会。

1992年

1月20日，中共浑江市交通局委员会召开扩大会，落实中共浑江市委二届二次会议精神，局党委书记局长张俊男传达并部署1992年工作任务。

1月21日，临江汽车配件厂与长春拖拉机厂联营，更名为长春拖拉机厂临江分厂，并举行挂牌仪式。

2月18日，浑江市交通局召开机关作风整顿动员大会，局长张俊男、纪检书记刘金宝先后作动员讲话，并部署工作方案。

3月24日，浑江市交通工作会议召开，局党委书记、局长张俊男作《深化改革、团结进取、服务群众、务求实效》工作报告，副市长董秀章出席并讲话，市政府副秘书长牟润忠、各县交通局局长及市交通局领导班子成员、离退休老干部出席会议。同时表彰了上年度先进集体和个人。

5月8日，浑江市交通局召开局长办公会，进一步研究深化改革工作。局长张俊男传达市政府深化改革座谈会精神，市公路处处长孙长山作了汇报。

5月11日，浑江市交通局召开部分交通企业领导深化改革座谈会，副局长卜贤浩主持，各企业经理（厂长）先后汇报。局长张俊男到会做了总结。

5月21日，浑江市交通局局长张俊男、副局长解运发及市公路处处长孙长山一同到靖宇、抚松、长白三个县进行现场办公，重点解决公路建设相关问题。

6月11日，浑江市交通局在抚松县举办了《浑江交通报》通讯员培训班。局长张俊男、局党委副书记伊尚志及市委宣传部、市委、市政府办公室信息科、浑江人民广播电台相关领导、记者及《中国交通报》吉林记者站站长杨廷华应邀出席。全市交通系统各单位70名通讯员参加培训。

6月25日，吉林省交通厅原厅长韩兴普带领7名离退休老干部来白山考察了四（平）浑（江）公路浑江段、抚松沿江公路和靖宇公路，浑江市政府副市长董秀章、副秘书长牟润忠、市交通局局长张俊男陪同考察。

7月13日，“中国长白至朝鲜惠山”一日游，在长白口岸举行开通仪式。这是浑江市第一条国际公路旅游线路。

7月31日，吉林省交通厅厅长黄茂臣来浑江，在“四平到浑江公路竣工验收鉴定会”上，强调“三个转变”：一要全社会办交通；二要研究公路建设的机制；三要调动地方积极性。会上经专家鉴定，对四浑公路评为优良工程。

8月25日，浑江市政府召开了全市乡村公路整修工作会议，副市长董秀章、副秘书长牟润忠及各县区政府主管领导、交通局长出席会议。副秘书长牟润忠主持，市交通局副局长解运发传达省交通厅公路整修会议精神，市交通局局长张俊男宣布市政府关于公路整修工作实施方案。

9月1日，经国务院批准，撤消临江区，设立临江县，同时组建临江县交通局。

9月26日，临江撤区建县大会隆重举行，并撤消临江交通运输管理站，组建临江县交通局，原临江交通运输管理站站长侯振才任局长。

9月30日，浑江市市长张恩祥、副市长董秀章、副秘书长牟润忠在市交通局局长张俊男陪同下，考察了正在建设中的四浑公路、八宝大桥、板石公路。

10月10日，浑江市政府召开全市养路费征收工作会议，市政府副秘书长牟润忠主持，市交通局、物价局、农业局及交警支队负责人参加。会上，学习了吉林省政府第62号令，组建了养路费征收领导小组，提出了三条征收措施。

10月26日，浑江市交通局党委召开市局直属企、事业单位党委、党支部书记会议，贯彻学习党的十四大会议精神。局党委副书记伊尚志主持，党委书记张俊男布置学习计划，并提出要求和措施。

11月10日，浑江市交通局召开了交通企业经理（厂长）生产经营座谈会，副局长解运发出席并对企业年末前完成生产任务提出了要求。

11月20日，做为浑江市交通工作计划中的十件大事之一的靖宇县公路23公里改善工程竣工通车。

1993年

1月5日，浑江市交通局召开局党委会，确定1993年工作方针。全市交通工作的宏观思路是：以公路建设和养护为龙头，以行业管理、规费征收、企业效益为重点，提高精神文明建设，实现科技管理、咨询服务、经济实体、多种经营及第二职业五业并举。

1月10日，浑江市公路管理处吴国华撰写的《大山之子》报告文学发表在《吉林交通》杂志上。

1月15日，浑江市交通局局党委会研究决定：1993年将出台的政策：一是把交通企业推向市场，将企业的权力全部放给企业；二是实行客运路线有偿使用招标；三是鼓励机关干部“下海”办实体；四是要求交通企业开办多种经营；五是在不影响本职工作的前提下，同意从事第二职业。

2月13日，吉林省交通厅副厅长王维舟受厅党组委托，率有关部门领导深入长白朝鲜族自治县，就省人大代表、长白县公路段金秀香在省人大会上的提案进行调查和现场办公。浑江市交通局局长张俊男、副局长解运发陪同。

4月7日，浑江市交通局召开全市交通工作会。会议总结了1992年全市交通工作，部署1993年交通发展目标和改革任务。交通基础设施建设项目确定为“八三四二”系统工程，即：八个公路建设项目、三件实事、四处客运站建设、二项公路美化、绿化措施。

5月17日，为有效地增进中朝两国人民的友谊，促进长白朝鲜族自治县与朝鲜民主主义人民共和国惠山市间的经济贸易和人民的交往，开通了长白——惠山国际口岸客运班车。

6月11日，吉林省交通厅厅长刘克志率省厅机关一行8人来浑江现场办公，听取了浑江市交通工作汇报，对浑江市交通局今后的工作，从公路建设和养护、重点工程建设、强化管理深化改革、以法治路、加强思想政治工作和行风建设等6个方面，提出了具体要求。

9月29日，通（化）长（白）线浑江境内老岭路段50公里路基改造历时三年分段施工全部竣工。浑江市委副书记、市长张恩祥、副市长董秀章等市领导前往视察。市长张恩祥对该工程给予肯定，同时对加快全市公路建设提出了要求。

10月15日，浑江市交通局召开全市交通系统反腐倡廉经验交流会。会上，有十七个单位介绍了经验，对今后一段时间反腐倡廉主要工作任务进行了部署。

11月13日，浑江市交通局召开企业转换机制、交通深化改革经验交流会。吉林省交通厅副厅长尹焕义、运管局副局长林育智参加了会议。会上有7个单位做了经验交流。

11月28日，经国务院批准，撤消临江县设立临江市（县级），临江县交通局同时更名为临江市交通局。

同日，于若木给交通部部长黄镇东写信，请求帮助解决鹤大线靖宇至浑江9公里路段筑路所需资金，从扶贫及国防建设角度解决。

12月28日，浑江市公路客运路线有偿使用招标大会在市交通宾馆举行。市区至抚松县城路线和松树镇至小营子路线竞买有主。

12月30日，浑江市交通系统在全市十个重点部门进行的行业系统纠风专项治理综合测评中，荣获第一名。

12月31日，浑江市交通系统年初确定的“八三四二”系统工程项目全部竣工。

1994年

1月31日，国务院批准浑江市更名为白山市，4月1日全市举行更名仪式，正式更名为白山市。浑江市交通局亦更名为白山市交通局。

5月9日，白山市委书记蔡彰冒雨视察了市区公路建设，并明确提出要把发展交通上升到党委、政府行为。

5月14日，吉林省交通厅厅长刘克志、副厅长王维舟在市交通局局长张俊男、副局长解运发陪同下到长白县检查交通建设情况。

5月20日，白山市交通局局长张俊男一行6人深入交通企业进行现场办公，针对交通企业的实际困难和运输市场面临的实际困难统筹研究，给予了圆满答复。

7月15日，白山市委书记蔡彰、市长张恩祥、市委副书记兼政协主席宋寰专程到交通部汇报白山市公路建设和发展情况。

9月1日，白山市政府召开了全市公路整修动员会。董秀章副市长主持会议。市长张恩祥担任公路整修指挥部总指挥，市五大班子的主要领导担任副总指挥。

9月9日，长白县建成一条长白镇至金华乡25．3公里的沿鸭绿江边防公路。

9月15日，白山市政府以白山政发［1994］38号文件废止（撤消）了《关于白山市交通局收取机动车公路建勤费请示》的批文。

10月1日，白山市交通稽查征费机构全部划归吉林省交通厅管辖。

1995年

1月25日，吉林省交通厅厅长刘克志在白山市副市长董秀章、市交通局局长张俊男陪同下到长白县检查交通工作并召开座谈会，长白县委、县人大、县政府相关领导及县交通局干部参加了座谈会。

3月7日，白山市交通工作会议在公路职工培训中心召开。市政府、市政协、市纪检委和市区有关部门的领导到会。会上，副市长董秀章代表市政府做了重要讲话，交通局局长张俊男在会上作了题为《解放思想 加快步伐 把我市交通事业推向新阶段》的工作报告。

3月10日，吉林省军区司令员刘长富到长白县视察边防公路建设情况。

5月4日，白山市政府召开了全市春季公路整修会议。市五大班子的领导和军分区的领导出席了会议。市长张恩祥在会上做了动员讲话，副市长李德馨主持了会议并代表市政府与各县（市）区主要领导签定了六年路网实施计划书。

5月8日，白山市市长张恩祥主持召开政府第三次常务会议。会议就治理公路“三乱”问题等11项议题进行研究并作出了相应决定。

5月30日，吉林省运管系统“创建文明运管队伍活动”调度会在抚松县召开。

6月16日，白山市交通局召开公路建设工程调度会。

6月20日，全省运管系统岗位知识竞赛白山、通化片考区在白山市教育学院举行。抚松县运管所代表队获全省第三名。

7月26日，丹东市交通局局长李恩生带队来白山考察，并与白山市交通局结为友好局。

8月9日，吉林省副省长魏敏学先后于8月9日、8月16日两次到白山市查看水灾。在副市长李德馨、政协副主席兼经贸委主任李明扬、交通局局长张俊男、副局长孙长山的陪同下，视察了各县（市）区遭受水毁公路路段。

8月20日，白山市政府召开全市公路秋整动员大会。

9月11日，白山市交通局被市委、市政府表彰为“抗洪抢险先进集体”。

9月22日，白山市政府在临江召开秋季公路整修调度会，市长张恩祥、副市长李德馨出席会议。

10月26日，白山市交通系统行风建设经验交流会在市交通宾馆召开。市政府副秘书长王福山、市监察局副局长张德玺、市政府行风办主任高玉堂出席会议。会上表彰了一年来在行风工作中涌现出来的19个先进集体22名先进个人。局长张俊男作了重要讲话，纪检书记石丕业做了会议总结。

11月8日，白山市政府召开全市公路抗灾自救秋整总结表彰大会，会议由副市长李德馨主持，市长张恩祥作重要讲话。白山市五大班子和军分区领导出席。

11月15日，白山市交通局党委作出决定，开展以“刹风、整纪、反腐倡廉”为内容的“加强窗口建设竞赛活动月”活动。

12月3日，白山市交通局对处级以上领导干部反腐倡廉做出八条规定。

12月30日，经国务院批准，撤消白山市三岔子区，设立江源县。

1996年

1月4日，吉林省人民政府发文通知，撤消三岔子区设江源县，同时于4月1日撤消三岔子交通运输管理站，设江源县交通局，郁家林任局长。

1月18日，白山市交通局局长张俊男带队，由市局及公路管理处、运输管理处的领导组团去丹东市交通局考察交通建设，丹东市交通局长李恩生介绍了丹东市交通发展经验，考察团参观了新建的东港市海港码头及公路、运输等基础建设情况。

2月12日，吉林省交通厅厅长刘克志、厅机关党委书记张庆发带1万斤大米到靖宇县燕平乡走访慰问贫困农户。白山市副市长李德馨、靖宇县委书记李铁成、县长卜春林、白山市交通局长张俊男等市县领导陪同走访慰问。

3月11日，在吉林省交通工作会议上，副市长李德馨代表市政府做了题为《强化政府行为 加大领导力度 进一步加快公路建设步伐》的经验介绍。会上，白山市被省政府授予“全省交通建设文明市”荣誉称号，临江市、抚松县被授予“全省交通建设文明县”一等奖，长白、靖宇被授予二等奖。

4月9日，白山市政府在临江市召开“治理公路‘三乱’工作会议”。副市长刘洪发到会并讲话。副秘书长王福山主持，市交通局、市林业局、市公安局主管领导参加。对全市原有81个检查、收费站卡清理整顿，从中取缔了42个。

4月17日，白山市交通工作会议在市局会议室召开。市长张恩祥和副市长李德馨代表市政府做了重要讲话。局长张俊男作《同心协力 继往开来 为实现“九五”交通事业的大发展而奋斗》的工作报告。对全市交通系统1995年度“双文明”建设先进单位、集体和个人进行了表彰。

5月14日，白山市人大常委会到市交通局召开局领导班子评议通报会。参加会议的有市人大副主任张世魁、李宗先、李凯、秘书长庞玉兰和副市长张克顺等领导。一致认为，白山市交通局领导班子是一个团结、有干劲的班子。

5月14日，白山市委宣传部、市总工会、市交通局、公安局、工商局、物价局联合发文，共同抓好“文明在交通、创建文明运输市场”活动。

6月4日，中共吉林省委书记张德江在访问朝鲜惠山市后，途径长白县视察了公路建设情况，并为长白交通题词“加快公路建设，振兴长白经济”。

6月6日，白山市代市长王纯主持召开市政府第17次常务会，研究公路水毁工程修复、公路治理“三乱”等项工作。

6月20日，《吉林交通报》通联工作暨白山交通报通讯员工作会议在长白县举行。白山市交通局党委副书记刘金宝、长白县副县长尤世才到会，《吉林交通报》社社长杨廷华作总结报告，会上表彰了优秀记者和通讯员。

7月3日，白山市交通局被省政府授予“行风建设先进单位”荣誉称号。

8月16日，白山市召开秋季公路整修动员大会，会上代市长王纯在讲话中指出：把公路建设和城区经济的发展结合起来，把公路建设纳入全市经济发展总体规划当中。副市长张克顺讲话中强调：宁可少盖一座楼，也要多修一公里的路。参加会议的还有市纪检书记孔庆章、军分区政委陈乃兆、人大副主任张洪德、政协副主席郑光浩以及各县（市、区）领导。

8月27日，白山市八道江交通分局正式成立，许天泉任局长，隶属白山市交通局。

9月8日，白山市人大常委会副主任李凯与秘书长庞玉兰、副秘书长杜青友等在市交通局局长张俊男陪同下，视察了正在改造的国道鹤大线湾沟段的公路和孙家堡子镇改线公路大桥建设情况。

9月28日至30日，吉林省副省长魏敏学和省交通厅厅长刘克志在代市长王纯，副市长孙权、张克顺，市交通局局长张俊男的陪同下，视察了部分水毁工程修复情况和即将竣工的抚松至松江河公路。

10月9日，于若木写信给白山市交通局局长张俊男，祝贺靖宇至浑江公路竣工通车。并向全体筑路员工表示亲切慰问。

10月15日，白山市政府召开全市公路建设会议，会上代市长王纯、副市长张克顺对全市公路建设提出了具体要求。

10月30日，白山市交通局举办了全市交通系统职工第二届台球赛及第四届乒乓球、象棋比赛。来自全市交通系统12个单位的13支乒乓球队、11支象棋队、13支台球队共105名运动员参加了角逐。

11月26日，白山市交通局召开全市交通系统行风建设经验交流会。市委常委、纪检委书记孔庆章、市委常委、宣传部部长刘景斌、市政府副秘书长王福山、市监察局局长于开翼、市机关党工委书记刘汝田、市纠风办主任高玉堂到会。会上，交通局局长张俊男作总结，副秘书长王福山代表市政府讲话，并对1996年行风建设中的23个先进集体、29名先进个人进行表彰。

12月4日，吉林省交通厅副厅长韦志成来我市查看长春至白山公路工程布置情况，并指出这是一条省政府十分重视的公路，是解决地级市白山没有直达省城公路的难题，是一条发展东部山区的富民路。

12月11日，中共白山市委召开常委会，听取市交通局“九五”县县通油路实施方案的汇报。

12月16日，吉林省交通厅副厅长丁维东、省厅法规处处长张国臣、省运管局局长王景贵等一行6人来白山进行调研，白山市政府代市长王纯、副市长张克顺、市政协副主席董秀章等领导接待，并由市交通局局长张俊男陪同，先后在市区和江源县调研考察了交通运输市场建设情况。

12月31日，白山市政府以白政发［1996］81号文件向省政府报送《白山市人民政府关于“九五”白山市县县通油路计划实施方案的报告》。

1997年

2月28日，白山市政府副秘书长李新勃主持召开了全市交通规费征管工作会议，成立了由副市长张克顺为组长的白山市交通规费征管工作领导小组。

4月1日，白山市委、市政府制定了《关于全民办交通、举市大筑路有关问题的规定》。

4月4日，白山市“全民办交通举市大筑路”动员大会在市工人文化宫召开。市委副书记蒋力华主持，吉林省副省长魏敏学、交通厅厅长刘克志以及市领导张恩祥、王纯、刘景斌、王兆华、李德才、张世魁、尹国权、张克顺、郑光浩和军分区司令员刘朝庆出席会议。市委书记张恩祥做了动员讲话，交通厅厅长刘克志做交通建设报告，市长王纯做会议总结。会上，还对在1996年取得公路建设突出成绩的县（市、区）和乡镇进行了表彰。

4月5日，白山市交通工作会议在市公路职工培训中心召开。副市长张克顺出席会议，交通局局长张俊男作了题为《认清形势　抓住机遇　为推进交通两个文明建设再立新功》的工作报告。这次会议上还对1996年全市交通系统的先进单位、先进集体和先进个人进行了表彰。

4月24日，白山市政府召开公路建设情况汇报会，市领导张福有、孔庆章、王兆华、李德才、张世魁、张克顺及各县（市、区）主管交通的负责人及市直各有关部门领导参加了汇报会。会上，各县（市、区）分别汇报了“全民总动员举市大筑路”动员大会后的工作落实情况，公路建设的进展情况以及目前存在的困难。市长王纯在会上强调指出：公路建设任务一定要落实到位，把这场全民办交通的大事业抓好抓实。

5月23日，白山市市长王纯主持召开公路建设总指挥部工程调度会，研究了指挥部成员分工，并对筑路工程建设质量、进度、安全等问题提出了明确要求。

5月28日，白山市交通局召开了全市交通运输工作会议。这次会议得到了市委、市政府及吉林省运管局的高度重视，市长王纯、省运管局局长王景贵到会做重要讲话。

6月4日，白山市交通局召开了第三届党代会，党员代表130名，实际出席108名，选举产生了中国共产党白山市交通局第三届委员会和纪律检查委员会。

6月25日，白山市交通局举办了全市交通系统卡拉OK演唱会。

6月27日，中共白山市委授予交通局局长张俊男“人民好公仆”荣誉称号。

7月11日，吉林省交通厅厅长刘克志、副厅长厉正强带厅机关相关负责人来白山考察抚松县和八道江区公路建设情况。

9月25日，白山市副市长张克顺主持召开会议，研究长（春）白（山）线白山境内石碑岭（板石岭）至市区段公路工程电力、通讯线路等拆迁问题。

9月30日，白山市交通局与市文联联合在市政府广场举办了“筑路杯”摄影展，并到各县（市）区巡回展出。

10月18日，吉林省副省长魏敏学、交通厅厅长刘克志、副厅长韦志成等领导赴白山检查公路建设情况，并举行了营白公路白山段征地拆迁责任书签字仪式。白山市委书记张恩祥、市长王纯、交通局局长张俊男陪同并汇报交通工作情况。

11月11日，由白山市直机关106个部门参加修建的八三线路面改建工程竣工，举行了竣工通车剪彩仪式。

12月10日，白山市举市大筑路慰问演出活动在浑江发电厂文化宫举行。

1998年

2月22日，白山市政府副秘书长刘锡德主持召开专题会议，研究白山市靖宇南端鸭大铁路线35公里+930米处建设立交桥可研阶段前期工作问题。

3月10日，中共白山市委召开第二次常委会，专题听取了市交通局关于我市1997年公路建设完成情况和“九五”后3年基本思路及1998年项目安排打算等工作的汇报。讨论了召开“再掀举市大筑路新高潮动员大会”内容及1998年公路建设考核奖励办法、白靖公路建设等事宜。

3月12日，白山市副市长张克顺主持召开会议。专题研究朝长线松江河至峰岭段公路建设征地、拆迁有关问题。

4月13日，白山市委、市政府作出了《关于表彰1997年度公路建设先进县（市）区先进单位及先进个人的决定》。

4月15日，白山市举市大筑路总结表彰暨再动员大会在市工人文化宫举行。这次会议由王纯市长主持，市委书记张恩祥作了动员讲话，省交通厅副厅长韦志成到会并讲话。市五大班子和军分区领导张福有、刘洪发、朱彤、王兆华、刘景斌、李德才、邹占卿、牟润忠、张世魁、李德馨、张克顺、郑光浩和市直机关干部、交通系统的职工一千人参加了大会。市委副书记刘洪发宣读了市委、市政府《关于表彰1997年度建设先进县（市）区、先进单位、先进个人的决定》，并对获奖单位和个人进行颁奖。副市长张克顺与各县（市）区签定了“九五”后三年公路建设责任书，市长王纯宣布了调整白山市建设总指挥部组成人员名单。

4月15日下午，白山市交通工作会议在市公路职工培训中心召开。副局长解运发主持会议，副市长张克顺到会并讲话。局长张俊男作工作报告。会上表彰了1997年先进单位、先进集体和先进生产（工作）者。

5月10日，白山市市长王纯、副市长张克顺在交通局局长张俊男的陪同下，察看了江源、靖宇、抚松三县的公路重点建设现场。市长王纯针对全市公路建设提出了要动员各方面的力量，使全市的公路建设上等级、上质量、上速度的要求。

5月24日，白山市交通系统400名行政执法人员参加了吉林省交通系统行政执法统一考试。考试合格取得资格证书后，实行持证上岗。

5月29日，白山市委书记张恩祥主持常委会议，研究当前和今后三年国有干线公路建设若干问题。

6月22日，抚松县运输公司驾驶员凌景星驾驶吉F40316客车由延吉返回抚松途中，上午9时30分左右，车辆行驶到安图县八家子林业局专用线70公里500米下坡弯道窄桥处，与一货车会车，因躲避障碍不及坠入右侧7.07米高桥下，造成11人死亡，3人重伤，12人轻伤，车辆严重损坏的特大交通事故。

8月10日，白山市运输管理处参加了全市行政执法经验交流会，并介绍经验，被表彰为“全市行政执法规范化建设先进单位”荣誉称号。

8月20日，白山市委书记张恩祥、市长王纯、副市长张克顺、市委秘书长牟润忠在市交通局领导班子成员的陪同下，视察了正在建设的营白公路白山路段。

9月10日，白山市交通系统职工思想政治工作理论研讨会在市公路职工培训中心举行。

9月11日，吉林省副省长李介车会同吉林省交通厅厅长刘克志、副厅长厉正强、吉林省林业厅副厅长张鲁风来白山市视察公路建设。市长王纯、副市长张克顺、市交通局局长张俊男、副局长解运发陪同，视察了营白公路石碑岭隧道工程和江源县、八道江区公路建设的进展情况。

10月22日，白山市交通系统文明示范窗口规范化服务现场会在临江市口岸客运总站召开。吉林省运管局党委副书记秦兴文到会并讲话。市精神文明办、临江市委、市政府有关领导及全市交通系统各单位有关人员共计80人参加了会议。

11月3日，白山市市长王纯主持召开市长办公会议，专题研究四浑线白山段一级公路工程前期工作。

12月23日，为纪念改革开放20周年，白山市交通系统“文明在交通　奉献在岗位”演唱会在市交通宾馆举行。

1999年

2月4日，白山市委组织部白山干任［1999］26号，任命解运发为交通局党委书记。

2月28日，中共白山市委召开了第五次常委会，研究干部任职作出了《关于张俊男任职的通知》，任命为白山市人大常委会副主任。

3月5日，白山市人大常委会白山人发［1999］3号，任命解运发为市交通局局长。

4月21日，白山市交通工作会议在市宾馆会议室召开。市领导朱彤、李凯、姜丛、旅克顺、市军分区司令员单玉田出席会议。会上，市长朱彤、副市长张克顺先后讲话，局长解运发作工作报告。会议总结了1998年全市交通工作，确定了下一时期发展目标，部署了1999年工作任务，表彰了先进单位和个人。

4月27日，白山市市长朱彤主持会议，研究营抚公路一参场至抚松段、鹤大公路湾沟至孙家堡子段建设有关问题。

6月1日，白山市交通局举办全市交通系统“我爱家乡长白山”演讲会，由临江市交通局承办。市委宣传部、市文联有关领导参加，并担任评委，全市交通系统8个代表队23名选手参加了演讲。

6月3日，吉林省高速公路管理局局长胡时明等人，在白山市领导朱彤及市交通局有关人员的陪同下，视察了省道营白公路白山段工程建设情况。

7月1日，白山市交通局党委在公路职工培训中心召开纪念“七、一”创先争优表彰大会，对局直属6个先进基层党组织、22名优秀党员、3名优秀党务工作者进行了表彰，局党委书记解运发到会讲话。

7月6日，白山市交通企业改革管理发展现场会市在市万里运输公司召开。会上，市万里运输公司、临江市运输公司、长白县运输公司分别做了经验介绍。副市长王兆华、市人大副主任张俊男出席会议。市交通局局长解运发作了题为《立足市场 开拓创新 把全市交通企业的改革管理推向新阶段》的报告。

7月7日，白山市交通局在靖宇县召开了全市交通系统客运行业“百日安全、优质服务”竞赛现场会。

7月31日，白山市领导王纯、朱彤、王兆华、牟润忠、张俊男、张克顺及吉林省公路局副局长张龙义在市交通局领导的陪同下视察了我市公路建设的进展情况。

9月19日，白山市市长朱彤在市交通局局长解运发及有关人员的陪同下，视察了全市重点公路建设工程。

9月29日至10月3日，白山市交通局举办了全市交通系统第三届“交通杯”书画摄影展。

10月3日，白山市公路工程质量管理现场会在临江市召开。市委、市政府领导、各县（市）区主管交通领导和正在白山承建公程项目的经理参加了会议。与会人员视察了公路建设质量管理较好的临江至闹枝21公里的工程，临江至大栗子15公里水泥路工程及由于有质量问题正在维修的花山隧道。市长朱彤、市委秘书长牟润忠、市人大副主任张俊男出席会议。

10月8日，交通部电视中专吉林省白山分校成立，并举行了挂牌仪式和开学典礼。

10月16日，临江至闹枝、临江至大栗子两条公路通车剪彩仪式在闹枝举行。白山市委副书记刘洪发、市人大副主任李凯、副市长李德馨、市政协副主席赵家林、市交通局局长解运发及临江市党政领导参加了通车庆典。

11月13日，白山市市长朱彤主持召开会议，研究白山市区外出租车在市区营运问题。

12月15日，白山市交通局召开领导班子、领导干部“三讲”教育动员大会，局党委书记、局长解运发作动员报告，市委“三讲”教育办公室巡视组组长于力峰到会讲话，对搞好“三讲”教育提出了意见和要求，动员大会由交通局副书记石丕业主持。市局机关干部、局直属单位主要领导参加了会议。

2000 年

1 月 13 日，白山市交通工作会议在市交通局会议室召开。市领导王纯、朱彤、孔庆章、牟润忠、李凯、张克顺、姜丛出席会议，副市长张克顺讲话，市交通局局长解运发在会上作了题为《艰苦奋斗 继往开来 开创交通建设新纪元》的工作报告。

2 月 16 日，白山市交通局召开“三讲”教育总结大会，局党委书记、局长解运发作“三讲”教育总结，市委巡视组组长于力峰到会讲话。

2 月 21 日至 23 日，白山市交通局举办了局管干部理论教育学习班，先后邀请了吉林大学、市委党校教授讲课。

2 月 26 日，于若木写信给吉林省交通厅厅长刘克志，了解临江老岭公路建设情况。

3 月 20 日，白山市交通系统安全生产工作会议在市交通局会议室召开。副市长岳俊峰到会讲话。市交通局局长解运发就如何抓好全市交通系统安全工作做了全面部署。

4 月 17 日，白山市市长朱彤主持会议，研究市区内营运机动三轮车费税征收问题。

5 月 10 日，白山市政府在靖宇县召开了全市乡村水泥路建设现场会。会议主要内容有两项：一是以现场会的形式研究如何把乡村水泥路建设进一步在全市推开；二是市政府与各县（市、区）政府签订公路建设责任状。市长朱彤、副市长岳俊峰到会并作了重要讲话。

5 月 27 日、白山市政府在市交通局召开公路工程调度会。市政府副秘书长李新勃主持，各县（市、区）政府领导、市交通局、市公路处、各县（市、区）交通局及施工单位的负责人参加。会上，各县（市、区）进行了汇报。市委书记王纯对每一路段建设存在的困难和问题进行了协调解决；副市长岳俊峰、市交通局局长解运发分别就如何完成公路建设任务提出具体要求。

6 月 14 日，白山市领导王纯、朱彤、王兆华、刘景斌、牟润忠，在市交通局局长解运发陪同下，视察了白山市公路建设进展情况，先后视察了朝长线松江河至漫江油路及鹤大线湾沟至孙家堡子油路等重点工程。

6 月 22 日，白山市人大常委会副主任张洪德、张克顺、李复生、庞玉兰、邱广成，秘书长徐世明对白山市公路建设情况进行了视察。

6 月 26 日至 28 日，吉林省副省长李介车在省交通厅厅长刘克志、白山市副市长岳俊峰、吉林省治理“三乱”办公室主任房崇河的陪同下，明察暗访了白山市治理公路“三乱”工作。

7 月 1 日，白山市市长朱彤、市委副书记牟润忠、副市长岳俊峰在交通局局长解运发的陪同下视察了江源至靖宇、靖宇至抚松、松江河至漫江公路建设情况，并在峰岭公路改建指挥部召开了现场会。

7月4日，白山市政协主席刘洪发、副主席姜丛在市交通局局长解运发陪同下，视察了重点公路建设情况。

7月8日，白山市副市长尹国权主持会议，研究市区内客货运输车辆缴纳税费和营运车辆管理问题。

7月25日至8月2日，吉林省交通厅厅长刘克志、副厅长历正强带领相关人员来白山现场办公，重点研究临江边防公路、松江河至天池旅游公路、八三线公路工程及靖宇至辉南公路的建设问题。

8月30日，白山市副市长尹国权主持会议，研究对城市公共交通营运车辆征收公路客运基础设施建设专用基金问题。

9月6日，白山市政府举行营城子至白山公路白山段通车剪彩仪式。

9月8日至9日，为庆祝白山市实现“市县通油路”，吉林省歌舞团莅临白山市，在市工人文化宫为交通系统职工进行了两场慰问演出。

9月9日，白山市政府在鹤大线江源至湾沟段孙家堡子桥头隆重举行市县通油路剪彩仪式。市长朱彤主持，省委书记王云坤、省委常委、省委秘书长施殿金、国家交通部计划司司长刘鹏、省直有关部门负责人和白山市五大班子领导出席剪彩仪式。

9月11日，白山市政府以政府令第9号印发《白山市道路旅客运输资源优化配置暂行办法》

9月26日，新建成的白山市公路客运总站正式投入使用，省交通厅副厅长丁维东出席落成典礼并剪彩。

10月17日，白山市副市长岳俊峰主持会议，研究沈（阳）长（白）线临江老岭隧道有关问题。

11月9日，白山市副市长尹国权主持会议，研究农用运营车辆管理问题。

12月6日，于若木给吴邦国副总理写信，恳请将临江老岭隧道建设项目列入“十五”交通部与吉林省合资建设项目。

2001年

3月15日，白山市运输管理处被交通部授予“全国交通系统交通行政执法人员岗位培训工作先进集体”荣誉称号。

3月22日，白山市交通工作会在市宾馆召开，市政府副秘书长李新勃主持会议，市委书记王纯、市长朱彤、市人大副主任庞玉兰、副市长岳俊峰、市政协副主席李瑞出席会议。会上，市长朱彤在讲话中对全市交通工作“九五”发展情况进行了总结，对今后的交通建设提出了希望。副市长岳俊峰在讲话中对今后交通工作提出了具体目标。对全市交通系统涌现出的先进单位和先进个人进行表彰。市交通局局长解运发作了题为《再接再厉，拼搏奋进，开创新世纪交通建设新局面》的工作报告。

4月20日，于若木给国家发展和改革委员会曾培炎主任写信恳请关怀老区建设，为临江老岭公路建设，在2001年度地方财政证券计划中安排解决债券2亿元。

4月26日，白山市庆祝“五一”国际劳动节暨全市经济技术创新工程表彰动员大会在市工人文化宫召开，交通局荣获市五一劳动奖状。

5月28日，白山市公路工程调度会在市交通局召开。副市长岳俊峰出席会议并讲话，各县（市）区主管领导、交通局长、四浑一级公路白山总监办等领导参加了调度会。市交通局局长解运发作了具体部署。

6月28日，白山市交通局举办庆祝建党80周年演唱会。市局党委副书记赵志旭主持，副局长孙长山讲话。

7月14日，丹东市交通局局长刘明柱代队一行12人来白山市交通局考察。市人大副主任张俊男、市交通局局长解运发等领导接待了考察团，并陪同考察了四浑公路白山段一级公路建设现场和鹤大线抚松至江源、朝长线抚松至长白等路段。

8月7日，由民航东北管理局、民航吉林省管理局联合召开的白山市白山机场选址初审专家论证会在市宾馆三楼会议室召开。民航东北管理局副局长高宗禄及机场规划设计院院长幸克信、民航吉林省管理局副局长张广涛、白山市副市长岳俊峰、副秘书长李新勃及市机场筹建领导小组成员出席会议。

8月7日至10日，吉林省交通厅道路运输企业资质评定小组一行7人，对我市4户运输企业进行了资质评定。经过各位专家的认真审核，白山市万里运输有限责任公司、长白县运输公司、临江市运输公司、靖宇县运输公司被评为三级企业。

8月26日，吉林省交通厅副厅长历正强一行27人来白山市，对临江隧道外业初步勘测设计工作进行了实地踏查，并对该项目通过了验收。

8月30日，吉林省交通厅纪检组长、监察专员孙文龙一行4人来白山市检查交通安全生产工作。

9月19日，中国交通运输协会会长（原中国交通部部长）钱永昌在吉林省交通厅厅长刘克志、副厅长王树森陪同下，来白山市视察公路建设。市委书记王纯就白山市公路建设情况向钱永昌一行作了汇报。

9月20日，红土崖至三道沟25公里路段的油路路面铺装竣工。

11月8日，于若木给温家宝副总理写信，恳请关怀老区建设，为临江老岭公路隧道安排2001年度地方财政债券，计划2亿元。

11月14日，白山市交通局机关机构改革竞争科长职位动员暨竞争大会在市局五楼会议室召开，市直交通系统各单位领导、部门负责人和机关全体干部参加了会议。

11月19日至25日，白山市道路化学危险货物运输从业人员培训班在全市道路运输行业培训中心举办，200名从业人员参加培训。

11月27日，白山市总工会年度基层工会工作目标责任制检查组一行3人到市交通局及市万里运输公司进行检查验收。

12 月 4 日，吉林省委组织部信息管理中心主任王力波、白山市委组织部副部长宁金良来市交通局，对干部人事档案工作目标管理情况进行检查指导。市交通局党委副书记袁笠娟就干部人事档案工作目标管理情况作了汇报。

12 月 20 日，吉林省总工会宣教部部长白林、白山市总工会副主席徐丹等在交通局工会主席于学安陪同下到市客运总站，对争创全省“十佳文明单位”活动开展情况进行了检查指导。

12 月 23 日，“沈长公路临江隧道”工程施工、监理开标会议在临江市政府召开。参加开标会议的有吉林省公路管理局、省招投标咨询中心及白山市交通局的领导、中铁十四局集团有限公司等 12 个建筑单位和吉林省公路工程监理有限公司等 3 个监理单位参加了竞标，市纪检委、市公证处派人参加了会议。

12 月 30 日，白山军分区、白山市交通局以“军民共建坦途、友谊永筑辉煌”为主题的军民共建联谊会，在白山军分区举行。市委常委、军分区司令员单民田等 7 人，与市交通局党委成员一起参加了这次联谊活动。

2002 年

1 月 19 日，白山市交通局第四届党员代表大会在市万里运输有限责任公司会议室召开。110 名党员代表出席，副书记孙长山作工作报告。选举产生了中共白山市交通局第四届委员会和第三届纪律检查委员会。

1 月 30 日，吉林省交通厅助理巡视员李恩会带领省运管局、公路局领导一行 6 人来白山检查春运工作情况，对白山地区各客运站、运输企业及国省干线公路的春运除雪防滑、安全措施、服务质量等内容进行了检查。

3 月 7 日，白山市政府秘书长林仁和主持召开专题会议，研究抚松县松江河至天池公路建设有关问题。市交通局副局长孙长山、吴福龙，市计委副主任辛建国，抚松县副县长张爱国、交通局局长康卫国参加会议。

4 月 10 日，白山市政府白山政办函［2002］9 号文件正式批复成立白山市物流中心建设工程指挥部。副局长孙长山为总指挥，负责全面工程建设工作。

4 月 15 日，白山市交通系统领导干部廉洁自律、自查自纠，集中教育整改活动动员大会在市交通局会议室召开。副局长孙长山作动员，市局纪检书记张伟传达了市委整改活动精神。市局党委副书记袁笠娟宣读了市委、市政府关于整改活动方案。

5 月 15 日，白山市交通工作会议在市交通局会议室召开。市长李树国参加会议并讲话，市政府秘书长林仁和主持会议。会上，副局长孙长山作了题为《抓住机遇 艰苦创业把白山交通建设推向新阶段》的工作报告。

5 月 16 日，白山市委组织部白山干任字〔2002〕24 号，任命孙长山为市交通局党委书记。

5 月 22 日，白山市委常委、常务副市长尹国权主持召开专题会议，研究市区旅游热线车辆运行方案。市政府秘书长林仁和、市交通局、建设局、公用事业管理局、旅游局有关人员参加会议。

6月4日，白山市人大常委会白山人字〔2002〕12号，任命孙长山为市交通局局长。

6月6日，吉林省交通厅接到援建抽水中学贫困校任务后，厅长刘克志陪同省委领导从异地考察的途中，奔赴抽水乡，并决定先投资100万元为抽水乡建一所中小学合一的九年一贯制学校，教学楼面积为2 000平方米。

6月15日，吉林省交通厅组织由公路建设专家组成的公路质量检查组来白山，对长白县的重点公路工程进行质量监督检查。

6月18日，白山市交通系统宣传报道工作会议在白山市交通宾馆会议室召开。各县（市、区）交通局党委副书记及有关人员参加了会议。白山市交通局党委副书记袁笠娟到会讲话。

6月29日至30日，中国交通运输协会组织19省市原交通厅厅长考察团，由吉林省交通厅副厅长丁维东、原厅长朱希泉陪同来白山。先后对靖宇、抚松、长白等县交通建设进行考察。市长李树国组织市政府、市交通局人员接待。

7月3日，中共白山市委、市政府表彰2000—2001年度精神文明建设先进集体和先进个人的决定，白山市交通局被表彰为精神文明建设先进系统。临江市交通局等三个交通单位被表彰为标兵单位。

7月10日至12日，吉林省运管局举办的全省运管工作第三季度调度会议在白山市召开。全省各市、州交通局分管局长、运管处长、政委参加了会议。会议期间，市政府秘书长林仁和、省厅机关党委副书记李忠效、省运管局局长闫长文、省厅运输处副处长葛双平到会并讲话。省运管局机关处室领导也同时参加了会议。

7月17日上午，白山市人大副主任张俊男率视察组在市总工会主席王玉成、江源县人大主任羿庆宇陪同下，视察了江源县公路管理段新《工会法》的宣传落实情况。

7月22日，白山市运管工作三季度调度会在市交通宾馆召开，市交通局副局长吴福龙到会讲话，各县（市、区）运管所所长、教导员及市运管处全体运政人员参加了调度会。

7月28日，沈长公路临江老岭隧道开工奠基仪式在临江举行。S01标段由中铁十三局承建，主隧道工程全长2 775米；S02标段头道沟隧道全长685米，由中铁十七局第四工程处承建。省、市有关领导曹大力、胡时明、朱彤、王兆华、尹国权参加开工奠基仪式。

8月6日，白山市市长李树国在长白山自然保护局主持召开专题会议，研究调整松江河至天池旅游公路车辆通行费分配办法。市政府秘书长林仁和、市交通局局长孙长山、旅游局局长庞晓斌、抚松县县长孙晨光、长白山自然保护局局长丁之慧、松江河林业局局长纪连营参加会议。会议决定，通行费改由抚松县政府收取，全部用于还贷。

8月7日，白山市委书记朱彤、市长李树国、秘书长林仁和在市交通局局长孙长山陪同下视察了白山市四浑一级公路建设的进展情况。听取了工程建设进展情况汇报后，对白山市一级公路建设十分满意，并对今后公路建设、公路两侧、中间绿化带工作提出了要求。

8 月 15 日，白山市农村客运市场建设现场会在靖宇县召开，省运管局副局长张业岩、市交通局副局长吴福龙、靖宇县五大班子领导、市运管处有关领导及各县（市、区）运管所长参加了会议。会议的主题是学习和借鉴靖宇县农村客运市场建设的经验和做法，统一认识，推动全市农村客运市场建设的发展。

8 月 21 日，由白山市公路管理处和市工考办联合举办了全市公路系统养护技术比赛。比赛由理论和实际操作两部分组成，是对全市公路养护员工业务素质的检阅。

8 月 21 日，长白县开工建设十五道沟风景区旅游公路，设计为山岭重丘区四级公路，路面为水泥结构，宽 5 米，全长 15 公里，预算投资 1 100 万元。有两个施工队中标同时进行路基、路面施工，年内竣工通车。

10 月 18 日，白山市交通局和江源县交通局联合在浑江电厂文化宫举办庆祝四浑一级公路白山段竣工通车“大路丰碑”文艺演出。政协主席刘洪发、市委副书记牟润忠、市人大副主任张俊男、副市长徐斌、省公路管理局副局长张龙义及八道江区、江源县和市直有关部门领导到场观看了演出。

10 月 24 日，吉林省交通厅学习、实践“三个代表”先进事迹报告会在白山市政务大厅会议室举行。市政府秘书长林仁和到会，市交通局党委书记、局长孙长山主持会议。报告团由省交通厅直属机关党委书记李忠效带队，省交通规费征收管理局党委书记陈朝德等 6 人先后作了事迹报告。

11 月 7 日，白山市交通局党委在交通宾馆会议室举办了局直属各单位 30 名党务工作干部参加的党务知识培训班，邀请市委组织部组织员为培训班讲授党务工作知识。

11 月 13 日，于若木给吉林省交通厅厅长刘克志写信，询问临江公路建设投资情况，以示关怀。

11 月 13 日，四平至白山一级公路白山段竣工验收会议在白山市宾馆三楼会议室召开。吉林省交通厅建设管理处总工程师冷曦晨主持，省厅计划处、财务处、建管处、公路管理局、一级办、质监站、造价站、白山市一级公路建设指挥部、工程局设计所、监理单位、施工单位代表、白山市交通局等领导参加了会议。经省公路工程质量监督站检验，工程质量等级评为优良。

12 月 27 日，白山市交通局组织全市交通系统的干部职工在白山市及各县（市）电信局电视电话会议室收听收看了全省交通系统春运工作电视电话会议。

2003 年

1 月 17 日，白山市八道江区副区长鄂长江与市交通局副局长吴福龙、市公安局副局长王茂林等一起检查了市客运总站的春运情况。

1月24日，吉林省交通厅副厅长赵静波专程到靖宇县赤松乡二道河子村，走访慰问省厅包保的9户特困户，并为他们送去了米面和慰问金。

1月25日，白山市交通局党委副书记袁笠娟等6人来到八道江区三道沟中心学校，向该学校捐赠14台电脑、两台电子琴，总价值5万元。

2月26日，白山市交通局在交通宾馆召开2003年精神文明工作座谈会，市交通局党委副书记袁笠娟主持了会议，各县（市、区）及局直属单位主管精神文明工作的领导和局党办的工作人员参加了会议。

2月26日，吉林省路桥专家徐福君、樊顺发、王宗昌等13人来白山，对临江至长白县八道沟段工程可行性研究报告进行了评估，并审查通过了设计方案。

3月7日，白山市交通局会同市安全生产监督管理局，对交通系统部分重点企业进行了安全生产检查。

3月15日，在白山市政府的统一部署下，市运管处组织市区汽车维修行业开展了“3.15”义诊义修活动。

4月3日，吉林省交通厅副厅长丁维东、省运管局局长闫长文等7人专程来白山对农村客运市场发展情况进行调研。市长李树国、秘书长林仁和接待了省交通厅调研组，对白山市交通建设发展相关问题进行了共识性的交谈。

4月4日，吉林省交通厅副厅长丁维东等调研组一行7人在白山市政府秘书长林仁和、市交通局局长孙长山、副局长吴福龙、市运管处处长宋兰杰、政委杨万卿等陪同下，去靖宇县调研考察。

4月18日，白山市人民政府以白山政函［2003］44号文作出表彰交通系统先进单位和先进个人决定。长白县交通局等4个单位为交通建设标兵单位，江源县交通局等2个单位为交通建设先进单位，市运输管理处等21个单位为交通系统先进单位；张显贵等51名被表彰为先进生产（工作）者。

4月20日，白山市交通局分别以书面答复了白山市四届人大四次会议代表提出的009、070、071、072、073、076号建议。主要针对公路收费、加快公路建设和资金投入等问题。

4月21日，白山市交通工作会议在市交通局会议室召开。市政府有关领导和市局领导出席了会议，市局离退休老干部及各县（市、区）主管交通工作的领导参加了会议。市长李树国讲话，市交通局局长孙长山作了题为《认清形势，加快发展，再创交通工作新业绩》的工作报告。市政府秘书长林仁和代表市政府与各县（市、区）政府签定了2003年交通建设目标责任书。会议对全市交通系统先进单位和先进个人进行了表彰。

4月23日，为落实白山市政府和吉林省交通厅关于非典型肺炎预防和应急处理的有关文件和会议要求，市交通局召开了由市直交通系统各单位领导参加的非典型肺炎预防和应急处理工作会议。

4月26日，白山市总工会在市政务大厅会议室召开了第三届全市劳动模范表彰大会，交通系统有6人获劳动模范称号：长白县公路段姜世禄、抚松县交通局康卫国、江源县公路客运公司于春林、市公路工程处李杰、市公路处吴永忠、市公路处八宝沥青站徐跃。有3个单位获市劳动模范集体称号：靖宇县交通局、江源县公路段和市公路客运总站。

5月14日，白山市治理公路“三乱”检查组对全市治理公路“三乱”进行了明查暗访，对全市17个公路收费站、6个防治“非典”检查站逐一进行了检查。

5月23日，白山市委组织部、长白山报社的领导到市交通局督察防治“非典”工作的进展情况，市交通局党委副书记袁笠娟作了情况汇报并到白山市客运总站、万里运输公司，查看了防治“非典”各项基础工作的开展情况。

5月24日，白山市万里运输有限责任公司驾驶员曹振宇违章操作造成汽化器回火引起火灾，共造成三台车不同程度损失，折合人民币15 600元。

6月4日至6日，由吉林省交通厅纪检组长、监察专员孙文龙为组长的专项督察组8人，对白山市交通局一手抓防控“非典”，一手抓全年工作目标的实施情况进行检查指导。监督组到公路客运总站、市物流中心施工工地进行督察；赴长白县、靖宇县进行暗访，对宇辉地方铁路施工现场进行考察和专题调研。

6月14日至17日，吉林省交通厅厅长刘克志、副厅长历正强、王树森，省公路局局长张跃，在市委书记阎宝泰、市长李树国、市政府秘书长林仁和、市交通局局长孙长山等陪同下，视察了白山市交通建设的进展情况。

6月24日，白山市公路建设现场会在临江召开。市委书记阎宝泰、市长李树国、省交通厅副厅长王树森等同志参加了会议。市委书记阎宝泰对公路建设工作提出了具体要求，市长李树国作了会议总结。

7月2日，白山市物流中心工程全面展开。市物流中心建设项目是白山市重点工程。占地面积10万平方米，设计建筑面积34 991平方米，分两期建设。

7月4日，白山市治理公路“三乱”工作协调组在市交通局会议室召开专题会议。市治理公路“三乱”工作协调组组长、市政府秘书长林仁和到会讲话。市交通局、公安局、林业局、建设局、纠风办等单位的主要领导参加了会议。

7月28日，白山市政府召开交通建设重点项目调度会议，市委书记阎宝泰、吉林省交通厅副厅长王树森同志参加会议，市政府秘书长林仁和主持会议。

8月12日，全市交通系统的职工在白山市工人文化宫，观看了中华全国总工会文工团专场慰问演出。

8月13日至16日，吉林省公路局局长张跃在白山市政府秘书长林仁和、交通局副局长吴永忠的陪同下检查了朝长线长松公路建设情况。

8月21日，白山市道路客运优质服务达标经验交流会在江源县召开，各县（市、区）运管所所长、客运科长、客运企业经理参加了会议。

8月30日，由白山市交通局主办、江源县交通局承办的全市交通系统第四届乒乓球赛，在江源县三岔子林业局体育馆拉开了帷幕，来自全市交通系统的10支代表队参加了比赛。

9月8日，白山市公路建设会议在抚松县召开。市交通局有关领导及各县（市、区）主管交通的副县长、交通系统有关负责人参加了会议。市政府秘书长林仁和出席会议并讲话。会议期间与会人员实地参观了长白山旅游公路，东岗镇农村水泥路。会上，副局长吴永忠通报了全市公路建设情况，副局长吴福龙宣布市政府2003年公路秋季整修方案。

9月8日，白山市运输系统书法、绘画、摄影作品展在市交通局会议室举行。

9月11日，长白山西坡旅游公路贯通。长白山西坡旅游公路是全省路网建设重点工程之一，也是从西坡观赏长白山天池、锦江峡谷等旅游景点的唯一通道。

10月7日，抚松县运输公司驾驶员张春生驾驶吉F42457号客车，从松江河发往长春，中午11时40分，车辆行驶到朝阳镇外环路加油站，加油后交给乘务员张毅（张春生之子，有驾驶证，无从业资格证）驾驶，下午4时左右，车辆行至省道103线77公里700米处时，因超越同方向行驶的农用车与对面驶来的梅河口客运公司吉E37799大客车相撞，造成车内7名乘客死亡，11人受伤，也造成对方车辆11人受伤的特大交通事故。抚松县运输公司车辆负主要责任。

10月22日，白山市政府白山政函［2003］125号文，作出表彰2001—2003年全市行政执法先进集体和先进个人的决定。表彰杨万卿为全市行政执法先进个人。

12月27日，八道江区三道沟乡仙人洞村的公路全线通车。白山市实现了村村通公路的奋斗目标。同时也实现了全省村村通公路的目标。

12月24日，临江市政府在老岭举行临江隧道贯通庆祝仪式。

2004年

1月7日，由吉林省交通厅副厅长王树森带队的春运检查组来白山市检查春运工作。检查组在副市长林仁和及市交通局领导陪同下到市客运总站、万里运输公司进行全面检查。

3月18日，白山市办理公路建设项目用地问题协调会在市交通宾馆召开。副市长范传明参加会议并讲话，市交通局、国土资源局、计委、林业局、环保局及各县（市、区）有关负责人参加了会议。

4月27日，白山市交通局召开了全市交通系统精神文明建设座谈会，市交通局助理调研员赵连生、党办主任吴永俊以及各县（市）区有关负责同志参加了座谈会。

4月30日，白山市交通局召开市管干部党风廉政建设责任制述职述廉大会。市委副书记、市纪委书记牟润忠、市纪委副书记肖喜武、市纪委监察局副局长高玉堂出席了会议。市交通局领导班子及市局各基层单位领导以及市局全体机关人员参加了会议。

5月8日，白山市市长周化辰、副市长徐斌、林仁和到市交通局进行工作调研。

5月12日，于若木给交通部部长张春贤写信，对交通部同意将临江老岭隧道及相关项目纳入“十五”计划表示谢意。

5月14日，中共白山市委、市政府白山发［2004］20号文在表彰“创一流业绩领导班子”、“优秀勤廉公仆”和“优秀组织单位”的决定中，市交通局和靖宇县交通局被命名为“创一流业绩领导班子”荣誉称号。

5月16日，白山市交通系统首届篮球赛在靖宇县举行。市交通局局长孙长山、靖宇县领导及各县（市）区的交通局局长出席开幕式。全市交通系统10个代表队经过三天角逐，市公路管理处、靖宇县交通局、江源县交通局分获一、二、三等奖。

5月17日，白山市治理公路“三乱”协调组召开工作会议。市交通局、公安交警支队、林业局、建设局等成员单位及市纠风办的领导参加了会议。

6月3日至6日，《长白山交通》第五期通讯员培训班在抚松县举办。市局党委副书记袁笠娟、《吉林交通报》社记者部主任李丹、副主任张欣等以及市局直属单位、各县（市、区）局有关领导出席开班仪式；市交通系统80名通讯员参加了培训。

6月8日，白山市治理公路“三乱”检查组深入到全市6个县（市、区），对交通、交警、林业治理公路“三乱”情况进行暗访。

6月10日，白山市交通局部分离退休老干部在局领导陪同下参观市公路重点工程建设情况，对白山市的公路建设提出了意见和建议。

6月13日，白山市举行安全生产活动月咨询日，市交通局副局长吴福龙带队，在市政府广场，为市区营运者解答疑难问题。并展出展版两块，发放报纸和宣传单1 500份。

6月16日，白山市委常委、组织部长刘喜杰在市关工委领导的陪同下来市交通局对关心下一代工作进行调研。

6月18日，白山市交通建设工程调度会在市交通局会议室召开。市政府副秘书长赵洪刚主持会议。市交通局及各县（市、区）主管公路工程的领导，国省干线项目监理负责人、市公路处、市运管处的有关领导及主管物流中心建设的有关人员参加了会议。

6月29日，中共白山市委白山发［2004］21号文作出表彰决定，靖宇县交通局党委表彰为“先进基层党组织标兵”，临江交通局局长李建华为优秀共产党员标兵，市交通局为先进基层党组织，李可才、张士祥、袁笠娟为优秀共产党员和优秀党务工作者。

6月30日，白山市交通局党委组织直属交通部门的30名新党员，到革命传统教育基地—杨靖宇殉国地举行了入党宣誓，进行了缅怀革命先烈，继承革命传统教育。

7月1日，白山市安全生产监督管理局发文对中铁十九局集团三公司于6月16日在沈长公路珍珠门大桥施工中造成4人死亡事故，作出调查处理决定，事故为非责任事故，不予追究行政责任。

7月19日，长白县境内普降暴雨，洪水冲毁公路、桥梁、涵洞，给公路建设造成巨大损失。

7月27日至29日，吉林省交通厅厅长刘克志、副厅长王树森带领省厅办公室、计划处、公路局等有关部门领导到遭受暴雨后公路水毁严重的长白县现场办公，确定了水毁修复工程给予全额投资，一次性补贴并配置养护机械等5项事宜。白山市副市长徐斌、副秘书长赵洪刚、市交通局局长孙长山及长白县委、县政府领导参加了现场办公。

8月31日，白山市交通系统思想政治工作理论研讨会在市交通局会议室召开。市委宣传部副部长张洪智、市局党委副书记袁笠娟、助理调研员赵连生、各县（市、区）交通局主管领导、党办主任等相关人员参加了研讨会。

9月4日上午，白山市交通建设重点项目调度会在市局会议室召开。市政府副秘书长赵洪刚、市交通局局长孙长山、市局领导班子全体成员、各县（市、区）主管交通的领导、国省干线重点项目监理及各县（市、区）交通局局长参加了会议。

9月5日，白山市政府白山政函［2004］110号文在表彰尊师重教决定中，白山市交通局、江源县交通局被表彰为尊师重教先进集体。

9月21日，白山市政府成立白山旅游机场和高速公路建设工作协调两个小组，市交通局局长孙长山为成员兼机场小组办公室副主任，总工程师张文刚为高速公路小组成员兼办公室主任。

9月29日，白山市交通局在局会议室举办了全市交通系统“畅通杯”书画摄影展。市文联副主席郭胜林、市交通局副局长吴福龙、石丕业、纪检书记隋志林、助理调研员赵连生以及白山市各艺术协会领导亲临展室。市政协副主席、市书法家协会主席郑光浩亲临指导并题词祝贺。共评选出书法、绘画、摄影作品1、2、3等奖24名及优秀奖46名。

10月13日，白山市交通系统工会工作交流会在市交通局会议室召开。市交通局党委书记、局长孙长山、市总工会副主席侯克玉、市交通局党委副书记袁笠娟等领导出席了会议。各县（市）交通局和市局直属单位主管工会的领导、工会主席及女工委员参加了会议。

12月8日，白山市交通局召开了全市县级及农村公路改建工程审计调查工作部署会。市交通局局长孙长山主持了会议。参加会议的有计经局、财政局、审计局、计委、交通局领导及各县（市）主管交通的县（市）长。

12月17日，白山市人大常委会主任刘景斌、副主任庞玉兰、徐世明在市政府副市长林仁和、市交通局局长孙长山的陪同下视察了靖宇县公路、地方铁路建设情况。

2005年

1月13日，白山市治理公路“三乱”工作协调组在市交通局会议室召开了2004年工作总结会，市交通局、公安交警支队、林业局等成员单位及市监察局、纠风办的领导参加了会议。

1月17日，白山市交通局在2004年全市开展的“民主评议行风和软环境”双评活动中，被评为第一名。

1月19日，吉林省交通厅副厅长王树森、白山市副市长林仁和在市交通局局长孙长山、副局长吴福龙陪同下先后到抚松、长白、靖宇县检查春运工作。

2月24日，白山市交通局党委召开了“保持共产党员先进性教育活动动员大会”，党委书记孙长山作了动员报告，市委督导组组长孙胜涛对活动提出了具体要求。

3月2日，在吉林省总工会召开的表彰大会上，白山市公路客运总站荣获“五一劳动奖状”称号。

3月18日，根据白山市编制委员会白山编字〔2005〕5号文件批复成立吉林省白山市地方海事局，副处级建制。

3月22日，白山市人大常委会白山人发［2005］6号文，白山市第五届人民代表大会常务委员会第一次会议决定任命孙长山为交通局局长。

3月28日，白山市交通局在抚松县举办了《白山交通志》撰稿人培训班，各县（市）区交通局和市局直属部门派人参加了培训，并请省史志办和省交通厅史志办专家授课，市史志办主任王福林、市局党委副书记袁笠娟到会讲了话。

4月15日，白山市交通工作会议在市交通局会议室召开，会议由市政府副秘书长赵洪刚主持，市交通局局长孙长山作工作报告，副市长林仁和作重要讲话并与各县（市）区政府订了2005年交通建设目标责任书，表彰2004年度先进集体和个人。

6月11日，交通部老部长考察团来白山考察。交通部原副部长、全国政协委员李居昌、洪善祥、原副部长王展意、林祖乙、刘松金、刘锷、高原等16人在吉林省交通厅厅长刘克志、原交通厅厅长朱希泉、白山市委书记阎宝泰、市长周化辰的陪同下到靖宇、长白县考察了交通工作。

7月20日，《中国交通报》第二十次、《吉林交通报》第 十二次通联工作会议在抚松县召开，白山市政府副市长林仁和、交通局局长孙长山、抚松县委副书记李淑燕出席了会议，全省各市（州）记者站长、通讯员100人参加了会议。

7月31日，吉林省交通厅厅长刘克志、副厅长王树森来白山参加市区星泰大桥竣工剪彩仪式，并在市委书记阎宝泰、市长周化辰、副市长林仁和陪同下，到八道江区、临江市、靖宇县对部分重点公路建设和宇辉地方铁路靖宇段进行调研。

9月8日，“抢时间，加大措施、确保完成全市交通建设任务调度会”在白山市宾馆会议室召开，吉林省公路局副局长魏火星、市政府副市长林仁和、副秘书长赵洪刚及各县（市）区主管领导出席会议。副市长林仁和在讲话中要求各地采取超常规举措，保安全、保质量、抢进度，大干50天确保完成全市交通建设任务。

9月21日，长白朝鲜族自治县举行省道沈长公路马鹿沟至七道沟沿江路段改建工程（146公里二级公路）竣工通车剪彩仪式，市委副书记刘喜杰、副市长林仁和、沈阳军区、省交通厅、省边防委及白山军分区领导出席。

9月29日，临江市政府在临江老岭临江隧道广场，举行沈长公路临江老岭段纪念碑揭碑及竣工通车剪彩仪式。新建公路全长15.2公里，临江隧道2 775米，全线17座桥梁2 355延长米。吉林省交通厅副厅长王树森、白山市委书记阎宝泰、市人大主任刘景斌、市政协主席刘洪发、副市长林仁和及省公路局、运管局、国家开发银行长春分行、市交通局、江源县政府等部门领导出席。

10月9日，白山市交通局组织19位离退休老干部参观市物流中心、江源县、临江市及八道江区公路建设情况。

10月26日，全市交通系统首届文艺汇演在临江市举行。来自全市各县（市）区交通系统13个代表队400余名职工参加汇演，共演出38个文艺节目，展示了白山交通人的精神风貌。

11月9日，白山市交通局在局办公楼前举行了“白山市地方海事局”成立挂牌仪式，吉林省地方海事局局长彭金海、白山市副市长林仁和、副秘书长赵洪刚及市财政局、市安监局、市人事局、市交警支队、市公路处、市运管处、吉林省交通规费征收管理局白山分局及各县（市）区交通局领导出席仪式。

12月19日，吉林省新任交通厅厅长张勇、副厅长王树森携省交通厅相关部门11人，来白山调研交通建设“十一五”路网规划，市长周化辰、市委副书记刘喜杰、副市长林仁和陪同并汇报了白山交通建设总体规划。

附　　录

附录Ⅰ

于若木写给各级领导的书信（原文）

1. 1993年11月28日，写给交通部部长黄镇东的信

黄部长：

吉林省浑江市境内鹤大公路中的15公里、靖浑公路中的9公里，属坡陡、弯急、路基最差的一段，是卡脖子的路段。浑江市、靖宇县属贫困地区，虽然有丰富的资源，但因交通不便，成为发展经济的制约因素。

从支援革命老根据地的角度，从扶贫的角度以及国防建设的角度考虑，希望能得到交通部的关怀支援，该地区公路畅则全盘皆活。

此致

敬礼！

于若木

1993.11.28

2. 1996年10月9日，写给白山市交通局局长张俊男的信

张俊男局长：

欣闻白山市靖宇公路本月25日即将竣工通车，特致函祝贺。

山区经济发展受交通条件的制约，公路通车之后必将促进经济的发展，实现早日脱贫致富的愿望。所以，靖宇公路是靖宇人民的幸福之路，靖宇人民一定会把杨靖宇烈士洒下鲜血的地方建设好。

最后，向全体筑路员工一年多的艰苦奋斗表示亲切的慰问，并预祝今后取得更大的胜利！

于若木

1996.10.9

3.2000年2月26日，写给吉林省交通厅厅长刘克志的信

刘克志厅长：

您好！

临江是陈云同志的第二故乡，他曾与肖劲光、肖华等老一辈革命家在那里指挥了著名的“四保临江”战役，为东北解放战争做出了重大贡献。我曾先后四次路经老岭到临江。

老岭为国防公路的险要段，成为通长公路的最大瓶颈，制约了老区和少数民族地区的经济发展。因此修建老岭隧道非常必要，该项目的实施，将改善老少边穷地区的投资环境，促进老区经济发展，并有利于加强国防建设，保障战时兵力及战略物资运输，为长白山开发开放战略起着重要作用。同时，也是中朝边界贸易的交通要道。隧道的修建将促进中朝临江30万KW大型水电站的开工建设。

恳请刘厅长关怀老区，希望老岭隧道今年能够立项，争取明年开工。结果盼告。此致

敬礼！

于若木

2000.2.26

4.2000年12月6日，亲笔给吴邦国副总理的信

吴邦国副总理：

临江市是陈云同志曾经战斗过的地方，“四保临江”的战役就是在临江进行的。我曾四次路过赴临江的老岭路段，了解老岭段的险要。

老岭路段为省道沈阳至长白公路最险、最差路段，是临江市、长白朝鲜族自治县通往沈阳及省会长春的“瓶颈”，它严重制约了革命老区和少数民族地区的国民经济和社会发展。因此，修建老岭隧道非常必要。该项目的实施，将改善老少边穷地区的出行条件，有利于国防建设，保护生态，促进长白山地区开发开放，具有非常重要意义。

吉林省交通厅吉交规划字［2000］185号文，已呈报国家交通部申请老岭隧道项目给予投资。该项目位于吉林省东南部边疆贫困地区，路线长28公里，其中：隧道两座，总长3 430米，总投资36 000万元。

恳请吴邦国副总理关怀老区，并考虑到吉林省属于中部经济欠发达省份的实际情况，将老岭隧道项目列入“十五”交通部与吉林省合资建设项目，希望2001年中央予以投资

10 000 万元，争取明年开工建设。

即致

敬礼！

于若木

2000. 12. 6

5. 2001 年 4 月 20 日，写给国家发展和改革委员会主任曾培炎的信

曾培炎主任：

您好！

临江是陈云同志曾经战斗过的地方．他曾经与肖劲光、肖华等老一辈革命家在那里指挥了著名的“四保临江”战役，为东北解放战争做出了重大贡献。我先后四次路过赴临江的老岭路段，了解老岭路段的险要，修建老岭隧道非常必要，该项目的实施．将改善老少边穷地区的投资环境，促进老区经济发展，并有利于加强国防建设、保障战时兵力及战备物资运输，为长白山开发开放战略起着重要作用。同时，也是中朝边境贸易的交通要道。

修建老岭二级公路全长 28 公里，其中老岭隧道两座全长 3 430 米。项目总投资 3.6 亿元，资金来源除省公路建设专项资金 7 500 万元外，临江市仅能筹资金 8 500 万元，尚有资金缺口 2 亿元。

吉林省发展计划委员吉计交字【2001】214 号文，已呈报国家计委申请沈（阳）长（白）线临江老岭隧道 2001 年度地方财政债券的请示。为此，恳请曾培炎主任关怀老区建设．为老岭公路隧道安排 2001 年度地方财政证券计划时给予帮助解决债券 2 亿元。

即致

敬礼

于若木

2001. 4. 20

6. 2001 年 11 月 8 日，写给温家宝副总理的信

温家宝副总理：

您好！

临江是陈云同志曾经战斗过的地方，他曾与肖劲光、肖华等老一辈革命家在那里指挥了著名的“四保临江”战役，为东北解放战争做出了重大贡献。我先后四次路过赴临江的老岭路段，了解老岭路段的险要、交通事故频繁，它严重制约了革命老区、边疆地区和少数民族地区的国民经济发展。修建老岭隧道非常必要，该项目的实施，将改善老

少边穷地区的投资环境，促进老区经济发展，并有利于加强国防建设、保障战时兵力及战备物资运输，为长白山开发开放战略起着重要作用。同时，也是中朝边界贸易的交通要道。

修建老岭二级公路全长28公里，其中老岭隧道两座，全长3 430米，项目总投资3.6亿元，资金来源除省公路建设专项资金7 500万元外，临江市仅能自筹资金8 500万元，尚有资金缺口2亿元。

吉林省发展计划委员会吉计交字［2001］214号文，已呈报国家计委申请沈（阳）长（白）线临江老岭隧道2001年度地方财政债券的请示。为此，恳请温家宝副总理关怀老区建设，为老岭公路隧道安排2001年度地方财政债券计划时，给予帮助解决债券2亿元。

即致

敬礼

于若木

2001.11.8

7.2002年11月13日，写给吉林省交通厅厅长刘克志的信

刘克志厅长：

今年8月我曾应邀到临江市参加了《吉林省纪念四保临江战役胜利55周年大会》及中央电视台“心连心”艺术团赴临江老区慰问演出活动。得知，在您的领导关怀下老岭隧道工程已顺利开工建设，这是吉林省和临江革命老区开路通边的伟大壮举。

临江老岭隧道工程总投资3.6亿元，在温家宝副总理的重视和关怀下，国家发展计划委员会2002年下达了中央专项补助资金5 000万元，加上交通补助资金，尚缺口资金2.4亿元。

在临江期间，我曾与省开发银行领导交换过意见，由于开发银行交通建设贷款不对基层市县，只对省。所以恳请刘克志厅长考虑到该项目所处革命老区的特殊性，由省厅出面解决临江老岭隧道贷款2.4亿元。

结果盼告（电话：010—××××××××）

代问历正强副厅长安好！

即致

敬礼

于若木

2002.11.13

8. 2004 年 5 月 12 日，写给交通部部长张春贤的信

张春贤部长：

今年 2 月 1 2 日你在吉林省调研时，强调指出：“为改善吉林省临江革命老区的交通条件，临江是陈云同志工作、战斗过的地方，同意将老岭隧道及连接项目纳入“十五”计划。希望省委书记、省长见地区同志的时候，希望他们把这件事办好，转告这个消息”。

张部长关心艰苦边远“老少边穷”革命老区公路建设，这是对临江革命老区人民的极大鼓舞，临江经济建设将会有新的飞跃。为此，以我个人并代表临江革命老区人民向你和交通部的全体同志表示忠心的感谢。

即致

敬礼

于若木

2004. 5. 12

附录Ⅱ

东北奉天至长白（老岭段）早期公路

奉（天）长（白）公路，（现为沈阳至长白朝鲜族自治县的沈长公路、编号S303）是清朝政府东北奉天（现辽宁省沈阳市）直通边陲长白府（现吉林省长白朝鲜族自治县）的兵备道，也是通往长白山的早期公路之一，但因拟修未竣的冯家窝铺（现吉林省江源县林子头村）至临江段（40公里），而成为奉天至长白的断头路。

打通林子头至临江的公路意义非常重大，当时的国际形势是日本帝国主义为了吞并长白山，提出了所谓的“间岛事件”，扬言间岛以东、以西、以南、以北是他们的领土，实质就是要霸占长白山。这时，东北三省总督上书光绪皇帝，一是要设立长白府；二是要科学考察长白山；三是打通临长兵备道。光绪皇帝批准了他的奏折，所以才有了修路的事。意义在于“捍临蔽通”“屏藩辽沈”遥利岩疆。

清光绪三十四年（公元1908年）东北三省总督徐世昌委任长白府设治总办张凤台、临江知县李廷玉统帅修筑临（江）、长（白）、海（龙）兵备道的临江（现吉林省临江市）路段。为修此路知府张凤台于光绪三十四年五月初一由奉天出发，日行20华里经抚顺、通化等地，于当年五月十五日到达冯家窝铺，经考察决定由林子头村起修至临江县城兵备道，工程于五月二十五日动工，征用工徒三百，披荆斩棘，宿露餐霜。“数月之间，砍树千万株，开盘十八道，架桥梁大小百余座”，终于在九月中旬竣工（路面宽度仅有3至4米）。从而使长白经临江、通化、海龙、抚顺直达奉天省城公路贯通。以巩固边陲、抵御外侵，为“长白高原殷盛炽大、振万古之孕育，发无穷之实藏”创造了有利条件。

为了嘉奖张凤台、李廷玉的功绩，徐世昌亲撰并书“荡平岭碑记”碑文，立碑于荡平岭上（现名为老岭）。此碑记录了早期筑路拓荒戍边富民的功德，是开发保卫长白山丰功伟绩的真实记录，也是清光绪年间东北边陲长白山区临江、长白县早期开发的第一见证。功劳之大，令后人望而生敬，永不忘怀。

据清《长白山江岗志略》记载，当时的临江市场贸易，半之韩民。清诗《白山记咏》云：“江边只有千余户，五百华人七百韩”。因临邑无车，又云：“城中自古无车迹，东道难于蜀道难。……自白山返临，荡平岭路已修有盘道，始闻车声”。又云：“儿童不识为何物，看罢归来问父兄”；正由于当初的筑路，才带来长白、临江等地的政治、经济、文化交流和完整的国土。在民国前期为开发长白山和边陲贸易打开了通道。在抗日战争时期，为东北抗日联军打击日本侵略者创造了有利条件。解放战争时期也为“四保临江”战役的胜利做出了重大贡献。在上世纪50年代初期朝鲜战争爆发，这里又成为“抗美援朝，保家卫国”重要军事要道……

现竖立在白山市大石棚子乡老岭山巅的两通石碑，碑额、碑峰、碑座迄今仍存，碑额上雕有“双龙”图案，并刻有“皇清”字样，系公元1908年（清光绪三十四年）清政府为纪念修通老岭到临江早期公路而立。

老岭（实为南龙岗、谚称老爷岭，海拔1 282.3米。荡平岭是东北三省总督徐世昌命名）石碑距白山市区40公里，距大石棚乡10公里，距老岭村4公里。其中之一碑文系徐世昌撰并书，为表彰张凤台、李廷玉筑路功绩而撰写的嘉奖令。石碑通高2.45米，碑额0.68米×0.08米，呈长方形，碑身高1.24米，宽0.64米，厚0.2米，碑文由右至左竖行书写，楷书体，字清秀文雅，流畅潇洒。碑文21行，多为35字后满行，个别出行的为37字，全文共591字，字清晰可辩。之二碑（两碑形体相同）文由张凤台、李延玉共同撰写“荡平岭碑记”，碑正文593字，碑阴文为115字，共708字，该碑正面是写工徒三百筑路过程如何艰难。碑的背石镌刻的是筑路工程队的稽查员及第一、第二、第三工程队的队长及测绘员的名单（详见附文）。

两通石碑1982年7月26日被浑江市（现白山市）人民政府列为重点文物保护单位，2002年又被吉林省人民政府列为省级重点历史文物保护单位。

奉天至长白早期公路的修筑，虽然路面狭窄（3－4米大车道）为现今沈阳至长白公路的拓宽和延伸奠定了基础。1985年浑江市由县级市改制为地级市后，不断拓宽修筑，并于1997年“举市大筑路”中，在原路基上把沙石路筑成3级水泥公路，路面4米拓宽至6米。2000年1 1月经吉林省政府立项，多方筹资3.6亿元，重新设计将坡陡弯急的路段改造，开凿2座隧道3 460米、架桥17座2 355延长米、路面拓宽为9米的国家二级沥青公路，2002年7月20日开工，建设工期为三年，2005年9月峻工。峻工后白山到临江公路里程由原来的79公里，缩短为55公里。

老岭早期公路石碑碑文如下：

1. 徐世昌撰并书“荡平岭”碑文

荡平岭碑记

长白山自东北来，崔巍磅礴，其间为胜、为异、为隩、为塞，支脉岐出，各异名。其中峰泄而为川，鸭绿江出焉，为天然之国境。世昌受职之明年，以国防不可不严。

皇图不可不廓，既得请于朝，于江北岸旧临江县东鄙之塔甸，增设长白府治。而塔甸实在山与水之间，南枕江流，与朝鲜人可对岸语。北则穹冈倚天，林谷深阻，崩崖旁颓。猿径下仄道茀不可行也。盖隔奉天且千五百里，援绝而维州倾，势悬而珠崖弃。奉长之路不达，则长白终不得而治。而临江为长西蔽，不达临无以通长，故通道自临江以西之老岭始。老岭者，亦长白支脉之一也，连山屈盘，万里未束，峥岩危壁，互隔峭绝，不可通。通其西小岭，凡合徒数百，役数月，辟治蹊径，填壑架梁，为百里二十。而数千年之障塞，遂一举而荡平，车可方轨焉，因名曰荡平岭。是役也，知府张凤台，同知李廷玉，实终始其事，同虑规擘，不掸劳瘁，以蕲至于成，可录也。夫不暂费者，不久利，不一劳者，不永逸。平治水土，莫若禹。禹通道于九州，随山刊木，东至碣石而止。则碣石以上循长白山脉而东，固禹迹所不及，而有待于今日之荡平也欤。塞外自古多荒漠之地，往往经数千年而陵谷不变，其旧与混元无异。盖禹迹不至，则人遂无有至焉者。亦见创始之难，通道之不易，而禹之功伟也。兹岭之开，曾何足媲禹功于万一。特以经营所始，适当禹迹所终，其事有若可异，而迹之所遗者，功之所存。继自今长白高源殷盛炽大，振万古之孕育，发无穷之宝藏，以保厘我皇家于亿万斯年，永永无极。则是岭之开，有若摄其缄，而启其扃也，是则可记者已。

钦差大臣、陆军部尚书衔、都察院都御史管理

三陵事务大臣、总管内务府大臣、东三省总督兼管三省将军事务徐世昌撰并书

光绪叁拾肆年嘉平之月

2. 张凤台、李廷玉共撰“荡平岭碑记”碑文

岭以荡平名

我菊帅徐公嘉其公路告成而名之者也。查此岭谚称老爷岭，为长白山西南支岭之一，崆峣巉辥，蓊郁灌丛，茫茫黖黖，泱漭无垠，盖数千百年于兹矣。戊申夏四月凤暨廷玉蒙督抚宪檄委增治长白，遥制岩疆，事关边要，应予筹全局，锄梗塞，驶交通。缘长白一郡斗绝东陲，捍临蔽通，屏藩辽沈，乃兵家所谓主要地也，顾通长必先通临，通临断自老爷岭始。询及土人佥云：岭道有三：曰南、曰中、曰北。北道循三岔子沟门，跻岭巅，跷四平街，达三道阳岔，跨河沿，岭势险甚。南道肇造于林子头，穿乱石窖，凿珍珠门，闉宝德泉，攀椴抱松岭，迤东达临，倾崎崖聩，道阻工巨。中道渡白水泉，越南山坡，仍与南道合。此三道概不易修。凤踯躅嗟叹者久之。道路相传言人人殊。闻自岭西冯家窝铺迤逦而东，抵戚家窝铺，土多石寡，旧为左翼长宝贵拟修中辍，惜荒废崎岖垂二十余年，路线纵横不可辨。凡事耳食者悬，躬亲者确，乃商督队长测绘员叱骑前行。披荆斩棘，盘山浮涧，历抵临江三道阳岔。左翼长遗迹，虽积久淹塞，就现势论，较土人所称三道，尚属工减费廉。逐具图呈请军督而议以决。是年五月二十五日经始．九月中旬蒇工，旋复补勘寻修，俾益倬而平坚且久，逾月而峻，是役也，工徒三百，踊跃奋功，夏秋之交，炙风沐雨，宿露餐霜。自后冬令，则毡冰幕雪，倚树围山。数月之间，砍树千万株，开盘十八道，架桥梁大小百余通，逶迤迂回，悉底于牛马并辔，车方轨，行旅称便。若非该队长李景明等督率勤劳，奚克臻此，凤等材短任艰，方惧弗胜，幸在事各员黾勉从工。既仰副督抚宪控驭之怀，且以襄朝廷荡平之治用。特述颠末镌之石，并员

弁衔名具署碑阴，以昭来许。非夸也。以示边防之重，路政之基实始于此。是为记。

总办长白府设治事宜军机处存记前署长春府知府张凤台。

五品衔候选教谕田锦□书丹，帮办长白府设治事宜候选同知署理临江县知县李廷玉同撰。

光绪三十四年嘉平之月榖旦。

碑阴文：

勘界委员正任锦州府经历　刘建封

勘界委员调奉补用府经　许中书

收支兼主稿委员同知衔山东补用知县　陈鉴

工程队稽查员五品军功　李焕文

第一队工程长　补用都司　李景明

第二队工程长　陆军学生　王贵然

第三队工程长　府经职衔　费荣光

测绘生　刘殿玉　康瑞霖　陈德元　王瑞祥　李敦锡

附录Ⅲ

相关交通法律、法规

一 中华人民共和国公路法

（1997年7月3日第八届全国人民代表大会常务委员会第二十六次会议通过。根据1999年10月31日第九届全国人民代表人会常务委员会第十二次会议《关于修改〈中华人民共和国公路法〉的决定》第一次修正。根据2004年8月28日第十届全国人民代表大会常务委员会第十一次会议《关于修改〈中华人民共和国公路法〉的决定》第二次修正）

第一章 总 则

第一条 为了加强公路的建设和管理，促进公路事业的发展，适应社会主义现代化建设和人民生活的需要，制定本法。

第二条 在中华人民共和国境内从事公路的规划、建设、养护、经营、使用和管理，适用本法。

本法所称公路，包括公路桥梁、公路隧道和公路渡口。

第三条 公路的发展应当遵循全面规划、合理布局、确保质量、保障畅通、保护环境、建设改造与养护并重的原则。

第四条 各级人民政府应当采取有力措施，扶持、促进公路建设。公路建设应当纳入国民经济和社会发展计划。

国家鼓励、引导国内外经济组织依法投资建设、经营公路。

第五条 国家帮助和扶持少数民族地区、边远地区和贫困地区发展公路建设。

第六条 公路按其在公路路网中的地位分为国道、省道、县道和乡道，并按技术等级分为高速公路、一级公路、二级公路、三级公路和四级公路。具体划分标准由国务院交通主管部门规定。

新建公路应当符合技术等级的要求。原有不符合最低技术等级要求的等外公路，应当采取措施，逐步改造为符合技术等级要求的公路。

第七条　公路受国家保护，任何单位和个人不得破坏、损坏或者非法占用公路、公路用地及公路附属设施。

任何单位和个人都有爱护公路、公路用地及公路附属设施的义务，有权检举和控告破坏、损坏公路、公路用地、公路附属设施和影响公路安全的行为。

第八条　国务院交通主管部门主管全国公路工作。

县级以上地方人民政府交通主管部门主管本行政区域内的公路工作；但是，县级以上地方人民政府交通主管部门对国道、省道的管理、监督职责，由省、自治区、直辖市人民政府确定。

乡、民族乡、镇人民政府负责本行政区域内的乡道的建设和养护工作。

县级以上地方人民政府交通主管部门可以决定由公路管理机构依照本法规定行使公路行政管理职责。

第九条　禁止任何单位和个人在公路上非法设卡、收费、罚款和拦截车辆。

第十条　国家鼓励公路工作方面的科学技术研究，对在公路科学技术研究和应用方面作出显著成绩的单位和个人给予奖励。

第十一条　本法对专用公路有规定的，适用于专用公路。

专用公路是指由企业或者其他单位建设、养护、管理，专为或者主要为本企业或者本单位提供运输服务的道路。

第二章　公路规划

第十二条　公路规划应当根据国民经济和社会发展以及国防建设的需要编制，与城市建设发展规划和其他方式的交通运输发展规划相协调。

第十三条　公路建设用地规划应当符合土地利用总体规划，当年建设用地应当纳入年度建设用地计划。

第十四条　国道规划由国务院交通主管部门会同国务院有关部门并商国道沿线省、自治区、直辖市人民政府编制，报国务院批准。

省道规划由省、自治区、直辖市人民政府交通主管部门会同同级有关部门并商省道沿线下一级人民政府编制，报省、自治区、直辖市人民政府批准，并报国务院交通主管部门备案。

县道规划由县级人民政府交通主管部门会同同级有关部门编制，经本级人民政府审定后，报上一级人民政府批准。

乡道规划由县级人民政府交通主管部门协助乡、民族乡、镇人民政府编制，报县级人民政府批准。

依照第三款、第四款规定批准的县道、乡道规划，应当报批准机关的上一级人民政府交通主管部门备案。

省道规划应当与国道规划相协调。县道规划应当与省道规划相协调。乡道规划应当与县道规划相协调。

第十五条 专用公路规划由专用公路的主管单位编制，经其上级主管部门审定后，报县级以上人民政府交通主管部门审核。

专用公路规划应当与公路规划相协调。县级以上人民政府交通主管部门发现专用公路规划与国道、省道、县道、乡道规划有不协调的地方，应当提出修改意见，专用公路主管部门和单位应当作出相应的修改。

第十六条 国道规划的局部调整由原编制机关决定。国道规划需要作重大修改的，由原编制机关提出修改方案，报国务院批准。

经批准的省道、县道、乡道公路规划需要修改的，由原编制机关提出修改方案，报原批准机关批准。

第十七条 国道的命名和编号，由国务院交通主管部门确定；省道、县道、乡道的命名和编号，由省、自治区、直辖市人民政府交通主管部门按照国务院交通主管部门的有关规定确定。

第十八条 规划和新建村镇、开发区，应当与公路保持规定的距离并避免在公路两侧对应进行，防止造成公路街道化，影响公路的运行安全与畅通。

第十九条 国家鼓励专用公路用于社会公共运输。专用公路主要用于社会公共运输时，由专用公路的主管单位申请，或者由有关方面申请，专用公路的主管单位同意，并经省、自治区、直辖市人民政府交通主管部门批准，可以改划为省道、县道或者乡道。

第三章　公路建设

第二十条 县级以上人民政府交通主管部门应当依据职责维护公路建设秩序，加强对公路建设的监督管理。

第二十一条 筹集公路建设资金，除各级人民政府的财政拨款，包括依法征税筹集的公路建设专项资金转为的财政拨款外，可以依法向国内外金融机构或者外国政府贷款。

国家鼓励国内外经济组织对公路建设进行投资。开发、经营公路的公司可以依照法律、行政法规的规定发行股票、公司债券筹集资金。

依照本法规定出让公路收费权的收入必须用于公路建设。

向企业和个人集资建设公路，必须根据需要与可能，坚持自愿原则，不得强行摊派，并符合国务院的有关规定。

公路建设资金还可以采取符合法律或者国务院规定的其他方式筹集。

第二十二条 公路建设应当按照国家规定的基本建设程序和有关规定进行。

第二十三条 公路建设项目应当按照国家有关规定实行法人负责制度、招标投标制度和工程监理制度。

第二十四条 公路建设单位应当根据公路建设工程的特点和技术要求，选择具有相应资格的勘查设计单位、施工单位和工程监理单位，并依照有关法律、法规、规章的规定和公路工程技术标准的要求，分别签订合同，明确双方的权利义务。

承担公路建设项目的可行性研究单位、勘查设计单位、施工单位和工程监理单位，必须持有国家规定的资质证书。

第二十五条　公路建设项目的施工，须按国务院交通主管部门的规定报请县级以上地方人民政府交通主管部门批准。

第二十六条　公路建设必须符合公路工程技术标准。

承担公路建设项目的设计单位、施工单位和工程监理单位，应当按照国家有关规定建立健全质量保证体系，落实岗位责任制，并依照有关法律、法规、规章以及公路工程技术标准的要求和合同约定进行设计、施工和监理，保证公路工程质量。

第二十七条　公路建设使用土地依照有关法律、行政法规的规定办理。

公路建设应当贯彻切实保护耕地、节约用地的原则。

第二十八条　公路建设需要使用国有荒山、荒地或者需要在国有荒山、荒地、河滩、滩涂上挖砂、采石、取土的，依照有关法律、行政法规的规定办理后，任何单位和个人不得阻挠或者非法收取费用。

第二十九条　地方各级人民政府对公路建设依法使用土地和搬迁居民，应当给予支持和协助。

第三十条　公路建设项目的设计和施工，应当符合依法保护环境、保护文物古迹和防止水土流失的要求。

公路规划中贯彻国防要求的公路建设项目，应当严格按照规划进行建设，以保证国防交通的需要。

第三十一条　因建设公路影响铁路、水利、电力、邮电设施和其他设施正常使用时，公路建设单位应当事先征得有关部门的同意，因公路建设对有关设施造成损坏的，公路建设单位应当按照不低于该设施原有的技术标准予以修复，或者给予相应的经济补偿。

第三十二条　改建公路时，施工单位应当在施工路段两端设置明显的施工标志、安全标志。需要车辆绕行的，应当在绕行路口设置标志；不能绕行的，必须修建临时道路，保证车辆和行人通行。

第三十三条　公路建设项目和公路修复项目竣工后，应当按照国家有关规定进行验收；未经验收或者验收不合格的，不得交付使用。

建成的公路，应当按照国务院交通主管部门的规定设置明显的标志、标线。

第三十四条　县级以上地方人民政府应当确定公路两侧边沟（截水沟、坡脚护坡道，下同）外缘起不少于一米的公路用地。

第四章　公路养护

第三十五条　公路管理机构应当按照国务院交通主管部门规定的技术规范和操作规程对公路进行养护，保证公路经常处于良好的技术状态。

第三十六条 国家采用依法征税的办法筹集公路养护资金，具体实施办法和步骤由国务院规定。

依法征税筹集的公路养护资金，必须专项用于公路的养护和改建。

第三十七条 县、乡级人民政府对公路养护需要的挖砂、采石、取土以及取水，应当给予支持和协助。

第三十八条 县、乡级人民政府应当在农村义务工的范围内，按照国家有关规定组织公路两侧的农村居民履行为公路建设和养护提供劳务的义务。

第三十九条 为保障公路养护人员的人身安全，公路养护人员进行养护作业时，应当穿着统一的安全标志服；利用车辆进行养护作业时，应当在公路作业车辆上设置明显的作业标志。

公路养护车辆进行作业时，在不影响过往车辆通行的前提下，其行驶路线和方向不受公路标志、标线限制；过往车辆对公路养护车辆和人员应当注意避让。

公路养护工程施工影响车辆、行人通行时，施工单位应当依照本法第三十二条的规定办理。

第四十条 因严重自然灾害致使国道、省道交通中断，公路管理机构应当及时修复；公路管理机构难以及时修复时，县级以上地方人民政府应当及时组织当地机关、团体、企业事业单位、城乡居民进行抢修，并可以请求当地驻军支援，尽快恢复交通。

第四十一条 公路用地范围内的山坡、荒地，由公路管理机构负责水土保持。

第四十二条 公路绿化工作，由公路管理机构按照公路工程技术标准组织实施。

公路用地上的树木，不得任意砍伐；需要更新砍伐的，应当经县级以上地方人民政府交通主管部门同意后，依照《中华人民共和国森林法》的规定办理审批手续，并完成更新补种任务。

第五章　路政管理

第四十三条 各级地方人民政府应当采取措施，加强对公路的保护。

县级以上地方人民政府交通主管部门应当认真履行职责，依法做好公路保护工作，并努力采用科学的管理方法和先进的技术手段，提高公路管理水平，逐步完善公路服务设施，保障公路的完好、安全和畅通。

第四十四条 任何单位和个人不得擅自占用、挖掘公路。

因修建铁路、机场、电站、通信设施、水利工程和进行其他建设工程需要占用、挖掘公路或者使公路改线的，建设单位应当事先征得有关交通主管部门的同意；影响交通安全的，还须征得有关公安机关的同意。占用、挖掘公路或者使公路改线的，建设单位应当按照不低于该段公路原有的技术标准予以修复、改建或者给予相应的经济补偿。

第四十五条 跨越、穿越公路修建桥梁、渡槽或者架设、埋设管线等设施的，以及在公路用地范围内架设、埋设管线、电缆等设施的，应当事先经有关交通主管部门同意，影响交通安全的，还须征得有关公安机关的同意；所修建、架设或者埋设的设施应当符合公路工程技术标准的要求。对公路造成损坏的，应当按照损坏程度给予补偿。

第四十六条　任何单位和个人不得在公路上及公路用地范围内摆摊设点、堆放物品、倾倒垃圾、设置障碍、挖沟引水、利用公路边沟排放污物或者进行其他损坏、污染公路和影响公路畅通的活动。

第四十七条　在大中型公路桥梁和渡口周围二百米、公路隧道上方和洞口外一百米范围内，以及在公路两侧一定距离内，不得挖砂、采石、取土、倾倒废弃物，不得进行爆破作业及其他危及公路、公路桥梁、公路隧道、公路渡口安全的活动。

在前款范围内因抢险、防汛需要修筑堤坝、压缩或者拓宽河床的，应当事先报经省、自治区、直辖市人民政府交通主管部门会同水行政主管部门批准，并采取有效的保护有关的公路、公路桥梁、公路隧道、公路渡口安全的措施。

第四十八条　除农业机械因当地田间作业需要在公路上短距离行驶外，铁轮车、履带车和其他可能损害公路路面的机具，不得在公路上行驶。确需行驶的，必须经县级以上地方人民政府交通主管部门同意，采取有效的防护措施，并按照公安机关指定的时间、路线行驶。对公路造成损坏的，应当按照损坏程度给予补偿。

第四十九条　在公路上行驶的车辆的轴载质量应当符合公路工程技术标准要求。

第五十条　超过公路、公路桥梁、公路隧道或者汽车渡船的限载、限高、限宽、限长标准的车辆，不得在有限定标准的公路、公路桥梁上或者公路隧道内行驶，不得使用汽车渡船。超过公路或者公路桥梁限载标准确需行驶的，必须经县级以上地方人民政府交通主管部门批准，并按要求采取有效的防护措施；运载不可解体的超限物品的，应当按照指定的时间、路线、时速行驶，并悬挂明显标志。

运输单位不能按照前款规定采取防护措施的，由交通主管部门帮助其采取防护措施，所需费用由运输单位承担。

第五十一条　机动车制造厂和其他单位不得将公路作为检验机动车制动性能的试车场地。

第五十二条　任何单位和个人不得损坏、擅自移动、涂改公路附属设施。

前款公路附属设施，是指为保护、养护公路和保障公路安全畅通所设置的公路防护、排水、养护、管理、服务、交通安全、渡运、监控、通信、收费等设施、设备以及专用建筑物、构筑物等。

第五十三条　造成公路损坏的，责任者应当及时报告公路管理机构，并接受公路管理机构的现场调查。

第五十四条　任何单位和个人未经县级以上地方人民政府交通主管部门批准，不得在公路用地范围内设置公路标志以外的其他标志。

第五十五条　在公路上增设平面交叉道口，必须按照国家有关规定经过批准，并按照国家规定的技术标准建设。

第五十六条 除公路防护、养护需要的以外，禁止在公路两侧的建筑控制区内修建建筑物和地面构筑物；需要在建筑控制区内埋设管线、电缆等设施的，应当事先经县级以上地方人民政府交通主管部门批准。

前款规定的建筑控制区的范围，由县级以上地方人民政府按照保障公路运行安全和节约用地的原则，依照国务院的规定划定。

建筑控制区范围经县级以上地方人民政府依照前款规定划定后，由县级以上地方人民政府交通主管部门设置标桩、界桩。任何单位和个人不得损坏、擅自挪动该标桩、界桩。

第五十七条 除本法第四十七条第二款的规定外，本章规定由交通主管部门行使的路政管理职责，可以依照本法第八条第四款的规定，由公路管理机构行使。

第六章 收费公路

第五十八条 国家允许依法设立收费公路，同时对收费公路的数量进行控制。

除本法第五十九条规定可以收取车辆通行费的公路外，禁止任何公路收取车辆通行费。

第五十九条 符合国务院交通主管部门规定的技术等级和规模的下列公路，可以依法收取车辆通行费：

（一）由县级以上地方人民政府交通主管部门利用贷款或者向企业、个人集资建成的公路；

（二）由国内外经济组织依法受让前项收费公路收费权的公路；

（三）由国内外经济组织依法投资建成的公路。

第六十条 县级以上地方人民政府交通主管部门利用贷款或者集资建成的收费公路的收费期限，按照收费偿还贷款、集资款的原则，由省、自治区、直辖市人民政府依照国务院交通主管部门的规定确定。

有偿转让公路收费权的公路，收费权转让后，由受让方收费经营。收费权的转让期限由出让、受让双方约定并报转让收费权的审批机关审查批准，但最长不得超过国务院规定的年限。

国内外经济组织投资建设公路，必须按照国家有关规定办理审批手续；公路建成后，由投资者收费经营。收费经营期限按照收回投资并有合理回报的原则，由有关交通主管部门与投资者约定并按照国家有关规定办理审批手续，但最长不得超过国务院规定的年限。

第六十一条 本法第五十九条第一款第一项规定的公路中的国道收费权的转让，必须经国务院交通主管部门批准；国道以外的其他公路收费权的转让，必须经省、自治区、直辖市人民政府批准，并报国务院交通主管部门备案。

前款规定的公路收费权出让的最低成交价，以国有资产评估机构评估的价值为依据确定。

第六十二条　受让公路收费权和投资建设公路的国内外经济组织应当依法成立开发、经营公路的企业（以下简称公路经营企业）。

第六十三条　收费公路车辆通行费的收费标准，由公路收费单位提出方案，报省、自治区、直辖市人民政府交通主管部门会同同级物价行政主管部门审查批准。

第六十四条　收费公路设置车辆通行费的收费站，应当报经省、自治区、直辖市人民政府审查批准。跨省、自治区、直辖市的收费公路设置车辆通行费的收费站，由有关省、自治区、直辖市人民政府协商确定；协商不成的，由国务院交通主管部门决定。同一收费公路由不同的交通主管部门组织建设或者由不同的公路经营企业经营的，应当按照“统一收费、按比例分成”的原则，统筹规划，合理设置收费站。

两个收费站之间的距离，不得小于国务院交通主管部门规定的标准。

第六十五条　有偿转让公路收费权的公路，转让收费权合同约定的期限届满，收费权由出让方收回。

由国内外经济组织依照本法规定投资建成并经营的收费公路，约定的经营期限届满，该公路由国家无偿收回，由有关交通主管部门管理。

第六十六条　依照本法第五十九条规定受让收费权或者由国内外经济组织投资建成经营的公路的养护工作，由该公路经营企业负责。该公路经营企业在经营期间应当按照国务院交通主管部门规定的技术规范和操作规程做好对公路的养护工作。在受让收费权的期限届满，或者经营期限届满时，公路应当处于良好的技术状态。

前款规定的公路的绿化和公路用地范围内的水土保持工作，由各该公路经营企业负责。

第一款规定的公路的路政管理，适用本法第五章的规定。该公路路政管理的职责由县级以上地方人民政府交通主管部门或者公路管理机构的派出机构、人员行使。

第六十七条　在收费公路上从事本法第四十四条第二款、第四十五条、第四十八条、第五十条所列活动的，除依照各该条的规定办理外，给公路经营企业造成损失的，应当给予相应的补偿。

第六十八条　收费公路的具体管理办法，由国务院依照本法制定。

第七章　监督检查

第六十九条　交通主管部门、公路管理机构依法对有关公路的法律、法规执行情况进行监督检查。

第七十条　交通主管部门、公路管理机构负有管理和保护公路的责任，有权检查、制止各种侵占、损坏公路、公路用地、公路附属设施及其他违反本法规定的行为。

第七十一条　公路监督检查人员依法在公路、建筑控制区、车辆停放场所、车辆所属单位等进行监督检查时，任何单位和个人不得阻挠。

公路经营者、使用者和其他有关单位、个人，应当接受公路监督检查人员依法实施的监督检查，并为其提供方便。

公路监督检查人员执行公务，应当佩戴标志，持证上岗。

第七十二条 交通主管部门、公路管理机构应当加强对所属公路监督检查人员的管理和教育，要求公路监督检查人员熟悉国家有关法律和规定，公正廉洁，热情服务，秉公执法，对公路监督检查人员的执法行为应当加强监督检查，对其违法行为应当及时纠正，依法处理。

第七十三条 用于公路监督检查的专用车辆，应当设置统一的标志和警示灯。

第八章 法律责任

第七十四条 违反法律或者国务院有关规定，擅自在公路上设卡、收费的，由交通主管部门责令停止违法行为，没收违法所得，可以处违法所得三倍以下的罚款，没有违法所得的，可以处二万元以下的罚款；对负有直接责任的主管人员和其他直接责任人员，依法给予行政处分。

第七十五条 违反本法第二十五条规定，未经有关交通主管部门批准擅自施工的，交通主管部门可以责令停止施工，并可以处五万元以下的罚款。

第七十六条 有下列违法行为之一的，由交通主管部门责令停止违法行为，可以处三万元以下的罚款：

（一）违反本法第四十四条第一款规定，擅自占用、挖掘公路的；

（二）违反本法第四十五条规定，未经同意或者未按照公路工程技术标准的要求修建桥梁、渡槽或者架设、埋设管线、电缆等设施的；

（三）违反本法第四十七条规定，从事危及公路安全的作业的；

（四）违反本法第四十八条规定，铁轮车、履带车和其他可能损害路面的机具擅自在公路上行驶的；

（五）违反本法第五十条规定，车辆超限使用汽车渡船或者在公路上擅自超限行驶的；

（六）违反本法第五十二条、第五十六条规定，损坏、移动、涂改公路附属设施或者损坏、挪动建筑控制区的标桩、界桩，可能危及公路安全的。

第七十七条 违反本法第四十六条的规定，造成公路路面损坏、污染或者影响公路畅通的，或者违反本法第五十一条规定，将公路作为试车场地的，由交通主管部门责令停止违法行为，可以处五千元以下的罚款。

第七十八条 违反本法第五十三条规定，造成公路损坏，未报告的，由交通主管部门处一千元以下的罚款。

第七十九条 违反本法第五十四条规定，在公路用地范围内设置公路标志以外的其他标志的，由交通主管部门责令限期拆除，可以处二万元以下的罚款；逾期不拆除的，由交通主管部门拆除，有关费用由设置者负担。

第八十条　违反本法第五十五条规定，未经批准在公路上增设平面交叉道口的，由交通主管部门责令恢复原状，处五万元以下的罚款。

第八十一条　违反本法第五十六条规定，在公路建筑控制区内修建建筑物、地面构筑物或者擅自埋设管线、电缆等设施的，由交通主管部门责令限期拆除，并可以处五万元以下的罚款。逾期不拆除的，由交通主管部门拆除，有关费用由建筑者、构筑者承担。

第八十二条　除本法第七十四条、第七十五条的规定外，本章规定由交通主管部门行使的行政处罚权和行政措施，可以依照本法第八条第四款的规定由公路管理机构行使。

第八十三条　阻碍公路建设或者公路抢修，致使公路建设或者抢修不能正常进行，尚未造成严重损失的，依照治安管理处罚条例第十九条的规定处罚。

损毁公路或者擅自移动公路标志，可能影响交通安全，尚不够刑事处罚的，依照治安管理处罚条例第二十条的规定处罚。

拒绝、阻碍公路监督检查人员依法执行职务未使用暴力、威胁方法的，依照治安管理处罚条例第十九条的规定处罚。

第八十四条　违反本法有关规定，构成犯罪的，依法追究刑事责任。

第八十五条　违反本法有关规定，对公路造成损害的，应当依法承担民事责任。

对公路造成较大损害的车辆，必须立即停车，保护现场，报告公路管理机构，接受公路管理机构的调查、处理后方得驶离。

第八十六条　交通主管部门、公路管理机构的工作人员玩忽职守、徇私舞弊、滥用职权，构成犯罪的，依法追究刑事责任；尚不构成犯罪的，依法给予行政处分。

第九章　附则

第八十七条　本法自1998年1月1日起施行。

二　吉林省道路运输管理条例

（1997年3月28日吉林省第八届人民代表大会常务委员会第三十次会议通过）

第一章　总　　则

第一条　为了加强道路运输管理，维护道路运输秩序，建立统一、开放、竞争、有序的道路运输市场，保护道路运输经营者及其服务对象的合法权益，根据法律、法规的有关规定，结合本省实际，制定本条例。

第二条　本条例所称道路运输，是指道路旅客运输、货物运输、车辆维修、搬运装卸、运输服务和出入国境道路运输。

第三条 本条例适用于在本省行政区域内从事道路运输活动以及道路运输活动有关的单位和个人。

军队、武装警察部队从事营业性道路运输的，适用本条例。

城市公共客运、由城市建设行政主管部门管理的出租车在城市区域内营运的及城市环卫、园林专用车辆的运输不适用本条例。

第四条 县级以上人民政府应当根据社会经济发展的需要，制定道路运输发展规划，并将其纳入国民经济和社会发展计划。

第五条 县级以上人民政府交通行政主管部门主管本行政区域内的道路运输管理工作。交通行政主管部门设立的道路运输管理机构受同级交通行政主管部门的委托，具体负责道路运输管理工作。

公安、工商、物价、城市建设、农业机械管理等有关部门按照各自职责，协助交通行政主管部门做好道路运输管理工作。

第六条 交通行政主管部门应当根据道路运输市场的需求，合理投放运输车辆，及时调整运力结构，加强对运输市场的宏观调控。

第七条 道路运输实行开放经营。凡具备条件的单位和个人均参与道路运输市场的经营活动。禁止任何单位和个人进行行业垄断和不正当竞争。

第二章 开业、变更、停业

第八条 从事营业性道路运输的单位或者个人必须具备与其经营种类、项目、范围相适应的设备、设施、资金和专业人员等经济技术开业条件。经济技术开业条件由省交通行政主管部门按照国家有关规定制定，并向社会公布。

第九条 申请从事营业性道路运输的单位或者个人，应当向相应的道路运输管理机构提出开业申请，道路运输管理机构应当在接到申请之日起20日内作出答复，符合开业条件的发给《道路运输经营许可证》，申请者凭《道路运输经营许可证》到工商行政管理部门办理注册登记，领取营业执照后方准营业。

未取得《道路运输经营许可证》的，工商行政管理部门不予办理营业执照。

申请从事营业性汽车客运的，须经相应的道路运输管理机构同意，方可按本条第一款规定申请办理开业手续。

第十条 营业性道路运输的审批权限，按下列规定办理：

（一）跨省、市（州）道路旅客运输和零担货物运输、一类车辆维修企业、出入国境道路运输、汽车驾驶学校和面向社会的汽车驾驶员培训班，由省道路运输管理机构审批。

（二）本市（州）内跨县（市）道路旅客运输和零担货物运输、二类车辆维修企业，由市（州）道路运输管理机构审批。

（三）外商投资道路运输企业，由省道路运输管理机构审核，报国家有关部门审批。

经营本条第一款第（一）项、第（二）项、第（三）项范围以外道路运输的，由经营地的市（州）、县（市）道路运输管理机构审批。

第十一条　道路运输经营者合并、分立、迁移、歇业、停业或者更名和变更经营项目、经营范围的，必须提前30日报原审批的道路运输管理机构批准，并按规定到工商行政管理部门办理有关手续。

第十二条　《道路运输经营许可证》实行年度审验制度。道路运输经营者须按规定到批准其开业的道路运输管理机构接受经营资格的年度审验。审验合格后，方可继续经营。

第十三条　道路运输经营者应当按照有关规定向道路运输管理机构报送有关统计、财务资料。

第三章　旅客运输

第十四条　道路旅客运输包括：班车客运、出租车客运、旅游客运和包车客运。

第十五条　客运线路经营权原则上实行有偿使用。可以采取招标等形式确定。

第十六条　客运班车必须进入核准的客运站（场）载客，并按公布的时间．和批准的线路、班次、停靠站点营运。

不定班次的客运车辆应当在始发站按顺序载客发车，并应当服从站务人员管理。

取得客运经营权的单位和个人，其客运线路经由的地区不得设卡刁难，线路终到站不得以对等发车为由，阻碍其先行发车。

客运车辆经过城市的行驶路线、站点设置，由交通行政主管部门会同有关部门研究确定。

第十七条　旅客运输经营者以有偿方式取得的经营权，在有偿使用期内，经原审批的道路运输管理机构同意，可以转让。以无偿方式取得的旅客运输经营权不准转让。

第十八条　旅客运输经营者及司乘人员应当给购票者与其所付价款相符的票据，并按客票标明的车次、时间、地点运送旅客。除车辆无法继续行驶或者其他特殊情况外，未经旅客同意，经营者和司乘人员不得中途更换车辆或者将旅客交他人运送。

旅客运输经营者由于自身的责任造成旅客漏乘、误乘的，应当退还全部票款或者经旅客同意安排其改乘；造成旅客人身伤害或者托运人行李丢失、损坏、错运的，旅客运输经营者负赔偿责任。

第十九条　旅客乘车应当持有效客票，遵守乘车秩序，讲究文明卫生。不得携带危险物品及其他禁带物品乘车。

第二十条　客运出租汽车限于8个座位以下的各类小型客（轿）车。出租汽车经营者应按乘客指定的目的地，选择合理的线路行驶，不得故意绕行；显示空车标志的出租车，不得拒载乘客。

第二十一条　旅游客车应当按批准的线路或区域行驶和停靠，不准擅自设点停靠，干扰道路运输秩序。

第二十二条 从事包车客运，应当到当地道路运输管理机构办理包车客运手续。由城市建设行政主管部门管理的车辆从事包车客运，在城市区域内营运的除外。

第二十三条 禁止使用货车、拖拉机和残疾人专用车、二轮摩托车进行营业性客运。

第四章 货物运输

第二十四条 道路货物运输按照公平竞争、择优托运的原则，托运人有权选择承运人。货物运输由承、托双方签订运输合同。任何单位和个人不得实行地区或者部门封锁，垄断货源。

第二十五条 县以上人民政府确定的抢险、救灾、战备等重点物资实行指令性运输，运输单位和个人必须服从统一调度。

第二十六条 零担货运班车实行定线、定点、定班运行。经营者不得擅自改变线路、站点、班次。

经营者应当与有关货运站点签订合同。

第二十七条 从事大件货物、危险品等特种货物运输的，应当符合国家规定的特种货物运输规定。

第二十八条 法律、法规和省人民政府规定的限运和凭证运输的物资，必须按照规定办理准运手续后，方可运输。

第二十九条 外省货物运输车辆在我省货源所在地从事营业性运输的，或者我省货物运输车辆在车籍所在地以外的区域从事营业性运输的，必须到货源所在地的道路运输管理机构登记，并接受管理，超过10日的，须缴纳有关运输规费。

第三十条 由于承运人或者托运人的责任给对方或者他人造成损失的，应当承担赔偿责任。

第五章 运输车辆

第三十一条 运输车辆应当具备与其载客或者承运货物相适应的装备和技术条件，保持技术性能良好，装备齐全，并符合有关管理规定。

第三十二条 运输车辆必须具有车籍所在地的市（州）道路运输管理机构核发的《道路运输证》，并随车携带。

运输车辆过户、转籍时，必须向原核发《道路运输证》的机构申请办理《道路运输证》的注销或者变更手续。

非营业性运输车辆不得从事营业性运输。

第三十三条 由城市建设行政主管部门管理的出租车上公路营运的，不办理《道路运输证》；但须按照国家和省人民政府的规定缴纳有关费用。

第三十四条 营业性运输车辆应当在车前装置营运标志牌。旅客运输、零担货运班车必须装置统一的线路牌；危险、大件货物运输车辆必须装置特种货物运输标志；客运出租车辆必须装置顶灯和计程（费）器。

第三十五条 任何单位和个人不得使用报废车辆从事道路运输。

第三十六条 汽车检测站是独立的、社会化的、不以盈利为目的的技术服务机构。必须按照国家和行业标准进行检测。未经检测或者检测不合格的车辆，不准投入营运。

车辆检测应当由一个主管部门负责，不得重复检测。具体办法由省人民政府制定。

第六章 车辆维修

第三十七条 车辆维修包括汽车、摩托车的整车大修、发动机总成大修、二级维护、小修和专项修理。

车辆维修厂（点），应当在道路运输管理机构核定的经营范围内挂牌经营，并应当按照国家和省有关修理技术标准维修车辆，做好维修记录，执行省规定的工时定额。对维修竣工车辆，维修者应当签发竣工出厂合格证。

第三十八条 车辆维修业实行公平竞争，车有权自行选择维修厂（点），任何单位和个人不得垄断维修业务，不得强制或者变相强制车主到指定的维修厂（点）维修或者装配有关设备。

车辆维修经营者不得承修报废车辆，不得利用配件拼装车辆。

第三十九条 车辆维修实行质量保证期制度。在质量保证期内，因维修质量原因造成的直接经济损失，承修厂（点）负赔偿责任。发生质量纠纷时，由道路运输管理机构组织有关部门对有争议的车辆作技术鉴定，并根据鉴定结果进行调解；当事人不愿进行调解的，或者调解不成的，可根据仲裁协议申请仲裁向人民法院起诉。

第七章 搬运装卸

第四十条 搬运装卸包括在车站、码头、库场、厂矿、企业和自有铁路专用线及货物集散地进行的搬运装卸。

从事营业性搬运装卸作业的单位和个人，必须按照道路运输管理机构核准的范围进行作业。

第四十一条 搬运装卸单位和个人应当按照国家有关安全操作规程进行作业，对搬运装卸的货物有特殊要求的，必须按照货物包装上标明的要求作业。

因搬运装卸经营者的责任造成货物损坏、灭失的，经营者承担赔偿责任。

第四十二条 由于托运人在货物中夹带危险品或者匿报、错报货物种类、重量，致使搬运装卸单位和个人的机具、设备损坏以及造成其他直接经济损失或者人身伤害的，托运人负责赔偿。由此造成托运人货物损坏、灭失的，搬运装卸单位和个人不负赔偿责任。

第四十三条 货主和承运人有权自行搬运装卸货物，任何单位和个人不得垄断搬运装卸货源，不得强装强卸，不得野蛮装卸。

第八章　运输服务

第四十四条　道路运输服务业包括为道路运输服务的客货站（场）、客货运代理和联运、货运配载、货物仓储、货运信息咨询服务、转运包装、汽车驾驶员培训、营业性汽车发送以及货运交易市场等。

第四十五条　客运站、货运站和货运交易市场的设置应当符合运输网络规划的要求，方便车辆出入。

客运、货运站（场）经营者应当为旅客、货主在购票、候车、货物托运等方面提供方便，为承运人提供载客、配货、停车、发车等服务条件。

第四十六条　货运代理、货运配载、货物仓储、货物联运经营者应当以承运人身份对货主承担民事责任。发生货损、货差需要赔偿的，经营者应当先行赔偿，并有权向实际承运人追偿。

第四十七条　货运信息服务经营者应当保证所提供信息的准确性，因信息误差而造成的车辆空驶、运输延误等直接经济损失的，应当承担赔偿责任。

第四十八条　货物仓储经营者应当按照货物性质、保管条件和有效期限，对货物分类存放，保证货物完好无损。因保管不当造成损失的，应当承担赔偿责任。

第四十九条　货物包装经营者应当按照国家规定的货物运输包装标准包装货物。

第五十条　汽车发送经营者应当与委托人签订发送合同。直接驾驶车辆发送的，发送者必须按照汽车走合期技术规定使用车辆，保证汽车完好。不得利用发送的汽车从事其他经营活动。

汽车发送从业人员必须持有道路运输管理机构核发的汽车发送证。

第五十一条　汽车驾驶学校和面向社会的汽车驾驶员培训班，应当按照省交通行政主管部门制定的统一教学计划和教学大纲进行教学，并使用统编教材。

交通、公安部门不得以任何形式从事驾驶员培训经营活动。

第五十二条　道路运输管理机构应当加强对客运站务、司乘人员，以及从事危险货物、大型和特种物件搬运装卸的作业人员和车辆维修业从业人员培训，培训合格后持证上岗。

第九章　出入国境道路运输

第五十三条　出入国境道路运输包括在本省境内的出入国境汽车货物和旅（游）客运输，以及与之相关的车辆维修、搬运装卸、运输代理、货物仓储、转运包装等。

从事出入国境道路运输的中、外方车辆，应当携带省道路运输管理机构核发的国际运输行车许可证或者行车路单、国际汽车货物运单，并配有出入国境道路运输统一标志。

第五十四条　出入国境运输国务院和省人民政府规定限运的货物，货主或者货运代理单位必须按照规定办理批准手续；超限及危险品运输，须按照国家间汽车运输协定办理特别行车许可证。

第五十五条 出入国境道路旅（游）客运输及其线路、班期、班次、停靠站点、运行时刻等必须按照国家间或者邻国省级政府间签订的汽车运输协定或者协议执行。

第五十六条 为出入国境道路运输服务的车辆维修、搬运装卸、运输代理、转运包装企业，由省道路运输管理机构统筹规划，合理布局，并在批准的作业范围内经营。

第五十七条 外国车辆进入我省境内后，必须遵守国家间和邻国省级政府间签订的汽车运输协定、协议，不准在我省境内自行承揽货源或者招揽旅客。需要过境运输时，须经国家交通行政主管部门特别许可后方可进行。

第十章 价格、规费和票证

第五十八条 道路运输的各类价格和收费标准，按照国家和省有关规定执行。

经营道路运输业应当实行明码标价，明码标价标志应当放在明显位置。

第五十九条 道路运输经营者应当按时足额向道路运输管理机构缴纳国家和省规定的有关道路运输管理的各种规费。

第六十条 道路运输的客票、发票、规费征收票据等票证，按照国家和省有关规定印制、核发和管理。

第六十一条 从事道路运输的单位和个人应当使用规定的统一票证，任何单位和个人不得私自印制、涂改、伪造、倒卖和转让。

第十一章 监督检查

第六十二条 县级以上道路运输管理机构对从事道路运输单位和个人实施监督检查，纠正和处理违法违章行为。

监督检查内容包括：营运牌证、经营范围、经营行为、运价、票证、运输规费缴纳等。

第六十三条 道路运输管理机构可到经营单位、作业现场检查，或者在公路征费稽查站执行运政管理任务。

第六十四条 道路运输管理机构管理人员执行任务时，应当穿着统一服装，佩戴标志，并出示省人民政府颁发的执法证件。

第六十五条 道路运输管理机构应当建立举报制度，接受社会监督，及时受理对道路运输经营者和管理者的投诉，调解道路运输经营活动中发生的纠纷。

第六十六条 道路运输经营者应当接受监督检查，如实提供情况，不得拒绝、阻挠道路运输管理机构管理人员的监督检查。

第十二章 法律责任

第六十七条 违反本条例规定，有下列行为之一的，责令停止营业，没收违法所得，可以并处违法所得额 1 至 3 倍的罚款。已领取《道路运输经营许可证》的，可以吊销《道路运输经营许可证》：

（一）未取得《道路运输经营许可证》从事营业性道路运输的；

（二）使用应当检测未经检测或者检测不合格的车辆、报废车辆从事营业性道路运输的；

（三）未按《道路运输经营许可证》规定的范围、方式、种类以及项目经营的；

（四）垄断货源，强行搬运装卸、欺行霸市的；

（五）车辆维修经营者承修报废车或者利用配件拼装车辆的；

（六）私自印制、伪造、涂改、转让、倒卖《道路运输经营许可证》、客票或者结算凭证的。

第六十八条 汽车驾驶学校和面向社会的汽车驾驶员培训班未按照统一的教学计划、教学大纲和规定教材进行驾驶员培训，致使培训质量低劣的，处以 10 000 元以下罚款；造成学员经济损失的，应当负赔偿责任。

第六十九条 违反本条例规定，有下列行为之一的，处以 50 元至 500 元的罚款；情节严重的，暂扣 3 到 15 日《道路运输经营许可证》或者车辆《道路运输证》：

（一）未按照规定办理停业、歇业、合并、分立、迁移、更名等手续或者未按照规定接受年度审验的；

（二）客运、货运零担班车擅自改变线路、班次和停靠站点或者无故中途更换车辆及将旅客交由他人运送的；

（三）客运出租车无故绕行或者显示空车标志而拒载乘客的；

（四）车辆不装置规定的标志或者无合法手续承运限运、凭证运输物资的；

（五）运输车辆未携带《道路运输证》或者运输从业人员未携带合法证件的。

第七十条 违反价格管理行为，除由物价部门按价格管理条例处罚外，情节严重或者屡犯的，收缴票证或者责令停业整顿。

第七十一条 违反本条例规定，未按照规定缴纳道路运输规费的，由道路运输管理机构责令其限期缴纳，并按日收取应缴规费额 5% 的滞纳金，拒不缴纳的，吊销《道路运输经营许可证》。

第七十二条 本条僻规定的暂扣、吊销《道路运输经营许可证》、责令停业以及 2000 元以上罚款的处罚，由市（州）以上道路运输管理机构决定。

第七十三条 违反本条例规定，有下列情况之一的，道路运输管理机构管理人员可以责令车辆中止运行：

（一）非法运输违禁品的车辆；

（二）运输危险货物，不符合《汽车危险货物运输规则》要求的车辆；

（三）无《道路运输证》或者不接受处罚的车辆；

（四）偷、漏、逃、欠运输规费的车辆。

第七十四条　对违反本条例规定的行政处罚，由交通行政主管部门执行。法律、法规另有规定的从其规定。构成犯罪的，依法追究刑事责任。

第七十五条　当事人对行政处罚决定不服的，可以在接到处罚决定书之日起十五日内向作出处罚决定的上一级行政主管部门或同级人民政府申请复议。对复议决定不服的，可在接到复议决定书之日起十五日内，向人民法院起诉。当事人也可以直接向人民法院起诉。逾期不申请复议、不起诉又不履行处罚决定的，由作出处罚决定的机关申请人民法院强制执行。

第七十六条　道路运输管理机构管理人员有下列行为之一的，由所在单位或者上级主管机关给予行政处分，构成犯罪的，由司法机关依法追究其刑事责任：.

（一）未按照条例规定核发《道路运输经营许可证》和车辆《道路运输证》的；

（二）擅自减免交通运输规费的；

（三）非法扣押道路运输许可证、车辆的；

（四）违法拦截车辆、滥收费、滥罚款的；

（五）其他滥用职权、徇私舞弊和索贿受贿的。

第十三章　附　则

第七十七条　机关、企业、事业单位办公用车、生活用车以及各生产环节等非提供运输劳务不发生费用结算的运输，为非营业性运输；其他均为营业性道路运输。

第七十八条　本条例自发布之日起实施。我省过去有关规定与本条例相抵触的，按本条例执行。

三　中华人民共和国道路运输条例

（《中华人民共和国道路运输条例》已经于2004年4月14日国务院第48次常务会议通过，现予公布，自2004年7月1日起施行。）

第一章　总　则

第一条　为了维护道路运输市场秩序，保障道路运输安全，保护道路运输有关各方当事人的合法权益，促进道路运输业的健康发展，制定本条例。

第二条　从事道路运输经营以及道路运输相关业务的，应当遵守本条例。

前款所称道路运输经营包括道路旅客运输经营（以下简称客运经营）和道路货物运输经营（以下简称货运经营）；道路运输相关业务包括站（场）经营、机动车维修经营、机动车驾驶员培训。

第三条 从事道路运输经营以及道路运输相关业务，应当依法经营，诚实信用，公平竞争。

第四条 道路运输管理，应当公平、公正、公开和便民。

第五条 国家鼓励发展乡村道路运输，并采取必要的措施提高乡镇和行政村的通班车率，满足广大农民的生活和生产需要。

第六条 国家鼓励道路运输企业实行规模化、集约化经营。任何单位和个人不得封锁或者垄断道路运输市场。

第七条 国务院交通主管部门主管全国道路运输管理工作。

县级以上地方人民政府交通主管部门负责组织领导本行政区域的道路运输管理工作。

县级以上道路运输管理机构负责具体实施道路运输管理工作。

第二章 道路运输经营

第一节 客运

第八条 申请从事客运经营的，应当具备下列条件：

（一）有与其经营业务相适应并经检测合格的车辆；

（二）有符合本条例第九条规定条件的驾驶人员；

（三）有健全的安全生产管理制度。

申请从事班线客运经营的，还应当有明确的线路和站点方案。

第九条 从事客运经营的驾驶人员，应当符合下列条件：

（一）取得相应的机动车驾驶证；

（二）年龄不超过60周岁；

（三）3年内无重大以上交通责任事故记录；

（四）经设区的市级道路运输管理机构对有关客运法律法规、机动车维修和旅客急救基本知识考试合格。

第十条 申请从事客运经营的，应当按照下列规定提出申请并提交符合本条例第八条规定条件的相关材料：

（一）从事县级行政区域内客运经营的，向县级道路运输管理机构提出申请；

（二）从事省、自治区、直辖市行政区域内跨2个县级以上行政区域客运经营的，向其共同的上一级道路运输管理机构提出申请；

（三）从事跨省、自治区、直辖市行政区域客运经营的，向所在地的省、自治区、直辖市道路运输管理机构提出申请。

依照前款规定收到申请的道路运输管理机构，应当自受理申请之日起20日内审查完毕，作出许可或者不予许可的决定。予以许可的，向申请人颁发道路运输经营许可证，并向申请人投入运输的车辆配发车辆营运证；不予许可的，应当书面通知申请人并说明理由。

对从事跨省、自治区、直辖市行政区域客运经营的申请，有关省、自治区、直辖市道路运输管理机构依照本条第二款规定颁发道路运输经营许可证前，应当与运输线路目的地的省、自治区、直辖市道路运输管理机构协商，协商不成的，应当报国务院交通主管部门决定。

客运经营者应当持道路运输经营许可证依法向工商行政管理机关办理有关登记手续。

第十一条　取得道路运输经营许可证的客运经营者，需要增加客运班线的，应当依照本条例第十条的规定办理有关手续。

第十二条　县级以上道路运输管理机构在审查客运申请时，应当考虑客运市场的供求状况、普遍服务和方便群众等因素。

同一线路有 3 个以上申请人时，可以通过招标的形式作出许可决定。

第十三条　县级以上道路运输管理机构应当定期公布客运市场供求状况。

第十四条　客运班线的经营期限为 4 年到 8 年。经营期限届满需要延续客运班线经营许可的，应当重新提出申请。

第十五条　客运经营者需要终止客运经营的，应当在终止前 30 日内告知原许可机关。

第十六条　客运经营者应当为旅客提供良好的乘车环境，保持车辆清洁、卫生，并采取必要的措施防止在运输过程中发生侵害旅客人身、财产安全的违法行为。

第十七条　旅客应当持有效客票乘车，遵守乘车秩序，讲究文明卫生，不得携带国家规定的危险物品及其他禁止携带的物品乘车。

第十八条　班线客运经营者取得道路运输经营许可证后，应当向公众连续提供运输服务，不得擅自暂停、终止或者转让班线运输。

第十九条　从事包车客运的，应当按照约定的起始地、目的地和线路运输。

从事旅游客运的，应当在旅游区域按照旅游线路运输。

第二十条　客运经营者不得强迫旅客乘车，不得甩客、敲诈旅客；不得擅自更换运输车辆。

第二十一条　客运经营者在运输过程中造成旅客人身伤亡，行李毁损、灭失，当事人对赔偿数额有约定的，依照其约定；没有约定的，参照国家有关港口间海上旅客运输和铁路旅客运输赔偿责任限额的规定办理。

第二节　货　运

第二十二条　申请从事货运经营的，应当具备下列条件：

（一）有与其经营业务相适应并经检测合格的车辆；

（二）有符合本条例第二十三条规定条件的驾驶人员；

（三）有健全的安全生产管理制度。

第二十三条 从事货运经营的驾驶人员，应当符合下列条件：

（一）取得相应的机动车驾驶证；

（二）年龄不超过60周岁；

（三）经设区的市级道路运输管理机构对有关货运法律法规、机动车维修和货物装载保管基本知识考试合格。

第二十四条 申请从事危险货物运输经营的，还应当具备下列条件：

（一）有5辆以上经检测合格的危险货物运输专用车辆、设备；

（二）有经所在地设区的市级人民政府交通主管部门考试合格，取得上岗资格证的驾驶人员、装卸管理人员、押运人员；

（三）危险货物运输专用车辆配有必要的通讯工具；

（四）有健全的安全生产管理制度。

第二十五条 申请从事货运经营的，应当按照下列规定提出申请并分别提交符合本条例第二十二条、第二十四条规定条件的相关材料：

（一）从事危险货物运输经营以外的货运经营的，向县级道路运输管理机构提出申请；

（二）从事危险货物运输经营的，向设区的市级道路运输管理机构提出申请。

依照前款规定收到申请的道路运输管理机构，应当自受理申请之日起20日内审查完毕，作出许可或者不予许可的决定。予以许可的，向申请人颁发道路运输经营许可证，并向申请人投入运输的车辆配发车辆营运证；不予许可的，应当书面通知申请人并说明理由。

货运经营者应当持道路运输经营许可证依法向工商行政管理机关办理有关登记手续。

第二十六条 货运经营者不得运输法律、行政法规禁止运输的货物。

法律、行政法规规定必须办理有关手续后方可运输的货物，货运经营者应当查验有关手续。

第二十七条 国家鼓励货运经营者实行封闭式运输，保证环境卫生和货物运输安全。

货运经营者应当采取必要措施，防止货物脱落、扬撒等。

运输危险货物应当采取必要措施，防止危险货物燃烧、爆炸、辐射、泄漏等。

第二十八条 运输危险货物应当配备必要的押运人员，保证危险货物处于押运人员的监管之下，并悬挂明显的危险货物运输标志。

托运危险货物的，应当向货运经营者说明危险货物的品名、性质、应急处置方法等情况，并严格按照国家有关规定包装，设置明显标志。

第三节 客运和货运的共同规定

第二十九条 客运经营者、货运经营者应当加强对从业人员的安全教育、职业道德教育，确保道路运输安全。

道路运输从业人员应当遵守道路运输操作规程，不得违章作业。驾驶人员连续驾驶时间不得超过4个小时。

第三十条　生产（改装）客运车辆、货运车辆的企业应当按照国家规定标定车辆的核定人数或者载重量，严禁多标或者少标车辆的核定人数或者载重量。

客运经营者、货运经营者应当使用符合国家规定标准的车辆从事道路运输经营。

第三十一条　客运经营者、货运经营者应当加强对车辆的维护和检测，确保车辆符合国家规定的技术标准；不得使用报废的、擅自改装的和其他不符合国家规定的车辆从事道路运输经营。

第三十二条　客运经营者、货运经营者应当制定有关交通事故、自然灾害以及其他突发事件的道路运输应急预案。

应急预案应当包括报告程序、应急指挥、应急车辆和设备的储备以及处置措施等内容。

第三十三条　发生交通事故、自然灾害以及其他突发事件，客运经营者和货运经营者应当服从县级以上人民政府或者有关部门的统一调度、指挥。

第三十四条　道路运输车辆应当随车携带车辆营运证，不得转让、出租。

第三十五条　道路运输车辆运输旅客的，不得超过核定的人数，不得违反规定载货；运输货物的，不得运输旅客，运输的货物应当符合核定的载重量，严禁超载；载物的长、宽、高不得违反装载要求。

违反前款规定的，由公安机关交通管理部门依照《中华人民共和国道路交通安全法》的有关规定进行处罚。

第三十六条　客运经营者、危险货物运输经营者应当分别为旅客或者危险货物投保承运人责任险。

第三章　道路运输相关业务

第三十七条　申请从事道路运输站（场）经营的，应当具备下列条件：

（一）有经验收合格的运输站（场）；

（二）有相应的专业人员和管理人员；

（三）有相应的设备、设施；

（四）有健全的业务操作规程和安全管理制度。

第三十八条　申请从事机动车维修经营的，应当具备下列条件：

（一）有相应的机动车维修场地；

（二）有必要的设备、设施和技术人员；

（三）有健全的机动车维修管理制度；

（四）有必要的环境保护措施。

第三十九条 申请从事机动车驾驶员培训的，应当具备下列条件：

（一）有健全的培训机构和管理制度；

（二）有与培训业务相适应的教学人员、管理人员；

（三）有必要的教学车辆和其他教学设施、设备、场地。

第四十条 申请从事道路运输站（场）经营、机动车维修经营和机动车驾驶员培训业务的，应当向所在地县级道路运输管理机构提出申请，并分别附送符合本条例第三十七条、第三十八条、第三十九条规定条件的相关材料。县级道路运输管理机构应当自受理申请之日起15日内审查完毕，作出许可或者不予许可的决定，并书面通知申请人。

道路运输站（场）经营者、机动车维修经营者和机动车驾驶员培训机构，应当持许可证明依法向工商行政管理机关办理有关登记手续。

第四十一条 道路运输站（场）经营者应当对出站的车辆进行安全检查，禁止无证经营的车辆进站从事经营活动，防止超载车辆或者未经安全检查的车辆出站。

道路运输站（场）经营者应当公平对待使用站（场）的客运经营者和货运经营者，无正当理由不得拒绝道路运输车辆进站从事经营活动。

道路运输站（场）经营者应当向旅客和货主提供安全、便捷、优质的服务；保持站（场）卫生、清洁；不得随意改变站（场）用途和服务功能。

第四十二条 道路旅客运输站（场）经营者应当为客运经营者合理安排班次，公布其运输线路、起止经停站点、运输班次、始发时间、票价，调度车辆进站、发车，疏导旅客，维持上下车秩序。

道路旅客运输站（场）经营者应当设置旅客购票、候车、行李寄存和托运等服务设施，按照车辆核定载客限额售票，并采取措施防止携带危险品的人员进站乘车。

第四十三条 道路货物运输站（场）经营者应当按照国务院交通主管部门规定的业务操作规程装卸、储存、保管货物。

第四十四条 机动车维修经营者应当按照国家有关技术规范对机动车进行维修，保证维修质量，不得使用假冒伪劣配件维修机动车。

机动车维修经营者应当公布机动车维修工时定额和收费标准，合理收取费用。

第四十五条 机动车维修经营者对机动车进行二级维护、总成修理或者整车修理的，应当进行维修质量检验。检验合格的，维修质量检验人员应当签发机动车维修合格证。

机动车维修实行质量保证期制度。质量保证期内因维修质量原因造成机动车无法正常使用的，机动车维修经营者应当无偿返修。

机动车维修质量保证期制度的具体办法，由国务院交通主管部门制定。

第四十六条 机动车维修经营者不得承修已报废的机动车，不得擅自改装机动车。

第四十七条 机动车驾驶员培训机构应当按照国务院交通主管部门规定的教学大纲进行培训，确保培训质量。培训结业的，应当向参加培训的人员颁发培训结业证书。

第四章　国际道路运输

第四十八条　国务院交通主管部门应当及时向社会公布中国政府与有关国家政府签署的双边或者多边道路运输协定确定的国际道路运输线路。

第四十九条　申请从事国际道路运输经营的，应当具备下列条件：

（一）依照本条例第十条、第二十五条规定取得道路运输经营许可证的企业法人；

（二）在国内从事道路运输经营满3年，且未发生重大以上道路交通责任事故。

第五十条　申请从事国际道路运输的，应当向省、自治区、直辖市道路运输管理机构提出申请并提交符合本条例第四十九条规定条件的相关材料。省、自治区、直辖市道路运输管理机构应当自受理申请之日起20日内审查完毕，作出批准或者不予批准的决定。予以批准的，应当向国务院交通主管部门备案；不予批准的，应当向当事人说明理由。

国际道路运输经营者应当持批准文件依法向有关部门办理相关手续。

第五十一条　中国国际道路运输经营者应当在其投入运输车辆的显著位置，标明中国国籍识别标志。

外国国际道路运输经营者的车辆在中国境内运输，应当标明本国国籍识别标志，并按照规定的运输线路行驶；不得擅自改变运输线路，不得从事起止地都在中国境内的道路运输经营。

第五十二条　在口岸设立的国际道路运输管理机构应当加强对出入口岸的国际道路运输的监督管理。

第五十三条　外国国际道路运输经营者经国务院交通主管部门批准，可以依法在中国境内设立常驻代表机构。常驻代表机构不得从事经营活动。

第五章　执法监督

第五十四条　县级以上人民政府交通主管部门应当加强对道路运输管理机构实施道路运输管理工作的指导监督。

第五十五条　道路运输管理机构应当加强执法队伍建设，提高其工作人员的法制、业务素质。

道路运输管理机构的工作人员应当接受法制和道路运输管理业务培训、考核，考核不合格的，不得上岗执行职务。

第五十六条　上级道路运输管理机构应当对下级道路运输管理机构的执法活动进行监督。

道路运输管理机构应当建立健全内部监督制度，对其工作人员执法情况进行监督检查。

第五十七条　道路运输管理机构及其工作人员执行职务时，应当自觉接受社会和公民的监督。

第五十八条 道路运输管理机构应当建立道路运输举报制度，公开举报电话号码、通信地址或者电子邮件信箱。

任何单位和个人都有权对道路运输管理机构的工作人员滥用职权、徇私舞弊的行为进行举报。交通主管部门、道路运输管理机构及其他有关部门收到举报后，应当依法及时查处。

第五十九条 道路运输管理机构的工作人员应当严格按照职责权限和程序进行监督检查，不得乱设卡、乱收费、乱罚款。

道路运输管理机构的工作人员应当重点在道路运输及相关业务经营场所、客货集散地进行监督检查。

道路运输管理机构的工作人员在公路路口进行监督检查时，不得随意拦截正常行驶的道路运输车辆。

第六十条 道路运输管理机构的工作人员实施监督检查时，应当有 2 名以上人员参加，并向当事人出示执法证件。

第六十一条 道路运输管理机构的工作人员实施监督检查时，可以向有关单位和个人了解情况，查阅、复制有关资料。但是，应当保守被调查单位和个人的商业秘密。

被监督检查的单位和个人应当接受依法实施的监督检查，如实提供有关资料或者情况。

第六十二条 道路运输管理机构的工作人员在实施道路运输监督检查过程中，发现车辆超载行为的，应当立即予以制止，并采取相应措施安排旅客改乘或者强制卸货。

第六十三条 道路运输管理机构的工作人员在实施道路运输监督检查过程中，对没有车辆营运证又无法当场提供其他有效证明的车辆予以暂扣的，应当妥善保管，不得使用，不得收取或者变相收取保管费用。

第六章　法律责任

第六十四条 违反本条例的规定，未取得道路运输经营许可，擅自从事道路运输经营的，由县级以上道路运输管理机构责令停止经营；有违法所得的，没收违法所得，处违法所得 2 倍以上 10 倍以下的罚款；没有违法所得或者违法所得不足 2 万元的，处 3 万元以上 10 万元以下的罚款；构成犯罪的，依法追究刑事责任。

第六十五条 不符合本条例第九条、第二十三条规定条件的人员驾驶道路运输经营车辆的，由县级以上道路运输管理机构责令改正，处 200 元以上 2000 元以下的罚款；构成犯罪的，依法追究刑事责任。

第六十六条 违反本条例的规定，未经许可擅自从事道路运输站（场）经营、机动车维修经营、机动车驾驶员培训的，由县级以上道路运输管理机构责令停止经营；有违法所得的，没收违法所得，处违法所得 2 倍以上 10 倍以下的罚款；没有违法所得或者违法所得不足 1 万元的，处 2 万元以上 5 万元以下的罚款；构成犯罪的，依法追究刑事责任。

第六十七条　违反本条例的规定，客运经营者、货运经营者、道路运输相关业务经营者非法转让、出租道路运输许可证件的，由县级以上道路运输管理机构责令停止违法行为，收缴有关证件，处2 000元以上1万元以下的罚款；有违法所得的，没收违法所得。

第六十八条　违反本条例的规定，客运经营者、危险货物运输经营者未按规定投保承运人责任险的，由县级以上道路运输管理机构责令限期投保；拒不投保的，由原许可机关吊销道路运输经营许可证。

第六十九条　违反本条例的规定，客运经营者、货运经营者不按照规定携带车辆营运证的，由县级以上道路运输管理机构责令改证，处警告或者20元以上200元以下的罚款。

第七十条　违反本条例的规定，客运经营着、货运经营者有下列情形之一的，由县级以上道路运输管理机构责令改正，处1 000元以上3 000元以下的罚款；情节严重的，由原许可机关吊销道路运输经营许可证：

（一）不按批准的客运站点停靠或者不按规定的线路、公布的班次行驶的；

（二）强行招揽旅客、货物的；

（三）在旅客运输途中擅自变更运输车辆或者将旅客移交他人运输的；

（四）未报告原许可机关，擅自终止客运经营的；

（五）没有采取必要措施防止货物脱落、扬撒等的。

第七十一条　违反本条例的规定，客运经营者、货运经营者不按规定维护和检测运输车辆的，由县级以上道路运输管理机构责令改正，处1 000元以上5 000元以下的罚款。

违反本条例的规定，客运经营者、货运经营者擅自改装已取得车辆营运证的车辆的，由县级以上道路运输管理机构责令改正，处5 000元以上2万元以下的罚款。

第七十二条　违反本条例的规定，道路运输站（场）经营者允许无证经营的车辆进站从事经营活动以及超载车辆、未经安全检查的车辆出站或者无正当理由拒绝道路运输车辆进站从事经营活动的，由县级以上道路运输管理机构责令改正，处1万元以上3万元以下的罚款。

违反本条例的规定，道路运输站（场）经营者擅自改变道路运输站（场）的用途和服务功能，或者不公布运输线路、起止经停站点、运输班次、始发时间、票价的，由县级以上道路运输管理机构责令改正，拒不改正的，处3 000元的罚款；有违法所得的，没收违法所得。

第七十三条　违反本条例的规定，机动车维修经营者使用假冒伪劣配件维修机动车，承修已报废的机动车或者擅自改装机动车的，由县级以上道路运输管理机构责令改正；有违法所得的，没收违法所得，处违法所得2倍以上10倍以下的罚款；没有违法所得或者违法所得不足1万元的，处2万元以上5万元以下的罚款，没收假冒伪劣配件及报废车辆；情节严重的，由原许可机关吊销其经营许可；构成犯罪的，依法追究刑事责任。

第七十四条 违反本条例的规定，机动车维修经营者签发虚假的机动车维修合格证，由县级以上道路运输管理机构责令改正；有违法所得的，没收违法所得，处违法所得2倍以上10倍以下的罚款；没有违法所得或者违法所得不足3 000元的，处5 000元以上2万元以下的罚款；情节严重的，由原许可机关吊销其经营许可；构成犯罪的，依法追究刑事责任。

第七十五条 违反本条例的规定，机动车驾驶员培训机构不严格按照规定进行培训或者在培训结业证书发放时弄虚作假的，由县级以上道路运输管理机构责令改正；拒不改正的，由原许可机关吊销其经营许可。

第七十六条 违反本条例的规定，外国国际道路运输经营者未按照规定的线路运输，擅自从事中国境内道路运输或者未标明国籍识别标志的，由省、自治区、直辖市道路运输管理机构责令停止运输；有违法所得的，没收违法所得，处违法所得2倍以上10倍以下的罚款；没有违法所得或者违法所得不足1万元的，处3万元以上6万元以下的罚款。

第七十七条 违反本条例的规定，道路运输管理机构的工作人员有下列情形之一的，依法给予行政处分；构成犯罪的，依法追究刑事责任：

（一）不依照本条例规定的条件、程序和期限实施行政许可的；

（二）参与或者变相参与道路运输经营以及道路运输相关业务的；

（三）发现违法行为不及时查处的；

（四）违反规定拦截、检查正常行驶的道路运输车辆的；

（五）违法扣留运输车辆、车辆营运证的；

（六）索取、收受他人财物，或者谋取其他利益的；

（七）其他违法行为。

第七章　附　则

第七十八条 内地与香港特别行政区、澳门特别行政区之间的道路运输，参照本条例的有关规定执行。

第七十九条 外商可以依照有关法律、行政法规和国家有关规定，在中华人民共和国境内采用中外合资、中外合作、独资形式投资有关的道路运输经营以及道路运输相关业务。

第八十条 从事非经营性危险货物运输的，应当遵守本条例有关规定。

第八十一条 道路运输管理机构依照本条例发放经营许可证件和车辆营运证，可以收取工本费。工本费的具体收费标准由省、自治区、直辖市人民政府财政部门、价格主管部门会同同级交通主管部门核定。

第八十二条 出租车客运和城市公共汽车客运的管理办法由国务院另行规定。

第八十三条 本条例自2004年7月1日起施行。

四　中华人民共和国内河交通安全管理条例

（《中华人民共和国内河交通安全管理条例》已经2002年6月19日国务院第60次常务会议通过，现予公布，自2002年8月1日起施行。）

第一章　总　则

第一条　为了加强内河交通安全管理，维护内河交通秩序，保障人民群众生命、财产安全，制定本条例。

第二条　在中华人民共和国内河通航水域从事航行、停泊和作业以及与内河交通安全有关的活动，必须遵守本条例。

第三条　内河交通安全管理遵循安全第一、预防为主、方便群众、依法管理的原则，保障内河交通安全、有序、畅通。

第四条　国务院交通主管部门主管全国内河交通安全管理工作。国家海事管理机构在国务院交通主管部门的领导下，负责全国内河交通安全监督管理工作。

国务院交通主管部门在中央管理水域设立的海事管理机构和省、自治区、直辖市人民政府在中央管理水域以外的其他水域设立的海事管理机构（以下统称海事管理机构）依据各自的职责权限，对所辖内河通航水域实施水上交通安全监督管理。

第五条　县级以上地方各级人民政府应当加强本行政区域内的内河交通安全管理工作，建立、健全内河交通安全管理责任制。

乡（镇）人民政府对本行政区域内的内河交通安全管理履行下列职责：

（一）建立、健全行政村和船主的船舶安全责任制；

（二）落实渡口船舶、船员、旅客定额的安全管理责任制；

（三）落实船舶水上交通安全管理的专门人员；

（四）督促船舶所有人、经营人和船员遵守有关内河交通安全的法律、法规和规章。

第二章　船舶、浮动设施和船员

第六条　船舶具备下列条件，方可航行：

（一）经海事管理机构认可的船舶检验机构依法检验并持有合格的船舶检验证书；

（二）经海事管理机构依法登记并持有船舶登记证书；

（三）配备符合国务院交通主管部门规定的船员；

（四）配备必要的航行资料。

第七条　浮动设施具备下列条件，方可从事有关活动：

（一）经海事管理机构认可的船舶检验机构依法检验并持有合格的检验证书；

（二）经海事管理机构依法登记并持有登记证书；

（三）配备符合国务院交通主管部门规定的掌握水上交通安全技能的船员。

第八条 船舶、浮动设施应当保持适于安全航行、停泊或者从事有关活动的状态。船舶、浮动设施的配载和系固应当符合国家安全技术规范。

第九条 船员经水上交通安全专业培训，其中客船和载运危险货物船舶的船员还应当经相应的特殊培训，并经海事管理机构考试合格，取得相应的适任证书或者其他适任证件，方可担任船员职务。严禁未取得适任证书或者其他适任证件的船员上岗。船员应当遵守职业道德，提高业务素质，严格依法履行职责。

第十条 船舶、浮动设施的所有人或者经营人，应当加强对船舶、浮动设施的安全管理，建立、健全相应的交通安全管理制度，并对船舶、浮动设施的交通安全负责；不得聘用无适任证书或者其他适任证件的人员担任船员；不得指使、强令船员违章操作。

第十一条 船舶、浮动设施的所有人或者经营人，应当根据船舶、浮动设施的技术性能、船员状况、水域和水文气象条件，合理调度船舶或者使用浮动设施。

第十二条 按照国家规定必须取得船舶污染损害责任、沉船打捞责任的保险文书或者财务保证书的船舶，其所有人或者经营人必须取得相应的保险文书或者财务担保证明，并随船携带其副本。

第十三条 禁止伪造、变造、买卖、租借、冒用船舶检验证书、船舶登记证书、船员适任证书或者其他适任证件。

第三章　航行、停泊和作业

第十四条 船舶在内河航行，应当悬挂国旗，标明船名、船籍港、载重线。

按照国家规定应当报废的船舶、浮动设施，不得航行或者作业。

第十五条 船舶在内河航行，应当保持隙望，注意观察，并采用安全航速航行。船舶安全航速应当根据能见度、通航密度、船舶操纵性能和风、浪、水流、航路状况以及周围环境等主要因索决定。使用雷达的船舶，还应当考虑雷达设备的特性、效率和局限性。

船舶在限制航速的区域和汛期高水位期间，应当按照海事管理机构规定的航速航行。

第十六条 船舶在内河航行时，上行船舶应当沿缓流或者航路一侧航行，下行船舶应当沿主流或者航路中间航行；在潮流河段、湖泊、水库、平流区域，应当尽可能沿本船右舷一侧航路航行。

第十七条 船舶在内河航行时，应当谨慎驾驶，保障安全；对来船动态不明、声号不统一或者遇有紧迫情况时，应当减速、停车或者倒车，防止碰撞。船舶相遇，各方应当注意避让。按照船舶航行规则应当让路的船舶，必须主动避让被让路船舶；被让路船舶应当注意让路船舶的行动，并适时采取措施，协助避让。

船舶避让时，各方避让意图经统一后，任何一方不得擅自改变避让行动。

船舶航行、避让和信号显示的具体规则，由国务院交通主管部门制定。

第十八条　船舶进出内河港口，应当向海事管理机构办理船舶进出港签证手续。

第十九条　下列船舶在内河航行，应当向引航机构申请引航：

（一）外国籍船舶；

（二）1 000总吨以上的海上机动船舶，但船长驾驶同一类型的海上机动船舶在同一内河通航水域航行与上一航次间隔2个月以内的除外；

（三）通航条件受限制的船舶；

（四）国务院交通主管部门规定应当申请引航的客船、载运危险货物的船舶。

第二十条　船舶进出港口和通过交通管制区、通航密集区或者航行条件受限制的区域，应当遵守海事管理机构发布的有关通航规定。

任何船舶不得擅自进入或者穿越海事管理机构公布的禁航区。

第二十一条　从事货物或者旅客运输的船舶，必须符合船舶强度、稳性、吃水、消防和救生等安全技术要求和国务院交通主管部门规定的载货或者载客条件。

任何船舶不得超载运输货物或者旅客。

第二十二条　船舶在内河通航水域载运或者拖带超重、超长、超高、超宽、半潜的物体，必须在装船或者拖带前24小时报海事管理机构核定拟航行的航路、时间，并采取必要的安全措施，保障船舶载运或者拖带安全。船舶需要护航的，应当向海事管理机构申请护航。

第二十三条　遇有下列情形之一时，海事管理机构可以根据情况采取限时航行、单航、封航等临时性限制、疏导交通的措施，并予公告：

（一）恶劣天气；

（二）大范围水上施工作业；

（三）影响航行的水上交通事故；

（四）水上大型群众性活动或者体育比赛；

（五）对航行安全影响较大的其他情形。

第二十四条　船舶应当在码头、泊位或者依法公布的锚地、停泊区、作业区停泊；遇有紧急情况，需要在其他水域停泊的，应当向海事管理机构报告。

船舶停泊，应当按照规定显示信号，不得妨碍或者危及其他船舶航行、停泊或者作业的安全。

船舶停泊，应当留有足以保证船舶安全的船员值班。

第二十五条　在内河通航水域或者岸线上进行下列可能影响通航安全的作业或者活动的，应当在进行作业或者活动前报海事管理机构批准：

（一）勘探、采掘、爆破；

（二）构筑、设置、维修、拆除水上水下构筑物或者设施：

（三）架设桥梁、索道；

（四）铺设、检修、拆除水上水下电缆或者管道；

（五）设置系船浮筒、浮趸、缆桩等设施；

（六）航道建设，航道、码头前沿水域疏浚；

（七）举行大型群众性活动、体育比赛。

进行前款所列作业或者活动，需要进行可行性研究的，在进行可行性研究时应当征求海事管理机构的意见；依照法律、行政法规的规定，需经其他有关部门审批的，还应当依法办理有关审批手续。

第二十六条 海事管理机构审批本条例第二十五条规定的作业或者活动，应当自收到申请之日起30日内作出批准或者不批准的决定，并书面通知申请人。

遇有紧急情况，需要对航道进行修复或者对航道、码头前沿水域进行疏浚的，作业人可以边申请边施工。

第二十七条 航道内不得养殖、种植植物、水生物和设置永久性固定设施。

划定航道，涉及水产养殖区的，航道主管部门应当征求渔业行政主管部门的意见；设置水产养殖区，涉及航道的，渔业行政主管部门应当征求航道主管部门和海事管理机构的意见。

第二十八条 在内河通航水域进行下列可能影响通航安全的作业，应当在进行作业前向海事管理机构备案：

（一）气象观测、测量、地质调查；

（二）航道日常养护；

（三）大面积清除水面垃圾；

（四）可能影响内河通航水域交通安全的其他行为。

第二十九条 进行本条例第二十五条、第二十八条规定的作业或者活动时，应当在作业或者活动区域设置标志和显示信号，并按照海事管理机构的规定，采取相应的安全措施，保障通航安全。前款作业或者活动完成后，不得遗留任何妨碍航行的物体。

第四章 危险货物监管

第三十条 从事危险货物装卸的码头、泊位，必须符合国家有关安全规范要求，并征求海事管理机构的意见，经验收合格后，方可投入使用。

禁止在内河运输法律、行政法规以及国务院交通主管部门规定禁止运输的危险货物。

第三十一条 载运危险货物的船舶，必须持有经海事管理机构认可的船舶检验机构依法检验并颁发的危险货物适装证书，并按照国家有关危险货物运输的规定和安全技术规范进行配载和运输。

第三十二条 船舶装卸、过驳危险货物或者载运危险货物进出港口，应当将危险货物的名称、特性、包装、装卸或者过驳的时间、地点以及进出港时间等事项，事先报告海事管理机构和港口管理机构，经其同意后，方可进行装卸、过驳作业或者进出港口；但是，定船、定线、定货的船舶可以定期报告。

第三十三条　载运危险货物的船舶，在航行、装卸或者停泊时，应当按照规定显示信号；其他船舶应当避让。

第三十四条　从事危险货物装卸的码头、泊位和载运危险货物的船舶，必须编制危险货物事故应急预案，并配备相应的应急救援设备和器材。

第五章　渡口管理

第三十五条　设置或者撤销渡口，应当经渡口所在地的县级人民政府审批；县级人民政府审批前，应当征求当地海事管理机构的意见。

第三十六条　渡口的设置应当具备下列条件：

（一）选址应当在水流平缓、水深足够、坡岸稳定、视野开阔、适宜船舶停靠的地点，并远离危险物品生产、堆放场所；

（二）具备货物装卸、旅客上下的安全设施；

（三）配备必要的救生设备和专门管理人员。

第三十七条　渡口经营者应当在渡口设置明显的标志，维护渡运秩序，保障渡运安全。

渡口所在地县级人民政府应当建立、健全渡口安全管理责任制，指定有关部门负责对渡口和渡运安全实施监督检查。

第三十八条　渡口工作人员应当经培训、考试合格，并取得渡口所在地县级人民政府指定的部门颁发的合格证书。

渡口船舶应当持有合格的船舶检验证书和船舶登记证书。

第三十九条　渡口载客船舶应当有符合国家规定的识别标志，并在明显位置标明载客定额、安全注意事项。

渡口船舶应当按照渡口所在地的县级人民政府核定的路线渡运，并不得超载；渡运时，应当注意避让过往船舶，不得抢航或者强行横越。

遇有洪水或者大风、大雾、大雪等恶劣天气，渡口应当停止渡运。

第六章　通航保障

第四十条　内河通航水域韵航道、航标和其他标志的规划、建设、设置、维护，应当符合国家规定的通航安全要求。

第四十一条　内河航道发生变迁，水深、宽度发生变化，或者航标发生位移、损坏、灭失，影响通航安全的，航道、航标主管部门必须及时采取措施，使航道、航标保持正常状态。

第四十二条　内河通航水域内可能影响航行安全的沉没物、漂流物、搁浅物，其所有人和经营人，必须按照国家有关规定设置标志，向海事管理机构报告，并在海事管理机构限定的时间内打捞清除；没有所有人或者经营人的，由海事管理机构打捞清除或者采取其他相应措施，保障通航安全。

第四十三条 在内河通航水域中拖放竹、木等物体，应当在拖放前24小时报经海事管理机构同意，按照核定的时间、路线拖放，并采取必要的安全措施，保障拖放安全。

第四十四条 任何单位和个人发现下列情况，应当迅速向海事理机构报告：

（一）航道变迁、航道水深、宽度发生变化；

（二）妨碍通航安全的物体；

（三）航标发生位移、损坏、灭失：

（四）妨碍通航安全的其他情况。海事管理机构接到报告后，应当根据情况发布航行通告或者航行警告，并通知航道、航标主管部门。

第四十五条 海事管理机构划定或者调整禁航区、交通管制区、港区外锚地、停泊区和安全作业区，以及对进行本条例第二十五条、第二十八条规定的作业或者活动，需要发布航行通告、航行警告的，应当及时发布。

第七章 救助

第四十六条 船舶、浮动设施遇险，应当采取一切有效措施进行自救。

船舶、浮动设鹧发生碰撞等事故，任何一方应当在不危及自身安全的情况下，积极救助遇险的他方，不得逃逸。

船舶、浮动设施遇险，必须迅速将遇险的时间、地点、遇险状况、遇险原因、救助要求，向遇险地海事管理机构以及船舶、浮动设施所有人、经营人报告。

第四十七条 船员、浮动设施上的工作人员或者其他人员发现其他船舶、浮动设施遇险，或者收到求救信号后，必须尽力救助遇险人员，并将有关情况及时向遇险地海事管理机构报告。

第四十八条 海事管理机构收到船舶、浮动设施遇险求救信号或者报告后，必须立即组织力量救助遇险人员，同时向遇险地县级以上地方人民政府和上级海事管理机构报告。

遇险地县级以上地方人民政府收到海事管理机构的报告后，应当对救助工作进行领导和协调，动员各方力量积极参与救助。

第四十九条 船舶、浮动设施遇险时，有关部门和人员必须积极协助海事管理机构做好救助工作。

遇险现场和附近的船舶、人员，必须服从海事管理机构的统一调度和指挥。

第八章 事故调查处理

第五十条 船舶、浮动设施发生交通事故，其所有人或者经营人必须立即向交通事故发生地海事管理机构报告，并做好现场保护工作。

第五十一条　海事管理机构接到内河交通事故报告后，必须立即派员前往现场，进行调查和取证。

海事管理机构进行内河交通事故调查和取证，应当全面、客观、公正。

第五十二条　接受海事管理机构调查、取证的有关人员，应当如实提供有关情况和证据，不得谎报或者隐匿、毁灭证据。

第五十三条　海事管理机构应当在内河交通事故调查、取证结束后30日内，依据调查事实和证据作出调查结论，并书面告知内河交通事故当事人。

第五十四条　海事管理机构在调查处理内河交通事故过程中，应当采取有效措施，保证航路畅通，防止发生其他事故。

第五十五条　地方人民政府应当依照国家有关规定积极做好内河交通事故的善后工作。

第五十六条　特大内河交通事故的报告、调查和处理，按照国务院有关规定执行。

第九章　监督检查

第五十七条　在旅游、交通运输繁忙的湖泊、水库，在气候恶劣的季节，在法定或者传统节日、重大集会、集市、农忙、学生放学放假等交通高峰期间，县级以上地方各级人民政府应当加强对维护内河交通安全的组织、协调工作。

第五十八条　海事管理机构必须建立、健全内河交通安全监督检查制度，并组织落实。

第五十九条　海事管理机构必须依法履行职责，加强对船舶、浮动设施、船员和通航安全环境的监督检查。发现内河交通安全隐患时，应当责令有关单位和个人立即消除或者限期消除；有关单位和个人不立即消除或者逾期不消除的，海事管理机构必须采取责令其临时停航、停止作业，禁止进港、离港等强制性措施。

第六十条　对内河交通密集区域、多发事故水域以及货物装卸、乘客上下比较集中的港口，对客渡船、滚装客船、高速客轮、旅游船和载运危险货物的船舶，海事管理机构必须加强安全巡查。

第六十一条　海事管理机构依照本条例实施监督检查时，可以根据情况对违反本条例有关规定的船舶，采取责令临时停航、驶向指定地点，禁止进港、离港，强制卸载、拆除动力装置、暂扣船舶等保障通航安全的措施。

第六十二条　海事管理机构的工作人员依法在内河通航水域对船舶、浮动设施进行内河交通安全监督检查，任何单位和个人不得拒绝或者阻挠。

有关单位或者个人应当接受海事管理机构依法实施的安全监督检查，并为其提供方便。

海事管理机构的工作人员依照本条例实施监督检查时，应当出示执法证件，表明身份。

第十章 法律责任

第六十三条 违反本条例的规定，应当报废的船舶、浮动设施在内河航行或者作业的，由海事管理机构责令停航或者停止作业，并对船舶、浮动设施予以没收。

第六十四条 违反本条例的规定，船舶、浮动设施未持有合格的检验证书、登记证书或者船舶未持有必要的航行资料，擅自航行或者作业的，由海事管理机构责令停止航行或者作业；拒不停止的，暂扣船舶、浮动设施；情节严重的，予以没收。

第六十五条 违反本条例的规定，船舶未按照国务院交通主管部门的规定配备船员擅自航行，或者浮动设施未按照国务院交通主管部门的规定配备掌握水上交通安全技能的船员擅自作业的，由海事管理机构责令限期改正，对船舶、浮动设施所有人或者经营人处1万元以上10万元以下的罚款：逾期不改正的，责令停航或者停止作业。

第六十六条 违反本条例的规定，未经考试合格并取得适任证书或者其他适任证件的人员擅自从事船舶航行的，由海事管理机构责令其立即离岗，对直接责任人员处2 000元以上2万元以下的罚款，并对聘用单位处1万元以上10万元以下的罚款。

第六十七条 违反本条例的规定，按照国家规定必须取得船舶污染损害责任、沉船打捞责任的保险文书或者财务保证书的船舶的所有人或者经营人，未取得船舶污染损害责任、沉船打捞责任保险文书或者财务担保证明的，由海事管理机构责令限期改正；逾期不改正的，责令停航，并处1万元以上10万元以下的罚款。

第六十八条 违反本条例的规定，船舶在内河航行时，有下列情形之一的，由海事管理机构责令改正，处5 000元以上5万元以下的罚款；悄节严重的，禁止船舶进出港口或者责令停航，并可以对责任船员给予暂扣适任证书或者其他适任证件3个月至6个月的处罚：

（一）未按照规定悬挂国旗，标明船名、船籍港、载重线的；

（二）未向海事管理机构办理船舶进出港签证手续的；

（三）未按照规定申请引航的；

（四）擅自进出内河港口，强行通过交通管制区、通航密集区、航行条件受限制区域或者禁航区的；

（五）载运或者拖带超重、超长，超高、超宽、半潜的物体，未申请或者未按照核定的航路、时间航行的。

第六十九条 违反本条例的规定，船舶未在码头、泊位或者依法公布的锚地、停泊区、作业区停泊的，由海事管理机构责令改正；拒不改正的，予以强行拖离，因拖离发生的费用由船舶所有人或者经营入承担。

第七十条 违反本条例的规定，在内河通航水域或者岸线上进行有关作业或者活动未经批准或者备案，或者未设置标志、显示信号的，由海事管理机构责令改正，处5 000

元以上 5 万元以下的罚款。

第七十一条　违反本条例的规定，从事危险货物作业，有下列情形之一的，由海事管理机构责令停止作业或者航行，对负有责任的主管人员或者其他直接责任人员处 2 万元以上 10 万元以下的罚款；属于船员的，并给予暂扣适任证书或者其他适任证件 6 个月以上直至吊销适任证书或者其他适任证件的处罚：

（一）从事危险货物运输的船舶，未编制危险货物事故应急预案或者未配备相应的应急救援设备和器材的；

（二）船舶装卸、过驳危险货物或者载运危险货物进出港口未经海事管理机构、港口管理机构同意的。

未持有危险货物适装证书擅自载运危险货物或者未按照安全技术规范进行配载和运输的，依照《危险化学品安全管理条例》的规定处罚。

第七十二条　违反本条例的规定，未经批准擅自设置或者撤销渡口的，由渡口所在地县级人民政府指定的部门责令照期改正；逾期不改正的，予以强制拆除或者恢复，因强制拆除或者恢复发生的费用分别由设置人、撤销人承担。

第七十三条　违反本条例的规定，渡口船舶未标明识别标志、载客定额、安全注意事项的，由渡口所在地县级人民政府指定的部门责令改正，处 2 000 元以上 1 万元以下的罚款；逾期不改正的，责令停航。

第七十四条　违反本条例的规定，在内河通航水域的航道内养殖、种植植物、水生物或者设置永久性固定设施的，由海事管理机构责令限期改正；逾期不改正的，予以强制清除，因清除发生的费用由其所有人或者经营人承担。

第七十五条　违反本条例的规定，内河通航水域中的沉没物、漂流物、搁浅物的所有人或者经营人，未按照国家有关规定设置标志或者未在规定的时间内打捞清除的，由海事管理机构责令限期改正；逾期不改正的，海事管理机构强制设置标志或者组织打捞清除；需要立即组织打捞清除的，海事管理机构应当及时组织打捞清除。海事管理机构因设置标志或者打捞清除发生的费用，由沉没物、漂流物、搁浅物的所有入或者经营人承担。

第七十六条　违反本条例的规定，船舶、浮动设施遇险后未履行报告义务或者不积极施救的，审海事管理机构给予警告，并可以对责任船员给予暂扣适任证书或者其他适任证件 3 个月至 6 个月直至吊销适任证书或者其他适任证件的处罚。

第七十七条　违反本条例的规定，船舶、浮动设施发生内河交通事故的，除依法承担相应的法律责任外，由海事管理机构根据调查结论，对责任船员给予暂扣适任证书或者其他适任证件 6 个月以上直至吊销适任证书或者其他适任证件的处罚。

第七十八条　违反本条例的规定，遇险现场和附近的船舶、船员不服从海事管理机构的统一调度和指挥的，由海事管理机构给予警告，并可以对责任船员给予暂扣适任证书或者其他适任证件 3 个月至 6 个月直至吊销适任证书或者其他适任证件的处罚。

第七十九条 违反本条例的规定，伪造、变造、买卖、转借、冒用船舶检验证书、船舶登记证书、船员适任证书或者其他适任证件的，由海事管理机构没收有关的证书或者证件；有违法所得的，没收违法所得，并处违法所得2倍以上5倍以下的罚款；没有违法所得或者违法所得不足2万元的，处1万元以上5万元以下的罚款；触犯刑律的，依照刑法关于伪造、变造、买卖国家机关公文、证件罪或者其他罪的规定，依法追究刑事责任。

第八十条 违反本条例的规定，船舶、浮动设施的所有人或者经营人指使、强令船员违章操作的，由海事管理机构给予警告，处1万元以上5万元以下的罚款，并可以责令停航或者停止作业；造成重大伤亡事故或者严重后果的，依照刑法关于重大责任事故罪或者其他罪的规定，依法追究刑事责任。

第八十一条 违反本条例的规定，船舶在内河航行、停泊或者作业，不遵守航行、避让和信号显示规则的，由海事管理机构责令改正，处1 000元以上1万元以下的罚款；情节严重的，对责任船员给予暂扣适任证书或者其他适任证件3个月至6个月直至吊销适任证书或者其他适任证件的处罚：造成重大内河交通事故的，依照刑法关于交通肇事罪或者其他罪的规定，依法追究刑事责任。

第八十二条 违反本条例的规定，船舶不具备安全技术条件从事货物、旅客运输，或者超载运输货物、旅客的，由海事管理机构责令改正，处2万元以上10万元以下的罚款，可以对责任船员给予暂扣适任证书或者其他适任证件6个月以上直至吊销适任证书或者其他适任证件的处罚，并对超载运输的船舶强制卸栽，因卸裁而发生的卸货费、存货费、旅客安置费和船舶监管费由船舶所有人或者经营人承担：发生重大伤亡事故或者造成其他严重后果的，依照刑法关于重大劳动安全事故罪或者其他罪的规定，依法追究刑事责任。

第八十三条 违反本条例的规定，船舶、浮动设施发生内河交通事故后逃逸的，由海事管理机构对责任船员给予吊销适任证书或者其他适任证件的处罚：证书或者证件吊销后，5年内不得重新从业；触犯刑律的，依照刑法关于交通肇事罪或者其他罪的规定，依法追究刑事责任。

第八十四条 违反本条例的规定，阻碍、妨碍内河交通事故调查取证，或者谎报、隐匿、毁灭证据的，由海事管理机构给予警告，并对直接责任人员处1 000元以上1万元以下的罚款；属于船员的，并给予暂扣适任证书或者其他适任证件12个月以上直至吊销适任证书或者其他适任证件的处罚；以暴力、威胁方法阻碍内河交通事故调查取证的，依照刑法关于妨害公务罪的规定，依法追究刑事责任。

第八十五条 违反本条例的规定，海事管理机构不依据法定的安全条件进行审批、许可的，对负有责任的主管人员和其他直接责任人员根据不同情节，给予降级或者撤职的行政处分；造成重大内河交通事故或者致使公共财产、国家和人民利益遭受重大损失的，依照刑法关于滥用职权罪、玩忽职守罪或者其他罪的规定，依法追究刑事责任。

第八十六条　违反本条例的规定，海事管理机构对审批、许可的安全事项不实施监督检查的，对负有责任的主管人员和其他直接责任人员根据不同情节，给予记大过、降级或者撤职的行政处分；造成重大内河交通事故或者致使公共财产、国家和人民利益遭受重大损失的，依照刑法关于滥用职权罪、玩忽职守罪或者其他罪的规定，依法追究刑事责任。

第八十七条　违反本条例的规定，海事管理机构发现船舶、浮动设施不再具备安全航行、停泊、作业条件而不及时撤销批准或者许可并予以处理的，对负有责任的主管人员和其他直接责任人员根据不同情节，给予记大过、降级或者撤职的行政处分；造成重大内河交通事故或者致使公共财产、国家和人民利益遭受重大损失的，依照刑法关于滥用职权罪、玩忽职守罪或者其他罪的规定，依法追究刑事责任。

第八十八条　违反本条例的规定，海事管理机构对未经审批、许可擅自从事旅客、危险货物运输的船舶不实施监督检查，或者发现内河交通安全隐患不及时依法处理，或者对违法行为不依法予以处罚的，对负有责任的主管人员和其他直接责任人员根据不同情节，给予降级或者撤职的行政处分；造成重大内河交通事故或者致使公共财产、国家和人民利益遭受重大损失的，依照刑法关于滥用职权罪、玩忽职守罪或者其他罪的规定，依法追究刑事责任。

第八十九条　违反本条例的规定，渡口所在地县级人民政府指定的部门，有下列情形之一的，根据不同情节，对负有责任的主管人员和其他直接责任人员，给予降级或者撤职的行政处分；造成重大内河交通事故或者致使公共财产、国家和人民利益遭受重大损失的，依照刑法关于滥用职权罪、玩忽职守罪或者其他罪的规定，依法追究刑事责任：

（一）对县级人民政府批准的渡口不依法实施监督检查的；

（二）对未经县级人民政府批准擅自设立的渡口不予以查处的；

（三）对渡船超载、人与大牲畜混载、人与爆炸品、压缩气体和液化气体、易燃液体、易燃固体、自燃物品和遇湿易燃物品、氧化剂和有机过氧化物、有毒品和腐蚀品等危险品混载以及其他危及安全的行为不及时纠正并依法处理的。

第九十条　违反本条例的规定，触犯《中华人民共和国治安管理处罚条例》，构成违反治安管理行为的，由公安机关给予治安管理处罚。

第十一章　附　则

第九十一条　本条例下列用语的含义：

（一）内河通航水域，是指由海事管理机构认定的可供船舶航行的江、河、湖泊、水库、运河等水域。

（二）船舶，是指各类排水或者非排水的船、艇、筏、水上飞行器、潜水器、移动式平台以及其他水上移动装置。

（三）浮动设施，是指采用缆绳或者锚链等非刚性固定方式系固并漂浮或者潜于水中的建筑、装置。

（四）交通事故，是指船舶、浮动设施在内河通航水域发生的碰撞、触碰、触礁、浪损、搁浅、火灾、爆炸、沉没等引起人身伤亡和财产损失的事件。

第九十二条 军事船舶在内河通航水域航行，应当遵守内河航行、避让和信号显示规则。军事船舶的检验、登记和船员的考试、发证等管理办法，按照国家有关规定执行。

第九十三条 渔船的检验、登记以及进出渔港签证，渔船船员的考试、发证，渔船之间交通事故的调查处理，以及渔港水域内渔船的交通安全管理办法，由国务院渔业行政主管部门依据本条例另行规定。

第九十四条 城市园林水域水上交通安全管理的具体办法，由省、自治区、直辖市人民政府制定：但是，有关船舶检验、登记和船员管理，依照国家有关规定执行。

第九十五条 本条例自 2002 年 8 月 1 日起施行。1986 年 12 月 16 日国务院发布的《中华人民共和国内河交通安全管理条例》同时废止。

后　记

《白山市交通志》是在白山市交通局党委领导下，从2005年1月开始组织编写的。当月组织人员参加省交通厅举办的《吉林省志·交通志》撰稿人培训班学习。同年3月市局又举办了《白山市交通志》撰稿人培训班。至本志书出版先后多次召开调度会交流情况，为编纂工作创造有利条件。《白山市交通志》这部行业志书，记述了自1985年至2005年白山市20年交通发展的历史过程。记载了白山市公路、地方铁路、海事及民航建设、运输管理、规费征管和精神文明建设等发展变化。记述了白山交通人改革、开拓、拼搏、奉献精神和交通事业全面发展的实际。凝聚着国家、省、市和有关部门领导的关爱与帮助；汇聚了社会各界及人民群众的理解和支持。

《白山市交通志》这部行业志书，记述了白山市交通工作发展变化过程与得失。但由于编者的认识能力和著述水平有限，素材、资料收集不足，以及其它方面的原因所致，在编写中难免出现一些差错和遗漏，恳请读者给予批评指正，也望海涵。

《白山市交通志》在编写过程中，受到省交通厅领导的关怀，得到省、市史志办领导、专家的帮助指导。特别是省地方志编纂委员会原主任孙宝君、省厅史志办主任王志伟亲自来白山讲学、指导撰稿，在本书编写过程中又从方方面面给予大力帮助，尤其在篇目设置和志书编辑中都给予具体指导和修改。各县（市、区）交通局、市局交通企事业单位领导和有关人员、局机关离退休老干部及部分在交通工作过的领导在本志书编写过程中都给予了大力协助，提出了许多宝贵的意见，市政协原副主席郑光浩、市政府顾问候振才也为本志书提供了珍贵的资料。在此，一并表示感谢。

《白山市交通志》编辑部

2008年5月

《白山市交通志》

参加撰稿及提供资料人员

（按姓氏笔画为序）

丁小满	于风英	于诗华	王双平	王　平	王　敏
王世华	王成武	王丽丹	王丽巍	尹乐祝	尹相洪
田昌胜	宁亚平	刘金英	刘武军	刘振华	刘晓红
李　娜	李若君	李桂强	许家颖	许新艳	吕　华
朱孔昌	伊　勇	宋　伟	宋宝兰	陈东峰	陈志盛
吴国华	吴福文	吴守志	沈晓宏	张　云	张林生
张国虎	张继祥	张荣慧	张春萍	岳　强	杨成江
杨志军	杨晓坤	杜成桢	范仁友	邵　臣	林　野
郑宪华	郑欣荣	赵　雪	赵雪琴	赵晓波	赵　霞
胡桂敏	索学艳	唐宏伟	高成喜	蒋　萍	魏晓妍